金融支持精准扶贫研究

主　编：张爱玲

副主编：潘光伟　胡忠福　周更强

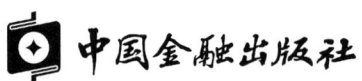
中国金融出版社

责任编辑：曹亚豪
责任校对：潘　洁
责任印制：丁淮宾

图书在版编目（CIP）数据

金融支持精准扶贫研究 / 张爱玲主编 .—北京：中国金融出版社，2019.12

ISBN 978 - 7 - 5220 - 0383 - 2

Ⅰ. ①金… Ⅱ. ①张… Ⅲ. ①金融支持—扶贫—研究—中国　Ⅳ. ①F832.3

中国版本图书馆 CIP 数据核字（2019）第 277806 号

金融支持精准扶贫研究
Jinrong Zhichi Jingzhun Fupin Yanjiu

出版
发行　中国金融出版社
社址　北京市丰台区益泽路 2 号
市场开发部　（010）63266347，63805472，63439533（传真）
网上书店　http://www.chinafph.com
　　　　　（010）63286832，63365686（传真）
读者服务部　（010）66070833，62568380
邮编　100071
经销　新华书店
印刷　保利达印务有限公司
尺寸　169 毫米 × 239 毫米
印张　19.75
字数　309 千
版次　2019 年 12 月第 1 版
印次　2019 年 12 月第 1 次印刷
定价　58.00 元
ISBN 978 - 7 - 5220 - 0383 - 2
如出现印装错误本社负责调换　联系电话(010)63263947

本书编书组

主　　　编：张爱玲
副 主 编：潘光伟　胡忠福　周更强
主要参与人：张红地　张熠婧　李　健　张　嵩
　　　　　　王　芳　王远卓　刘　钊

序　言

　　中国一直高度重视减贫扶贫。党的十八大以来，习近平总书记提出了精准扶贫的重大战略思想，要求进一步加大扶贫开发投入和工作力度，显著减少贫困人口，在2020年末实现中国历史上首次消除绝对贫困的扶贫目标，并把其作为党的重要任务之一。2015年11月中央政治局召开会议，审议通过《中共中央　国务院关于打赢扶贫攻坚战的决定》，要求实施精准扶贫战略，开创我国扶贫开发事业新局面，到2020年确保我国现行标准下的农村贫困人口全部实现脱贫，贫困县全部摘帽，彻底解决成片区域贫困问题。党的十九大提出将精准脱贫作为全面建成小康社会必须打好的三大战役之一。精准扶贫战略，打通了多年来制约我国扶贫工作的瓶颈，为我国扶贫指明了新的发展道路和方向。

　　正因为如此，经过积极探索和实践，中国减贫事业在过去几十年间取得了举世瞩目的成就。1978年至2018年底，中国农村绝对贫困人口从7.7亿人减少到1660万人，贫困发生率降至1.7%，对世界极端贫困人口从40%下降至10%做出了卓著贡献。

　　我国之所以能取得举世瞩目的减贫成就，最根本的原因是坚持中国共产党的领导和中国特色社会主义制度，走出了一条符合中国国情的农村扶贫开发道路，特别是始终坚持精准扶贫精准脱贫，是中国减贫事业取得成功的基本方略。

事实上，对扶贫脱贫进行深入研究具有重要的学术意义。2019年10月14日，瑞典皇家科学院将2019年诺贝尔经济学奖授予阿比吉特·班纳吉、埃丝特·迪弗洛和迈克尔·克雷默三位经济学家，因为他们的研究"大大提高了我们抗击全球贫困的能力"，在减轻全球贫困研究领域做出了突出贡献。

为了将党中央、习总书记提出的精准扶贫战略落到实处，从金融的角度加大对精准扶贫工作的支持力度，中国银行业协会近年来一直将落实国家扶贫战略作为自己的中心工作来抓。发挥中国银行业协会掌握信息全面、了解情况细致、研究资料丰富等优势，与北京大学经济研究院和商学院合作，发挥各自优势，确定了"关于进一步加大金融支持精准扶贫力度的研究"这一重点研究课题。经过近一年的深入研究，课题组完成了相关研究报告，这是我国金融业第一次系统地对金融支持精准扶贫理论探索和实践经验的总结，具有一定的理论研究意义和实践指导意义。

围绕金融支持精准扶贫，课题组主要在以下几方面形成了研究结论：

一是金融扶贫的作用重要且不可替代。与我国传统的财政政策扶贫和工具扶贫相比较，金融扶贫可以说是我国最为重要的扶贫政策和工具，具有其他扶贫政策和工具无可比拟的功能，在支持贫困地区基础设施建设、特色产业发展、贫困村整体搬迁和贫困群众就业医疗等方面发挥着不可替代的重要作用。党的十九大以来，我国金融机构深入贯彻落实党中央、国务院关于打赢打好脱贫攻坚战的战略部署，坚持以习近平新时代中国特色社会主义思想为指导，增强金融扶贫的主动性和自觉性，充分认识到打好精准扶贫攻坚战的艰巨性和重要性，积极履行金融扶贫职责，不断完善金融扶贫的政策体系，加大政策工具的支持力度和金融扶贫工具的创新，扩大对金融扶贫产品的创新以及对普惠金融服务的支持和创新，拓宽贫困户和贫困地区的融资渠道，优化贫困地区金融生态环境，动员我国金融机构集中攻坚，促使金融机构不断加大对精准扶贫的投入，提高金融扶贫的精准度和可持续性，为打赢脱贫攻坚战提供有力的金融支持。

二是精准扶贫的核心内容是做到"真扶贫、扶真贫"。精准扶贫的实质是使扶贫资源更好地瞄准贫困目标人群，主要由两部分内容构成，即贫困人口识别和扶贫资源（资金、项目）瞄准。贫困人口识别主要是通过一系列扶贫工作机制、程序、工具等，将具体的贫困人口准确辨别出来，并通过建立扶贫信息网络系统对贫困人口进行动态管理。扶贫资源瞄准则是在贫困人口有效识别的基础上，以一定方式投入扶贫资源，推动目标区域经济发展和目标人群脱贫致富。

三是精准扶贫的最终目的在于通过有效使用扶贫资源减少贫困人口和消除贫困。然而，从扶贫效果看，扶贫资源更好地瞄准贫困目标人群是一个世界性难题。精准扶贫中的"精准度"在不同国家（地区）或同一国家（地区）的不同发展阶段也存在差异。与之相对应，各国扶贫治理体系和政策也存在差异。发达国家贫困人口少、国家财政能力强，在贫困瞄准上通常采取高福利的普惠性政策，从而在减贫上获得较高的瞄准精度。发展中国家由于贫困人口众多、国家财政能力有限，往往只能采取以区域瞄准为主的选择性瞄准并建立相应的减贫干预体系。精准扶贫在同一国家不同发展阶段的贫困瞄准方式也会有所变化。比如改革开放以来，我国在不同发展时期选取了片区瞄准、县级瞄准、村级瞄准等多种贫困瞄准方式。不难看出，精准扶贫的内涵在于通过一系列贫困人口识别机制对具体贫困人口进行有效识别和动态管理，深入分析致贫原因，并对识别出来的贫困人口和贫困农户实施具体、有针对性的扶贫措施。

四是金融扶贫兼具政策性和公共性，以及可持续性和商业化运作特点。金融扶贫有利于弥补财政投入缺口，克服财政支农的规模有限和效率偏低等困难，有助于改善农村金融服务，活跃农村经济。此外，金融扶贫还不同于金融资源的完全市场化自由配置。在现阶段二元经济结构条件下，农村金融市场具有风险高、成本高、利润低的特点，如果任由金融资源完全市场化配置，则必然引致农村地区金融机构和资金向城市大量转移，进一步强化城乡二元经济结构，形成农村贫困地区发展的恶性循环。因此，金融扶贫应该在财政支农等政策的引导下，兼顾可持续性和政策性原则，开展金融扶贫工作。

五是健全的农村金融体系是开展金融扶贫的载体。金融扶贫的有效开展必须依托农村金融机构，因此，应进一步完善以政策性、合作性和商业性金融机构为主体的农村金融组织体系。通过财政和政策性银行协调机制，发挥好政策性金融的诱导和资源优化配置功能，大力扩大和增强农业发展银行的职能和业务范围，使其成为真正的农村和农业政策性银行；注意发挥国家开发银行支持"三农"的功能作用；建立以政策性保险为主体的农村保险体系，发展各类农业生产保险，并注意保险与信贷业务的协调配合；借鉴当前主要在城市开展的小额担保贴息贷款工作经验，构建农村信用担保体系；推进农村信用社改革，避免"一刀切"，因地制宜地将其办成包括股份制、股份合作制、合作制、社会企业等性质的金融机构；加快中国农业银行三农金融事业部制改革，使农业银行发挥更大的金融支农作用；鼓励和支持邮政储蓄银行大力开展小额信贷业务；进一步放宽农村金融市场准入条件，增加农村金融机构存量。

六是处理好政府与金融机构、政策性金融与商业性金融之间的关系。开展金融扶贫，首先应明确政府与金融机构的角色和定位。在加大财政直接支农力度的同时,政府还应通过政策优惠、完善农村金融基础设施、加快征信体系建设、推进利率市场化等措施引导金融机构进入和参与,避免对金融机构的干预,增强金融机构自主性,鼓励和支持农村金融机构坚持可持续性和政策性的统一,兼顾经济效益和社会效益。促进农村政策性金融机构与商业性金融机构相互协调发展。长期来看,即使在金融市场不发达的农村,商业性金融机构也处于主体地位,而政策性金融机构则起到补充或引导的作用。在贫困落后地区,往往政策性金融机构首先进驻,通过发挥引导作用,吸引商业性金融资源进入,经过金融市场培育,商业性金融运作成熟,实现可持续发展,政策性金融此时则应该逐渐退出经营性领域。

七是促进扶贫参与主体的多元化。扶贫开发仅仅依赖财政支农投入无疑杯水车薪,而且不可持续,应适当引入市场竞争机制,鼓励企业、非政府组织以及个人等社会主体共同参与进来。在充分发挥政府财政支农、政策性金融、商业性金融与合作性金融作用的前提下,鼓励民间资本以多种方式参与扶贫开发,包括农村基础设施建设、组建新型农村金融机构等,国家对其应适当给予政策优惠。

八是增加基本公共服务供给,加快基础设施建设。根据世界银行的测算,发展中国家基础设施的存量每增长1%,GDP就增长1%。当前,应在增加农村基本公共服务供给的同时,重点加快贫困地区基础设施建设,促进教育、文化等农村公共事业发展,健全农村社会保障体系,提高农村居民社会保障水平。

九是加强金融扶贫的配套政策法规建设。借鉴美国《社区再投资法》和泰国、巴西等国的强制信贷支农政策经验以及城乡差别准备金制度,通过立法或相关政策措施解决农村资金外流及金融资源供给不足问题。通过税收减免、财政补贴等措施,发挥杠杆作用，对金融扶贫参与机构形成正向激励。

  金融扶贫既是金融机构积极为国家扶贫战略服务的充分表现，也是现阶段我国金融发展的重要体现。本课题研究成果是截至目前我国金融扶贫领域金融支持精准扶贫和进一步加大金融支持精准扶贫力度的最新研究成果，主要研究人员都有多年金融工作经验，并参与过金融扶贫工作的多次调研活动，研究成果具有较高的理论水平和可操作性。课题组成员坚持理论指导实践、集中体现我国金融发展为国家扶贫战略服务的宗旨，广泛吸收现阶段有关研究成果和金融机构的做法，并对下一步我国金融机构如何进一步加大参与精准扶贫的力度做了较为深入详细的研究。本课题研究成果可以为我国金融机构进一步做好金融支持精准扶贫工作提供经验借鉴，为相关政府部门和学者以及对金融支持精准扶贫感兴趣的工作人员提供参考。作为抛砖引玉的粗浅研究，也希望广大读者给予批评和指导。

目 录

一、对习近平总书记精准扶贫战略思想的认识 ………………………… 1
  （一）精准扶贫战略思想形成的过程 ………………………………… 1
  （二）习近平精准扶贫思想形成的理论基础 ………………………… 6
  （三）精准扶贫思想的核心、基础与重点 ………………………… 14
  （四）精准扶贫思想的深刻内涵 …………………………………… 20
  （五）精准扶贫思想的精髓与实质 ………………………………… 23
  （六）精准扶贫思想的价值、意义和作用 ………………………… 29

二、我国扶贫工作的发展历史及做法 …………………………………… 35
  （一）新中国成立是解决贫困问题的制度保障 …………………… 35
  （二）改革开放以来我国扶贫工作经历的六个阶段 ……………… 47
  （三）新时期我国扶贫开发的现状、问题及如何精准扶贫 ……… 49

三、我国扶贫资金的来源、构成及管理方式 …………………………… 58
  （一）我国扶贫资金的来源及类型 ………………………………… 58
  （二）农村扶贫资金管理方式 ……………………………………… 62
  （三）我国扶贫资金理论与制度上的疑惑 ………………………… 65
  （四）扶贫政策措施落实和扶贫资金分配管理使用中存在的共性问题 ………………………………………………………………… 72
  （五）扶贫资金运行中存在的问题 ………………………………… 74
  （六）改进扶贫资金管理与使用的措施建议 ……………………… 76

四、我国财政扶贫资金的管理与使用 …………………………… 81

（一）我国财政扶贫资金的来源及使用总体情况 …………… 81

（二）我国财政扶贫资金投入和管理机制及影响 …………… 87

（三）我国财政扶贫资金绩效评价现状 ……………………… 92

（四）精准扶贫战略下的财政资金使用机制 ………………… 96

（五）提高财政扶贫绩效的有关措施 ………………………… 102

五、国际扶贫经验对我国的启示及借鉴 ……………………… 106

（一）针对不同情况采取两种扶贫方式：直接方式和间接方式 … 107

（二）完善的农合组织："农户＋公司"模式减少农户经营风险

…………………………………………………………… 110

（三）小额信贷扶贫的国际经验 ……………………………… 116

（四）易地扶贫搬迁的国际经验及做法 ……………………… 120

六、我国金融扶贫的理论基础、主要做法与制约因素 ………… 129

（一）金融扶贫的理论基础 …………………………………… 129

（二）金融扶贫的内涵 ………………………………………… 133

（三）金融为什么可以精准扶贫 ……………………………… 136

（四）现阶段我国金融扶贫的主要做法 ……………………… 142

（五）金融精准扶贫的现状及存在的主要问题 ……………… 150

（六）我国金融扶贫面临的难点与制约因素 ………………… 154

七、我国金融扶贫的政策体系和组织体系 ……………………… 157

（一）加快我国金融扶贫的政策体系建设 …………………… 157

（二）加强我国金融扶贫的组织体系建设 …………………… 162

（三）我国金融扶贫的金融监管支持政策 …………………… 166

（四）我国金融扶贫的保险保障支持政策 …………………… 171

（五）财政税收政策与金融扶贫的配合举措 ………………… 173

八、我国金融扶贫的货币政策工具与信贷产品创新 …… 178

(一) 我国金融扶贫的货币政策工具创新 …… 178
(二) 我国金融扶贫信贷产品创新 …… 184
(三) 我国金融扶贫易地搬迁中的金融服务与支持 …… 190

九、金融支持精准扶贫多元化融资渠道与贫困地区金融生态环境建设 …… 195

(一) 金融支持精准扶贫多元化融资渠道的拓展 …… 195
(二) 贫困地区金融生态环境建设 …… 198

十、关于我国金融精准扶贫制度安排的建议 …… 204

(一) 金融扶贫的特点与难点 …… 204
(二) 目前金融精准扶贫的政策举措 …… 208
(三) 制度建设是金融扶贫的重要保障 …… 210
(四) 构建面向农户的金融扶贫制度体系 …… 211
(五) 完善以项目为导向的金融扶贫制度 …… 213
(六) 加大金融扶贫制度创新和管理创新 …… 217
(七) 实行差异化金融扶贫政策,促进脱贫攻坚任务完成 …… 226
(八) 大力发展直接融资模式 …… 227
(九) 尽快设立国家专项扶贫开发银行专项履行金融扶贫职能 …… 232
(十) 创新"三位一体"的扶贫新机制 …… 234
(十一) 建立农村扶贫金融组织体系 …… 235
(十二) 高标准选定金融支持项目 …… 235
(十三) 创新农村金融产品和服务方式 …… 236
(十四) 大力推进贫困地区金融生态环境建设 …… 237

十一、改进我国金融扶贫融资模式 …… 238

(一) 加大开发性金融发展力度 …… 238
(二) 精准扶贫实行差别化贷款模式 …… 242
(三) 进一步完善政府性融资担保体系 …… 246

（四）进一步提高金融扶贫的增信机制 ………………… 249

（五）进一步做好金融支持易地扶贫搬迁 ……………… 253

（六）大力推广"互联网＋"金融扶贫模式 …………… 255

参考文献 ……………………………………………………… 258

附件一 中国银行业协会内蒙古察右后旗定点扶贫调研报告……… 282

附件二 中国银行业协会2019年第二季度定点扶贫工作总结 ……… 291

附件三 中国银行业协会2019年第三季度定点扶贫工作情况 ……… 294

后　记 ………………………………………………………… 298

一、对习近平总书记精准扶贫战略思想的认识

（一）精准扶贫战略思想形成的过程

党的十八大以来，以习近平同志为核心的党中央高度重视扶贫开发工作，将其摆在治国理政的突出位置，并作为全面建成小康社会的底线任务纳入"五位一体"总体布局和"四个全面"战略布局，全面实施精准扶贫精准脱贫方略。习近平总书记亲自谋划、亲自推动、亲自督战，首提精准扶贫、系统阐述精准扶贫精准脱贫思想及基本方略，为脱贫攻坚各个方面指明方向、做出部署、提出要求，形成了思想深邃、逻辑严密、内涵丰富的习近平扶贫思想，成为打赢脱贫攻坚战的科学指南和根本遵循。

党的十九大以来，在习近平扶贫思想引领下，全党全国全社会广泛动员，五级书记抓扶贫，改革创新完善脱贫攻坚体系，有力有序推进建档立卡、驻村帮扶、扶贫资金管理、考核评估等重点工作，深入推进各项扶贫政策措施精准落实，脱贫攻坚取得决定性进展，为中国特色社会主义进入新时代做出了积极贡献。

习近平扶贫思想已经成为中国特色社会主义理论创新的最新成果，成为新时代中国特色社会主义思想的重要组成部分。打赢决胜全面小康社会背景下的脱贫攻坚战，必须深入贯彻党的十九大精神，始终用习近平扶贫思想武装头脑，指导实践，推动工作。深刻领会习近平新时代中国特色社会主义思想的重要内容，意义重大，影响深远，特别是指导我国开展金融支持精准扶贫意义重大。

精准扶贫思想不是凭空而来的，其产生、发展一方面是在中国特色社会主义理论体系中进行的，是针对当前经济社会特征等现实状况提出的。另一方面是针对我国扶贫开发工作长期以来存在的贫困人口底数不清、情况不明、针对性不强、扶贫资金和项目指向不准等问题提出的。基于对以

往扶贫工作的反思，2013年11月，习近平总书记在湘西调研扶贫工作时，明确了扶贫工作"要科学规划、因地制宜、抓住重点，不断提高精准性、有效性和持续性"，首次提出了"精准扶贫"概念；提出在新的起点上按照县为单位、规模控制、分级负责、精准识别、动态管理的原则，对每个贫困村、贫困户建档立卡，建立全国扶贫信息网络系统，高位推进专项扶贫与贫困识别相衔接，深入分析致贫原因，逐村逐户制定帮扶措施，集中力量给予扶持。2015年6月18日，在贵州召开的部分省区市党委主要负责同志座谈会上，习近平总书记就加大力度推进扶贫开发工作提出了"六个精准"，即"对象要精准、项目安排要精准、资金使用要精准、措施到位要精准、因村派人要精准、脱贫成效要精准"，进一步丰富了"精准扶贫"的内涵和操作性。2015年，中央政治局召开会议，将习近平总书记提出的精准扶贫上升到国家战略和新时期党的主要任务之一。会议提出，习近平总书记精准扶贫思想是中国共产党和政府今后一个时期对于贫困治理工作的指导思想。会议认为，习近平总书记精准扶贫思想将对中国的扶贫工作起到决定性作用，精准扶贫是新时期我国扶贫工作的新起点，也是提升扶贫开发效果的必然路径选择。

实践是理论之源。马克思主义认为，每一历史时期的观念和思想可以极其简单地用这一时期生活的经济条件以及这些条件决定的社会关系和政治关系来说明。任何一种思想理论都有一个形成过程，这符合马克思主义认识论的一般规律。习近平扶贫思想能够成为有效解决我国新时期贫困问题的指导思想，无疑与他的理想信念铸自贫困农村有关，无疑与他始终作为人民一员的创造性思考有关。他曾深情回忆："15岁来到黄土地时，我迷惘、彷徨；22岁离开黄土地时，我已经有着坚定的人生目标，充满自信。作为一个人民公仆，陕北高原是我的根，因为这里培养出了我不变的信念：要为人民做实事！"这段饱含深情的话语，深刻地揭示了习近平扶贫思想形成的实践来源。

习近平扶贫思想的形成，从实践层面看，既源于他个人的成长经历和长期担任地方主要领导的实践探索，更源于他担任党的总书记后，在长期对贫困演变规律、扶贫开发经验教训的深刻思考的基础上，对我国脱贫攻坚的地位、目标、思路、路径、政策、机制、主体、保障体系等重点难点问题做出了重大判断，进行了系统深入阐述，形成了逻辑严密、内涵丰富的思想体系。其形成发展可以理解为经历了萌芽、实践、形成三个阶段。

一是萌芽于梁家河的插队时期。1969年，习近平主动响应党的号召来到陕西省延安市延川县梁家河插队当知青。7年的插队农村生活，与黄土高原淳朴乡亲同吃同住同劳动的青春岁月，孕育了习近平对贫困群众的深厚感情，成为他长期关注贫困与反贫困的实践根源。这段经历让他深切地了解到什么是中国的农村、什么是老百姓的喜怒哀乐、什么是中国的贫困地区和贫困大众。他对贫困大众的深情和担当，深深融入他的人生追求中。历史唯物主义认为，社会存在决定社会意识，社会意识是社会存在的反映。梁家河的插队经历，形成了习近平扶贫思想的最初萌芽。

二是实践于先后在河北正定县、福建厦门市、福建宁德地区、福建省、浙江省担任领导特别是主要领导职务时期。20世纪80年代，习近平在河北正定县工作，他走遍了全县200多个村子，大刀阔斧改革经济发展模式，大力推行家庭联产承包责任制，带领全县人民一举甩掉"高产穷县"的帽子。在福建省、浙江省工作期间，始终重视和探索帮助落后地区、贫困群众摆脱贫困的有效模式，提出并实践"因地制宜""自力更生"和"内生动力"等。组织开展造福工程、山海协作、向贫困村派驻第一书记等工作，帮助贫困群众脱贫致富。积极贯彻邓小平同志"两个大局"战略思想，开创了东西部扶贫协作的"闽宁模式"。无论是从较为封闭的内陆还是到相对开放的沿海，从经济欠发达地区到发达地区，习近平始终把贫困群众的安危冷暖放在心头，深入思考和探索扶贫开发路径，其反贫困思想在《知之深 爱之切》《摆脱贫困》《展山海宏图 创世纪辉煌——福建山海联动发展研究》《中国农村市场化研究》等一系列著作中均有充分体现。

三是形成于对新时代中国扶贫攻坚的需要的深刻认识。中华人民共和国成立以来，我国的扶贫过程经历了收入分配和社会发展减贫（1949—1978年）、体制改革主导的农村扶贫（1979—1985年）、解决温饱的开发式扶贫（1986—2000年）、巩固温饱的全面扶贫（2001—2010年）、全面小康的精准扶贫（2011年至今）五个发展阶段，在消除贫困方面做出了巨大贡献，积累了丰富的经验。据统计，在习近平总书记提出精准扶贫思想的2016年末，全国还有14个较为特殊困难的地区，这些地区集中成片状分布。此外，全国确定了592个国家级扶贫攻坚重点县、12.8万个贫困村、将近3000万贫困户、4335万贫困总人口。这表明在一定程度上区域性贫困问题仍然没有得到根本性解决,这不得不让我们重新审视:作为一个发展中国家,我们扶贫的正确道路究竟是什么?我们的扶贫路径究竟该如何确定?基于此,习近平总书记在党的十九大报告中系统阐述了新时代中国特色社会主义思想,关于扶贫,他明确提出,"要动员全党全国全社会的全部力量,坚持精准扶贫、精准脱贫",最终做到"脱真贫、真脱贫"。

1949年中华人民共和国成立后,剥削和压迫现象逐步被消灭,社会主义制度确立,为消除贫困奠定了制度基础。中国共产党领导全国人民实行土地改革,对农业、手工业和资本主义工商业进行社会主义改造,开展大规模的社会主义建设,不断探索改善人民生活的道路,短时间内中国的落后面貌焕然一新,人民生活水平有了巨大提升。改革开放以来,改革释放了社会活力,积累了物质财富,为有组织、有计划、大规模的扶贫开发奠定了坚实的物质基础。20世纪80年代中期以来,我国实施有组织、有计划、大规模的扶贫开发,始终坚持把发展作为扶贫开发的基础,把开发作为解决贫困问题的手段,探索出一条政府主导、社会参与、自力更生、开发扶贫的中国式扶贫开发道路。但是,作为世界上最大的发展中国家,缩小城乡和区域发展差距依然是我国发展中面临的重大挑战。特别是贫困人口的结构和分布特征发生了显著变化,虽然绝对贫困大幅减少,但支出型贫困、结构化贫困和深度贫困问题凸显。全面建成小康社会、如期实现第一个百年奋斗目标,贫困问题是最大的短板。这一时期,我国综合实力稳步提升,国家治理能力和治理体系的现代化水平明显提高,经济总量稳居世界第二,科技及其应用日新月异,已经完全具备全面脱贫攻坚的整体实力。人、财、物等方面的积累为开展脱贫攻坚奠定了扎实的物质基础,也创造了物质条件。习近平延续长期以来共产党人消除和缓解贫困的经验,基于当前中国发展的历史条件,将贫困问题摆到了治国理政的首要位置。伟大的实践孕育伟大的思想,共产党人长期以来消除贫困、为人民谋福利的努力为新时期的脱贫攻坚提供了深厚的历史基础,构成了习近平扶贫思想的实践来源。

党的十八大以来,习近平总书记第二次国内考察就去了河北省阜平县看真贫,提出了"消除贫困是社会主义本质要求""两个重中之重""科学扶贫""内源扶贫""精神扶贫"等重要思想。五年来先后30多次国内考察都涉及扶贫,连续5年新年国内首次考察都调研扶贫,14个连片特困地区基本都走遍了，多次发表涉及扶贫开发的重要讲话，主持或参加涉及扶贫开发的重要会议，以强烈的历史担当和改革创新精神，坚持问题导向和目标导向，破解扶贫开发深层次矛盾和问题，深刻阐述了"六个精准"的要求、"五个一批"的路径以及"扶持谁""谁来扶""怎么扶""如何退"四个关键问题，标志着以精准扶贫为核心的习近平扶贫思想体系的形成与成熟。

精准扶贫论述是习近平总书记于2013年11月在湖南湘西考察时首次提出的。随后，习近平总书记又分别在"2015减贫与发展高层论坛"、2015年中央扶贫开发工作会议、中共中央政治局第三十九次集体学习等重要场合多次详细阐发了精准扶贫论述。精准扶贫论述可以概括为"六个精准"和"五个一批"，"六个精准"包括扶贫对象精准、项目安排精准、资金使用精准、措施到户精准、因村派人精准、脱贫成效精准；"五个一批"是发展生产脱贫一批、易地扶贫搬迁脱贫一批、生态补偿脱贫一批、发展教育脱贫一批、社会保障兜底一批。习近平精准扶贫论述提出之后，中共中央办公厅、国务院办公厅于2013年12月18日发布了《关于创新机制扎实推进农村扶贫开发工作的意见》，对精准扶贫进行了顶层设计，是中国推行精准扶贫的第一个重要文件。精准扶贫在中国确定之后，短短几年内已取得了重大进展，例如，根据国务院扶贫办提供的数据，2013—2016年，我国现行标准下的农村贫困人口由9899万人减少至4335万人，农村贫困发生率由10.2%下降至4.5%，这一成果无疑彰显了习近平精准扶贫论述的战斗力和生命力。

习近平精准扶贫论述的提出与他在贫困地区的长期工作实践密切相关。早在1989年论述改革开放和扶贫的关系时，习近平就指出："扶贫资金不搞撒胡椒面，要集90%以上的扶贫资金用于县、乡、村级经济实体，增强实体经济的'造血功能'，要优先支持亿元乡镇、科技示范乡镇、星火计划、副食品供应和出口创汇商品基地，努力创建经济小开发区，把扶贫与区域经济开发结合起来。"另外，习近平还就扶贫策略做出了一系列论述：扶贫资金要相对集中一部分用于扶持乡村集体经济实体，以增强脱贫后劲；发展现代大农业帮助农民脱贫；发展现代大农业离不开以工补农和以工促农；贫困地区吸引外资和对外开放不能仅靠减税，还要进行软环境建设；贫困地区要用开放意识来推动扶贫工作和在扶贫工作中运用开放政策；少数民族贫困地区要结合本地的特点大力发展生产，开发资源和开拓市场并举，要利用政府的帮扶资金增强自身的"造血功能"，科学技术是脱贫致富的关键；成立农户自愿加入的合作组织以解决农户面临的"小生产和大市场"问题；对外出农民工进行职业技能培训以提升他们的知识和技能水平；扶贫要注意增强乡村两级集体经济的实力。习近平这些20多年前的论断至今依然具有很强的生命力和现实指导意义。习近平精准扶贫论述的提出和在中国的实践，意味着瞄准区域的开发式扶贫的根本转变，意味着贫困瞄准目标直接缩小到贫困户以及扶贫政策的多元化和系统化。

（二）习近平精准扶贫思想形成的理论基础

精准扶贫思想是习近平新时代中国特色社会主义思想的重要组成部分，精准扶贫思想的形成是马克思主义与新时代实践相结合的理论创新。因此，其形成背景可归结为以下四个方面：当今世界各国扶贫实践和经验、新时代中国扶贫攻坚的需要、马克思主义列宁主义毛泽东思想中关于扶贫的论述以及中国特色社会主义理论中关于扶贫的论述。精准扶贫思想的形成是马克思主义中国化的创新。习近平精准扶贫思想形成的理论基础可以归结为以下几个方面。

1. 马克思主义的反贫困化思想与理论

马克思最早从制度层面解释了资本主义贫困问题，认为资本主义再生产的唯一目的就是实现资本利润最大化、攫取更多的剩余价值，深刻揭示了资本主义物质生产过程背后掩盖的剥削与被剥削的生产关系，当资本有机构成提高就产生了一系列问题，如相对人口过剩、失业或者半失业便成为资本主义社会的常态化现象，资本主义的再生产却是不以无产阶级的贫困状况为转移的，这种常态化的现象必然导致贫困的产生。在深刻揭露无产阶级贫困根源的基础上，他还构想了消除贫困、消灭阶级的未来理想社会，即人人共享的理想社会——共产主义社会，提出了消除贫困、实现共同富裕的反贫困理想目标。马克思认为，无产阶级贫困从根本上是一种"制度性的贫困"，他就贫困问题总结了以下重要内容：

第一，从历史唯物主义的角度深刻揭示了资本主义制度是无产阶级贫困的主要根源，深刻总结了资本主义社会贫困现象产生的根本原因。马克思认为，在资本主义社会，资产阶级可以自由地拥有无产阶级创造的剩余价值，对于无产阶级来说，平等和自由是不存在的，资本主义的本质就是对无产阶级进行无情的剥削，随着资本的不断积累，将会导致无产阶级进一步贫困化。只有不断提高工人的劳动生产率，才能满足资本家对剩余价值的不断追求，进而实现资本的持续积累。所以，为了在生产过程中榨取更多的剩余价值，减少劳动力及改进生产技术提高生产效率成为资本家获取剩余价值最直接的路径，而这造成无产阶级更进一步贫困化。

第二，马克思通过总结社会历史发展的不同阶段的贫困表现，总结了资本主义社会贫困的特征。从宏观方面来看，当今工人阶级的贫困才是资本主义社会贫困的主要体现，在资本主义社会中，由于为资本家工作的工人和所需的生产资料毫无关系，所以只有依靠自身多出卖劳动力才能换取更多的价值，在经济关系中，贫困的主要对象当然是工人了。从形式上看，贫困表现为绝对贫困和相对贫困。马克思认为在资本主义生产方式下，无产阶级的劳动和财富分离造成了无产阶级的绝对贫困，资本主义制度与资本家对工人创造的剩余价值的剥削行为，激怒了无产阶级。由于生产多少决定分配数量多少，因此，相对贫困的根源在于绝对贫困。从内容来看，资本主义社会的贫困主要体现在缺乏生存手段和社会保护，在物质生活条件方面，大多数工人家庭的生活开支不能满足人们日常的最低需求。在社会福利保障方面，缺乏正规教育、基本医疗保证和社会保障，也是工人处于贫困线的主要表现。

第三，对剥削制度进行摧毁是反贫困的重要制度措施。导致无产阶级贫困的根本原因是资本主义制度，即具有剥削性质的资本主义生产方式，只有将剥削制度摧毁才能使无产阶级摆脱贫困。资本主义的大部分财富都是由无产阶级生产创造的，然而这样的生产方式却剥夺了无产阶级的生活及其自由，同时，无产阶级生产的价值和剩余价值被资产阶级剥夺，无产阶级越是勤奋工作，越是处于贫困中。所以，在资本主义制度的剥削和压迫下，无产阶级无法脱离资本主义统治压迫下的贫困。只有摧毁了整个资本主义生产制度，彻底消灭资本主义生产方式，无产阶级才能摆脱真正的贫困。

第四，解放生产力是反贫困的重要途径。只有不断地对生产力进行提升,才能推动社会进一步发展。因此,生产力是推动社会发展的主导力量。用社会主义制度代替资本主义制度,从而克服资本主义制度的弊病,改变生产力发展的现状。解放生产力使无产阶级的贫困问题得到根本的改变。可以说对生产力的解放,才能真正实现无产阶级对生产资料的占有,彻底消除生产资料所有制导致的无产阶级绝对贫困化。

第五,消除贫困是实现全人类共同发展的最高目标。马克思主义认为消除贫困的主要目标是推翻资本主义剥削制度和压迫制度,以此来争取工人阶级应有的自由和发展。要把资本家对无产阶级的剥削和压迫彻底消除,首先要建立科学社会主义理论,为工人阶级的奋斗提出理论依据和奋斗纲领。

在《共产党宣言》中,马克思主义强调共产主义社会的基本特征是资本主义剥削制度完全消除,建立工人阶级拥有的生产资料制度。在《资本论》中,马克思详尽地证明了资本主义制度被共产主义制度所代替的必然性,并表明共产主义制度完全否定资本主义私有财产,这就意味着共产主义是要建立新的产权制度,在这个制度下,工人阶级是自愿和积极地为社会劳动,人类才可以真正地摆脱贫困,摆脱剥削和压迫,从而开始为整个工人阶级和社会创造财富,从根源上解决贫困问题。

十月革命以后,列宁率先开启了在相对落后国家治理贫困的实践研究。他指出,资本主义对劳动群众的剥夺是导致劳动群众社会贫困和物质贫困的最直接原因。并且他进一步修正了马克思关于社会主义制度下不存在贫困的论断,客观中肯地认为即便是在社会主义制度下,仍然存在贫困的可能,并且用贫困治理的实践表明了经济文化相对落后国家比相对发达国家消除贫困更加重要且迫切,认为只有大力发展生产力才能实现国家的繁荣富强、人民的富足安定。在治理贫穷的道路上,必须依靠群众、发动群众,深入到人民群众中去,才能将这项宏伟大业进行到底。

2. 习近平汲取了中国化的马克思主义扶贫思想

第一,毛泽东的人民共同富裕思想。以毛泽东为代表的第一代党的领导集体对我国贫困问题的探讨主要集中在两个方面。首先,对中国新社会主义发展道路中制度原因导致的贫困问题进行了分析,树立起社会主义可以消除贫困的信念,也可以理解为只有实行社会主义制度才能从根本上消除贫困。其次,对贫困产生的原因以及如何解决进行了分析,从根源上对无产阶级的利益进行了保证,对工农联盟的新形势进行了拓展与保护,积极地领导农民紧跟工人阶级的步伐,共同走社会主义发展道路,通过合作组织和人民公社帮助更多的基层农民群众实现共同富裕,同时将工农联盟拓展和发展社会主义道路紧密联系在一起,只有不断地发展相对落后的经济及文化,才能使国家逐步走上富强和高度文明的道路。但是,由于社会主义道路对许多国家是一种新型的社会制度,需要不断探索。几十年来,长期实施的以阶级斗争为纲并没有消灭贫困。所以,在建立新型的社会主义制度,实施改革开放的大战略下,逐步实现全民富裕的愿望,努力改变贫困的现实状况成为中国共产党的新任务。

第二,邓小平的共同富裕思想以及其他党的领导人的扶贫思想。我国领导人就是在长期的实践和理论探索中,不断找寻一条适合我国国情的"专属"扶贫之路,这也是毛泽东思想的重要组成部分,成了中国共产党领导中国人民摆脱贫困、追求富裕的最初经验总结。在新中国成立后不久,毛泽东同志就开始着手筹划进行以公有制为导向的生产关系变革,进行了社会主义贫困治理的大规模实践,计划通过废除封建土地制度、改造生产资料私有制、农村人民公社化运动等方法,以期在中国建立较为完善的社会主义制度,尽早引领全中国人民走向共同富裕的道路。我国在经历了"文化大革命"后,国家的经济发展极度滞后,人民生活水平持续走低,贫困问题日益严重。为了更好地认识社会主义所处历史阶段的特殊性、深刻认识我国治理贫困问题任务的严峻性和时间的紧迫性,在这样特殊的历史阶段,邓小平同志提出了著名的社会主义初级阶段论,对社会主义的阶段论进行了创新阐释。他认为,我国现阶段的社会主义是初级阶段的社会主义,一切都要从这个实际出发,根据这个实际来制定规划。邓小平同志通过总结中国历史上治理贫困问题的经验教训,提出了全民共同富裕的治理贫困理论,这是极具时代历史烙印的治贫新思想。他通过总结苏联在经济建设方面的经验,为我国的经济发展提供了宝贵的经验借鉴,鼓励一部分人先富起来,通过先富带动后富,最后达到全民共同富裕的目的。在这个过程中,他十分反对搞平均主义,但也强调避免出现严重的两极分化。在20世纪80年代邓小平同志对当时的社会现状进行了深入的分析与概括,认为当时工人阶级处于贫困状态,大部分农村地区也十分贫困,根本没有体现出社会主义制度的优越性。实践证明要建立社会主义制度只能消除剥削阶级基础，消除导致无产阶级贫困的制度根源，但并不意味着这种制度可以消除贫困本身。而改变制度和改变生产关系是消除贫困的必要条件，但不是与贫困做斗争。应从生产力和社会主义政策两个层面分析社会主义贫困的真实原因，对社会生产力发展水平进行客观分析，以及将贫困视为在一定生产力发展水平上的社会现象，并从中得出科学结论，为消除贫困提供依据。

在对以往的历史经验教训进行总结的基础上，邓小平同志认为，中华人民共和国成立后中国存在普遍的贫困现象的原因在于，按照工作分配的原则尚未得到应用，他明确指出："我们致力于社会主义道路，主要目标是实现共同繁荣。然而，中间发展是不可能的。过去大锅饭的平等待遇实际上是落后和混乱的贫困，我们知道这种损失的严重性。"两极分化将会导致人民大众的贫困，搞平均主义也会导致普遍贫穷。社会主义发展的首要目的是帮助全国人民实现共同富裕的伟大目标，而不是任由其发展为两极分化的局势，社会主义的本质就是对生产力的解放和发展，消灭剥削压迫以及两极分化，以实现共同富裕的深远目标。这种概括提出了社会主义顶层的共同财富，并将其定义为社会主义的最终目标和归宿。共同繁荣是消除贫困的目标和基本内容，生产力的解放和发展可以为消除贫困提供相应的物质基础。在消灭剥削的基础上，合理的分工和共同繁荣目标为消除社会主义贫困提供了相应的制度依据和政治保障。

进入20世纪90年代以来，随着我国经济社会的不断发展，人民生活水平的日渐提高，治理贫困问题进入了一个全新阶段，与此同时，治理贫困的难度也随之增大。中央领导集体开始了对新时代治理贫困问题的重新定位与思考。面临新形势、新情况、新特征，必须通盘考虑全局，通过出台一系列涉及教育、医疗、社会保障等领域的新政策和制度，全面统筹推进治理贫困工作。强调从技术革新、保障人权、教育变革、环境治理、控制人口、西部开发等方面开展治贫工作，并付诸实践。这在实现中华民族伟大复兴的历史进程中，不但让大多数人民过上了富裕的生活，而且在带动其他人脱贫致富方面也取得了卓有成效的进展。

进入新的历史时期后，我国的贫困问题呈现出新特点，并发生了明显的变化。中国共产党站在新的历史高度，以全新的视角审视新阶段我国治理贫困工作的实际情况，以科学发展观为导向，确立了坚持以人为本作为科学发展观的核心要义，坚持以解决贫困人民最关心关注的切身利益问题为根本遵循，把扶贫工作的重点放在改善人民群众的物质生活水平、生活质量、提高扶贫对象的综合能力、综合素质上来。提出了构建和谐社会、全面建设小康社会的终极理念，规划了时至2020年，实现人均GDP比前二十年翻两番，超过4000美元；人民的生活质量明显改善；综合国力显著增强等具体目标，同时制定了相应的治理贫困的一系列政策措施，开辟了符合当时国情的治理贫困的新路径，增强了全体人民共同战胜贫困的坚定信心。

经过毛泽东、邓小平、习近平等党和国家领导人一系列治理贫困的实践经验的沉淀和积累，我们党关于治理贫困的思想理论逐步形成。在新时代背景下，习近平新时代中国特色社会主义精准扶贫思想，正是在马克思列宁主义、毛泽东思想扶贫理论和中国特色社会主义扶贫理论的基础上，形成的指导新时代扶贫实践的思想，既是对马克思列宁主义、毛泽东思想和中国特色社会主义的继承，符合当代中国扶贫实践客观规律的需要，又是站在新的历史起点上做出的符合我国国情实际的科学论断。

3. 习近平精准扶贫思想的理论创新

（1）精准扶贫思想强调了追求共同繁荣的社会主义制度的优越性。习近平指出，在全面建成社会主义小康社会的最后一个关键阶段，最重要的就是改变贫困地区长期贫困的面貌。如果这些贫困地区的生活水平没有明显提高，则无法将社会主义的优越性进一步表现出来。所以，应坚持发展邓小平同志的共同富裕论，并提出了精准扶贫精准脱贫这一对策，以实现广大贫困地区的脱贫致富，实现共同富裕。精准扶贫一方面通过推动贫困地区生产力发展与共同富裕相互促进，推动贫困地区整体生产力向前发展，主要从社会主义生产力方面解决贫困地区贫困问题。抓住产业扶贫，推动科技扶贫、教育扶贫、健康扶贫。在生态保护的基础上，推进扶贫战略的进程，将农村基础设施建设进一步完善，有助于我国从"输血式"扶贫向"造血式"扶贫逐步转化，通过精准扶贫，改善贫困地区人民物质生活水平，达到共同富裕的目的，同时，贫困人口生活状况的改变也促进了社会生产力的发展。

(2) 精准扶贫思想对我党"共同富裕"理论的创新

第一,"共同富裕"根本原则是精准扶贫思想产生的理论基础。共同富裕是中国特色社会主义的本质规定、奋斗目标和根本原则,也是中国特色社会主义理论体系中的重要基石。党的十八大重申,中国必须坚持走共同富裕道路。偏离了"共同富裕"原则的导向,中国特色社会主义理论体系的基础就不复存在。习近平曾指出:"消除贫困、改善民生、实现共同富裕,是社会主义的本质要求。"做好扶贫开发工作,支持困难群众脱贫致富,帮助他们排忧解难,使发展成果更多更公平惠及人民,是党坚持全心全意为人民服务根本宗旨的重要体现,也是党和政府的重大职责。精准扶贫就是要求实施精细化的扶贫方式,"从扶贫机制上由主要依赖经济增长的'涓滴效应'到更加注重'靶向性'对目标人群直接加以扶贫干预的动态调整"。因此,习近平精准扶贫思想就是要帮助每一个贫困人口都摸索出适合的致富路线,这正是"共同富裕"理论原则的发展和延伸。

"共同富裕"的思想主要源自以下几个方面的要求:首先是中国共产党执政的性质和宗旨以及全面建成小康社会的根本要求。全心全意为人民服务是我们党的宗旨,党团结带领人民矢志不渝地加快社会主义建设和改革,就是要让人民群众过上好日子。习近平"消除贫困、改善民生、逐步实现共同富裕,是社会主义的本质要求,是我们党的重要使命"的重要论述把扶贫开发、消除贫困提到了新的高度。扶贫开发工作,体现着社会主义的根本价值追求和奋斗理想。2020年全面建成小康社会、实现第一个百年奋斗目标,兑现我们党对人民的庄严承诺,最艰巨的任务和最关键的环节是脱贫攻坚。

第二,是对我党"全面建成小康社会"理论与实践的创新。在2020年完成"全面建成小康社会"的宏伟目标,是党的十八大根据中国经济社会实际做出的重大决策,将为中华民族的伟大复兴奠定坚实基础。如果说"全面小康与中国梦相互激荡,凝聚为全社会的'最大公约数'",扶贫、脱贫则是全面小康的"最后一公里"。当前,中国扶贫脱贫已进入攻坚克难的重要阶段,继续"灌水式""输血式"的传统扶贫模式已难以为继,要确保如期脱贫、杜绝返贫,需要精准化的扶贫思想,促使贫困地区整体脱贫、全面脱贫。精准扶贫是中国扶贫进行到新阶段后的新举措,符合中国国情,也是精准扶贫思想和战略产生的现实要求。

习近平总书记强调，要在2020年实现全面建成小康社会这一宏伟目标，就必须看到"有贫困地区的小康社会，就没有全面建成小康社会"。我们要实现的小康是全体人民的小康，要使社会发展成果更多更公平地惠及全体人民，这就需要助力贫困地区加快发展步伐，逐步缩小贫富之间的差距，让全体人民一道迈进小康社会的大门。扶贫工作是一项十分艰巨的任务，"必须时不我待地抓好扶贫开发工作，决不能让困难地区和困难群众掉队"。习近平总书记在领导我国扶贫工作中，特别关心革命老区和少数民族地区的扶贫开发工作，在革命老区扶贫工作座谈会上指出："我们实现第一个百年奋斗目标，全面建成小康社会，没有老区全面小康，特别是没有老区人口脱贫致富，那是不完整的。"扶贫开发工作的推进对于全面建成小康社会具有极其重要的影响，这就表明了扶贫开发是全面建成小康社会的必然要求。

第三，精准扶贫思想为维护世界和平与发展做出了巨大贡献。首先是改革开放40多年来，中国政府在脱贫中创造了世界奇迹。在精准扶贫思想指导下，我们积极解决贫困问题，这不仅是中国现实发展的需要，也是世界和平发展的需要。减贫这项巨大的民生工程针对的不但是中国一个国家，而是大多数国家都关心的民生问题和贫困问题，更是与世界和平密切相关。习近平总书记的精准扶贫思想不仅指导和影响了中国的减贫工作，而且为"一带一路"国家和世界大多数发展中国家提供了减少贫困的思路和办法。中国精准扶贫一直秉持开放共享，在精准扶贫思想指导下设立亚洲基础设施投资银行，帮助"一带一路"沿线国家脱贫，帮助相对落后的国家逐步完善基础设施，给其他生产力较为低下的国家提供各类援助。中国在以实际行动帮助各个国家的同时，也提高了自我发展能力，主动将世界减贫工作视为我国自己应该主动承担的一份责任，并将中国智慧带向全世界，为世界的和平发展贡献了一份力量。

其次是对全球反贫困理论与实践的最新贡献。我国目前正在走向世界舞台中心，承载着国际社会的期待。2015年9月世界各国领导人在联合国峰会上通过了《2030年可持续发展议程》，该议程涵盖17个可持续发展目标，其中要求各国致力于消除一切形式的贫穷。我国作为人口最多的发展中国家，重视并积极稳妥地采取各项措施落实该议程。习近平扶贫理论与实践是人类历史的伟大创举，具有人类发展的普遍意义。以脱贫攻坚方式，集全国之力在2020年解决绝对贫困问题,这将继续保持我国扶贫开发的领先地位,充分体现了全球最大发展中国家履行大国责任的决心和承诺,为落实联合国可持续发展议程做出示范。

(三) 精准扶贫思想的核心、基础与重点

1. 精准化理念是精准扶贫思想的核心

扶贫工作贵在扶真贫、真扶贫,少搞一些面子工程,多搞一些惠及广大贫困人口的实事。多年来,中国扶贫工作不论是在贫困人群的识别,或在扶贫政策的制定实施上,都缺乏精细化的工作理念。自20世纪80年代中期开始,中国政府的扶贫单位是县级贫困区域;2001年转向15万个村级贫困区域;2011年划定了14个集中连片特困地区进行重点扶贫。农村扶贫的主要特点是区域瞄准,但没有识别到户。这种扶贫模式在短期内集中了政策和资金资源,能够切实帮助部分贫困人口脱贫,或创造部分贫困群体脱贫的硬性基础设施条件。但"大水漫灌"后,贫困地区有两类现象值得关注:一是一直未实现脱贫的群体,或是不适应同质性的扶贫政策,或是自身根本不具备脱贫的能力素质等,这类群体往往就是现阶段的重点关注目标,难度较大;二是一度脱贫后又返贫的群体,或因病或因经营不善等,此类现象极其寻常,导致扶贫工作成效不持久,显得重复而又低效率。习近平的精准扶贫思想正是在总结数十年扶贫工作经验、教训的基础上,并根据目前中国贫困群体状况所提出的针对性措施。精准扶贫包括了精准识别、精准帮扶、精准管理和精准考核,其核心要义就是精准化理念,要求将精准化理念作为扶贫工作的基本理念,贯穿扶贫工作的全过程。

2. 分批分类理念是精准扶贫思想的基础

习近平在2015年详细论述了其分批分类扶贫理念,并概括为"四个一批",即"通过扶持生产和就业发展一批,通过移民搬迁安置一批,通过低保政策兜底一批,通过医疗救助扶持一批"。通过扶持生产和就业发展一批,就是要加强业务培训和培育计划,因地制宜地制定特色扶持政策、机制,帮助一批具备软硬件基本条件的群体迅速脱贫;通过移民搬迁安置一

批，就是针对部分因居住地自然条件恶劣等因素、不具备扶贫脱贫的基本自然资源的贫困群体，有计划性地移民搬迁，安置到自然条件相对较好的居住地，并继续实施帮扶直至脱贫；通过低保政策兜底一批，就是针对部分劳动能力低下，或是丧失劳动能力的贫困人群，不再以就业培训为主，而是果断通过低保等民政救助的方式保障其基本生活；通过医疗救助扶持一批，就是帮助部分群体缓解医疗压力，杜绝因病致贫增加贫困人口，也防止因病返贫使得扶贫工作倒退。

3. 精神脱贫理念是精准扶贫思想的战略重点

扶贫先扶志，不论造成贫困的是何种直接原因，精神贫困始终是主观上的首要根源。精神贫困首先体现在缺乏脱贫致富的勇气、信心等主观意愿。树立脱贫信心、营造脱贫环境，帮助贫困群体充分认识到自身优势以及主观能动性的重要性，拿出敢想敢干的毅力和决心，在精神上与贫困绝缘，是习近平精准扶贫思想的战略重点。习近平精神脱贫理念的最重要体现就是大力发展乡村教育的观点。习近平指出，到2020年稳定实现扶贫对象不愁吃、不愁穿，保障其义务教育、基本医疗和住房，是中央确定的目标。其中，"把贫困地区孩子培养出来，这才是根本的扶贫之策"。2015年6月，中央全面深化改革领导小组第十一次会议中提到：发展乡村教育，让每个乡村孩子都能接受公平、有质量的教育，增强贫困地区的自我发展能力，阻止贫困现象代际传递。随后，国务院印发《乡村教师支持计划（2015—2020年）》，对未来几年的乡村教育发展做出了纲领性指导意见。

4. 精准化理念是精准扶贫的核心要义

（1）完成精准扶贫任务的核心是做到"六个精准"

早期的区域瞄准性扶贫导致贫困地区内部收入差距拉大，局部矛盾凸显。因此，推行科学有效的精准化扶贫政策势在必行。习近平主张从农村的实际情况出发，运用科学有效的方法，精准识别帮扶对象，摸清致贫原因，因地制宜、分类施策，实现精准扶贫、精准脱贫。具体而言，就是要做到"六个精准"。

一是扶持对象精准，要解决以往扶贫对象不确定、不精准的问题。一直以来，我国扶贫瞄准机制都在区域、县、村的层面，没有直接对准贫困户和贫困人口。而自2014年4月起,通过村民民主评议等多维评估方法,综合贫困人口的收入与支出情况,在农村大规模进行建档立卡,精准识别出贫困户、贫困人口,并通过开展建档立卡"回头看"补录和严格的否定性指标等办法退出一部分贫困户,使最需要帮助的人口得到帮扶。

二是项目安排精准,要解决以往扶贫项目安排不合理、不精准的问题。"项目下乡"是推动农村经济发展、帮助贫困人口脱贫的有效动力,但是,若项目安排与贫困人口的脱贫需求、当地的经济社会发展需求不适应,则不会得到足够的重视,并导致许多项目安排失效。项目安排精准要求以问题和需求为导向,瞄准贫困人口的差异化需求,精准安排扶贫项目,实现项目的精准落地,保证扶贫项目惠及大多数贫困群众。

三是资金使用精准,要解决扶贫资金使用不精准、效率低下和资金管理不到位的问题。"格式化"的资金管理方式,使基层政府部门缺乏资金使用的自主权,往往导致资金拨付不及时,影响扶贫项目配备,大大降低了扶贫资金的使用效率。为了把扶贫资金用在刀刃上,就需要整合扶贫资金、合理分配资金、有效监管资金,全方位发挥扶贫资金保基本、兜底线与促公平的重要作用。最重要的就是要改革扶贫资金管理体制,赋予基层政府一定的资金管理权限,满足千差万别的扶贫户需求,同时加大投资教育事业、医疗事业和社会保障支付,使创收项目精准落地生根。

四是措施到户精准,要解决以往我国扶贫措施不到户、单一化等不精准的问题,重点在于探索和建立差异化的贫困人口受益机制。依据致贫原因,按照"五个一批"的基本要求,做到一户一对策,精准施策。发展生产脱贫一批,要求通过扶持贫困地区产业实现贫困人口的就业,使贫困人口在产业发展中脱贫致富;易地搬迁脱贫一批,要求对于生活的自然条件十分恶劣、资源相当匮乏地区的人口,实行易地搬迁、重新安置;生态补偿脱贫一批,要求为生态脆弱地区的贫困人口安排护林员等公益岗位,将扶贫与生态保护相结合,达到保护生态与脱贫致富的双重目标;发展教育脱贫一批,要求通过提高贫困人口的思想道德素养和掌握先进科学文化知识来实现贫困人口脱贫致富的目的;社会保障兜底一批,要求对于残疾人、孤寡老人、长期生病者等特殊群体,运用低保、养老等社会保障制度来使这些特殊群体维持基本生活。

五是因村派人精准,主要解决以往扶贫过程中农村基层党组织涣散、战斗力不强的问题，目的在于增强村级干部的扶贫能力。考虑到贫困农村经济社会发展相对落后，干部队伍受教育程度较低，贫困治理能力较弱，中央提出，要通过选派政治立场坚定、品行端正、业务素质较高、勤政为民的优秀干部到贫困地区开展驻村协助管理工作，扭转贫困农村干部能力弱、人力资源匮乏的局面。这为精准识别贫困户并规范建档立卡工作以及下一步工作的开展奠定了人才基础。

六是脱贫成效精准，要解决扶贫成效不明确、脱贫退出机制不完善的问题。精准脱贫实效是检验精准扶贫理论和实践的标尺。自精准扶贫战略提出以来，中央和地方十分重视脱贫成效的精准。在坚持我国制度优势的基础上，通过"五个一批"工程广泛动员全社会力量参与到扶贫工作中，营造新的"政府、社会、市场协力推进"的大扶贫格局。同时，用最严格的考核评估制度，加强社会监管和扶贫群众对扶贫工作的满意度调查，引进第三方评估机制对脱贫成效进行全方位评估，从而有效杜绝"数字脱贫"等弄虚作假现象的发生，确保贫困人口的后续生计。

（2）解决好"四个问题"是精准扶贫的重中之重

精准扶贫工作是补民生短板的重点工作，当前容易的工作基本完成了，剩下的都是难啃的硬骨头。在如何有效啃下这些硬骨头的问题上，习近平指出，要处理好"扶持谁""谁来扶""怎么扶""如何退"四个问题。

首先，要解决好"扶持谁"的问题。扶贫对象要选准、选对，确保扶贫项目和资金真正用到贫困地区，就要以科学、有效、民主的方式把贫困人口、贫困户识别出来，做到"扶真贫"。通过大数据等技术分析手段精确找准贫困症结，精准识别贫困人口，依据致贫原因建档立卡，并依据建档立卡户的致贫原因分类施策，使贫困人口可持续脱贫。

其次，要解决好"谁来扶"的问题。精准扶贫是一项复杂的民生工程，关系到贫困人口的前途和命运，全社会力量都应该参与到扶贫工作中来。一是要明确责任分工，强化"中央统筹、省负总责、市县抓落实"的工作机制；充分发挥县级党委统领全县脱贫攻坚的作用，"县委书记要统揽脱贫攻坚，统筹做好进度安排、项目落地、资金使用、人力调配、推进实施"。二是重点做好村级精准落实扶贫政策的工作。村级干部在开展扶贫工作中起着承上启下的作用。因此，增强贫困村干部业务素质是首要任务，并加强外援，选派业务精、品行端的干部到农村去开展帮扶工作。

再次,要解决好"怎么扶"的问题。长期以来,制约国家减贫实效的主要原因是底数不清、情况不明。而2014年精准扶贫的"一号工程"——建档立卡工作在全国展开,多轮精准扶贫"回头看"之后,建档立卡的精准度大大提升。建档立卡的"大数据库"不仅精准找到了贫困人口,解决了"扶持谁"的问题,也为"怎么扶"问题提供了信息基础。从建档立卡数据来看,贫困人口的致贫因素呈多元化趋势,单项的扶贫政策干预已不适应时代的需求,减贫政策需要适应多元化需求,时代呼唤更加多元的政策措施来切实解决"怎么扶"的问题。为此,习近平提出"五个一批"的减贫方略,通过特色产业扶贫、转移就业脱贫、资产收益扶贫、易地搬迁脱贫、生态保护扶贫、教育扶贫、健康扶贫、兜底保障,建立需求导向的扶贫行动机制。用产业长效"造血",教育和技能培训双管齐下,全方位提升贫困人口能力,达到扶智、扶志、扶技的目的。

最后,要解决好"如何退"的问题。扶贫的最终目的就是脱贫,但是在扶与脱的过程中,许多矛盾和问题逐渐暴露出来。国务院扶贫办开展建档立卡"回头看"工作,着力解决因规模分解不当、标准把握不合理、没有整户识别等问题,确保扶贫开发数据的精确性、真实性和有效性,从而做到真扶贫、扶真贫。通过"回头看",贫困人口的识别瞄准有效性得到了提高,但是在全国实施精准扶贫的大环境下,"帮富不帮穷"的现象在个别地方仍然存在。因此,2017年6月,国务院扶贫办组织各地全面启动了扶贫对象动态调整工作,取消了规模控制,把"严、实、准、细"的要求贯穿于扶贫对象动态管理全过程,重点解决"两该两不该"问题,把已经脱贫的人口退出去,把符合建档立卡条件但遗漏在外的贫困人口和返贫人口拉进来,力争实现"应退尽退、应纳尽纳、应扶尽扶",为精准脱贫打下坚实的基础。

(3)新发展理念引领精准扶贫发展实践

在经济发展新常态下,精准扶贫工作需要新发展理念的指导,新发展理念对"十三五"时期的脱贫攻坚和全面建成小康社会具有重大的指导意义。创新发展是精准扶贫的驱动力,协调发展能有效解决精准扶贫工作中的公平、公正问题,绿色发展可以保证精准扶贫的可持续性,开放发展能拓宽精准扶贫的交流平台,共享发展为精准扶贫凝聚广泛的社会共识。

一是创新发展注重培育扶贫的新动力。创新发展秉持"周虽旧邦,其命维新"的中华文明传统，主要致力于解决创新能力不足、发展动力不强劲的问题。创新理念能够为精准扶贫工作解决发展动力不足的问题，通过创新理念激发扶贫主体的创新活力，实现扶贫举措的创新。

二是协调发展推动精准扶贫资源平衡运用。协调发展理念要求精准扶贫工作注重各种扶贫主体的系统性、协同性，注重扶贫的持续性，"在发展中补齐民生短板"，努力缩小东西部、城乡之间的发展差距，推动贫困地区经济与社会发展、物质文明与精神文明建设同步，实现战略上的协调、产业上的协调、素质的协调、体制机制的协调、政策之间的协调。

三是绿色发展构筑精准扶贫的生态屏障。绿色发展传承"天人合一，道法自然"的中国智慧，将绿色发展理念贯穿到产业扶贫项目实施中，能够使保护生态和发展产业协同推进，可以有效地保障贫困地区的可持续发展。

四是开放发展拓展精准扶贫的国际交流空间。开放发展吸取"盛世开放，衰世封闭"的历史经验，全面增强开放的气度和自信。在全球化的背景下，开放发展理念可以使精准扶贫与国际接轨，尽可能地获得国际力量的支持，并与其他国家进行交流合作。

五是共享发展推进精准扶贫的成果精准受益。共享发展坚持以人民为中心的发展思想，坚持把蛋糕做大和分配好并举，精准扶贫的红利要使全体贫困人口共享，这样才能实现全社会的公平正义。

(4) 加强组织领导是实施精准扶贫的保证

精准扶贫各项政策措施要精准到位，就要使人员到位、责任到位、工作到位、效果到位，这就要求在扶贫工作中贯彻落实政治意识、大局意识、核心意识、看齐意识，抓住意识形态的领导权，形成"中央统筹、省负总责、市县抓落实"的工作机制，明确责任、各负其责、合力攻坚，才能取得良好的扶贫效果。

一是精准扶贫工作要加强工作第一线的组织领导。要使政策落地生根，关键在人。向贫困村派第一书记、驻村工作队，鼓励大学毕业生到贫困村去当村官，"要培养造就一支懂农业、爱农村、爱农民的'三农'工作队伍"，各地要在选人用人上下功夫，否则有资金也不能真正把精准扶贫工作落实好。

二是实施严格的考核评估，以精准监督助推精准扶贫。精准扶贫工作具有长效性,非一朝一夕之功,需要真抓实干,容不得半点虚假。涉及利益的时候,没有严格有效的监管体制,扶贫资金和财物会出现缩水。因此,必须要管好、管住扶贫资金和财物的投入,使其能按时发放到贫困人口的手里,发挥扶贫物资最大的效用。

(5) 精神脱贫是实施精准扶贫的战略重点

"贫困者贫困的实质是缺乏获取物质资源的能力以及获取这种能力的权利。"只有让贫困人口有了脱贫致富的意识,才能帮助其增长脱贫致富的能力。"扶贫先扶志",只有贫困者自己相信可以通过辛勤劳动致富,才会尽全力去增强自身能力,才能达到真正摆脱贫困的目的。精神脱贫必须通过加大贫困地区的公共文化设施建设投入、推动乡风文明建设、扩大教育投入等方式来实现。正所谓"一技在手,终身受益",让贫困地区的孩子也有在知识的海洋里遨游的机会,让他们也能通过自己的努力走向外面更广阔的世界。加大技能培训,让贫困人口可以有一技之长,才能使贫困人口彻底脱贫不再返贫。

以上几个方面是习近平精准扶贫观的核心、基础和重点内容。党的坚强领导和社会主义集中力量办大事的制度优势是习近平精准扶贫观产生的政治保障。在这一宏大的扶贫体系中,要做到"六个精准"、实施"五个一批"工程、解决"四个问题",最终要增强贫困人口的内生动力,实现全面可持续性脱贫。

(四) 精准扶贫思想的深刻内涵

精准扶贫战略的核心内涵体现在精准识别、精准帮扶、精准管理和精准考核这四大目标任务之中。精准识别,回答精准扶贫"扶持谁"的问题,是精准扶贫战略的基础,包括对贫困户的精准识别和对致贫原因的精准识别,前者是指要把贫困者平等且无遗漏地纳入扶贫体系,精确到村到户到人,后者则是指要找准贫困的"病根"并对症下药。精准帮扶和精准管理,解决"谁来扶"和"怎么扶"的问题。在完成精准识别任务后,要对致贫根源展开深入分析,进而落实帮扶责任人和其他扶贫主体,逐村逐户制订帮扶计划,并集中力量予以扶持。精准管理是精准识别和精准帮扶的制度保障,体现在宏观和微观两个层面。宏观层面是指建立自上而下的精准扶贫机制，中央、省级和市（地县级）要各司其职并相互配合；微观层面则是指对贫困户进行全方位、全过程的监测，做到有进有出，动态管理。精准考核，对应精准扶贫的落实问题，指的是对贫困户和贫困村识别、帮扶、管理的成效，以及对贫困县开展扶贫工作情况的量化考核，并依据考核结果奖优罚劣，具体包括精准扶贫政策实施评价、扶贫开发效果评价、群众满意度评价等内容，全面、系统、准确理解习近平扶贫思想体系及其丰富内涵，具有重要的理论实践意义。

第一，精准扶贫思想的实质与核心。扶贫即通常所说的反贫困，对于扶贫的理解，最通俗的说法是帮助贫困者脱离贫困状态。贫困的内涵应当与时俱进地理解和界定，应当超越收入范围，不能仅仅指收入低下和生存状况受到威胁等，应当包括能力缺乏、健康状况差、缺乏医疗保健、缺少机会和权利等内容。精准扶贫的核心内容是做到"真扶贫、扶真贫"，其实质是使扶贫资源更好地瞄准贫困目标人群。因而，精准扶贫主要由两部分内容构成，即贫困人口识别和扶贫资源（资金、项目）瞄准。贫困人口识别主要是通过一系列扶贫工作机制、程序、工具等，将具体的贫困人口准确辨别出来，并通过建立扶贫信息网络系统对贫困人口进行动态管理。扶贫资源瞄准则是在贫困人口有效识别的基础上，以一定方式投入扶贫资源，推动目标区域经济发展和目标人群脱贫致富。精准扶贫的最终目的在于减少贫困人口和消除贫困，即通过扶贫资源的有效使用使贫困人口稳定脱贫致富和提高生活质量。然而，从扶贫效果看，扶贫资源更好地瞄准贫困目标人群是一个世界性难题。精准扶贫中的"精准度"在不同国家（地区）或同一国家（地区）的不同发展阶段也存在差异。与之相对应，各国扶贫治理体系和政策也存在差异。发达国家贫困人口少、国家财政能力强，在贫困瞄准上通常采取的是高福利的普惠性政策，从而在减贫上获得了较高的瞄准精度。发展中国家由于贫困人口众多、国家财政能力有限，往往采取选择性瞄准并建立相应的减贫干预体系。精准扶贫在国家不同发展阶段中贫困瞄准方式也会有所变化。如改革开放以来，我国在不同发展时期选取了片区瞄准、县级瞄准、村级瞄准等多种贫困瞄准方式。不难看出，精准扶贫的内涵在于通过系列贫困人口识别机制对具体贫困人口进行有效识别和动态管理，深入分析致贫原因，并对识别出来的贫困人口和贫困农户实施具体、有针对性的扶贫措施。在扶贫效果上，强调以消除全部贫困人口作为精准要求。发展中国家由于贫困人口众多、政府财政能力有限等原因，难以做到贫困人口资源全覆盖，而采取以区域瞄准为主的选择性瞄准，并建立相应的扶贫治理体系。在扶贫效果上，精准扶贫的外延追求的是贫困人口规模稳步减少的"精准"要求。

第二，精准扶贫的微观内涵。习近平总书记所说的"六个精准"，具有微观层次上的精准扶贫要求与特点。微观层次上的精准扶贫要求，主要是具体扶贫行为的整体性系统性设计与实施，如扶贫对象识别、判断与评价的精准化，扶贫项目设置的精准化，扶贫活动的要素组合精准化，扶贫活动的相关主体组合及权责利关系界定，具体扶贫活动内容与过程的精细化，扶贫成效的精准化等。具体包括：一是产业层次的精准扶贫。扶贫首先是个经济问题，需要从经济上寻找出路，因此，通过利用贫困地区的各种资源条件来发展产业，不仅是扶贫的首选，也是最为根本的出路所在。没有产业支撑的脱贫是比较脆弱的。然而，贫困地区的产业发展并非易事，不管是对贫困地区资源的分析判断，还是对所要发展的产业进行选择，以及各个利益相关主体之间确定怎样的权责利关系，在市场经济条件下，都有一个制度设计、组织设计、管理设计等方面的最优化要求，也就是精准要求或精准标准。二是一定区域范围内的精准扶贫。一般来说，贫困往往具有一定的区域性。就目前而言，扶贫对象多以村为单位来对待，因此，应以村为基本单元进行中观考察分析。其实，区域性的精准扶贫往往是与相应的产业相联系的，区域内的关系，在经济上就是各种经济活动的联系，就是各种资源利用中的联系。所以，扶贫产业发展也就必定是一定区域内的产业发展，是区域内的各贫困户贫困人口之间的一种共同行为。

第三，精准扶贫的宏观内涵。精准扶贫的宏观内涵是精准扶贫思想中的重要内容，如果没有宏观意义上的精准扶贫，则微观意义上的精准扶贫就可能无法最终完成自己的使命。如全面摘除贫困县帽子，实现全面小康社会对所有贫困地区与人口的全覆盖，区域性整体脱贫等方面的内容与要求，就是精准扶贫宏观内涵最主要的表现。宏观要求包括：一是时间上的宏观精准，到2020年必须完成精准扶贫任务；二是对象上的宏观性，如全国591个贫困县全部摘帽；三是关系上的宏观精准，贫困片区的整体性脱贫更加具有宏观意义；四是内容上的宏观性。贫困体现为个体性，但大多与区域性相关，贫困的难题在于它的区域性或片区性，从而使得贫困不仅表现为经济问题，更表现为复杂的社会问题和政治问题。因此，精准扶贫实际上包括了贫困片区的整体脱贫。而且，也只有在片区上和整体上脱贫，才能够拔除贫困的区域性、片区性根子。

（五）精准扶贫思想的精髓与实质

1. 正确理解习近平扶贫思想需要搞清楚的几个问题

习近平精准扶贫思想博大精深，是马克思主义反贫困理论的中国化发展，也是我党自中华人民共和国成立以来消除贫困的理论创新和实践总结，具有新时代的特征，正确理解习近平精准扶贫思想的深刻内涵必须搞清楚以下几个问题。

第一，什么是精准扶贫。精准扶贫是粗放扶贫的对称，是指针对不同贫困区域环境、不同贫困农户状况，运用科学有效程序对扶贫对象实施精确识别、精确帮扶、精确管理的治贫方式。一般来说，精准扶贫主要是就贫困居民而言的，谁贫困就扶持谁。2015年10月16日，习近平在"2015减贫与发展高层论坛"上强调，中国扶贫攻坚工作实施精准扶贫方略，增加扶贫投入，出台优惠政策措施，坚持中国制度优势，注重"六个精准"，坚持分类施策，因人因地施策，因贫困原因施策，因贫困类型施策，通过扶持生产和就业发展一批，通过易地搬迁安置一批，通过生态保护脱贫一批，通过教育扶贫脱贫一批，通过低保政策兜底一批，广泛动员全社会力量参与扶贫。

第二，为什么要精准扶贫。我国扶贫开发始于20世纪80年代中期，通过近30年的不懈努力，取得了举世公认的辉煌成就，但是，长期以来贫困居民底数不清、情况不明、针对性不强、扶贫资金和项目指向不准的问题较为突出。相当长的一段时间内，我国各级政府对贫困居民规模、分析贫困发展趋势不是很科学，在具体工作中对"谁是贫困居民""贫困原因是什么""怎么针对性帮扶""帮扶效果怎样"等问题把握不好。由于全国没有建立统一的扶贫信息系统，因此对于具体贫困居民、贫困农户的帮扶工作就存在许多盲点，一些真正的贫困农户和贫困居民没有得到帮扶。

精准扶贫的背面是粗放扶贫。长期以来，由于贫困居民数据来自抽样调查后的逐级往下分解,扶贫中的低质、低效问题普遍存在,如贫困居民底数不清,扶贫对象常由基层干部"推估"(推测估算),扶贫资金"天女散花",以致"年年扶贫年年贫";重点县舍不得"脱贫摘帽",数字弄虚作假,挤占浪费国家扶贫资源;人情扶贫、关系扶贫,造成应扶未扶、扶富不扶穷等社会不公,甚至滋生腐败。表面上看,粗放扶贫是工作方法存在问题,实质上反映出的是干部的群众观念和执政理念的大问题,不可小觑。

现行的扶贫制度设计存在缺陷,不少扶贫项目粗放"漫灌",针对性不强,更多的是在"扶农"而不是"扶贫"。以扶贫搬迁工程为例,居住在边远山区、地质灾害隐患区等地的贫困户,一方水土难养一方人,是扶贫开发最难啃的"硬骨头",移民搬迁是较好的出路,但是,因为补助资金少,所以,享受扶贫资金补助搬出来的多是经济条件相对较好的农户,贫困的特别是最穷的农户根本搬不起。新村扶贫、产业扶贫、劳务扶贫等项目,受益多的主要还是贫困社区中的中高收入农户,只有较少比例贫困农户从中受益,且受益也相对较少。

精准扶贫就是要解决钱和政策用在谁身上、怎么用、用得怎么样等问题。扶贫必须要有"精准度",专项扶贫更要瞄准贫困居民,特别是财政专项扶贫资金务必重点用在贫困居民身上,用在正确的方向上。扶贫要做雪中送炭的事,千万不能拿扶贫的钱去搞高标准的新农村建设,做形象工程不能实现扶真贫。贫困区域的发展,应主要使用财政综合扶贫资金和其他资金。

第三,精准扶贫的标准。按照政府规定,年人均纯收入2800元以下的属于贫困人口,目前,我国有14个片区、592个贫困县、12.8万个贫困村,这些地区大多交通不便,基础设施和公共服务条件较差。扶贫工作要从解决突出问题入手,建立有内生动力、有活力,能够让贫困人口自己劳动致富的长效机制。中国的贫困人口全部脱贫,在中国具有划时代的意义,在国际上也有典型意义。刘永富表示,中国扶贫取得的成就是举世瞩目的,中国减贫的经验也是国际期盼了解的热点内容。中国是最大的发展中国家,贫困人口比较多,通过社会主义制度,通过党的领导,通过全社会的动员,在全世界能够做出一个成功的"中国样板"。

2. 精准扶贫我们应该怎么做

坚定走精准扶贫之路建设好全面小康社会。精准扶贫是扶贫开发工作中必须坚持的重点工作。2015年习近平总书记在贵州调研时就加大力度推进扶贫开发工作提出了"四个切实"的具体要求：一是要切实落实领导责任；二是要切实做到精准扶贫；三是要切实强化社会合力；四是要切实加强基层组织。他强调，特别要在精准扶贫、精准脱贫上下更大功夫，具体就是要在扶持对象精准、项目安排精准、资金使用精准、措施到户精准、因村派人（第一书记）精准、脱贫成效精准上想办法、出实招、见真效。

精准扶贫是新时期党和国家扶贫工作的精髓和亮点。党和国家一直十分关心和重视扶贫工作，虽然进入21世纪以来，中国经济腾飞发展，人民生活水平不断提高，但扶贫开发工作依然面临十分艰巨而繁重的任务，已进入啃硬骨头、攻坚拔寨的冲刺期，对党和国家的扶贫工作提出了新的要求和挑战。精准扶贫正是以习近平同志为核心的党中央治国理政方略中对新时期扶贫工作新挑战与新要求的积极应对和正确指引。

精准扶贫是全面建成小康社会、实现中华民族伟大"中国梦"的重要保障。扶贫工作的重要意义在于帮助贫困地区人民早日实现伟大的"中国梦"。习近平总书记多次强调，消除贫困、改善民生、实现共同富裕，是社会主义的本质要求；没有农村的小康，特别是没有贫困地区的小康，就没有全面建成小康社会。在神山村，习近平总书记对乡亲们说，我们党是全心全意为人民服务的党，将继续大力支持老区发展，让乡亲们的日子越过越好；在扶贫的路上，不能落下一个贫困家庭，丢下一个贫困群众。这就要求我们必须坚定地走精准扶贫之路，坚持因人因地施策、因贫困原因施策、因贫困类型施策，让贫困地区人民情愿、主动、自信、坚定地走上脱贫致富的道路，早日建成全面小康社会，实现中华民族的伟大复兴。

坚决打赢脱贫攻坚战。2017年10月18日，习近平同志在十九大报告中指出，要动员全党全国全社会力量，坚持精准扶贫、精准脱贫，坚持"中央统筹""省负总责""市县抓落实"的工作机制，强化党政一把手负总责的责任制，坚持大扶贫格局，注重扶贫同扶志、扶智相结合，深入实施东西部扶贫协作，重点攻克深度贫困地区脱贫任务，确保到2020年我国现行标准下农村贫困人口实现脱贫、贫困县全部摘帽，解决区域性整体贫困，做到脱真贫、真脱贫。

3. 精准扶贫的指导思想

消除贫困是社会主义本质要求的思想。消除贫困、改善民生、实现共同富裕，是社会主义的本质要求，是我们党的重要使命。贫穷不是社会主义。如果贫困地区长期贫困，面貌长期得不到改变，群众生活长期得不到明显提高，就无法体现出我国社会主义制度的优越性，那也不是社会主义。这些论述体现着社会主义的根本价值追求和奋斗理想，是社会主义的题中应有之义。这一重要思想是对马克思主义价值观的坚守和捍卫，更是对它的发展。学习习近平扶贫思想，首先要从政党性质、执政责任、巩固制度的高度深刻理解，增强使命感责任感。

农村贫困人口脱贫是全面建成小康社会最艰巨任务的思想。小康不小康，关键看老乡，关键在于贫困的老乡能不能脱贫。农村贫困人口如期脱贫、贫困县全部摘帽、解决区域性整体贫困，是全面建成小康社会的底线任务，是我们党对人民做出的庄严承诺。这些论述深刻指出，全面建成小康社会，不仅要从总体上、总量上实现小康，更重要的是让农村和贫困地区尽快赶上来，逐步缩小这些地区同发达地区的差距，让小康惠及全体人民。这是实现全面建成小康社会目标的现实需要，更是社会主义共同富裕目标的基础和前提。这一重要思想深刻阐述了扶贫开发工作的重要性、紧迫性，要进一步增强做好扶贫开发工作的紧迫感，以更加明确的目标、更加有力的举措、更加有效的行动，坚决打赢脱贫攻坚战，确保全面建成小康社会的成色。

精准与科学扶贫的思想。推进扶贫开发、推动经济社会发展，首先要有一个好思路。继续加大贫困地区基础设施建设力度。把贫困地区孩子培养出来才是根本的扶贫之策。要因地制宜，发展特色经济。实行易地搬迁。扶贫开发要与生态环境保护相结合。编织好"社会安全网"。这些论述阐述了扶贫开发、脱贫攻坚的深刻内涵，为提高扶贫开发工作水平和效果指明了方向，提供了指南。这一重要思想，从提高扶贫工作科学性的角度出发，阐述了扶贫脱贫的总体思路和实现途径，体现出习近平作为党和国家领袖对国家贫困现状的深入了解，对扶贫开发历史经验教训的深刻总结，是对现实做深入细致思考后的务实选择。

扶贫开发推进到今天这样的程度，贵在精准，重在精准，成败之举在于精准。要找准"穷根"、明确靶向，量身定做、对症下药，真正扶到点上、扶到根上。要坚持精准扶贫、精准脱贫。要打牢精准扶贫基础，通过建档立卡，摸清贫困人口底数，做实做细，实现动态调整。要提高扶贫措施有效性，核心是因地制宜、因人因户因村施策，突出产业扶贫，提高组织化程度，培育带动贫困人口脱贫的经济实体。扶贫小额信贷、扶贫再贷款等政策要突出精准。这些论述体现了党的十八大以来以习近平同志为核心的党中央对扶贫开发工作的新部署新要求，体现了现阶段我国以攻坚战方式解决贫困问题这一突出特征，更是对过去"大水漫灌"等不精准扶贫工作方式方法的根本性改革，目的就是进一步提高脱贫攻坚的精准度有效性。这一重要思想是习近平扶贫思想的核心。精准扶贫精准脱贫思想，是打赢脱贫攻坚战的基本方略，是开展扶贫脱贫工作总的工作原则，体现的是精准性、实效性标准和要求。实施精准扶贫精准脱贫，就是要真正把精准理念落到实处，变"大水漫灌"为"精准滴灌"，切实解决扶持谁、谁来扶、怎么扶、如何退的问题。

内源扶贫思想。脱贫致富贵在立志，只要有志气、有信心，就没有迈不过去的坎。贫困地区发展要靠内生动力，如果凭空救济出一个新村，简单改变村容村貌，内在活力不行，劳动力不能回流，没有经济上的持续来源，这个地方的下一步发展还是有问题。干部群众是脱贫攻坚的重要力量，贫困群众既是脱贫攻坚的对象，更是脱贫致富的主体。要注重扶贫同扶志、扶智相结合，把贫困群众的积极性和主动性充分调动起来，靠自己的努力改变命运。这些论述深刻指出，摆脱贫困的首要意义并不仅仅是物质上的脱贫，还在于摆脱意识和思路的贫困。扶贫开发最为重要的是，要充分调动群众的积极性和主动性，增强群众战胜困难的信心，激发内生动力，提高自我发展能力，变"输血"为"造血"。这一重要思想深入阐述了激发内生动力的工作方向和重点，充分体现了人民群众是历史创造者的马克思主义唯物史观。贫困地区发展、扶贫开发工作必须尊重贫困群众的主体地位和首创精神，把激发扶贫对象的内生动力摆在突出位置。扶贫与扶志、扶智结合，就是要加强对贫困群众的思想发动，把教育作为扶贫开发的治本之策。把加强贫困村基层组织建设、发展村级集体经济、推进扶贫对象的组织化作为扶贫开发的重要内容。充分发挥第一书记、驻村工作队的作用，把贫困群众的积极性调动起来，把他们自力更生的精神激发出来，不断提高他们共享发展成果的能力。

社会扶贫思想。脱贫致富不仅是贫困地区的事，也是全社会的事。要健全东西部协作、党政机关定点扶贫机制，各部门要积极完成所承担的定点扶贫任务，东部地区要加大对西部地区的帮扶力度，国有企业要承担更多扶贫开发任务。扶贫开发是全党全社会的共同责任，要动员和凝聚全社会力量广泛参与。这些论述阐述了社会扶贫的重要作用及其不可替代性，对如何更加广泛地动员社会参与脱贫攻坚提出了新要求，为进一步发挥我们党的政治制度优势、加大社会扶贫工作力度、凝聚更大扶贫合力指明了方向。这一重要思想从扶贫是全党全社会的共同责任的高度，深入阐述了广泛动员社会力量的重大意义和基本途径。做好社会扶贫工作，对于弘扬中华民族扶贫济困的传统美德，培育和践行社会主义核心价值观，动员社会各方面力量共同向贫困宣战，具有重要战略战术意义。必须不断动员和凝聚各方面力量，构建大扶贫格局，形成脱贫攻坚的强大合力。

  阳光扶贫思想。扶贫资金是贫困群众的"救命钱"，一分一厘都不能乱花，更容不得动手脚、玩猫腻。要加强扶贫资金阳光化管理，加强审计监管，集中整治和查处扶贫领域的职务犯罪，对挤占挪用、层层截留、虚报冒领、挥霍浪费扶贫资金的，要从严惩处。要把握好脱贫攻坚的正确方向，防止层层加码，要量力而行、真实可靠、保证质量。要防止形式主义，扶真贫、真扶贫，扶贫工作必须务实。要实施最严格的考核评估，开展督查巡查，对不严不实、弄虚作假的，要严肃问责。这些论述的根本要求，是要把扶贫资金使用、扶贫脱贫的过程和结果置于"阳光"之下，切实做到脱贫过程扎实，脱贫结果真实，让扶贫资金使用和脱贫成效真正获得群众认可、经得起实践和历史检验。这一重要思想要求始终把纪律和规矩挺在前面，不断完善制度，加强监管，坚决惩治和预防扶贫领域违纪违法行为。大力改革财政扶贫资金使用管理机制，完善扶贫资金项目公告公示制度，建立健全贫困群众全程参与脱贫攻坚每一个步骤，发挥媒体监督、交叉考核监督、第三方评估的作用，确保扶贫资金使用、扶贫项目实施、脱贫验收过程公开透明，确实做到阳光化管理。

  扶贫开发要坚持发挥政治优势和制度优势的思想。脱贫攻坚任务重的地区党委和政府要把脱贫攻坚作为"十三五"期间头等大事和第一民生工程来抓，坚持以脱贫攻坚统揽经济社会发展全局。要层层签订脱贫攻坚责任书、立下军令状。省对市地、市地对县、县对乡镇、乡镇对村都要实行这样的督查问责办法，形成五级书记抓扶贫、全党动员促攻坚的局面。要把贫困地区作为锻炼培养干部的重要基地。把脱贫攻坚实绩作为选拔任用干部的重要依据。这些论述表明始终坚持党对脱贫攻坚的领导，充分发挥社会主义集中力量办大事的制度优势，是我们最大的政治优势和制度优势，也是改革开放40多年来扶贫开发取得伟大成就的根本经验，是打赢脱贫攻坚战的根本保障。这一重要思想就是要充分发挥各级党委总揽全局、协调各方的领导核心作用，严格执行脱贫攻坚一把手负责制，省市县乡村五级书记一起抓。健全"中央统筹、省负总责、市县抓落实"的工作机制，层层签订脱贫攻坚责任书，逐级压实落实脱贫责任。严格考核，建立年度脱贫攻坚督查巡查制度，开展第三方评估，确保脱贫质量。

共建一个没有贫困的人类命运共同体的思想。消除贫困是人类的共同使命。中国在致力于自身消除贫困的同时，始终积极开展南南合作，力所能及地向其他发展中国家提供不附加任何政治条件的援助，支持和帮助广大发展中国家特别是最不发达国家消除贫困。在国际减贫领域积极作为，树立负责任大国形象。要引导广大干部群众正确认识和看待这项工作。这些论述充分展现了习近平总书记作为大国领袖的全球视野和宽广胸怀，为我们在做好国内扶贫工作的同时，如何开展国际减贫合作，服务于国家外交、援外大局以及"一带一路"等重大战略，发挥扶贫软实力在树立大国形象、增强我国在全球治理中的话语权中的特殊作用，明确了目标，指明了方向。这一重要思想深刻阐述了开展国际减贫合作，携手构建人类命运共同体的重大意义。我们要深刻理解、准确把握，更加有力有效、力所能及地深化国际减贫合作，为全球2030年可持续发展议程的推进，提出中国方案，贡献中国智慧，更加有效地促进广大发展中国家交流分享减贫经验，树立负责任的大国形象。

（六）精准扶贫思想的价值、意义和作用

我国扶贫开发进入攻坚拔寨的重要时期，贫困问题的复杂性、艰巨性前所未有，扶贫理论的创新迫在眉睫。习近平精准扶贫观是在对我国贫困实际进行准确判断和科学认识的基础上做出的重大战略抉择，为我国的扶贫理论创新提供了思想指导，是打赢脱贫攻坚战的理论引领，是精准脱贫的行动指南，是坚持以人民为中心发展理念的光辉典范，给世界上其他贫困国家和地区治理贫困问题提供了有益的经验启示。其意义和作用如下：

第一，精准扶贫是打赢脱贫攻坚战的理论引领。2015年12月7日新华社公布的《中共中央 国务院关于打赢脱贫攻坚战的决定》是我国胜利完成脱贫攻坚任务的纲领性文件，对打赢脱贫攻坚战提出了许多实措施、硬政策，指出了指导我国脱贫事业的"六个基本原则"。在对贫困问题复杂性深刻认识的基础上，习近平强调既要分类施策，又要考虑到个性需求，开展多层次、精细化的科学帮扶，要求以"扶真贫、真扶贫、真脱贫"为目标，以"六个精准"转变工作方式，以"五个一批"工程为重点任务，加强扶贫的体制机制构建，最终实现贫困人口的自我发展能力的提升，这为脱贫攻坚的理论创新和实践创新提供了精神引领。首先，习近平精准扶贫观将我国的扶贫实践推向了新阶段。精准扶贫的核心要义是精准化，"六个精准"从理论的高度做出了合理的规划，各地都在精准上下功夫，可以说，这一思想将扶贫引入了精准化的新阶段。其次，习近平精准扶贫观为全面建成小康社会做出了不可磨灭的贡献。"小康不小康，关键看老乡"。党的十八大以来，我国的扶贫工作得到了社会各界的一致认可，形成了社会各界一起出力来完成扶贫工作的良好局面，为实现全面小康开辟了新局面。

第二，精准扶贫是实现精准脱贫的行动指南。精准扶贫和精准脱贫虽然只有一字之差，但是精准扶贫侧重于扶贫，而靠外力大包大揽的扶贫只能改变暂时的状况，却不能保证长久的生计。因此，在脱贫进入攻坚克难的关键阶段，不能再继续"灌水式""输血式"的传统扶贫模式，需要帮助贫困人口挖掘其内生动力，培养其可持续发展能力，以保证贫困人口如期脱贫、不再返贫，就需要调整扶贫策略来完成任务。当然，从精准扶贫转向精准脱贫，不是对以前工作的否定，而是在精准扶贫继续进行的基础上，关注贫困人口脱贫能力的培养。精准扶贫为精准脱贫提供思想指导，精准扶贫是精准脱贫的前奏和铺垫。党的十八大以来，通过有秩序、有层次、有计划的精准扶贫，我国的贫困人口急剧减少，贫困地区的面貌焕然一新，贫困群众的生活水平显著提高。但是，我国的贫困问题具有区域性的特征，在自然条件差、经济基础差、贫困人口能力弱的深度贫困地区，精准脱贫难度是相当大的。尤其是深度贫困地区要实现精准脱贫，必须以精准扶贫来解决贫困人口的生存问题，重点解决深度贫困。

第三，推进精准扶贫是实现中华民族伟大复兴的重要手段之一。我国贫困地区多位于老少边穷地区，由于自然条件的限制，仅靠市场力量难以在本地实现贫困人口的脱贫乃至全面小康,自然环境和自然资源也不足以为解决贫困问题提供有效支撑,这就需要各级政府提供必要的扶植和支持。习近平总书记提出,实现中华民族伟大复兴,要从最贫困、最薄弱的区域入手,"一个民族都不能少"。采取精准扶贫的方式,能更好地助推贫困地区居民像其他地区居民一样实现中国梦。

第四,推进精准扶贫是在总结国际公共政策先进经验的基础上得出的重要成果。世界上许多发达国家,都在发展市场经济的同时,充分运用公共政策工具扶持困难群体,采取比较清晰的精准政策,使公共政策更好地惠及目标人群。比如,西方一些国家针对贫困人口和失业人口的救济政策都有明确的衡量标准。美国在确定失业救济对象时,会考察涉及的对象是因过错失业、被动失业还是主动失业,失业后是否积极寻找就业机会,政府或者社会帮助再就业时是否愿意积极应对等因素。一旦救济对象摆脱失业状态,政府的援助也会随之终止。我国倡导精准扶贫,显然是总结了国际扶贫包括救助失业人员的先进经验,强调发挥政府扶持资源的针对性和有效性。

第五,精准扶贫体现了我国扶贫开发工作符合事物发展的规律性。精准扶贫的特点,最直观、突出的自然是精准二字的丰富内涵与严格要求。改革开放以来,随着农村经济体制改革的启动,我国的扶贫开发工作循序渐进和持续深化,从解决温饱问题到实现全面小康,这一进程体现了扶贫工作符合经济社会发展规律的发展方向与阶段要求。精准扶贫,一般是相对于过去的扶贫工作特点和不足而言的,现阶段的精准扶贫,就是一直以来的扶贫开发事业的继续与深化,体现了对扶贫工作的全面理解与精准把握,更体现了对扶贫规律或脱贫规律的深刻认识与科学运用。由此可见,精准扶贫不仅是一般意义上的扶贫,更是过去扶贫工作的总结、提升与创新,既揭示了摆脱贫困的规律性,更体现了将摆脱贫困的规律性体现于具体的方法与途径中。

第六,精准扶贫成为突破全面小康社会瓶颈的重要途径。精准扶贫是对全面建成小康社会内涵的进一步丰富与提升。全面建成小康社会是我国社会主义现代化进程中的重要的发展阶段目标。习近平总书记指出,到2020年全面建成小康社会,最艰巨的任务在贫困地区,我们必须补上这个短板。这个阶段的扶贫与以往有所不同,不仅扶贫工作被提到更加重要的位置，而且措施上更加科学细致，特别是目标上更加明确具体。通过精准扶贫，使贫困地区人民和全国人民一道，真正进入全面小康社会。

第七，精准扶贫是新时期促进民族共同繁荣的重大举措。在全面建成小康社会进程中，"绝不能让一个少数民族、一个地区掉队"。因此，精准扶贫是现阶段促进多民族共同繁荣的支点与要点。作为支点，说明可以通过精准扶贫而带动其他方面的工作。作为要点，这项工作最为重要和实在，是基础性与重要性的工作。我国的贫困人口与贫困地区，有许多就是少数民族人口和少数民族地区，扶贫工作关系民族团结与繁荣。在中华民族伟大复兴进程中，民族关系更加重要，扶贫工作也被赋予了相应的内容与要求。

第八，始终体现以人民为中心的发展思想要求。现行标准下农村贫困人口全部脱贫、贫困县全部摘帽、解决区域整体贫困，是我们党向人民做出的庄严承诺，贯穿其中的主线就是以人民为中心的发展思想。贫困人口是人民的重要组成部分，是我们党最需要维护好、实现好、发展好其根本利益的弱势群体。兑现承诺，必须作为全党全国全社会的共同任务，充分发挥政治优势、制度优势，坚决打赢脱贫攻坚战。党的十八大以来，党中央确定的"中央统筹、省负总责、市县抓落实"管理体制得到了贯彻，四梁八柱的顶层设计全面形成，各项决策部署得到有效落实。但越往后脱贫难度越大。在决战决胜的关键时刻没有退路，这就更需要我们始终把以人民为中心的发展思想贯穿精准扶贫、脱贫攻坚全过程，一切工作都为消除贫困群众致贫因素而精准谋划，为满足贫困群众脱贫需求而精准帮扶。切实增强脱贫攻坚的紧迫感，撸起袖子加油干。

第九，始终体现完善国家治理体系和治理能力现代化的要求。习近平扶贫思想，特别是关于科学扶贫、精准扶贫、内源扶贫、社会扶贫等思想，其根本要求是以精准扶贫、精准脱贫方略为核心，从完善国家治理体系的高度凝聚脱贫攻坚合力，在实现脱贫攻坚目标的同时，按照完善国家治理体系的总体布局，建立健全贫困治理体系。习近平总书记强调，脱贫攻坚要"强化领导责任、强化资金投入、强化部门协同、强化东西协作、强化社会合力、强化基层活力、强化任务落实"。这"七个强化"，从整体入手，以战略思维谋全局，以系统思维聚合力，为更好实施精准扶贫、打赢脱贫攻坚战提供了重要方法论指导。党的十八大以来，我国脱贫攻坚之所以取得巨大成就,主要就是因为创造和把握了"加强领导是根本、把握精准是要义、增加投入是保障、各方参与是合力、群众参与是基础"五条基本经验。这是更好推进精准扶贫精准脱贫、确保如期实现脱贫攻坚目标的关键所在,也是完善我国贫困治理体系的重要内容,需要在工作中继续坚持、落到实处。"七个强化"实质上是对五条基本经验的再动员、再部署,指明了扶贫领域推进国家贫困治理体系和治理能力现代化的基本路径。

第十,始终体现党的思想路线和群众路线的要求。习近平总书记反复强调,脱贫攻坚必须坚持精准扶贫、精准脱贫。从"六个精准""五个一批""四个问题",到"有的要下一番绣花功夫",精准扶贫重要思想不断丰富发展,坚持精准扶贫、精准脱贫方略的要求不断提高。从本质上说,精准扶贫就是实事求是思想路线、党的群众路线的生动体现。深刻领会"坚持精准扶贫、精准脱贫"的重要论述,需要从实事求是思想路线、党的群众路线的高度,进一步增强深化精准扶贫的行动自觉。深化精准扶贫,就是要把各项中央决策部署、政策措施有效落实到贫困村、贫困户。深化精准扶贫是一个系统工程,打牢基础是前提,分类施策是基础,以"绣花式"功夫提高扶贫措施有效性是核心,提高组织化程度是关键,培育贫困人口自我发展能力是根本,打好政策组合拳是保障,必须整体推进、全面发力。

第十一,始终体现全面从严治党的要求。"真扶贫、扶真贫、真脱贫"的要求贯穿习近平扶贫思想始终。习近平总书记指出,扶贫工作必须务实,脱贫过程必须扎实,脱贫结果必须真实。"三真""三个必须"的重要论述,实质上是要求我们从全面从严治党的高度进一步把握好脱贫攻坚的正确方向。我们党的宗旨是全心全意为人民服务,最基本的要求就是要兑现承诺。如果精准扶贫不到位,搞层层加码,搞形式主义,导致虚假脱贫、数字脱贫,群众就会有大意见,就会对党和政府失去信任,就会影响执政党的公信力,甚至陷入所谓"塔西佗陷阱"。落实"三个必须"的要求,做到扶真贫、真扶贫、真脱贫,最根本的是要把全面从严治党要求贯穿脱贫攻坚全过程,特别是要严明党的政治纪律和政治规矩,不折不扣地落实党中央的决策部署。做到精准识别不漏穷人,实行动态管理;精准分类施策,确保精准性有效性;精准考核较真碰硬,确保脱贫质量;精准脱贫严格标准,防止急躁症拖延病。切实防止形式主义,让脱贫成效真正获得群众认可、经得起实践和历史检验。开展督查巡查,对不严不实、弄虚作假的,要严肃问责。加强扶贫资金管理使用，对挪用乃至贪污扶贫款项的行为必须坚决纠正、严肃处理。

第十二，始终体现激发内生动力的要求。精准扶贫、精准脱贫是习近平扶贫思想的核心。能否实现精准扶贫、精准脱贫，激发内生动力是关键。内生动力从根本上说是党在基层的领导力、号召力、凝聚力不断提高的表现。贫困村基层组织以及贫困地区、贫困村、贫困群众是否建立内生发展动力，是实现精准脱贫的根本性标志，是精准扶贫的着力点，这也是习近平扶贫思想的核心精神。激发内生动力是深化精准扶贫的基础。首先要加强基层基础工作，从确保党在基层领导力的高度进一步把抓党建促脱贫落到实处。加强基层基础建设，就是要选好配强村两委班子，培养农村创业致富带头人，促进乡村本土人才回流，打造一支永远不走的工作队。其次要注重扶贫同扶志、扶智相结合，靠基层干部用精准的精神、精准的办法做好每一项工作。最后，推广运用参与式扶贫等方式方法，增强贫困群众对帮扶项目的拥有感、效益的获得感，建立正向激励引导机制，不断激发和培育贫困地区、贫困群众内生动力和自我发展能力。

二、我国扶贫工作的发展历史及做法

中华人民共和国成立是我国扶贫工作的开始,主要是党和政府建立了以工农联盟为基础的民主制度,中国共产党和人民政府始终把我国千百年累积下来的贫困问题作为头等大事来解决。通过发展生产和扶助贫困力图解决困扰中国人千百年的贫困问题。在不同时期,党和政府根据国家建设的重点和国力采取了不同的解决贫困的做法。

(一) 新中国成立是解决贫困问题的制度保障

贫困是一种世界性的共同现象,反贫困也是世界上许多国家面临的共同难题。自1840年到新中国成立的一百多年时间里,中华民族总体上是长期处于战火与灾难中,积弱积贫,损伤了中华民族发展经济的根基与元气,整个中国全面和广泛地处于贫困状态中。新中国成立之后,从政治制度和国家体制上突破瓦解了导致贫困的根本因素,经济得以正常发展,自古以来的贫困问题大面积缓解,为世界反贫困做出了巨大贡献,但长期积累的贫困并不容易在具体形态上迅速改变和完全消除,而且世界形势的时代背景和特殊情况,也影响了我国更好地集中力量解决贫困问题的相关工作。因此,解决好温饱问题的愿望一直没有得以实现。到1978年,我国仍有2.5亿农村人口处于未解决温饱的贫困状态,占农村总人口的30.7%。改革开放以来,我国的工作中心转向经济建设,在国家工作中心上为反贫困工作提供了最宏观的动力和保障,以具体对象为目标、以经济发展为内容的扶贫开发从此开始。然而,由于历史原因,扶贫工作成效总是不理想,主要原因是扶贫方式上存在问题,扶贫缺少具体的针对性与有效性。

1. 新中国成立后确立了扶贫制度

自新中国成立后,党和政府积极推行社会救济和扶贫政策。1978年以前的扶贫工作是与社会救济相结合的，并以地方试点为主。1978年正式划定了农民贫困标准，第一次将扶贫工作从农村救济中分离出来。改革开放初期，以救济为主的"输血式"扶贫可以缓解农民暂时的生活困难，却不能使他们真正摆脱贫困。1986年以后，国家确定了新的扶贫方针：变"输血"为"造血"，变救济为开发，逐步形成了集行业政策、区域政策和社会政策于一体的"大扶贫"格局。扶贫开发，成为中国政府解决贫穷问题的伟大创举。新型的社会制度为我国亿万人的脱贫从制度上提供了保证。新中国成立之后，中国共产党和政府积极推行社会救济和扶贫政策，对贫困农民进行救济和扶助，带领他们艰苦创业、脱贫致富。经过70年的不懈努力，中国扶贫工作取得了举世瞩目的成就。亿万农民告别了贫困和饥饿，基本解决了温饱问题，过上了新生活。改革开放以来，党和政府将扶贫工作确定为一项国家的发展制度，通过全党和全国人民的共同努力，解决困扰我国数千年的贫困问题。可以说，新中国成立以来，中国共产党和人民政府将解决人民的贫困问题作为一项国家发展制度提出，从新中国成立初期的救济贫困人口，逐步发展成为开发性扶贫，这是我国历史上第一次由政府主导的扶贫。

（1）基本情况。改革开放以来，国家统计局和国务院扶贫办三次制定了农村贫困标准线，分别是1978年标准、2008年标准和2010年标准。其中，1978年为100元；2008年为865元；2010年为2300元。中国贫困标准线主要根据物价指数、生活成本等，每年动态调整，从整体上看呈现不断上升的态势。尽管贫困标准在不断提高，但我国贫困人口在不断减少，贫困发生率持续下降。按照1978年标准，贫困人口总数从1978年的2.5亿人下降至2008年的1004万人，贫困发生率从31%下降至1%。按照2008年标准，贫困人口总数从2000年的约1亿人下降至2010年的2688万人，贫困发生率从10%下降至3%。按照2010年标准，贫困人口总数从2010年的1.7亿人下降至2014年的7017万人，贫困发生率从17%下降至7%。改革开放以来，我国扶贫工作大体分为五个阶段：一是1978—1985年农村体制改革扶贫；二是1986—1993年国家开发扶贫；三是1994—2000年国家扶贫攻坚计划；四是2000—2010年新世纪农村扶贫开发计划；五是当前的精准扶贫。

（2）政策指引。党的十八大以来，以习近平同志为核心的党中央把脱贫攻坚作为全面建成小康社会的出发点和落脚点，以前所未有的力度和勇气向前推进。扶贫开发工作被纳入"四个全面"战略布局，作为实现第一个百年奋斗目标的重点。充分发挥制度优势，构建了政府、社会、市场协同推进的大扶贫格局，形成了跨地区、跨部门、跨单位，全社会共同参与的多元主体的社会扶贫体系，开创了脱贫攻坚新局面。2013年，习近平总书记提出了精准扶贫的重要思想。2014年初，中央和政府进一步完善了精准扶贫的顶层设计。2014年3月，习近平总书记参加全国"两会"代表团审议时强调，要实施精准扶贫，瞄准扶贫对象，进行重点施策。2015年6月，习近平总书记在贵州就加大推进扶贫开发工作进行了全面阐述。2015年10月，习近平总书记在"2015减贫与发展高层论坛"上强调，中国扶贫攻坚工作实施精准扶贫方略，增加扶贫投入，出台优惠政策措施，坚持中国制度优势，注重"六个精准"，坚持分类施策，因人因地施策，因贫困原因施策，因贫困类型施策，通过扶持生产和就业发展一批，通过易地搬迁安置一批，通过生态保护脱贫一批，通过教育扶贫脱贫一批，通过低保政策兜底一批，广泛动员全社会力量参与扶贫。2015年12月，国务院扶贫办提出，精准扶贫和精准脱贫是脱贫攻坚的基本方略。实现贫困人口如期脱贫、贫困县全部摘帽，必须实施精准扶贫精准脱贫基本方略，改革现行扶贫思路和方式，变"大水漫灌"为"精准滴灌"，变"输血"为"造血"，变重经济增长速度为重脱贫成效。精准扶贫和精准脱贫的基本要求是"六个精准"和"五个一批"。其中，"六个精准"是：扶贫对象精准、项目安排精准、资金使用精准、措施到户精准、因村派人精准、脱贫成效精准。"五个一批"是：发展生产脱贫一批、易地扶贫搬迁脱贫一批、生态补偿脱贫一批、发展教育脱贫一批、社会保障兜底一批。整体来讲，就是要锁定目前7000多万农村贫困人口，建档立卡，分类施策，不留锅底。

（3）重大进展。改革开放以来，中国政府主导的大规模开发式扶贫战略取得了巨大成效，从1978年到2015年全国累计减少农村贫困人口7.15亿人，仅从2000年到2015年就减少了4.1亿人。其中，2013—2016年，每年农村贫困人口减少1000多万人，累计脱贫5500多万人，贫困发生率从2012年底的10.2%下降到2016年底的4.5%。在此基础上，我国政府又制定了新目标，即到2020年，在中国现行标准下，农村贫困人口全部脱贫，以提前10年实现联合国确定的第二个减贫目标，即到2030年消灭极度贫困。2015年，联合国发布的《千年发展目标报告》表明，中国极端贫困人口比例已经从1990年的61%下降到2002年的30%以下，率先实现"比例减半"的目标。中国对全球减贫的贡献率超过70%，中国成为世界上减贫人口最多的国家。在这一过程中，金融扶贫做出了积极探索和重大贡献，并逐步形成了各具特色的中国金融扶贫模式。

2. 新中国成立以来我国扶贫方式的几次转变

扶贫开发，成为中国政府解决贫穷问题的伟大创举。从扶贫方式上看，从新中国成立初期到改革开放以来，再到党的十八大以前，发生了几次重大改变。采取的方式主要有：

（1）救济扶贫方式：新中国扶贫工作的起步

新中国成立之后，国家首先对因老弱病残、丧失或缺少劳动能力而不能保障基本生活的农民进行社会救济，并建立了"五保"制度。新中国的扶贫工作，是在农村救济和救灾工作的基础上逐步发展起来的。1951年初，热河省民政厅首先提出，只有帮助贫困群众发展生产，才能从根本上摆脱贫困，并制定出扶助贫困户发展生产的办法。该省将中央下拨的25万元寒衣贷金，用于购买了3000余头耕畜，分别贷给隆化、宁城、平泉等11个县的贫困户，帮助他们解决缺少畜力的困难。银行下拨了种子贷款、牲畜贷款74.8万元，重点贷给贫困户。通过扶持，消除了贫困户的悲观失望情绪，使他们安心进行生产，逃荒现象大量减少。1951年5月，热河省民政厅向政务院、内务部上报了《扶助困难户生产的报告》。政务院领导做出批示："扶助困难户生产，是值得努力的一件事。希望热河积累经验，使困难村户逐渐减少，做出一个典型来。"这是新中国农村扶贫试点工作的开始。人民公社化之后，农村救济工作发生了重大变化。国家集中力量对穷社穷队进行扶持，通过集体经济力量来保障农民生活。但仅仅靠社队力量难以全部解决贫困户的各种困难，必须帮助他们发展生产，才能从根本上保证其生活。1964年2月，内务部党组在给中央的《关于在社会主义教育运动中加强农村社会保险工作，帮助贫下中农困难户克服困难的报告》中提出，要给困难户中有劳力的人安排适当的生产门路，使他们增加收入，这是帮助困难户解决生活困难的根本办法。从各地的情况来看，这种做法，可以使他们的困难情况大为减轻，其中40%左右的困难户能够基本上解决温饱问题。要对困难户全家的劳动力做一次全面排队，优先安排他们从事经常的、收入较多的生产劳动，并且要帮助他们搞好家庭副业生产，使他们依靠集体经济，通过生产自救，逐步走上共同富裕的道路。内务部党组的报告，第一次正式提出了农村扶贫问题，得到中共中央的高度重视，并指示各地进行扶贫试点。四川省威远县两路公社在调查摸底的基础上，把350户贫困户列为信用社贷款扶持对象，对77户严重贫困户采取了多项扶持措施。通过五年的扶持，77户严重贫困户中有69户摆脱了贫困，第一期扶贫工作初见成效。1969年和1973年，两路公社进行了第二期和第三期扶贫，使贫困户在经济上得到了翻身，生活水平有了明显的提高。两路公社的扶贫经验，成为人民公社化时期扶贫工作的先进典型之一。尽管新中国成立后国家始终致力于消除贫困，但自上而下、大规模的、全国性的扶贫工作是在改革开放以后正式提出并开始实施的。1978年以前的扶贫工作是与社会救济相结合的，并以地方试点为主；而1978年全国民政工作会议后，正式划定了农民贫困标准，第一次将扶贫工作从农村救济中分离出来。1978年9月，时任民政部领导在第七次全国民政工作会议上充分肯定了新中国成立20多年来的扶贫工作，并指出：今后"要在党委统一领导下，做好常年困难户的扶持工作，加强对困难户的政治思想教育，充分激发他们自力更生的积极性；社队根据被扶持对象的不同情况，订出具体扶持规划，逐年实施；各有关部门采取有效措施，对困难户进行帮助。实践证明，规划扶贫是帮助困难户改变贫困面貌的正确途径，应该努力做好这一工作，通过试点，取得经验，逐步推广"。随后，中共中央批转了《全国民政会议纪要》，扶贫工作引起各级党政领导的重视，提上了国家和政府的工作日程。

1979年2月，民政部转发了黑龙江省肇东县《关于太平公社扶贫工作的调查报告》，对新时期的扶贫工作起到了推动作用。太平公社的基本做法是：一是逐户建立贫困户登记卡片，县、社统一掌握到户，随时督促检查扶持落实情况；二是因户因人制宜，劳动分工给予照顾，帮助发展家庭副业；三是集中经济力量重点扶持，同时动员群众互助；四是建立干部包户和群众性包户小组，实行岗位责任制，包管、包教、包改变面貌，一包到底；五是多方开展宣传教育工作，认真解决歧视贫困户的现象。各地根据新的农村形势积极探索扶贫工作的新思路，开始用救济款帮助贫困农户发展家庭副业，并开始改无偿救济为有偿扶持。1980年，山西省清徐县吴村公社用1700元救济款帮助贫困户购买仔猪、羊羔，共扶持108户养仔猪105头、羊羔3只、家兔3只。公社与贫困户签订的协议规定：扶持购买的家畜出栏后，除交回"底垫款"外，其余归本人。饲养的家畜如属正常死亡，"底垫款"作为救济，不再回收。如何在不断完善农业生产责任制过程中帮助贫困户解决生产和生活上的问题，是新时期扶贫工作的重点。安徽省来安县积极探索新的扶贫道路，取得了良好成效。其主要做法是：对困难户在政治上帮助，生产上互助，经济上支持，技术上指导。全县普遍采取领导和群众相结合的办法，对困难户进行摸底登记，确定扶助对象。在此基础上，实行干部包干到户、责任到人的办法。在扶贫工作中，强调立足于帮助困难户发展生产、增加收入，从根本上解决问题。全县1924名干部都有自己的包户对象，并把包户扶贫作为干部考核的重要内容。来安县扶贫经验受到安徽省委和民政部的重视。1982年4月，民政部在安徽省滁县地区召开了农村社会救济工作座谈会，提出"做好扶贫工作不能靠单纯救济，必须首先扶志扶本"。

1982年12月，国家经委、民政部、财政部等9个部委联合发出的《关于认真做好扶助农村贫困户的通知》指出，各地要有计划、有组织地从人力、物力、财力上积极帮助贫困户发展生产和解决生活困难，要从各地的实际情况出发，采取多方面的措施，帮助贫困户树立摆脱贫困、奋发向上的志气，克服单纯依赖救济的思想。该通知下达后，各地党政领导和有关部门高度重视，纷纷成立扶贫工作领导机构，定期召开会议，研究出现的情况和问题，检查和部署扶贫工作。从此，扶贫工作向全社会各部门共同配合、通力协作的方向发展。

随着国家各级部门对扶贫工作的逐渐重视，扶贫成绩也日益显著，"截至1982年底，全国已有1814个县和3.1万多个公社开展了扶贫工作，共扶持贫困户327万多户"。改革开放初期的扶贫主要实行救济方式，即国家把粮食、衣物或现金分配给贫困农户，帮助他们渡过难关，这种方式被称作"输血式"扶贫。这种扶贫方式，在改革开放初期是必要的，因为没有国家在各个方面的支持，贫困户难以迅速摆脱贫困。为此，国家民政部门调拨了高达12亿元的扶贫资金，对农村贫困人口进行救济。同时，国家还放宽政策，减轻贫困户的负担，为贫困户创造脱贫致富的环境。"输血式"的扶贫优惠政策，对于增强贫困户自身的活力，鼓舞治穷致富的信心，调动积极性，产生了良好的作用。按1978年确定的贫困标准统计，全国农村贫困人口达2.5亿人。如此大面积的贫困，主要是由于自然、历史和农业经营体制造成的。家庭联产承包责任制为主的农村体制改革，激发了农民的劳动热情，解放了生产力，提高了土地产出率，使贫困农民得以迅速脱贫致富。按照各地温饱标准统计，到1986年，没有解决温饱的贫困人口迅速减少到1.25亿人。

（2）"输血"与"造血"相结合：扶贫攻坚大见成效

以救济为主的"输血式"扶贫，只能增强战胜"贫困病"的抵抗力，缓解农民暂时的生活困难，却不能使他们真正摆脱贫困，许多脱贫农户因为"输血"中断而再度陷入贫困状态。要彻底治愈"贫困病"，最根本的还是要恢复贫困户自身的"造血功能"，增强其生机与活力。要使贫困户脱贫致富，必须提高他们的科学文化知识，多途径地给贫困户送技术、送信息、送管理知识，帮助他们更新观念、变革思维方式，开拓新的生产门路。这是从根本上治穷致富的一项重要措施。1985年8月，民政部和中国科协发出《关于开展科技扶贫工作的通知》，要求各级民政部门和科协组织密切配合，积极采取可行的措施送科学技术上门，帮助贫困地区和贫困户摆脱贫困。各地采取多种形式，免费为贫困户送资料，搞技术培训，重点教会那些商品率高、周期短、见效快、收益大的适用技术。许多地方为了搞好科技扶贫工作，层层建立服务体系，实行科技扶贫责任制，开展科技扶贫竞赛。对科技人员实行定点、定人、定项目、定奖惩的"四定"服务责任制。并依靠"高产大王"科技示范户和农民专业研究会，开展科技示范活动。农村科普工作成为贫困落后地区驱穷致富的"加速器"。

1986年5月，国家成立专门扶贫工作机构——国务院贫困地区经济开发领导小组，制定专门的优惠政策，每年拨出144亿元专项资金，对救济式"输血"扶贫进行改革，确定了新的扶贫方针——变"输血"为"造血"，变救济为开发，目的在于提高贫困人口的劳动能力。这样，扶贫不再是简单的"输血"，而是"造血"与"输血"相结合，并更加偏重于"造血"。自此，中国政府在全国范围内开展了有计划、有组织和大规模的开发式扶贫，中国的扶贫工作进入了新的历史时期。民政部门在扶贫开发工作中，逐渐摸索出许多变"输血式"扶贫为"造血式"扶贫的新方法。建立救灾扶贫周转金和兴办扶贫经济实体，就是两项具有全局性的方法。从1984年开始，扶贫款无息有偿、周转使用的方式开始在全国推行。据统计，到1990年底，"全国已办各种救灾扶贫经济实体4.4万多个，创产值123亿多元，全国已积累救灾扶贫周转金15亿元"，这笔资金在扶贫工作中发挥了巨大的作用。

  20世纪80年代初，在农村调整产业结构的新形势下，扶贫工作开始向工业、服务业等第二、第三产业发展，使贫困户联合起来，治穷致富，发挥更好的效益。山西省潞城县东邑乡在扶贫工作中率先闯出了一条新路子。1983年，东邑乡民政助理员申海文在当地党政领导部门的支持下，从农村招聘了七位会管理、懂业务、有一定工作能力的人组建了扶贫扶优服务中心，组织了200多名贫困对象为当地工厂挖土方、运石料、增加收入。仅三个月就收入3.3万元，人均收入150至200元。到1984年，这个服务中心帮助全乡增加收入51万元，其中扶贫扶优对象增加收入21万元，使参加劳动的扶贫扶优对象人均收入达800元，部分人收入达1500元，从而加快了农民脱贫致富的步伐。1984年10月，民政部在长治市召开了东邑乡现场经验交流会，推广东邑乡创建扶贫、扶优经济实体的经验。时任民政部部长崔乃夫在会上说，东邑乡"双扶"经济实体是基层民政改革的一个有益的尝试。此后，全国相继办起一大批各种形式的经济实体和经济联合体。到1986年11月，"全国共兴办各种经济实体（包括联合体）7万多个，产值40亿元，利润6.1亿元；建立了5万多个双扶服务公司；成立了4200多个救灾扶贫基金会、1.7万多个群众互助储金会"。开发式扶贫的方式实施后立即收到显著效果，国家重点扶持贫困县农民人均收入从1986年的206元增加到1993年的483.7元；农村贫困人口由1986年的1.25亿人减少到1993年的8000万人，平均每年减少640万人，年均递减6.2%；贫困人口占农村总人口的比重从14.8%下降到8.7%。

  20世纪90年代初，随着农村改革的深入和国家扶贫开发力度的不断加大，农村贫困人口逐年减少，其分布呈现出明显的地缘性特征：贫困人口集中分布在西南大石山区（缺土）、西北黄土高原区（严重缺水）、秦巴贫困山区（土地落差大、耕地少、交通状况恶劣、水土流失严重）以及青藏高寒区（积温严重不足）等，导致贫困的主要因素是自然条件恶劣、基础设施薄弱。1994年3月，国家颁布并实施了《国家八七扶贫攻坚计划》，加大扶贫资金投放力度，完善扶贫措施，开展大规模扶贫攻坚。这是中国历史上第一个有明确目标、明确对象、明确措施和明确期限的扶贫开发行动纲领，实现了从救济式扶贫向开发式扶贫的转变。

（3）20世纪80年代我国第一次确定国家扶贫标准

1986年第一次确定的国定贫困县标准是：以县为单位，1985年年人均纯收入低于150元的县和年人均纯收入低于200元的少数民族自治县；对民主革命时期做出过重大贡献、在海内外有较大影响的老区县，给予重点照顾，放宽到年人均纯收入300元。1994年制定《国家八七扶贫攻坚计划》时，国家重新调整了贫困县的标准：以县为单位，凡是1992年年人均纯收入低于400元的县全部纳入国定贫困县扶持范围，凡是1992年年人均纯收入高于700元的原国定贫困县，一律退出国家扶持范围。根据这个标准，列入《国家八七扶贫攻坚计划》的国家重点扶持的贫困县共有592个，分布在27个省、自治区、直辖市，涵盖了全国72%以上的农村贫困人口。

国家级扶贫标准的确立是我国历史上第一次科学认定了我国贫困问题和贫困人口的标准，对于我国的扶贫工作来说是一件制度性的创举，通过确立国家扶贫标准，使我国后来的扶贫工作有了明确的依据和操作的可能，也为以后我国扶贫工作的开展提供了针对性。应该说，我国扶贫标准的确立在当时符合我国经济发展状况和我国贫困地区与贫困县以及贫困人口的具体分布状况，使得我国今后的扶贫工作更具有针对性和可操作性。

（4）对少数民族地区扶贫力度不断加大成效显著

随着国家经济实力的增强，中央逐步增加了扶贫开发的资金投入。到2000年，"中央各项扶贫专项资金达到了248亿元，与1980年相比，增加了30倍。中国政府安排的扶贫专项资金累计达到了1680多亿元，其中财政资金800多亿元，信贷扶贫资金880亿元"。同时，各有关部门根据中央的要求，在专项资金和重大工程的安排中积极向贫困地区倾斜，各省份也根据中央的要求增加了配套资金。1996年，国家提出《1996—2000年全国科技扶贫规划纲要》，加强对科技扶贫的政策指导，并安排专项科技扶贫资金，用于优良品种和先进实用技术的引进、试验、示范、推广，以及科技培训等。1995年以后，国家教委和财政部联合组织实施了"国家贫困地区义务教育工程"，投入资金超过100亿元，帮助贫困地区普及九年义务教育。同时，中央国家机关、企事业单位、民主党派及人民团体等社会各界参与扶贫开发的部门、单位不断增多，规模不断扩大。到2000年底，定点帮扶的部门和单位达到138个，共派出3000多名干部到贫困县挂职扶贫，直接投入资金44亿元，帮助贫困地区引进国内外各种资金105亿元。此外，各社会组织、民间团体和私营企业也积极开展"希望工程""光彩事业""文化扶贫""幸福工程""春蕾计划""青年志愿者支教扶贫接力计划""贫困农户自立工程"等多种形式的扶贫活动。在扶贫开发中，中国采取东部较发达省市对口支持西部省、自治区发展的方式，加快西部贫困地区脱贫步伐。"近年来，东部13个省市政府和社会各界累计捐款、捐物折款近21.4亿元，双方签订项目协议5745个，协议投资280多亿元，实现投资40多亿元，从贫困地区输出劳动力51.7万人。此外，东西部地区在干部交流、人才培训、援建学校、建设基本农田、修筑公路、解决人畜饮水困难等方面也开展了协作。""八七"计划期间，全国348个少数民族地区县和非民族地区少数民族自治县中有257个被列为国家重点扶持贫困县。从1994年到2000年，国家共向内蒙古、广西、西藏、宁夏、新疆五个自治区和贵州、云南、青海三个少数民族人口较多的省投入扶贫资金432.53亿元，占全国总投资的38.4%。经过全社会各方面的共同努力，少数民族贫困地区扶贫开发工作取得了明显成效。

一是贫困人口大幅度减少，贫困发生率大幅度下降。以西藏为例，"八七"计划期间，农村贫困人口由48万人减少到7万多人。二是农牧民收入快速增长，生活条件得到改善。"八七"计划期间，这五个自治区和三个少数民族人口较多的省农民人均纯收入增长速度高于592个贫困县平均增长水平28.7%。三是基础设施明显改善，少数民族贫困地区教育、卫生等各项社会事业也得到了较快发展。以广西为例，"到1999年底，广西全区实现了乡乡通公路，49个贫困县中95%的村通了汽车，全区95%的村通了电并基本实现通电视，85%的村通了电话"。在"八七"计划实施的七年中，国家投入1561亿元的资金建造规模庞大的"造血"扶贫工程。到2000年，农村贫困人口从1993年的8000万人减少到3000万人，贫困发生率下降到3%左右，全国农村贫困人口的温饱问题基本解决，国家确定的扶贫攻坚目标基本实现。进入21世纪以后，尽管贫困人口的数量减少了，但扶贫工作难度却进一步加大了。为此，2001年5月中国政府颁布实施了《中国农村扶贫开发纲要（2001—2010年）》，对21世纪初期中国扶贫战略做出全面规划，标志着中国扶贫开发工作进入新的发展阶段。

3. 举世瞩目的扶贫制度成就

经过中华人民共和国成立70年来，尤其是改革开放以来的艰苦奋斗，在中国政府高度重视和不懈努力下，通过体制改革、经济发展、专项扶贫、城乡统筹，农村的贫困状况得到了极大的缓解，扶贫事业取得了举世瞩目的成就。主要表现在以下几个方面：

第一，基本解决了农村贫困人口的温饱问题。从1978年到2007年，中国农村尚未解决温饱的绝对贫困人口数量已从2.5亿人下降到1479万人，占农村总人口的比重由30.7%下降到1.6%。低收入人口从2000年的6213万人减少到2841万人。

第二，有效推动了贫困地区经济增长。"八七"扶贫攻坚计划执行期间，国家重点扶持贫困县农业增加值增长54%，年均增长7.5%；工业增加值增长99.3%，年均增长12.2%；地方财政收入增加近1倍，年均增长12.9%；粮食产量增长12.3%，年均增长1.9%；农民人均纯收入从648元增加到1337元，年均增长12.8%。生产总值和第一产业增加值增长速度高于全国平均水平，劳动力就业结构进入快速调整期。

第三，明显改善了贫困地区的生产生活条件。1986年到2000年的15年间，在贫困地区修建基本农田9915万亩，解决了7725万多人和8398万多头大牲畜的饮水困难。到2007年底，全国扶贫开发工作的592个重点县通公路、通电、通广播电视、通电话行政村比例分别达到了99.1%、98.3%、97.5%和92.1%；7至15岁儿童的在校率达到95.3%；农户家庭劳动力中文盲半文盲的比重降至12.3%；有安全饮用水农户的比例增至73.5%。

第四，极大地提高了贫困地区社会事业的发展水平。贫困地区人口过快增长的势头得到初步控制，人口自然增长率有所下降，办学条件得到改善。到2007年底，全国农村"基本普及九年义务教育、基本扫除青壮年文盲"计划人口覆盖率达到98%；县乡两级公共文化服务体系初步形成，基本实现了县有图书馆、文化馆，乡有文化站。1998—2006年，中央和地方总计投入资金近10亿元，在中西部地区22个省份和新疆生产建设兵团资助建设200多个县级宣传文化中心、1500多个乡镇宣传文化站和100多个村宣传文化室。尤其是进入21世纪以来，中央和省级财政设立了专项扶持资金，加大对农村地区，特别是老少边穷地区文化建设的扶持力度。"十五"期间前四年对农村文化投入达到98.53亿元，占全国文化事业费的27.2%。

第五，初步建立了农村社会保障体系。2006年，新型农村合作医疗覆盖全国83%的县，扶贫重点县参加新型农村合作医疗的农户比例达37.7%，比上年提高了20.7%。其中西部地区扶贫重点县参与农户的比例是40.1%，中部地区是33.3%，分别比上年提高20%和21.8%。扶贫重点县有74%的行政村有医疗室，有74.9%的行政村有乡村医生或卫生员，比上年分别提高0.6%和0.1%。新型农村合作医疗覆盖了多数县区，扶贫重点县农民有病能及时就医的比例达到86.5%，比上年上升了0.4%。农民医疗支出也在大幅上升。到2007年底，全国农村最低生活保障制度覆盖人口达3451.9万人，农村五保救济覆盖人口为525.7万人。农村养老保险事业发展速度也很快，参加养老保险人数达到5374万人，2005年共有355万农民领取养老金，比上年增加53万人，全年共支付养老金30亿元。

第六，坚持政府主导，强化政府责任。国家始终把农村扶贫开发作为重要内容，放在突出位置，确定扶贫标准，适时确定并调整扶持的重点区域，工作重心从贫困区域下沉到重点县，使扶贫工作进村入户；实行资金、任务、权力和责任"四个到省"的扶贫工作责任制和各级政府扶贫工作首长负责制，建立健全了从中央到地方的扶贫工作领导机构，保证了扶贫工作的有序实施。

第七，动员社会参与，加强跨地区合作。国家不仅组织272个中央党政机关、民主党派、社会团体和大型国有企业定点帮扶481个重点县，选派优秀中青年干部到重点扶贫县工作，而且组织东部省市对口帮扶西部省份。东西扶贫协作的方式，逐渐从单向支持转为"优势互补、互惠互利、长期合作、共同发展"；从送钱送物转为促进发展，提高贫困地区和贫困人口的自我发展能力。国家调动民间组织参与扶贫事业的积极性，探索针对特定人群的扶贫方式，如团中央发起的"希望工程"、全国妇联发起的"春蕾计划"、中国人口基金会发起的"幸福工程"、中国扶贫基金会发起的"母婴平安120项目"等。

第八，实施开发式扶贫，倡导自力更生。开发式扶贫是中国扶贫工作的基本方针，国家积极推行参与式扶贫的理念和方式，让贫困人口直接参与扶贫开发项目与资金使用决策；促进贫困人口的能力建设，增强个人的自我积累、自我发展能力。中国政府扶贫开发取得的成就，加速了全球减贫的进程。据有关国际组织提供的数据，从1990年到2007年，中国减少的贫困人口数量占全球的比重超过70%。中国成为世界上第一个提前实现联合国千年发展目标中贫困人口比例减半的国家。中国在扶贫减困方面的成就和经验，赢得了国际社会的广泛赞誉和高度评价。2005年5月，世界银行行长沃尔芬森赞扬说："虽然我们还无法保证让每个国家都取得像中国这样的扶贫成就，但我们至少可以尽可能学习这些优秀的扶贫经验并在全球将其推而广之。"2008年底，国际农业发展基金会总裁伦纳特·博格说："中国的农村扶贫工作在世界历史上效率最高，规模也最大，很多人称之为奇迹。"他认为，这一奇迹的出现"得益于中国实施改革开放政策，中国过去30年里在农业等领域成就惊人，中国在农业发展和扶贫开发等方面的成就可为其他发展中国家提供经验"。但是，由于自然环境的制约和经济社会发展不平衡，扶贫开发仍然面临着严峻的挑战。中共十七届三中全会提出，从2009年起实行新的扶贫标准，从人均年收入786元提高至1196元，扶贫对象有4007万人，比2007年绝对贫困人口1479万人增加了2528万人。所以，缩小差距、共同富裕、走向全面小康，仍将是一个漫长而艰巨的过程。中国农村的扶贫开发工作任重而道远。

（二）改革开放以来我国扶贫工作经历的六个阶段

从1978年末的改革开放以来，我国扶贫工作逐渐成为国家发展的一个重要部分，成为国家建设的一个重要组成部分。整个体制随着改革开放的不断深入也发生了重大变化。主要可分为以下几个明显的阶段。

第一，体制改革推动扶贫阶段（1978—1985年）。1978年底，我国的经济改革发生了重大变化，中央确立了以经济工作为中心，推进农村经济改革的理性决策，新的经济制度和生产方式释放和激发了农民压抑已久的积极性与创造力，在解放农村生产力的进程中，农村的贫困问题也得到了一定的缓解。1978年到1985年，全国的贫困人口从2.5亿人减少到1.25亿人。但这个阶段的贫困人口减少有其特殊性，属于整个国家体制改革的宏观成效，具体的扶贫成效并不明显。可以说，农村经济改革是为了解决宏观上、整体上的扶贫问题，而不是为了有针对性地解决具体贫困对象的贫困问题。与新中国成立,由于政治制度的变化而导致整体上的经济状态变化一样。或者说,是由于生产关系的改革而导致了生产力的解决和发展。客观上为世界范围内的反贫困做出了巨大贡献,也产生了重要影响,可还是与后来的扶贫工作不一样。

第二,有针对性的大规模开发式扶贫阶段(1986—1993年)。随着广大农村的改革发展的扩大和深入,农村经济改革在总体上促进了生产力的不平衡发展。经济发展的不平衡性,导致了区域性和区域内部的反差不断扩大,这样,就将原来淹没在总体贫困中的相对贫困现象反衬和凸显出来了,扶贫的紧迫性也更加明显。而且,随着国家经济总体上的快速发展,扶贫的能力也得到了快速增强。农村反贫困行动正式纳入国民经济发展总体规划,确定了开发式扶贫方针,设立扶贫专项资金,扶贫正式成为政府主导、社会参与的政府行为,形成了扶贫的新的总体力量,推动全国农村贫困人口下降至8000万人。这个阶段的扶贫具有明确的扶贫性质、对象、任务和目标。

第三,"八七扶贫攻坚"阶段(1994—2000年)。上一阶段有针对性和大规模的开发式扶贫,促进了条件较好的部分地区的贫困问题的解决,可对于那些脱贫困难的地区和人口来说,仍需要更加有力和更加持久地做好扶贫工作。1994年国家颁布实施《八七扶贫攻坚计划》,明确要求用七年左右的时间基本解决农村8000万贫困人口的温饱问题,这样一个内容、要求、目标等都很具体的扶贫开发行动纲领,在我国扶贫史上还是第一个,"攻坚"的特点明显。到2000年底,全国农村的绝对贫困人口减少到3209万人,基本实现了"八七扶贫攻坚"目标。

第四,创新扶贫方式阶段(2001—2010年)。进入21世纪,我国以工业化和城镇化为主要内容的经济社会发展到了一个新的水平,在扶贫开发上也进行了新的探索创新,制定了《中国农村扶贫开发纲要(2001—2010年)》,明确提出"以工促农、以城带乡"的方针,实行新的扶贫标准和扶贫方式,对农村低收入人口全面实施扶贫政策。执行这个纲要之后,贫困现象依然在我国部分地区明显地存在,同时也进一步提出了创新扶贫工作的客观要求。2010年7月,中共中央办公厅、国务院办公厅印发了《关于进一步做好定点扶贫工作的通知》,要求各地区各部门进一步做好定点扶贫工作,加大对革命老区、民族地区、边疆地区、贫困地区的发展扶持力度。

实施定点扶贫,使得扶贫工作的针对性进一步增强,也是扶贫工作的一种创新。

第五,以全面小康为目标的扶贫阶段(2011—2015年)。改革开放以来,我国多次上调国家扶贫标准。2009年,中国国家扶贫标准从2008年的人均年收入1067元上调至1196元,2010年随CPI上涨而再上调至1274元。2011年,中央决定将农民人均年收入2300元作为新的国家扶贫标准。2011年5月,中央颁布了《中国农村扶贫开发纲要(2011—2020年)》,根据新确定的扶贫标准,更加明确具体地提出了到2020年稳定实现扶贫对象"两不愁、三保障"(不愁吃、不愁穿,保障其义务教育、基本医疗和住房)等目标,并确定11个连片特困地区等为新时期扶贫攻坚主战场。调整了贫困标准之后,扶贫工作的任务与要求也发生了新的变化。正是在这个必须将扶贫纳入全面建成小康社会的体系中的要求,客观上促进扶贫工作有了进一步创新突破的压力与动力,也面临更加严峻的形势。

第六,以打好脱贫攻坚战为主体的全面脱贫阶段(2015—2020年)。党的十八大以来,习近平总书记提出精准扶贫战略,并上升为一项国策,成为我国"十三五"时期的主要任务。按照要求到2020年彻底解决困扰千百年来我国历史发展的贫困问题。主要是全国所有贫困地区贫困人口全部脱贫,全国连片贫困地区得到彻底治理和开发,在我国历史上彻底解决绝对贫困问题。这是人类历史的一个伟大创举,也是我国解决贫困问题的最后攻坚阶段。这一任务的完成,标志着中国人民从此告别了绝对贫困,所有的贫困县全部摘帽脱贫。可以说这一目标的实现标志着中国发展进入了新的阶段。

(三)新时期我国扶贫开发的现状、问题及如何精准扶贫

长期以来,扶贫工作中存在的贫困人口底数不清、具体情况不明、措施针对性不强、扶贫资金和项目指向不准,对相关政策落实变形走样、到位打折扣等方面的问题较为突出,方式粗放,方法漫灌,因此,扶贫方法上的创新是解决扶贫成效不高的重要出路。精准扶贫就是针对扶贫工作中

存在针对性不强和效率不高这一现象，运用科学有效程序、方法和相应的资源，对扶贫对象实施精确识别、精确帮扶、精确管理的治贫方式。2013年底，中共中央办公厅、国务院办公厅印发了《关于创新机制扎实推进农村扶贫开发工作的意见》，明确提出要建立精准扶贫工作机制。2015年6月，在贵州召开的部分省区主要领导会议上，对于精准扶贫的认识进一步深化系统，习总书记明确提出了"六个精准"，即"对象要精准、项目安排要精准、资金使用要精准、措施到位要精准、因村派人要精准、脱贫成效要精准"，并就加大力度推进扶贫开发工作提出"四个切实"的具体来要求，而且明确要求将精准扶贫和全面脱贫作为"十三五"规划的重要内容和目标。这样，精准扶贫形成了一个非常完整的扶贫工作体系。

1. 我国扶贫工作的现状

改革开放以来40年扶贫工作遵循了这样一条主线：改革扶贫—开发扶贫—攻坚扶贫—定点扶贫—精准扶贫。改革开放以来的扶贫工作，是对扶贫工作的持续改进，是对扶贫工作规律性认识的深化与适应。具体来看，主要有以下几个方面：

第一，我国扶贫开发的现状。改革开放40年来，随着我国政府财力的不断增强，我国各级政府对农村扶贫投入不断增加，成效比较显著。根据国家统计局公布的由食物贫困线和非食物贫困线之和计算的贫困线标准，我国农村自1991年以来贫困发生率越来越低，贫困规模越来越小，主要表现为：一是我国农村贫困人口的相对数量和绝对数量都在逐渐降低。贫困发生率从1991年的10.4%降到了2015年的2.5%，降低了近8个百分点。到2017年底，我国贫困人口规模则从9400万人减少到2365万人，几千万人解决了温饱问题。二是随着扶贫工作的继续推进，扶贫的难度也在逐年加大。数据表明，自2000年以来，我国的贫困发生率一直徘徊在3%左右，贫困人口的规模也无明显减少，一直维持在2500万人左右，扶贫任务依然艰巨。三是由于受地理位置、自然禀赋差异及国家发展战略的影响，我国各地区的经济发展水平不一，农村贫困人口的地区分布极不平衡，其数量主要集中在中西部地区。根据国家统计局的调查与统计，我国西、中、东部农村贫困人口占全国农村贫困人口的比重分别为46.6%、42.1%和11.3%。在西部地区又以云南、贵州和四川三省最为突出，这三省占全国农村贫困人口的比重分别达到了9.4%、9.1%和7.4%，占了全国农村贫困人口的近30%。

四十年的改革开放，使数亿中国人甩掉了贫困的帽子，但中国的扶贫仍然面临艰巨的任务。最新数据显示，按照中国扶贫标准，到2018年底中国还有1000多万农村贫困人口，贫困地区发展滞后问题没有根本改变。在民生问题中，困难群体往往有更多更强烈的诉求，因此需要给予更多的关注和帮扶。"经过多年的减贫工作，现在剩下的都是'硬骨头'。"国务院扶贫办认为，中国政府高度重视扶贫工作，改革开放以来通过不懈努力，已经使6亿多人脱贫，成为全球首个实现联合国千年发展目标贫困人口减半的国家。但是，到2018年底我国仍有1000多万人没有脱贫。"以前出台一项政策，一批人都能够脱贫致富，现在剩下的都是'硬骨头'，减贫难度越来越大。"刘永富说，距2020年还有不到1年时间，要确保1000多万人全部如期脱贫，每个月要减贫100多万人，任务非常重。为此，习近平总书记指出，扶贫开发工作已进入"啃硬骨头、攻坚拔寨"的冲刺期。各级党委和政府必须增强紧迫感和主动性，在扶贫攻坚上进一步理清思路、强化责任，采取力度更大、针对性更强、作用更直接、效果更可持续的措施，特别要在精准扶贫、精准脱贫上下更大功夫。

国务院扶贫办认为，"精准扶贫"的含义在逐步深化、扩展。习总书记2012年底到河北阜平老区考察时，关于扶贫工作，他讲不要用"手榴弹炸跳蚤"。到了2013年10月，习近平总书记到湖南湘西考察时，首次提出了"精准扶贫"概念。在贵州又讲了"六个精准"，即"对象要精准、项目安排要精准、资金使用要精准、措施到位要精准、因村派人要精准、脱贫成效要精准"。扶贫工作内涵越丰富，操作性越强。理解"精准扶贫"要义，就是"对症下药，药到病除"。2015年1月，习近平在云南考察时指出，扶贫开发是我们第一个百年奋斗目标的重点工作，是最艰巨的任务。现在距实现全面建成小康社会只有五六年时间了，时不我待，扶贫开发要增强紧迫感，真抓实干，不能光喊口号，决不能让困难地区和困难群众掉队。

中国正在进行人类社会历史上空前规模的扶贫开发工程，并且已经取得了显著成就："改革开放40年来，7亿多贫困人口摆脱了贫困。农村贫困人口减少到2018年的1000多万人，贫困发生率下降到5.7%，基础设施明显改善，基本公共服务保障水平持续提高，扶贫机制创新迈出重大步伐，有力促进了贫困人口基本权利的实现,为全面建成小康社会打下了坚实的基础。联合国《2015年千年发展目标报告》显示,中国极端贫困人口比例从1990年的61%下降到2002年的30%以下,率先实现比例减半,2014年又下降到4.2%,中国对全球减贫的贡献率超过70%。中国成为世界上减贫人口最多的国家,也是世界上率先完成联合国千年发展目标的国家,为全球减贫事业做出了重大贡献,得到了国际社会的广泛赞誉。这个成就,足以载入人类社会发展史册,也足以向世界证明中国共产党领导和中国特色社会主义制度的优越性。"联合国粮农组织总干事若泽·格拉齐亚诺·达席尔瓦2013年6月3日在新华网发表《中国成功减贫给世界的启示》中说,中国的努力是使全球贫困和饥饿人口减少的最大因素。党的十八大以来,党中央、国务院把扶贫工作摆在更加突出的位置,大力度、宽领域、多层次地向纵深推进。通过一系列的努力,扶贫开发取得了新的成就。2013年,中国减少贫困人口1650万人。2014年,中国减少贫困人口1232万人。2015年,中国贫困人口从上年的7017万人减少到5575万人,减少了1442万人,连续3年完成了减贫1000万人以上的目标任务。从2016年到2018年全国每年减少贫困人口1000多万人,到2018年底,全国仅剩余贫困人口1000多万人。全国政协精准扶贫专题调研组在江西、广西、湖南、新疆等地调研时发现,这些地方的扶贫工作总体上形势很好,中央政策实、干部干劲大、群众积极性高,按照这样的做法和进程,完全可以实现所有贫困人口到2020年如期脱贫的目标。

第二,精准扶贫措施具体到位。自习总书记提出精准扶贫战略以来,经过全国各地的努力,扶贫工作取得巨大成就。主要体现在以下几个方面:

一是全党上下思想认识到位。在党中央的领导下,全党各级党组织积极响应习近平总书记的号召,我国各级党委与政府在思想上高度重视扶贫工作,普遍认识到全面建成小康社会、实现第一个一百年的奋斗目标,农村贫困人口全部脱贫是标志性的指标。例如2015年5月,江西省委、省政府出台了《关于全力打好精准扶贫攻坚战的决定》,把扶贫攻坚作为最重要的民生工程来抓,要求各级党委、政府强化组织领导,加大投入力度,完善帮扶机制,切实增强使命感和紧迫感,攻坚克难、务实奋进、倒排工期、挂图作战、加快脱贫致富奔小康的步伐。

二是攻坚目标明确。我国各级党委与政府要求把精准扶贫作为提高贫困群众获得感和幸福感的第一民生工程，坚持治标和治本结合、"造血"和"输血"并举、开发扶贫与保障扶贫两轮驱动、区域发展与精准扶贫统筹推进的基本方针，在找准切入点、提高精准度、确保实效性上下功夫，真正把精准扶贫扶到点上、根上。例如，根据中央提出的到2020年消除贫困的要求，全国力争准时完成这一工作目标。到2018年，调查中的省份表示力争全省基本消除绝对贫困现象，贫困县脱贫摘帽取得突破性进展。2019—2020年，进一步巩固精准扶贫的成果，稳定实现扶贫对象不愁吃、不愁穿，保障其义务教育、基本医疗和居住条件。

三是精准扶贫措施扎实有力到位。实施产业扶贫，大力支持贫困户因地制宜发展特色种植业、养殖业、加工业、光伏发电、电子商务、乡村旅游等产业，提高贫困群众的参与面与受益度。实施就业扶贫，为扶贫对象提供就业指导、职业介绍、技能培训等就业服务。实施易地搬迁扶贫，在科学制定规划、群众自愿的基础上，以居住点、自然村或行政村为整体搬迁单元，做到应搬尽搬，实行进城进园。并且完善后续政策，做到安居与乐业并举、搬迁与脱贫同步。实施基础设施扶贫，加强贫困地区的道路、水利、电力、商贸和信息网络建设。实施健康扶贫，构筑新型农村合作医疗、新农合大病保险、农村贫困人口重大疾病商业补充保险、城乡医疗救助四道防线。实施教育扶贫，加大对贫困地区教育的支持力度，促进各类教育发展，保障贫困地区学生就近公平享受优质教育资源。实施生态保护扶贫，加大重点生态保护区转移支付力度，加大贫困区退耕还林、天然林保护、湿地保护与恢复的力度，让贫困地区在生态保护中得到更多实惠。实施社会保障扶贫，加大最低生活保障救助力度，坚持应保尽保，逐年提高农村低保标准和五保人员供养标准。

四是精准扶贫组织保障健全。严格执行扶贫攻坚一把手责任制，省、市、县、乡、村五级书记一起抓，层层签订脱贫攻坚责任书。明确责任、明确分工。省级做好统筹协调、目标制定、资金投放、组织动员、检查指导等工作。市级做好上下衔接、域内协调、检查督促等项工作。县级承担主体责任，做好进度安排、项目落实、资金使用、人力调配、推进实施等工作。贫困县每个乡镇都要组建扶贫工作站，每个贫困村都要有帮扶单位和驻村工作队，每个贫困户都要有帮扶责任人。

第三，新时期扶贫开发中的新情况和新问题。目前，扶贫工作进入啃硬骨头、攻坚拔寨的总攻和冲刺阶段。中西部一些地区贫困人口规模依然较大，剩下的贫困人口致贫原因复杂、贫困程度较深、减贫成本更高、脱贫难度更大。实现到2020年让1000多万人口脱贫的既定目标，时间依然十分紧迫、任务依然十分繁重。目前，已经到了精准扶贫的最后关头，剩下的都是难以脱贫的"硬骨头"。主要表现为：一是贫困人口往往分布在"老、少、边、远"地区，这些地方一是基础设施落后，抗贫能力不足，扶贫开发的成本很高。二是自然条件恶劣，水土流失严重，自然灾害频发。三是产业发展落后，有的地方甚至还处于自给自足的小生产方式状态。四是医疗条件落后，一些乡镇医院缺医少药，群众有病不能得到及时治疗，以致小病发展成为大病，因病致贫，成为一些家庭贫困的重要原因。五是劳动力缺乏，缺乏增加收入的渠道。贫困户主要靠种植、养殖、打工等"小打小闹"获得收入，收入微薄，且遇到灾、病、婚、学等大额现金支出，就进入贫困状态。因此，必须突出问题导向，贯彻因地制宜的原则，创新扶贫开发的体制和机制。创新扶贫开发路径，由"大水漫灌"向"精准滴灌"转变；创新扶贫资源使用方式，由多头分散向统筹集中转变；创新扶贫开发模式，由偏重"输血"向注重"造血"转变；创新扶贫考评体系，由侧重考核地区生产总值向主要考核脱贫成效转变。要打赢全面建成小康社会的扶贫攻坚战，实现可持续脱贫的目标，需要处理好以下几个倾向性和苗头性的关系和问题：

一是经济上的扶贫和思想上的扶贫相结合。一些地方没有沉下心来扎扎实实地做好扶贫工作，而是喜欢搞短期效益"政绩工程"，往往还停留在送牲畜、送苗木、送种子、送资金的立竿见影的"快餐式"扶贫上。一旦领导资源撤走，贫困现象依旧。这些做法反而催生了"等、靠、要"的思想。一些群众等着政府发救济、盼着上级来考察，依赖心理越来越严重。身贫好扶，心贫难扶。不少扶贫干部认为，扶贫不能只是停留在经济层面，扶贫先扶志应该成为各级领导干部的共识。

二是应急性扶贫和可持续脱贫。一般来说，贫困人口大多是由于缺资金、技术、知识、劳动力等相关因素而造成了贫困，政府可以通过帮扶措施提供这些相关要素，暂时解决贫困。因此，政府在短期内帮扶脱贫具有合理性。但是贫困人口的能力往往低于社会一般水平，分散的个体又难以抵御市场经济的风险。因此，从长远看，贫困人口终究要靠自身的努力改变自己贫穷落后的面貌。这就需要构建扶贫脱贫的长效机制，政府"扶上马，送一程"，然后主要通过激发贫困人口的内生动力，达到实现可持续脱贫的目标。不少贫困村采取引进工商资本、鼓励民营企业回乡创业等方式，发挥社会资本的作用，实行产业扶贫。从生产关系方面来说，这是私营经济在发挥作用。同时，上级有关部门的扶贫举措，如产业扶持、就业扶持、易地搬迁、教育支持、医疗救助等，一般都是跳过了村级集体经济，对象到户、资金到户、措施到户。这种做法具有合理性，为农村带来了急需的资本、技术、人才等要素，也收到了很好的效果。但是，村级集体经济基本都被摧毁了，贫困村往往都是"空壳村"。上级部门对这些"空壳村"年年扶贫，但是年年贫困。要真正解决问题，还是要发展集体经济。村里有钱了，不仅可以解决本村的公共服务问题，还可以加大对贫困户的经济支持力度。同时，从加强基层组织建设的角度看，村级经济发展了，就有能力为大家办事，村民们就支持你，这样，党在基层的地位和作用就会进一步得到巩固。

2. 我国扶贫的最后阶段应该如何精准扶贫

精准扶贫攻坚的最后阶段，如何完成党和习近平总书记提出的历史任务，如何推进精准扶贫。推进精准扶贫，加大帮扶力度，是缓解贫困、实现共同富裕的内在要求，也是全面实现小康和现代化建设的一场攻坚战。那么，如何做到精准扶贫呢？

第一，精确识别。这是精准扶贫的前提。通过有效、合规的程序，把贫困居民识别出来。总的原则是"县为单位、规模控制、分级负责、精准识别、动态管理"；开展到村到户的贫困状况调查和建档立卡工作，包括群众评议、入户调查、公示公告、抽查检验、信息录入等内容。过去，全国曾开展农村最低生活保障制度和扶贫开发政策"两项制度"有效衔接试点，实践表明，这样识别扶贫对象虽然有一定效果，但是程序烦琐、操作性不是很强。湖北省宜宾等一些地方探索的"比选"确定扶贫对象的扶贫"首扶制度"，也是一个精确识别的好办法。其具体做法是：根据国家公布的扶贫标准，村民先填申请表，首先由村民小组召开户主会进行比选，再由村两委召开村、组干部和村民代表会议进行比选，并张榜公示；根据公示意见，再次召开村、社两级干部和村民代表会议进行比选，并再次公示；如无异议，根据村内贫困农户指标数量，把收入低但有劳动能力的确定为贫困农户。总之，不论采取何种方式识别，都要充分发扬基层民主，发动群众参与；透明程序，把识别权交给基层群众，让同村老百姓按他们自己的"标准"识别谁是穷人，以保证贫困户认定的透明公开、相对公平。

第二，精确帮扶。这是精准扶贫的关键。贫困居民识别出来以后，针对扶贫对象的贫困情况定责任人和帮扶措施，确保帮扶效果。就精确到户到人来说，重点为：

一是坚持方针。精确帮扶要坚持习近平总书记强调的"实事求是，因地制宜，分类指导，精准扶贫"的工作方针，重在从"人""钱"两个方面细化方式，确保帮扶措施和效果落实到户、到人。

二是到村到户。要做到"六个到村到户"：基础设施到村到户、产业扶持到村到户、教育培训到村到户、农村危房改造到村到户、扶贫生态移民到村到户、结对帮扶到村到户。真正把资源优势挖掘出来，把扶贫政策含量释放出来。

三是因户施策。通过进村入户，分析掌握致贫原因，逐户落实帮扶责任人、帮扶项目和帮扶资金。按照缺啥补啥的原则宜农则农、宜工则工、宜商则商、宜游则游，实施水、电、路、气、房和环境改善"六到农家"工程，切实改善群众生产生活条件；帮助发展生产，增加收入。

四是资金到户。在产业发展上，可以推行四川省遂宁市船山区唐春村的专项财政资金变农户股金的模式，也可以通过现金、实物、股份合作等方式直补到户；在住房建设上，可以推行南江县农村廉租房的做法；技能培训、创业培训等补助资金可以直补到人；对读中、高职学生的生活补贴、特困家庭子女上大学的资助费用，可通过"一卡通"等方式直补到受助家庭；易地扶贫搬迁、乡村旅游发展等项目补助资金可以直接向扶贫对象发放。

五是干部帮扶。干部帮扶应采取群众"点菜"、政府"下厨"的方式，从国家扶贫政策和村情、户情出发，帮助贫困户理清发展思路，制定符合发展实际的扶贫规划，明确工作重点和具体措施，并落实严格的责任制，做到不脱贫不脱钩。

第三，精确管理。这是精准扶贫的保证。

一是农户信息管理。要建立起贫困户的信息网络系统，将扶贫对象的基本资料、动态情况录入系统，实施动态管理。对贫困农户实行一户一本台账、一个脱贫计划、一套帮扶措施，确保扶到最需要扶持的群众、扶到群众最需要扶持的地方。年终根据扶贫对象发展实际，对扶贫对象进行调整，使稳定脱贫的村与户及时退出，使应该扶持的扶贫对象及时纳入，从而实现扶贫对象有进有出，扶贫信息真实、可靠、管用。二是阳光操作管理。按照《财政专项扶贫资金管理办法》，对扶贫资金建立完善严格的管理制度，建立扶贫资金信息披露制度以及扶贫对象、扶贫项目公告公示公开制度，将筛选确立扶贫对象的全过程公开，避免暗箱操作导致的应扶未扶，保证财政专项扶贫资金在阳光下进行；筑牢扶贫资金管理使用的带电"高压线"，治理资金"跑冒滴漏"问题。同时，还应引入第三方监督，严格扶贫资金管理，确保扶贫资金用准用足，不致"张冠李戴"。三是扶贫事权管理。对扶贫工作，目前省、市、县三级分别该承担什么任务并不十分明确，好像大家都在管钱、分钱，监督的责任也不清晰；专项扶贫资金很分散，涉及多个部门，各个部门的责任也不清晰。现在，省委已经明确，省、市两级政府主要负责扶贫资金和项目监管，扶贫项目审批管理权限原则上下放到县，实行目标、任务、资金和权责"四到县"制度，各级都要按照自身事权推进工作；各部门也应以扶贫攻坚规划和重大扶贫项目为平台，加大资金整合力度，确保精准扶贫，集中解决突出问题。

三、我国扶贫资金的来源、构成及管理方式

新中国成立以来到改革开放前,我国扶贫资金以救济资金为主,主要由国家财政拨款实施救济。从改革开放以来,我国扶贫工作逐渐转移到开发性质的扶贫,资金来源渠道也相应有了一些变化。但是,我国农村扶贫资金的来源渠道总的来看变化不大,基本上保持了较为单一的模式,管理比较粗放,存在的问题也比较多。从党的十八大以来,我国扶贫资金来源渠道开始拓展,资金量急剧增加,适用范围变广。由于扶贫资金在相当程度上带有财政性质或者优惠性质,牵扯到各方利益,使用效率和管理模式都有待于进一步提高,解决起来有相当的难度。

(一)我国扶贫资金的来源及类型

1. 扶贫资金的来源及类型

我国扶贫资金的来源有多个途径,其一,中央财政扶贫资金;其二,地方财政扶贫资金;其三,国内金融机构提供的扶贫信贷资金;其四,国际金融组织提供的有偿资金;其五,社会资金。扶贫工作中,中央财政及地方财政起了主导作用,扶贫资金以中央财政资金和与之配套的地方财政资金最为普遍。中央财政扶贫资金属于国民收入的第二次分配,狭义的财政扶贫资金包括两个渠道,一是中央财政扶贫资金,二是以工代赈扶贫资金,不包括对贫困地区的财政转移支付和有关政策性减免所实际隐含的财政转移支付。地方配套中央财政扶贫资金的资金来源于地方财政。国内金融机构提供的扶贫贴息贷款中的贷款本金属于银行组织的信贷资金,其中中央负责的贴息部分属于财政资金。国际金融机构和其他组织提供的外资目前基本上属于有偿使用的软贷款,国家财政或地方财政提供一定程度的担保。社会资金的主要构成是在中央扶贫政策安排下,东部先富裕起来的

地区对口帮扶西部贫困地区的资金。社会资金的一部分来源于东部地区各级地方政府财政，一部分来源于政府动员的当地企业捐款。真正来自民间的志愿扶贫的资金很少。

我国扶贫资金的来源、数目大小不一，结构比例互不相同。特别是从1997年起，中央财政将每年再增加15亿元，重点用于贫困面大的省、自治区，集中力量帮助贫困地区修建乡村公路、基本农田、人畜饮水设施和进行农民技术培训等。除去中央财政拨款外，中央每年再增加30亿元的扶贫贷款，围绕贫困地区以种植业和养殖业为主的产业，重点支持效益好、能还贷款、能迅速带动群众脱贫致富的项目。另外，国有商业银行每年也要有一定比例的资金用于扶贫开发项目。

国家的扶贫资金，可分为三大项：国家的财政扶贫资金、农业银行的扶贫贷款、"三西"专项建设资金。国家的财政扶贫资金和农业银行的扶贫贷款是面向全国的，而2亿元的"三西"专项建设资金仅针对甘肃和宁夏的河西、定西和西海固地区而言。除去中央政府的发展援助外，地方政府（特别是省政府）对当地的贫困地区也提供类似的援助，特别是对370个省级贫困县提供大量的扶贫资金。从来源和使用结构看，省级为主的地方扶贫资金可分为地方政府的配套资金、地方政府的财政扶贫资金以及东部沿海省市对中西部地方政府的支援三大部分。社会各界的援助，这是在社会各界对扶贫行动认可的基础上，根据自己的财力情况，援助贫困地区的一种行动。社会各界的援助活动多种多样，譬如"希望工程""光彩事业""幸福工程"以及捐衣捐被帮助贫困地区度过灾年等。海外的资金援助和捐赠活动。包括国外政府的援助，世界金融机构的低息、无息贷款以及海外华人的捐资、捐物等。例如，甘肃的引大入秦工程，就是借助了世界银行的贷款。扶贫工作中，中央财政及地方财政起了主导作用，扶贫资金以中央财政资金和与之配套的地方财政资金最为普遍。国内金融机构的扶贫信贷资金只是包含贷款本金，国际金融机构的是有偿软贷款，同时需要国家财政和地方财政做担保。信贷扶贫的实质是将农户与市场相连，不同于单纯的救济，重在帮扶。

2. 我国扶贫资金管理的演进与资金架构

贫困在没有外力推动的情况下是一种高度稳定的均衡现象，扶贫正是打破贫困均衡的外在力量。国家扶贫制度安排得合理与否，直接决定扶贫效率的高低，而这其中最为关键的就是扶贫资金的运作与管理，它也是研究扶贫绩效最直接的途径。中国真正意义上实施具有针对性的扶贫战略是从20世纪80年代中期开始的。1986年，中共中央、国务院联合发出《关于帮助贫困地区尽快改变面貌的通知》明确指出，"七五"期间要解决大多数贫困地区人民的温饱问题，使贫困地区初步形成依靠自己力量发展商品经济的能力，该文件标志着中国扶贫战略的轮廓初步形成。1994年，国务院正式公布实施《国家八七扶贫攻坚计划》，明确要求集中财力、物力、人力，用7年时间基本解决8000万贫困人口的温饱问题，并提出了具体的微观目标。1996年，中共中央、国务院颁布《中共中央 国务院关于尽快解决农村人口温饱问题的决定》，进一步完善了扶贫战略，提出了通过信贷资金扶持微观扶贫产业的思路，即从1997年开始，在现有扶贫信贷资金的基础上，每年再增加30亿元扶贫贷款，重点支持效益好、能还贷、能带动千家万户脱贫致富的种植业、养殖业、林果业和农产品加工项目。到2000年底，除了少数社会保障对象和生活在自然环境恶劣地区的特困人口，以及部分残疾人以外，全国农村贫困人口的温饱问题已经基本解决，《国家八七扶贫攻坚计划》确定的战略目标基本实现。扶贫开发实现了贫困地区广大农民群众千百年来吃饱穿暖的愿望，为促进我国经济的发展、民族的团结、边疆的巩固和社会的稳定发挥了重要作用。在改革开放短短40年时间里，中国政府解决了2亿多贫困人口的温饱问题，这在中国历史上和世界范围内都是了不起的成就，然而，要从根本上改变贫困地区社会经济的落后状况，缩小地区差距仍是一项长期的历史性任务。基于对扶贫开发的这种长期性、复杂性和艰巨性的认识，党中央、国务院进一步制定了《中国农村扶贫开发纲要（2001—2010年）》，决定集中力量，加快贫困地区脱贫致富的进程，从而把我国扶贫开发事业推向一个新的阶段。在这样的扶贫战略架构下，目前，我国用于农村扶贫的资金主要包括三大块，即政府渠道的财政资金、信贷资金以及非政府渠道的社会资金。根据《中国农村扶贫开发纲要（2001—2010年）》的要求，财政扶贫资金主要用于种植业、农业产业化、改善贫困地区的基本生产生活条件、科技扶贫、提高贫困地区群众的科技文化素质、劳务输出、移民搬迁等方面，具体包括支援经济不发达地区发展资金、新增财政扶贫资金、以工代赈资金和扶贫专项贷款等。近年来，国家直接的财政扶贫资金规模在不断扩大,极大提高了农村的生产、生活条件,同时带动了地方各级政府、农民和社会资金的投入,使农村中小型基础设施建设规模和增长速度都得到了前所未有的提升,取得了显著的经济效益和社会效益。统计数字显示,在扶贫资金的实际投向上,1998—2001年,投入农业的扶贫资金所占比例最大,为46.27%,其次是基础设施,为19.81%,后面依次是工业13.53%、交通运输6.09%、文教卫生3.35%、商业服务业1.37%和技术培训0.88%。其中,在农业扶贫投资中,投向种植业的比例最大,其次是畜牧业、林业、渔业;基础设施扶贫投资中比例依次是基本农田建设投资、人畜饮水投资以及道路修建投资。从比例变动情况看,基本农田建设投资所占比例逐渐减少,人畜饮水投资和道路修建投资都呈现出波动式增加。信贷扶贫资金主要包括由中国农业银行发放的贴息扶贫专项贷款以及由农村信用社开展的农户小额贷款和联保贷款。其中,重点是中国农业银行发放的贴息扶贫专项贷款,主要是为了实现扶贫目标,由政府和金融机构借助小额信贷的方式运作的资金,重点支持有助于直接解决农村贫困人口温饱问题的种植业和以当地农副产品为原料的加工业中效益好、有还贷能力的项目。2004年,这部分资金已经超过了财政拨款规模,达185亿元,而且,学者们普遍认为这部分资金有可能会成为我国扶贫事业中最重要的资金来源。社会扶贫资金主要是由社会扶贫组织提供的扶贫资金,其主要形式也是小额信用贷款。统计数字显示,目前,我国农村的全部小额信贷规模达2200亿元,但其中绝大部分是由中国农业银行和农村信用社发放的政策性贷款,按照联合国计划署的标准,社会扶贫资金部分的小额信贷仅有10亿元。

3. 我国扶贫资金的使用方向

我国扶贫资金的使用方向大致分为三个方面:(1)生活救济。如目前全国约有365万农村居民有资格享受五保待遇,平均每个受益者能得到40多元的救济金,此外还有6000多万的持续贫困人口需要生活救济。(2)发展援助。上述所有援助资金都是针对特定的贫困地区或贫困地区的企业的,没有针对某一特定贫困群体的发展援助项目。这反映了中国政府把区域开发放在优先位置,试图通过贫困地区的总体经济发展来根本消除贫困的政策取向。(3)由政府资助和组织的大规模反贫困活动"以工代赈"计划。

这是针对区域性贫困而设计的旨在改善基础设施和社会服务，为当地经济建设创造条件的扶贫形式。

（二）农村扶贫资金管理方式

1. 我国扶贫资金的主要管理方式

我国扶贫资金的主要来源是政府财政的转移支付，那么对于扶贫资金的管理，则主要体现在对扶贫资金的计划和分配等方面。虽然扶贫资金种类较多，但将管理方式归纳起来，大概就是以下三种：一是国家统一制订的各项扶贫资金计划；二是国家各项扶贫资金的分配；三是地方政府扶贫资金的分配。不同的管理方式对应着不同的管理机制，同时，管理方式也是管理机制的体现。

目前，我国农村扶贫资金主要来源于政府财政的转移支付，扶贫资金的管理也主要体现在扶贫资金的计划和分配等方面。一是国家各项扶贫资金计划的制订。首先，根据扶贫相关的政策，结合全国各地的实际情况，由财政部、国家发展和改革委、中国农业发展银行三个部门分别提出初步意见，在此基础上，经国务院扶贫开发领导小组办公室总体平衡后，提出统一的分配方案，最终报国务院扶贫开发领导小组审定。扶贫资金分配所参考的基本依据为省、自治区、直辖市本年度贫困人口数量、贫困程度、扶贫资金使用效益、地方配套资金落实比例等。二是国家各项扶贫资金的分配。国务院扶贫开发领导小组把扶贫资金及以工代赈资金的分配方案通知到各省、区政府，具体计划由国家相关部门分别予以下达。三是地方政府扶贫资金的分配。各地方政府扶贫开发领导小组根据本地区的实际情况讨论并决定各类扶贫资金以及以工代赈资金的分配方案。各地方政府扶贫办公室要建立扶贫项目库，扶贫办公室会同地方政府相关部门，共同规划、设计、论证、筛选扶贫开发项目，并报扶贫开发领导小组批准后进入项目库，银行和资金管理部门参与到扶贫项目当中并做了深入的分析，提出相对应的政策建议。县内项目由县扶贫开发领导小组批准进入项目库。跨县项目由省、区扶贫开发领导小组批准进入项目库。国家下达的各项扶贫资金，由省、自治区、直辖市人民政府统一分配，具体由同级扶贫开发工作协调领导机构负责组织各有关部门规划和实施项目,并督促各项资金及时到位。使用扶贫专项贷款的项目,应当经有关银行事前审查论证。依据《财政专项扶贫资金管理办法》的规定,大体上农村扶贫资金的管理方式没有大的改变,在具体职能分配上做了些许调整,其中分配方案由原来的国务院扶贫办汇总平衡改为由国务院扶贫办和财政部共同执行,同时扶贫资金的投向增加了连片贫困地区并向该区域倾斜。

我国农村扶贫基金在种类上较为繁多,但是管理方法归纳起来主要有三种:一是纳入国家各种扶贫基金的相关计划的制定体系中;二是参与到国家各种扶贫基金的统筹分配中;三是进入地方扶贫基金的统筹分配体系中。不同的管理模式会以不一样的管理机制作为依托,管理方式中也能够直观体现出相应的管理机制。

2. 我国扶贫资金的使用方式

扶贫资金的使用方式伴随着政府政策的调整而发生变化。20世纪80年代中期,我国的扶贫战略从传统的单纯生活救济式转变为区域开发式,扶贫资金由平均分散方式转变为通过扶贫项目相对集中的方式。也就是将扶贫对象由原来具体的贫困户或贫困人口转变为区域(县为主),对贫困人口相对集中的县进行整体扶贫资金配置。随着扶贫工作的深入开展,当贫困人口范围逐渐缩小至乡、村后,这种资金使用方式开始滞后至扶贫工作,便不再适用。自此,把乡、村作为主要对象,把贫困户作为扶持对象,由乡到村,由村到户,将扶贫项目资金以点的方式具体落实。

3. 我国农村扶贫资金使用方式的两次调整

第一次大调整发生在20世纪80年代中期,我国的扶贫战略从传统的单纯生活救济式转变为区域开发式,扶贫资金由平均分散方式转变为通过扶贫项目相对集中的方式。1987年国务院贫困地区经济开发领导小组、财政部、人民银行、农业银行联合印发的《全国贫困地区经济开发项目管理试行办法》中明确规定了扶贫贴息贷款管理的"双轨制"原则,确定了"资金跟着项目走"这一扶贫资金使用的基本原则,扶贫项目的主体确定为县,一切扶贫活动以县为对象,主要是县域经济总量增长和扩张,而不是贫困户或贫困人口的脱贫。地方政府选择以县域和乡镇工业作为主要对象,这种扶贫资金使用方式，在贫困人口多，大面积集中连片分布的情况下，确实能对缓解贫困起到积极的作用。但是，随着反贫困工作的深化，以县为单位的贫困区逐渐转变为乡、村级的小面积贫困区，这种资金使用方式的负面影响暴露，极大地影响了扶贫攻坚的进程。第二次大调整是"八七"扶贫攻坚计划实施后，提出了扶贫攻坚要把贫困乡、村作为主战场，把贫困户作为扶持对象。要做到领导联系到村，帮扶对口到村，计划分解到村，资金安排到村，扶持措施到户，项目覆盖到户，真正使贫困户受益。"资金跟着项目走"这一原则不变，关键是项目的范围发生了变化，即项目覆盖到户，使贫困户作为独立的经济法人因有项目而进入市场，参与到商品经济的产、供、销或种、养、加的环节中，实现真正意义上的贫者受益。1996年后，又进一步提出各类扶贫资金的投放和项目必须以建卡贫困户为对象，以解决温饱为目标，以有助于直接提高贫困户收入的产业为主要内容。在扶贫资金到户问题上，引进了"乡村银行"模式，并结合当地实际创造了许多扶贫资金到户的运作方式，专门安排了小额信贷扶贫资金。这些扶贫资金使用方式的改进极大地提高了扶贫资金的针对性和使用效率。

4. 国家扶贫资金的管理层

我国扶贫机构管理层从中央到县共有四层，并且是按行政规则逐级管理的，这种管理可以看作是多重委托—代理，即国家、省（市）、地区、县这四级管理层之间存在一种委托—代理关系，其中，国家是最初委托人，县是最终代理人，省（市）、地区既是一级委托人，又是一级代理人，它们之间错综复杂的关系约束着扶贫资金的使用效益。目前我国的这种委托—代理关系一般都没有签订具有强约束力的或比较规范的合同契约，只是根据《国家八七扶贫攻坚计划》的任务要求和各地贫困人口、贫困状况来确定扶贫资金的总规模，然后再将资金下拨给各省相关的扶贫部门。同理，省与地区之间、地区与县之间也存在类似问题。从运行过程看，这种多重委托—代理关系使信息的传递和责任的归属逐渐变得模糊起来，看似明确的管理却又变得缠杂不清，谁都有权管理扶贫资金，却又找不到对扶贫资金真正负责任的人，这种管理状况不是造成扶贫资金的流失，就是造成扶贫资金的低效率投放。鉴于在扶贫资金的管理中存在的信息不对称和非契约管理问题，建议在县一级建立扶贫基金会，取消中间的管理层次，由中央、省（市）直接到县进行管理，使初始委托人与最终代理人直接见面，严格按照委托—代理模型建立规范的契约关系。

5. 扶贫资金配置的影响因素

扶贫资金在管理方式不变的前提下，其资金配置还受其他因素的影响，主要有两大因素：第一，贫困发生率。所谓贫困发生率，就是贫困人口或受资助人口占总人口的比例，首先在定量分析中，总人口不变，贫困人口增加，或者贫困人口不变，总人口数减少，这两种情况都会增大贫困发生率；其次在变量分析中，贫困人口增长率高于总人口增长率时，贫困发生率也会增大。其中，贫困人口的变化则会受扶贫资金投入等因素影响。总之，贫困发生率增大也就意味着财政拨款或者扶贫贷款等的资金额度要增加。以发展的眼光来看，扶贫资金分配会在一定程度上影响贫困发生率，进而又会对扶贫资金配置产生影响。做好扶贫资金的配置工作是做好扶贫工作的一大重点。第二，县域差异。边境县及少数民族县相比同条件的其他县，分配的扶贫资金偏多。资金配置影响最终会在受资助人的所得资助金额上体现出来。

（三）我国扶贫资金理论与制度上的疑惑

1. 我国扶贫资金理论上的疑惑

（1）农村扶贫资金理论上的"公共地悲剧"

农村扶贫具有公共品的性质。西方经济学认为，由于公共物品没有排他性，必然出现享受好处却避开支付的搭便车者，这使其他人获得扶贫资金的可能性和数量就少了，致使扶贫资金使用效率下降。这就是扶贫资金的"公共地悲剧"。社会与私人激励不同而存在的外部性是导致扶贫资金出现"公共地悲剧"的原因。具体分析，至少有三个影响因素：一是共有资源的性质。社会上普遍的看法是扶贫资金就是白给的，不论有偿无偿，都是国家的德政工程、民心项目，所以大家都可以有一份，尤其在贫困地区。二是遭遇大面积贫困时。当个人或家庭的生存需求变得极其强烈时，依靠各种手段和方式获取扶贫资金就有了相当大的激励。三是贫困户识别困难所带来的社会激励。表现为技术上的约束和文化上的藩篱，使政府没有积极性去判断谁是真正的穷人。

（2）体制上的深层次原因

首先，财政扶贫资金没有建立绩效考评制度，扶贫开发"四到省"的原则没有落到实处，中国政府对扶贫开发的总体要求是"省负总责、市县抓落实"，资金的使用管理遵循的是"责任到省、任务到省、资金到省、权力到省"的"四到省"原则。中央财政每年补助给各省的财政扶贫资金数量是在考虑各省贫困人口数量、农民人均纯收入、人均财力和政策调整四个因素的基础上，按公式计算出来的。由于中央财政补助给地方的扶贫资金没有绩效考评办法，资金的分配没有与地方完成扶贫任务的好坏、资金使用效果的高低挂起钩来，缺少奖惩手段，没有激励机制，导致有的地方争戴贫困帽子、争资金，但轻管理责任和任务没有完全落实到位。其次，财政扶贫资金审批级次过高，资金到位晚。现在，多数省都将项目的审批权掌握在省级。这种做法产生的问题：一是项目可能不符合贫困人口的需要、不可行，因为审批链条长容易导致信息不对称；二是项目的高次级审批增加了程序，延长了扶贫资金到位时间。再次，财政扶贫资金监管手段落后。在农村扶贫资金管理过程中，面对科层结构的组织管理职能分工，农村扶贫工作中监督体系存在严重缺失。目前日常的监督管理主要依靠上级部门来执行，职能分工上存在很大程度的不合理，具有自己人监督自己人的嫌疑，纪检监察部门也主要是针对重大事件进行查处，受到资源和成本的约束比较大。一方面，没有针对我国农村扶贫工作设置专职、权威的监督机构。政府无法对扶贫项目实施必要的管理及对扶贫部门的工作绩效进行有效核查。另一方面，缺乏公众及社会机构强有力的外部独立监督。政府部门暂时不能把扶贫项目实施的步骤、对象、存在的问题、资金到位的情况、资金发放的情况等向广大群众定期公示，接受群众的监督，而各乡、村的扶贫组织还不能做到及时解答群众提出的疑问，目前的反贫困治理还很难真正做到公平、公正和公开。

（3）扶贫资金瞄准产生偏离

造成农村扶贫瞄准问题的主要原因：一是现有的统计方法不能准确地识别贫困人口。目前各省贫困人口的数据是统计部门抽样调查的结果，这些贫困人口分布没有对应关系。二是以划分扶贫工作重点县的办法来瞄准贫困人口的做法存在缺陷。我国现在有592个国家扶贫工作重点县，其中贫困人口总数只占全国贫困人口总数的62%，财政扶贫资金要求集中用于这些重点县，扶贫投入因此也难免出现外部性损耗。三是目前国务院扶贫办确定了14.8万个重点贫困村，其中绝对贫困人口占全国绝对贫困人口总数的80%左右，即使按照"整村推进"要求完成扶贫开发，也还有约20%的绝对贫困人口温饱问题不在其中，更何况目前整村推进中还存在诸多问题需要研究解决。四是扶贫项目目标瞄准有问题。目前扶贫项目的安排难以协调政府发展经济目标与贫困人口脱贫致富目标的矛盾，存在协调区域发展需要与贫困群体摆脱贫困需要的矛盾。

(4) 扶贫工作重点县财政困难存在政绩与效果的矛盾

长期以来，县域经济发展是以地区生产总值及人均地区生产总值、财政收入及人均财政收入、工业总产值和增加值、固定资产投资及其增速等主要经济指标为衡量标准的。受这样一种评价体系的主导，地方党委、政府在领导县域经济发展的过程中，把绝大部分精力都投放到招商引资、项目建设上，政府职能单一化，过多地强调经济增长，导致其他职能的弱化，市场监管、社会管理、公共服务职能得不到发挥；同时，贫困县、乡整体经济发展落后，地方财政困难，贫困县、乡的财政困境使地方政府依赖中央扶贫资金，地方政府有着强大的压力和动机转移这些扶贫资金来弥补财政支出（主要是工资支出）。即使扶贫资金被用来进行生产建设，贫困县的政府更倾向于将这些资金投入到农村工业、乡镇企业和高回报的地区，以便更快地获得回报，而不愿投入到农业和更贫困的地区。在扶贫资金使用结构上普遍存在重工轻农、重短期轻长期的倾向，且有一定的盲目性，投资损失较严重。

(5) 贫困县市场机制不健全、资金短缺

县域中小企业在转移农村劳动力就业、增加工业产值和实现利税上已成为县域市场经济的核心力量。但由于市场主体地位不平等，市场规则扭曲，权力寻租盛行等制度性因素，扭曲了市场配置资源机制，中小企业难以为继；同时，重点贫困县一般位于"老、少、边、穷"地区，自然环境和条件比较恶劣，基础设施落后，处于比较封闭的环境，加上国家各项优惠政策滞后，难以吸引外部资源投入。农村扶贫贷款困难。传统金融机构和工具一般希望满足城市和工业化服务，喜爱锦上添花的项目。贫困农户资金需求具有金额小、周期性的特点，无担保财产，加上农业项目自然风险的不确定性，贫困农户往往难以获得发展所需要的贷款和金融服务的支持。政府扶贫部门要求农业银行将扶贫贷款投放到贫困户、贫困村、贫困乡，坚持整村推进、重点扶持项目村的政策，但是银行企业化运作要求扶贫信贷政策坚持"放得出、管得住、收得回、有效益"的原则。由于贫困户、贫困村的整体偿还能力较差，贫困户贷款的抵押、担保又很难落实，银行不得不谨慎放款，造成政府扶贫与银行扶贫信贷在支持重点和方向上不一致。结果，扶贫办推荐的项目，银行不一定支持；银行支持的项目，又不一定是扶贫办推荐的项目，导致扶贫资金整体协调性不强。

2. 我国农村扶贫资金存在的管理体制问题

资金的多少对脱贫的约束力非常大，一般来说，扶贫资金的供给总量与脱贫速度是联动作用关系，资金供给总量增加，扶贫的工作就好做些，相反则会对扶贫产生紧约束。20世纪90年代以来，中央财政扶贫基金和地方财政扶贫基金以及其他扶贫援助资金连年增长，可以说，同20世纪80年代初中期相比较，中国20世纪90年代初反贫困的资本供给是比较充足的。但由于体制和管理方面的原因，其使用效果并不十分理想。

一是现行体制增大了扶贫资金的管理成本。我国扶贫资金管理体制从中央到地方有四层：中央、省（自治区）、地区、县，机构组织庞大，审批环节多，审批手段繁杂，本意是要加强扶贫资金的管理，却造成了扶贫资金运作的低效率，因为扶贫机构组织如此庞大，相应的事业费支出也就过多，贫困地区在申请扶贫资金时遇到的首要难题就是审批环节多，消费了时间、精力以及资金；管理层次、环节多，经常发生的一个现象就是扶贫资金的截留问题。

二是现行体制不利于集中高效地使用扶贫资金。我国扶贫资金来源渠道过多所带来的一个显著的负面效应，就是扶贫资金的管理部门多，资金管理分散，缺乏统一规划和统筹安排，各自为政，不利于集中一定的财力解决扶贫攻坚的关键问题。就拿甘肃省的情况来说，分管扶贫资金的大部门就有八个，其中有些部门的内部又由若干处或办公室分兵把口。这是在扶贫中出现"拼盘"项目的主要原因。有时为安排一个扶贫项目的资金就需要由主管副省长乃至省长亲自出面协调才能解决，从而降低了工作效率。

国务院贫困地区经济开发领导小组对于多渠道筹集的扶贫资金，实行"统一规划，统筹安排，渠道不乱，性质不变，相对集中，配套使用，确保效益，各记其功"的原则目前难以达到。同时由于多头管理，没有一个部门对资金的使用情况进行统一检查监督，大家都有权力无责任，使权责利严重脱节。此外，对口单位短期效益比较明显，长期效益难以保证，其原因主要是对口单位与当地的扶贫部门协调不够，扶贫行动难以融入当地的经济活动。

三是扶贫资金管理中的"内部人控制"问题严重。扶贫资金的多头筹集和多头管理，使政府以及相应的主管部门难以对其进行有效的监督，极易发生内部人使用问题。例如，有的县把扶贫资金的一部分挪用补发职工的拖欠工资；有的把扶贫资金用作部分工业项目的补充流动资金；也有相当一部分严重不符合放款规定，如用扶贫资金炒股、炒房地产、大吃大喝、公款私用、购置高档办公用具等。这类现象不仅在扶贫资金管理机构存在，而且在涉及资金具体使用的有关部门内也普遍存在。甚至有些管理人员也利用管理扶贫资金的权力，优亲厚友以及为私人谋利，置扶贫资金的使用原则于不顾。

四是扶贫资金分配中的平均化倾向。扶贫资金的分配要坚持效益优先、体现公平竞争的原则。但在扶贫资金的分配中常常出现的问题是将资金平均分配或让贫困户轮流享受，致使分摊到每户的资金数额很少，难以形成规模效益。扶贫资金分配的平均化、分散化倾向使扶贫资金的效益大大降低，对顽固性贫困问题的解决效果不明显。同时扶贫资金的这种分配格局难以体现鼓励先进、鞭策后进的精神。平均化、分散化的扶贫资金到了贫困户手中，常常是被当作"公共产品"或救济款使用，真正用来建立脱贫产业的资金相对较少。这说明，当前我国扶贫资金的经济开发性质实际上是变形的，或多或少被看成了社会福利形式，只要是贫困地区的人口（不论是富裕人口还是真正的贫困人口），谁都可以搭扶贫资金的"便车"。

五是扶贫资金的投向与结构有偏颇性。中央对扶贫资金的投向与结构做了明确规定，指出要把资金着重用于解决群众温饱问题的种植业、养殖业和以当地农产品为原料的深加工增值类工业上，有条件的地方可以上一些其他工业类项目。但是从各贫困地区的执行情况看，在扶贫资金使用结构上有重工轻农、重短期轻长期的倾向，而且盲目性极大，投资损失严重。

例如，有的贫困地区根据"无工不富"的思想，匆忙上马几个工业项目，但由于技术、管理、市场等方面跟不上，不仅未解决当地的贫困问题，反而给银行和财政背上了包袱。如果不能根据本地实际情况选择投资项目，扶贫资金的投向与结构只能在低效率或无效率状态下运行。

六是扶贫贷款使用中的现实矛盾。近年来银行的扶贫贷款在国家扶贫资金总额中所占的比重逐年上升，说明扶贫资金的成本约束在加大，这对提高资金的使用效率是有利的。但目前的矛盾仍不少：（1）扶贫贷款期限短与农业生产周期不相适应。银行规定的扶贫贷款期限为温饱工程1~4年，农林牧多种经营开发项目1~3年，林业最长不超过5年，乡镇企业设备贷款最长不超过3年。（2）扶贫贷款的超范围使用。一些地方政府将扶贫贷款使用范围任意扩大或者转移使用，如将中央定的贫困县及其资金用到其他县上，有的将贫困县的资金用到非贫困县上，有的是专项资金，但实际上不是专项使用。（3）扶贫贷款财政化现象严重。不少贫困地区将扶贫开发贷款视作贫困救济，信用观念淡薄，贷款使用效益差，逾期、催收贷款占用率过高。

3. 扶贫资金使用中存在的主要矛盾

（1）扶贫资金使用中存在结构性矛盾

第一，扶贫资金供求间存在矛盾。不管是从扶贫资金投资占GDP的比重来看，还是从财政性扶贫投入与占财政支出的比重来看，其比值都是非常低的。现阶段我国的扶贫投入是不够的，使得部分需要投入的项目无资金投入，从而使扶贫开发工作受到一定的延缓。开发式扶贫是当今社会解决贫困问题的必由之路，尤其是反贫困已进入攻坚阶段的广大偏远乡镇，对于农村中剩下的贫困人口，要使他们真正摆脱贫困，只能通过找到导致贫困的原因，进行开发式扶贫。通过开发式扶贫，可以提高贫困者的综合素质，加强农业科技的推广应用，促进农业资源的开发和利用。第二，扶贫资金漏出严重。虽然资金配置在由县到村的环节没有公开文件，但是从诸多调查文件和报道中，可以从侧面了解到，扶贫资金出现了缺漏，很多没有用在扶贫工作中。我国国内的扶贫资金中将近1/3的总扶贫资金没有配置到贫困户的生产与交换中。政府扶贫资金中，每年约有100亿元投入重点贫困村，只占到总额的40%，扶贫贴息贷款只有17%用于重点贫困村。扶贫资金不到位，将很大程度上导致扶贫工作前功尽弃，在此之前的诸多努力将付之东流。第三，扶贫资金数量不足，成本上升。要实现脱贫，在扶贫资金的投入额上应达到或高于贫困户的资金需求额。但就目前来看，扶贫资金的投入额相比1996年的《中国农业发展报告》中预计的脱贫最低投入值还要偏低，而且扶贫投入资金的增长率比财政收入和GDP的增长率都要偏小。扶贫资金数量不足，也就导致了扶贫工作实现脱贫目的在时间上产生拖延，减缓扶贫工作的发展进度。由于扶贫工作不间断进行，贫困人口一直呈递减趋势，但递减幅度逐渐变缓，也就是说贫困人口每年的减少量在变少。在这样的形势下，扶贫资金却呈增长趋势，那也就意味着具体一个贫困户的脱贫资金实现了增长，在一定意义上，也可以说是脱贫的成本加大了。

（2）扶贫资金使用配置问题产生原因分析

第一，资金分配存在功利性。首先，在扶贫资金管理的诸多管理部门中存在利益相争，在资金逐渐分配的过程中，都会尽可能多地争取各类型扶贫资金；其次，在有些村级分配中，扶贫资金分配与村委会选举等政治事项挂钩，导致真正的贫困户得不到原应分配的金额；最后，在扶贫项目上，有些部门单纯追求业绩，虽不是形式主义，但已与扶贫的初衷相背离。第二，管理体制存在缺陷。在扶贫资金的配置方面，主观人为性表现明显，在贫困等级的评定以及相应扶贫资金金额的分配上没有确切的评判标准，出现了贫困人员无法可依的局面，人情替代法治、冒名顶替名额等现象也时有发生。扶贫资金管理体制不完善，公开透明程度低，更容易导致资金的不公平分配，同时也会滋生扶贫工作的形式主义，使扶贫工作落不到实处。第三，市场机制不健全。一是缺乏评估机制，一些单位或部门为了追求政绩，选择投放一些短线扶贫项目，在获取大量扶贫资金后，脱贫效果并不明显。政府方面则较偏重选择可以带动地区经济发展的项目，但是对贫困人员而言，并未实现脱贫。二是缺乏监督机制，加上缺乏社会与群众等外部监督，而审计监督明显滞后，导致扶贫工作无法实现规范化开展。

影响资金配置的因素可以归结如下：首先，贫困的发生率会直接决定资金分配。如果一个地区的贫困发生率明显上升，资金分配需要相应做调整与倾斜；其次，在进行相应的变量分析中，如果一个地区的贫困人口增长速率比起人口的增长速率要高，也可以被视为贫困发生率提升，也需要相应地在资金分配上做调整。

(四) 扶贫政策措施落实和扶贫资金分配管理使用中存在的共性问题

各项政策执行不到位、滞留滞拨财政扶贫资金、挤占挪用财政专项扶贫资金、虚报冒领套取财政扶贫资金、产业扶贫项目效益不佳等是扶贫政策措施落实和扶贫资金分配管理使用中存在的几个共性问题。

第一，各项政策执行不到位。一是执行精准扶贫政策不到位。部分贫困县精准识别工作不严，违规将财政供养人员及拥有高档车辆、开办企业或在企业参股，在县城购买商品房的人员列为建档立卡扶贫对象；在扶贫产业开发、"雨露计划"、贷款贴息等扶持到户项目中，违规向非建档立卡贫困户实施扶持。例如，某县向非建档立卡贫困农户发放扶贫产业开发物资，占项目投入金额 50% 以上；某市 3 个贫困县向财政供养人员家庭子女约 80 人发放 "雨露计划" 补助资金。二是健康扶贫政策落实不到位。部分贫困县未按照政策要求及时实施健康扶贫工程。首先，新型农村合作医疗尚未覆盖所有农村贫困人口，贫困农户参合缴费未能享受财政补贴。其次，医疗费用报销政策没有向贫困人口倾斜，既没有全面推开门诊统筹，也没有提高住院费用报销比例。例如，某县某年共有 8000 多名建档立卡参合贫困人员报销住院费用，其中有 6000 多名贫困人员未能享受报销比例提高 5% 的待遇，致使贫困人员少报销住院费用合计 110 多万元；某县县级财政配套资金不到位，导致 3400 多名贫困人员未能享受参合补助约 250 万元。三是涉农资金统筹整合使用推进不力。部分试点县对涉农资金统筹整合使用政策理解、执行不到位。首先，为了完成任务，将范围外的资金进行统筹整合。其次，未全面推行公开公示制度，未按规定将涉农资金政策文件、管理制度、资金分配、工作进度等信息及时向社会公开。最后，统筹整合使用的资金量远低于实施方案计划统筹整合的资金规模。例如，某县将石化工业园道路工程等与扶贫无关的项目纳入统筹整合使用方案，某县将银行固定资产贷款纳入财政涉农资金统筹整合范围内，某县实际统筹整合资金量仅占实施方案计划统筹整合规模的 15%。

第二，滞留滞拨财政扶贫资金。部分贫困县未严格执行盘活结转结余财政扶贫资金的规定和脱贫攻坚财政投入稳定增长机制工作要求，也未积极采取有力措施对因项目拖延不开工、终止实施、项目未结算等原因滞留在主管部门的财政扶贫资金进行清理和拨付，造成财政扶贫资金长时间滞留滞拨在财政或主管部门账上，未能充分发挥效益。

第三，挤占挪用财政专项扶贫资金。一是从项目管理费中挤占。根据项目实施情况，每年专项下达扶贫主管部门相应项目管理费，有的部门无视扶贫资金使用规定，在扶贫项目管理费中违规列支费用，用于补充部门行政运行经费或给项目管理人员违规发放津（补）贴。二是从专项资金中挤占套取，资金下拨到项目或实施单位后又通过其他形式套取出来用于其他开支。例如，某县扶贫办将扶贫资金下拨到乡镇之后，用于接待、车辆保险、职工体检等支出；某县挪用贫困地区农民实用技术培训资金，用于县党校组织的基层干部少数民族干部培训。

第四，虚报冒领套取财政扶贫资金。一些扶贫项目实施部门或个人在劳动力转移培训、基础设施建设、危房改造等扶贫项目中，通过编造虚假培训材料和虚假财务资料、虚报工程量、虚开发票等手段，骗取、套取财政扶贫资金。例如，某县职业技术学校通过编造虚假发放名册，套取贫困村劳动力转移培训资金设立"小金库"，还截留"雨露计划"助学金用于发放教职工加班补助费；某县通过编造种植产业补贴领取花名册及使用虚假发票，虚列支出，转入镇政府报账员个人账户后用于其他开支；多家农产品公司使用虚假会计报表申报成为扶贫龙头企业，骗取财政扶贫贴息资金，所得资金并未用于扶贫相关支出；某县扶贫办联合包工头将已完工"一事一议财政奖补"工程项目冒充扶贫基础设施建设项目，骗取财政扶贫资金。

第五，产业扶贫项目效益不佳。审计调查发现一些产业扶贫项目虽然投入了大量的资金，但由于决策不科学、论证不充分、技术指导不到位、缺乏管护等原因使产业扶贫项目效益欠佳，有的甚至造成了巨大的损失浪费。例如，某县扶贫办在14个贫困村实施铁皮石斛种植项目，投入资金约400万元，经审计现场核实，由于管理不到位，7个村种植的苗木全部死亡，剩下7个村的幼苗整体长势欠佳，种植大棚和浇灌设备破损严重，几乎废弃闲置，整个种植项目难以达到预期扶贫效果，损失严重；某县实施的黄金桔种植项目采取"公司+农户"模式，2013—2015年投入资金920万元，然而1000多名农户仅收益375万元，占投入资金的41%。

（五）扶贫资金运行中存在的问题

1. 扶贫资金在运行中不科学不规范

一是扶贫资金投向的合规性。就目前对国内扶贫资金的审计结果来看，普遍存在违法侵占、违规挪用以及骗取的现象。通常以伪造合同、虚假申报、编造冒领以及专项资金挪作他用的形式发生，严重影响扶贫计划的执行，失去了扶贫项目的意义。二是扶贫资金监管责任划分不明确。我国当前的扶贫资金由财政部门与扶贫部门同时监管，这种双重管理模式在扶贫工作具体实施时出现了相互推诿、管理区域重叠等问题，给界定权责带来了一定的阻碍，大大降低了扶贫工作效率。三是扶贫资金项目信息管理混乱。各地区的扶贫项目管理能力缺失，导致信息未统一入库以及项目信息不完整，从而导致重复性工作，项目推进效率低。另外，申报的扶贫项目未经可行性研究分析，或由于申报工作人员专业性不足，使扶贫项目无法按照预定的过程实施，造成了项目的搁置或推迟，加大了扶贫资金的投入。四是现有扶贫资金考核系统不严谨。在扶贫项目推进过程中，常出现一人集资金管理、项目考核等多重身份于一身的情形，受其主观性的影响，无法正确看待与处理整个扶贫资金运作过程中的问题。尤其在缺乏第三方监管的情况下，非常容易发生监守自盗的情况，滋生非法侵占挪用扶贫资金的行为。五是扶贫资金投向偏离。在前期过程中对扶贫项目的可行性分析不足，使中期实施过程中变更投向，偏离了实际需求，导致了资金的浪费。

2. 扶贫资金数量不足，实际增长趋势缓慢

从物价因素的变动对扶贫总投资的影响分析，若以2000年的农村居民消费价格指数为基数，计算出每年扶贫资金投入量的实际值和名义值，中国政府自2000年以来扶贫资金的实际投资数量增长缓慢，累计名义投资总额是3502亿元，而按2000年不变价格计算实际投资总额却只有2648亿元。也就是说，在历年的扶贫总投资中，有近1/3的资金被物价上涨抵销。从2001年到2010年，十年来中央和地方财政累计投入2043.8亿元人民币用

于扶贫，每年投入从 127.5 亿元增加到 2010 年的 349.3 亿元，年均增长 11.9%。事实上，这个数字和中国财政收入水平的提高幅度并不相匹配。据统计，过去十年中国 GDP 年均增长率约为 14.9%，公共财政收入年均增长 20.1%（国务院，2011）。这三个增长率的对比说明，农村扶贫资金增长与整体经济增长还不很匹配。从扶贫资金的人均占有量来分析，扶贫资金的投入应该达到一定规模，即必须等于或高于使贫困户脱贫的资金需求量，才能实现脱贫目的。根据陕西省的经验及调查分析，要稳定地解决农村人口的温饱问题，需要投资 1500~2000 元/人；世界银行等国际组织的扶贫标准更是高达人均 5000 元。按 2010 年中央和地方财政扶贫投资 350 亿元和农村贫困人口 2688 万人计算，当年的农村贫困人口平均占有的扶贫资金是 1302 元，这与人均扶贫资金占有量的最低标准 1500 元（1996 年水平）相比尚缺少 13%，即人均扶贫资金缺口 198 元。

3. 扶贫资金漏出问题严重

迄今为止，从县到村的扶贫资金分配没有公开的统计资料，扶贫资金有效到达贫困村的状况还不能完全掌握。但审计署 1999 年的审计情况表明，仅 1997 年到 1999 年上半年期间，违反规定使用的财政扶贫资金达 43 亿元，占同期财政扶贫资金总量的比例达 20% 左右；据《人民日报》2001 年 10 月 16 日内容披露，从重点县到重点村的分配过程中，只有不到 60% 的资金投向了重点贫困村；另据财政部的一项调查表明，2002 年，江西省 7.5 亿元贴息贷款中，只有 1.5 亿元是农户贷款（不一定是贫困户贷款），仅占贴息贷款的 20%。2004 年 1 月至 10 月，审计署在 592 个国家级贫困县中查出了 5.78 亿元扶贫款"灰洞"，发现其中 4.28 亿元用于平衡预算，1.5 亿元买了小轿车或弥补了行政经费，政府扶贫资金中每年约有 100 亿元投入重点村，只占到扶贫投资总额的 40%，扶贫贴息贷款也只有 17% 用于重点贫困村。

4. 扶贫资金投入的边际效应下降，成本逐渐上升

从农村贫困人口的减少幅度（减少的贫困人口数/当年贫困人口总数）看，整体呈现下降趋势。1991—2000 年，绝对贫困人口的减少进度平均为 0.1，而 2001—2010 年，绝对贫困人口的减少进度平均只有 0.07，减贫的

幅度越来越小。相对于农村扶贫资金投入日益增长，单位扶贫资金对减贫的边际效益呈下降趋势。

5. 农村扶贫资金投向与农户需求间的矛盾

农村扶贫资金的使用与贫困农户对资金的需求是否能够达成一致，对资金效率将产生重要影响：一方面，扶贫资金的分配和使用是否以贫困农户的资金需求为依据；另一方面，贫困农户得到的扶贫项目是否切实可行，符不符合该农户的实际需要。这两方面的情况在我国农村扶贫资金的使用和分配上都存在一定程度的偏离。2010年，重点县有22.6%的农户参加了各种形式的到户项目或从公益项目中受益，在参加项目的农户中，贫困户的户均资金为1167元，其他农户为1100元。愿望与实际不一致的农户达到74.6%，农户参与、项目瞄准及资金分配还存在不小的潜力。

（六）改进扶贫资金管理与使用的措施建议

建立扶贫基金会的根本目的就是要把反贫困作为一项社会系统工程来对待。推进中国农村贫困地区的扶贫开发战略，必须切实扭转目前扶贫开发工作中因条块分割、机构重叠、职能重复、政出多门、相互掣肘而导致扶贫资金责权分离、各行其是、互不匹配、使用效率不高的局面；切实扭转国家、地方和部门扶贫资金平均主义的分配方式所导致的资金使用分散、项目配置不切实际、重点不突出、到户率低的弊端，大幅度提高扶贫资金的配置效率。筹集使用运转扶贫资金时，必须解决好下列问题。

1. 要在资金使用中处理好几个关系，坚持统筹规划保证重点的原则

一是处理好无偿救济与有偿使用的关系，要以有偿使用为主；二是处理好普遍贫困与集中扶贫的关系，要以集中扶贫、规模投放为主，彻底改变平均分摊、分散投放的方法；三是处理好扶持贫困户与扶持集体经济的关系，要在支持贫困户自力更生的基础上，共同治穷致富；四是处理好近期解决温饱与长远区域经济开发的关系，要立足当前、扶持贫困地区建设温饱工程，在大多数贫困户解决了温饱之后，适时地转入区域经济开发，

为稳定地解决温饱和大规模的区域经济开发打好基础；五是处理好富民与富县的关系，要以富民为主，同时有计划地安排能够增加地方财源的富县项目。

扶贫资金的分配应按照统筹规划保证重点的原则，以有效提高扶贫资金的整体效益。扶贫资金对来源渠道不同的资金，无论数额多少，都应该集中使用，列入统一的预算计划中。针对当地贫困状况与贫困人口的比重以及分布的情况，有目的、有计划地使用扶贫资金。对扶贫资金的使用要按市场原则来办事，按市场规律提高扶贫资金的使用效率，在扶贫的过程中实现资金增值。使用扶贫资金时，不能仅仅把扶贫资金作为资金来使用，有条件的地方和项目应把扶贫资金作为资本来使用，即在扶贫资金的使用过程中，不仅要看到扶贫资金的社会效益，还要看到扶贫资金的经济效益，把扶贫资金的使用与资本管理结合起来。在扶贫地区使用扶贫资金时，要以社会性和经济性为导向，侧重经济性，合理投放扶贫资金，使贫困地区走上一条持续、稳定发展的轨道。**分项管理**。根据扶贫资金使用方向的不同，采取不同的管理办法，实行分类指导，有利于提高扶贫资金的使用效果。分项管理的依据是"两头"，一头是资金来源结构，一般包括完全无偿性资金、部分无偿性资金和有偿性资金三大类。来源性质不同，使用方向和原则就有差异，但可以根据具体情况在基金会内调剂余缺。另一头是资金使用结构。根据目前所要解决贫困的具体情况，建议把反贫困与项目管理结合起来，按系统工程的要求，分门别类地使用扶贫资金。对于公益性质的项目，如贫困地区的道路、桥梁、供水、供电、文教、卫生、养老等项目，就应该用国家的财政扶贫资金以及其他属于无偿性质的资金来承担，统筹规划贫困地区公益性质的项目建设；对于市场竞争性质的项目，包括种植业、养殖业、以当地产品为原料的加工业以及一些其他工业项目，把来源属于贷款性质的扶贫资金用于这部分项目的建设，就能够实现由资金管理向资本管理的过渡；对于不完全市场性质的项目，如对农民的科技培训等人力资本投资以及以工代赈、移民开发等项目，扶贫资金的来源则由财政扶贫资金与农业银行的扶贫贷款共同承担；对于农民庭院经济这类项目，可借鉴乡村银行的经验，划出一部分资金支持其发展；对于农村中存在的五保户、残疾人以及特困户的农民，把具有无偿性质的财政扶贫资金或社会捐赠款划出一部分进行救济式扶贫。**加强监督**。除要加强自查外，还必须从以下几方面抓起：一是建立规范的项目申报、评审制度，加强科学论证，提高项目可行性。二是加强对项目的跟踪管理，发现项目管理和执行中的问题，及时提出解决办法。三是健全检查制度，把项目审查与实地抽查结合起来，实行定期与不定期检查制度，实行历史与现在的对比检查。四是中央和省级政府派专人（类似于特派员）负责检查扶贫资金的运行情况，把实际情况与各地上报的书面材料相对照，以便发现问题，及时改进。五是发挥省地两级政府和机构的监督作用，特别是要制定扶贫资金使用效果奖惩制度。

2. 重组扶贫行政机构，集中扶贫资金管理

中央政府应考虑成立国家开发署或扶贫总署，贫困面大的地方政府成立相应的政府职能机构，通过重组现行的横向和纵向扶贫机构，调整部门职权，进而集中统一管理扶贫信贷资金、以工代赈资金、财政发展资金，通过全新并集中的管理机制来统筹扶贫资金，以努力提高扶贫资金使用的整体效益是扶贫资金管理体制调整的首要举措。在国家层面，可把国家发展改革委、财政部、农业银行、民政部、民委等所属部门的扶贫开发职能及其相应扶贫资金统一划归重组成立的国家开发署或扶贫总署，赋予其扶贫决策和资金配置双重职权，统一行使扶贫职能、集中管理扶贫资金。在贫困面较大的省份由相应的政府扶贫职能部门按照相对集中、统一规划、统筹安排、配套使用的原则，对来自中央和部门的扶贫资金、信贷资金、以工代赈资金、社会捐赠资金及国际援助资金等，统一调剂、调配和分配。同时，根据贫困地区的特殊情况，将扶贫责任分解落实到县，资金管理、项目审批权限下放到县，除重大项目由省扶贫机构审批立项外，贫困地区市、地、州、县对于下达扶贫资金拥有相应的统筹调度和审批权限，并大幅度简化贷款手续和立项手续，缩短扶贫资金的投放时间，通过项目集中规划、资金统一投放，减少各部门各渠道扶贫资金使用的工作矛盾，强化扶贫部门的攻坚手段，并充分发挥扶贫资金的规模效益。

3. 调整资金分配结构，改革贴息结算方式

鉴于中央扶贫贴息贷款面临收不回、投向非扶贫领域、效益差以及贫困地区金融环境欠佳等诸多问题，今后应逐步减少中央扶贫贴息贷款的份

额,或转为中央财政扶贫资金、以工代赈资金和中央专项退耕还林还草工程补助,或转为小额信贷;相应地,在减少中央扶贫贴息贷款的份额的同时,增加中央财政扶贫资金、以工代赈资金、中央专项退耕还林还草工程补助和小额信贷的比例。为提高扶贫贴息贷款和小额信贷的减贫效益,对于逐步减少的中央扶贫贴息贷款和逐步增加的小额信贷相应地改革贴息结算方式。一方面,实行贴息跟着贷款走,使扶贫项目和贷款贫困户充分享受扶贫政策的实惠,严格要求金融部门种养业贷款用足5年时间,不得提前收贷。对逾期扶贫贷款回收工作好的贫困县可以在新增扶贫专项贴息贷款上给予倾斜。对于使用扶贫资金而不承担扶贫任务或扶贫资金未到期加息的,财政不予贴息,贴息部分打入扶贫基金。另一方面,增加小额信贷规模,向最贫困农村的绝对贫困人口提供小额、低息的信贷援助,向他们提供经济机会以启动他们自主发展生产的能力,弥补中国信贷扶贫体制的缺陷,真正落实扶贫资金到户。

4. 探索新型投放方式,明确资金投放重点

通过扶贫经济实体组织经济开发可以实现经济开发与扶贫到户的有机结合。在建立完善扶贫职能部门在贫困地区市、地、州、县的资金配置分支机构的基础上,可以采取"扶贫经济实体+贫困户"的资金投放方式,即通过扶贫经济实体从资金管理部门统一承贷承还扶贫专项资金,承包扶贫开发项目,组织贫困户连片开发,建立商品生产基地,实行适度规模的专业化生产,外联市场,内联农户,为贫困户提供产前、产中、产后的系列化服务,彻底改变扶贫资金分散、简单到户的办法,真正做到扶贫项目覆盖到户、技术服务到户、效益落实到户、解决温饱到户。在扶贫资金的投放地域上,扶贫资金的投放重点就是贫困人口最集中、贫困程度最严重的地区,各地(市)、州、县、乡(镇)、村也要根据各自的特点确定重点投放地区,把握投放方向,增加对特困地区的扶持力度。在扶贫资金的投放对象上,要切实把解决贫困人口温饱问题作为扶贫开发的战略重点,并采取切实措施保证将85%以上的扶贫资金投放到贫困村的特困户上,通过贫困人口在生产中直接获利的种植业、养殖业及相关加工业等效益好、能还贷的扶贫开发项目,满足最贫困人口的基本需要。同时,通过援助贫困地区修建基本农田和基础水利设施,从而缓解其绝对贫困状况。

5. 完善资金监管体系，强化扶贫项目管理

在扶贫资金逐年增加而总量存在较大缺口的现实面前，为提高扶贫资金的减贫效益，必须进一步完善和强化对扶贫资金使用的监管体系。一方面要尽快完善扶贫资金使用监管的法律法规，尽快出台《国家扶贫法》，做到有法可依，实现扶贫资金由政策监管—制度监管—法制监管的过渡；另一方面，要依法实施监管，切实做到有法必依、执法必严、违法必究。在扶贫投入总量约束的条件下，必须强化扶贫项目管理，各类扶贫资金要相互配套，集中使用，提高整体效益。贫困地区根据扶贫开发纲要，建立商品生产基地，发展支柱产业，扶贫信贷资金就要重点支持贸工农一体化、产供销一条龙的扶贫经济实体，扶持贫困户，进行产业开发；以工代赈资金要围绕产业开发、商品生产基地建设修筑公路，解决人畜饮水问题；财政扶贫资金则要重点用于相关的社会效益好的配套设施；中央专项退耕还林还草工程补助要切实投放到生态地区的生态工程；小额信贷资金要进村入户，切实解决农户的生产与生活。水利、农业、科技、卫生等部门也要积极参与、相互配合。贫困地区各市、地、州、县农村资源开发建设项目和基础设施建设中必须按照市场经济的原则强化项目管理。在项目开发中要引入竞争机制，通过严格的项目管理办法，有效地防止项目投资决策失误、开发成本过高、管理不善造成项目效益不佳或资金呆滞沉淀，加速资金回收和周转，最大限度地提高扶贫资金的使用效率。

四、我国财政扶贫资金的管理与使用

长期以来，由于我国财政一直承担着转移支付以及救济扶贫的任务，我国传统意义上的扶贫资金主要来自财政拨款或者转移支付或者救济资金，其在管理上已经形成一整套管理制度和方法。可以说，财政资金在我国长期的扶贫工作中的资金支持方面起着主导作用，形成了一套独特的管理方式，作用重大，成效显著。但是，财政资金在扶贫工作中存在的问题也是独特的。

（一）我国财政扶贫资金的来源及使用总体情况

1. 我国中央财政扶贫制度的变迁

我国中央财政专项扶贫资金始于1980年。随着1986年我国开发式扶贫战略的确定，财政部于1987年颁布了《支持经济不发达地区资金管理办法》，开始强化对扶贫资金的管理工作。1997年，《国家扶贫资金管理办法》出台，强调要加强对扶贫资金的监督、检查。2000年，财政部、国务院扶贫开发领导小组等部门联合制定《财政扶贫项目管理费管理办法》《财政扶贫资金管理办法》，对财政扶贫资金从哪里来、如何分配、如何使用等情况做了明确规定。2005年，中央财政专项扶贫资金的绩效评价工作正式开始。随着《财政扶贫资金绩效考评试行办法》的出台，地方政府的责任开始明确，积极性得以调动，相关问责机制初步建立。2008年，《财政扶贫资金绩效考评试行办法》被进一步修改完善，相关评价指标体系更为完善，评价方法日趋丰富，评价对象也开始下沉至区县一级，评价结果直接影响资金的分配情况。多层次、立体化的评价体系初步得以建立。2011年，随着国家开始施行《中国农村扶贫开发纲要（2011—2020年）》，《财政专项扶贫资金管理办法》出台，扶贫开发工作迎来了新局面，资金安排、管理情况和资金使用成效被赋予更大权重，相关评价指标上升为 11 个，呈现出制度化、全面化的特征。2014 年，中央在《关于创新机制扎实推进农村扶贫开发工作的意见》中提出改革财政专项扶贫资金管理机制。为了更好地助力精准扶贫，《关于改革财政专项扶贫资金管理机制的意见》出台，削减了评价指标体系，把权力适当下放，强化地方监管，强调绩效，力求评价体系更加符合激励相容原则。随着中央财政专项扶贫资金的绩效评价体系不断健全，财政专项扶贫资金在各省份的使用效率和效益都得到大幅提升，绩效评价能更好地发挥激励和引导作用，有效平衡了地方政府的扶贫事权和财权。同时，在精准扶贫的背景下，通过对扶贫资金进行绩效考核可以更有效地保证瞄准到贫困居民，防止张冠李戴，让目标群体真正享受到国家扶贫相关政策的实惠。

2. 我国财政扶贫资金的构成及扶贫方式

我国的财政专项扶贫资金主要包括两个部分：中央政府发放的政府财政扶贫专项资金，以及省以下地方政府的配套资金和财政扶贫专项资金。根据《财政专项扶贫资金管理办法》的规定，省级财政安排的财政专项扶贫资金规模应达到中央补助各省（自治区、直辖市）财政专项扶贫资金规模的一定比例。但在实际中，贫困地区的财力有限，所以省以下地方政府安排的扶贫资金无论是规模还是比重都较小。财政是政府支持扶贫开发的主要方式，财政对于农村贫困地区的支持主要体现在三个方面：一是不断加大对贫困地区的一般性转移支付力度，贫困地方政府一般财力缺口较大，可以通过一般性转移支付对地方政府进行扶持；二是通过专项转移支付向农村贫困地区倾斜，可以通过卫生、医疗等专项转移加大对贫困地区的支持力度；三是稳步增加财政专项扶贫资金的投入。在这三种扶贫政策中，财政专项扶贫资金的投入是最为直接的。"十三五"规划提出，要在 2020 年实现现行标准下，所有农村贫困人口脱贫的目标。为了实现这一目标，中央和各级地方政府对于扶贫资金的总投入在 2015 年和 2016 年都实现了快速增长。但是，随着财政扶贫资金总量的增加，扶贫资金的边际效益却在逐渐下降。并且地方政府挪用扶贫资金、官员贪污扶贫款项、贫困县越扶越贫的事件屡见不鲜。这说明我国扶贫资金在运行管理上存在着弊端。在此背景下，研究如何提高财政扶贫资金的使用效率就显得尤为重要了。

(1) 中央财政专项扶贫资金规模。我国真正意义上的财政扶贫资金源于1980年设立的支援经济不发达地区发展资金。自此之后，我国的财政扶贫资金一直处于稳定增长的状态。并且扶贫资金对于贫困人口的减贫效应是极其明显的。2001—2010年是《中国农村扶贫开发纲要（2001—2010年）》的实施阶段，这段时间中央财政累计安排财政专项扶贫资金总量为1440亿元，年均增长率为9.3%。从2001年之后的财政扶贫资金总量与我国贫困人口数量的关系可以看出，2001—2010年这10年，中央财政扶贫资金一直处于稳步上升的状态。与此同时，我国农村贫困人口的数量处于减少的状态，2010年例外（2010年国家重新调整了贫困线，所以贫困人口数量在2010年大幅增加）。2011年至今是《中国农村扶贫开发纲要（2011—2020年）》的实施阶段。我国政府坚定了脱贫的决心，仅在"十二五"期间，中央财政累计安排财政专项扶贫资金约1898.22亿元，年均增长率达到了14.5%。2013年，习近平在湖南湘西调研时提出了"精准扶贫"的概念，在贵州讲了"六个精准"，将扶贫工作提升到国家核心工作之一。根据"十三五"规划全面脱贫的目标，中央加大对财政扶贫资金的投入量，2016年的财政专项扶贫资金总量达到了660亿元，相比2015年增长了43.8%，省级投入资金超过400亿元，同比增长了50%以上。2017—2019年，有更多的财政专项资金投入到扶贫开发中，这也是今后几年财政扶贫资金的一个普遍变化规律。随着越来越多的财政专项扶贫资金投入到扶贫开发过程中，如何有效地利用扶贫资金、有效避免资金使用过程中的浪费、提高扶贫资金的绩效是实现"十三五"目标的关键所在。

(2) 中央财政专项扶贫资金构成。我国财政专项扶贫资金主要包括发展资金、以工代赈资金、少数民族发展资金、"三西"农业建设专项补助资金、国有贫困农场扶贫资金、国有贫困林场扶贫资金和扶贫贷款贴息资金7大类。每类资金的具体用途和管理方法都有所差别。在现有体制下，几乎每项专项扶贫资金的管理都涉及政府多个部门，如少数民族发展资金就是由财政部和国家民族事务委员会一起制定分配方法，进行具体管理。从2001—2015年中央财政专项扶贫资金的具体构成情况来看，我国历年中央财政扶贫资金的增长主要体现在发展资金的增长上。以工代赈资金、少数民族发展资金、"三西"农业建设专项补助资金等基本上每年都以固定数额发放到下级。财政扶贫的发展资金又称为支援经济不发达地区发展资金，主要投向国家确定的连片特困地区和扶贫工作重点县、贫困村。由此可见，现阶段国家财政扶贫资金投向较为集中，主要体现在对连片特困地区和扶贫工作重点县、贫困村的发展支持上。

3. 我国财政扶贫的成效

随着大量扶贫资金的投入，我国扶贫事业也取得了不错成效，具体表现在贫困人口大幅减少、农民收入逐年升高、贫困地区基础设施建设逐渐完善等方面。到2018年底，不仅顺利完成了"十二五"规划的扶贫任务，而且仅2015—2018年这三年每年就实现减贫人数超过1000万人，扶贫工作取得了崭新的进展。

（1）贫困人口大幅减少。由于中国自然环境多样，贫困区域分布广，很多贫困地区的初始资源不足，不适合农业生产或者经济开发，这样就导致了我国长久以来存在大量的贫困人口，且大部分贫困人口并不具备自主扶贫的能力。直到进行全国大规模的扶贫开发工作，对贫困地区投入大量的专项扶贫资金，才使我国贫困人口大幅减少。联合国《2016年千年发展目标报告》显示，中国极端贫困人口已从1990年的61%下降到了2002年的30%以下，率先实现比例减半。2015年又下降到4.2%。这说明在短短的20年间，我国在减贫事业上取得了举世瞩目的成绩，而且，这个成绩还在继续。《中国扶贫开发报告2016》指出，按照2010年农民人均纯收入2300元扶贫标准，农村贫困人口已减至2015年的5575万人。可以看到，尽管一再上调我国的贫困线标准，但是中国农村贫困人口的数量还是在不断减少，我国2014年和2015年每年的减贫人数都在1000万人以上。

（2）贫困地区基础设施建设逐渐改善。农民生活水平的改善与农村经济的发展，都离不开基础设施的建设。基础设施建设不仅能直接提高农民的生活质量，而且能够促进农业等产业的发展，有利于农民增收。所以说，农村基础设施建设，对于我国的扶贫工作具有重要意义。在扶贫资金的大力支持下，与贫困人口生产生活条件紧密相关的道路、通信、电力等基础设施得到了较大改善。到2018年全国农户所在村的通信、电力、公路建设已基本实现全覆盖，其中通电话和通公路的村所占比重有较大提高。截止到2018年底，已有99.9%的贫困农户所在村实现通电、99.7%的贫困村实现公路通车、99.6%的贫困村实现电话覆盖，95.1%的贫困村实现了有线电视信号的覆盖。

（3）扶贫模式不断创新。我国在改革开放40年以来的反贫困历史中，不断进行探索，并且一直尝试更有效率的扶贫手段。从最开始的救济式扶贫到开发式扶贫，再到现在的精准扶贫，我国扶贫工作的重点逐渐由单独的资金补助转变为现在的技术支持、能力培养，在贫困地区建立了长效增长机制，增强了贫困地区和贫困人口的自我脱贫能力，稳固了我国扶贫开发的成果。不断创新的扶贫模式，是我国扶贫开发实践中积累的一笔宝贵财富，为世界反贫事业的发展做出了巨大贡献。近期提出的"互联网+"和金融扶贫模式，更是将最新的技术和更多的资本引入到扶贫开发中来，为贫困地区的长远发展提供了可能。

4. 当前财政扶贫资金管理中存在的问题

（1）财政扶贫资金拨付、支取不及时，影响扶贫工作效率

近年来，尽管财政部门采取措施加快了资金支付进度，但在资金拨付、支取等环节仍存在一定程度的滞留现象。当前看，造成资金拨付不及时形成滞留的原因主要有：一是扶贫项目库建设不到位，没有事先储备好项目，没有科学可行的项目支撑，形成资金等项目，导致项目进度慢；二是项目实施进度缓慢造成资金滞留，资金拨付一般根据项目进度进行拨款，项目建设的滞后造成资金拨付不及时，影响扶贫资金效益；三是项目实施完毕后结余资金长期安排不当，既没有重新安排，也没有及时收回，造成财政资金闲置。

（2）扶贫政策落实有偏差，资金使用范围、用途比较随意

对财政扶贫资金的用途和使用范围，上级有规范严格的政策规定，但部分基层部门在落实这些政策规定上，仍然存在学习领会不到位、政策执行有偏差等问题，随意改变财政扶贫资金的用途，导致项目建设与项目规划不符、项目资金缺口大、不能按期验收等问题。

（3）日常资金管理不规范，存在挪用套取现象。近几年，各级对扶贫资金管理三令五申，出台了一系列加强管理的制度办法，绝大多数基层部门已经认识到，扶贫资金是"禁区"，是不能碰的"底线"，但仍有极少数项目存在不按照规定采取招投标和政府采购手续，直接签订相关项目合同，甚至有的将扶贫资金用于其他项目，不按项目批复擅自调整使用范围等

现象。

（4）扶贫对象的确定有漏洞，定期调整机制不健全。扶贫对象确定后，长期不调整，造成原有贫困户脱贫后仍然享受扶贫政策，而新的贫困户不能及时纳入扶助范围，既影响扶贫资金使用绩效，又容易引起社会矛盾。

（5）财政扶贫资金分散，整合力度不够，影响扶贫资金效益。在扶贫资金管理上，一些主管部门职能职责上存在交叉重叠，缺乏统一规划、条块管理、"资"出多门，有限的扶贫资金涉及农业、水利、民政、环保、国土等十几个部门，项目资金量小、扶贫重点不突出、"撒芝麻盐"、监管不到位、效益低、难以形成扶贫资金集中使用合力等现象不同程度存在，造成资金筹集、管理、分配、使用较为分散，缺乏统筹安排，扶贫项目没有更好地发挥应有的效益。

（6）扶贫资金档案管理不规范，存在弄虚作假现象。为了尽快申报项目，争取扶贫资金支持，按时完成报账手续，扶贫项目中的有关会议、合同、筹资、验收等资料不同程度存在造假现象。部分项目完工后，不及时进行工程结算和验收，竣工资料不完善，"重争取，轻管理"的现象依然存在。

（7）扶贫资金重复补贴，使用效率低下。扶贫工作涉及农业、民政、水利、道路等多个单位部门，不是仅仅一个单位或一个部门的工作。在财政扶贫资金管理中，需要统筹兼顾，正所谓"将钱花在刀刃上"。在实际生活中，不同的部门有各自的扶贫资金和扶贫计划，只关注自己业务范围内的工作，与其他有关部门缺乏有效沟通，出现了不同的单位部门重复补贴问题，造成财政专项资金使用不合理，使用效率低下，挤占了其他扶贫项目的资金支持，无法补贴其他应急资金项目。

（8）财政补贴资金不足，扶贫资金使用困难。要保证贫困村、贫困户彻底脱贫不再返贫，全面提高贫困村的居民生活水平，需要在教育、医疗、基础设施、产业升级等多方面进行精准帮扶，每一个都需要大量的资金帮扶，财政扶贫专项资金的补贴额度有限，是扶贫工作继续开展的一个难题。

（9）项目资金监管不严，专项资金管理缺失。在财政扶贫专项资金直补到户时，会遇到各种各样的情况，导致项目补贴不精准。比如非贫困户故意申报为贫困户，前期申报为贫困户后期已经脱贫、关系户和人情户等不符合贫困户标准的。有关部门审核不严，缺乏监管，就会挤占真正贫困户资源、扶贫目标不精准、虚领冒领扶贫资金的现象发生。

（10）追求形象工程和短期效益。扶贫工作是一项长期、艰巨的工作，部分单位部门为了在短期内做出成绩，存在挪用扶贫专项资金，热衷形象工程，贫困户的真正现状却没有改变，违背了扶贫工作的初衷。

（11）财政扶贫项目在一些地方上存在扶贫资金不到位的情况。主要是一些地方的政府通过项目重复申报、项目虚假申报等手段，来牟取用于扶贫项目的财政资金。在获取超额的资金后，一些用于城市道路的修建，一些用于其他项目的建设，甚至有些被用于日常公用经费，或作为个人补贴等。

（12）财政扶贫资金按照计划下达后，一些地方政府并没有按照实际的计划来使用资金。为了获取扶贫资金，在扶贫项目的方案编制上，没有按实际的工程量进行申报，项目申报的过程存在弄虚作假的现象，最后用于项目实施的资金少之又少，大部分都用于非扶贫项目的建设中。

（13）一些扶贫资金的投资计划与实际工程建设相脱节，造成财政资金的浪费。一些贫困地区在项目立项阶段工作做得不够细致，缺少实际的前期调查工作，编制的项目方案缺乏考证，以致资金下达后，发现项目方案根本不可行。这就是项目建设前期论证不充分，与实际相脱离，存在盲目性，最终造成资金的损失浪费。

（二）我国财政扶贫资金投入和管理机制及影响

1. 我国财政扶贫资金投入和管理机制的典型特点是分项投入、多头管理

虽然说我国政府有组织、大规模的专项扶贫行动开始于1986年，但实际上早在1980年中国政府就设立了"支援经济不发达地区发展资金"，专门支持老革命根据地、少数民族地区、边缘地区和贫困地区发展，当年的资金规模为5亿元；1982年设立了"三西"农业建设专项补助资金，每年投入资金2亿元；并且也开始以实物形式来进行以工代赈扶贫活动。随着市场化经济改革的逐渐展开，农村经济增长对减缓贫困的影响日趋减弱，继续采用以往增长为主、辅以适当救济的反贫困战略已经很难有效地对减缓

贫困发挥积极的作用。基于这种形势，国家成立了国务院扶贫开发领导小组，并下设办公室，开始了专项扶贫活动，所采取的扶贫模式为开发式扶贫。在财税政策方面，继续执行前述的各项资金扶持政策，并扩大了资金的规模。在"八七"扶贫攻坚阶段，国家又增设了"新增财政扶贫资金"，同时将以工代赈资金原由财政部和中国人民银行按比例承担改由中央财政专项拨款，并扩大了资金规模。就目前情况来看，我国财政扶贫资金主要包括支援经济不发达地区发展资金、新增财政扶贫资金、"三西"农业建设专项补助资金、少数民族发展资金、以工代赈资金。通常将支援经济不发达地区发展资金和新增财政扶贫资金统称为财政发展资金。

从总体上来说，中央财政扶贫资金是国家为解决少数贫困人口温饱问题，进一步改善贫困地区生产生活条件，巩固温饱成果，提高贫困人口生活质量和综合素质，加强贫困乡村基础设施建设，改善生态环境，逐步改变贫困地区经济社会文化落后状况，为达到小康水平创造条件而设立的专项扶贫资金，但具体来看，每项资金的用途都有自己的投向重点。资金的多部门管理虽然可以鼓励政府各部门都能积极地参与到扶贫工作中，但是却带来了资金管理成本的增加和效果的降低，同时由于缺乏有效的协调机制和沟通机制，各部门在资金管理和使用方面都从本部门利益出发，制定了相应的管理规定和程序，从而造成了实际中财政扶贫资金管理上的混乱，同时也给资金的监测带来了很多不便。

1978年以后，农村改革极大地解放了农村生产力，促进了农村地区的经济发展，在很大程度上缓解了我国贫困问题，农村贫困从广泛的普遍贫困状态过渡为特征性和结构性贫困，农村贫困人口在分布上更加集中，因此1986年开始的开发式扶贫以贫困县为瞄准单元来分配国家财政扶贫资金。由于在国家层面直接向贫困县分配资金缺乏可操作性，并且同时由于我国财政扶贫资金省级负责制的实施，中央财政扶贫资金的分配原则为：（1）中央财政扶贫资金按照因素法分配到各个省份，考虑因素分别是贫困人口数、地方财力、农民人均纯收入、人均地区生产总值四项指标数据和政策调整因素。（2）中央财政扶贫资金全部直接用到国家确定的扶贫工作重点县和各省份确定的贫困县（或贫困乡村），至少70%的中央扶贫资金用于国家扶贫工作重点县。这些规定无疑为规范我国财政扶贫资金的使用起到了一定的作用，但在实际操作过程中仍然存在着不少问题。因素法使扶贫资金的分配方法更明确,按因素法分配财政扶贫资金是力图为扶贫资金的公平分配提供政策依据。但是财政扶贫资金的无偿性质使地方政府有获得无偿资金的巨大动力,同时也产生了地方政府为获得无偿资金的博弈行为。理论上讲,如果因素法依据的各因素的计算方法很明确、透明,那么地方政府的努力将会是无效的,博弈也是无结果的;反之,就会为地方政府的努力与博弈留下很大的空间与余地。但在实际工作中,我国还没有形成一套公开、透明和可操作的基础数据的收集方法、具体标准、计算影响因子的方法,使得因素法分配仍然停留在口号的层面,缺乏具体的可操作方案,其作用也就很难真正发挥。中央下达给各省份的扶贫资金必须全部用到贫困县的规定,试图从政策层面杜绝层层挪用财政扶贫资金的做法,减少扶贫资金目标偏离的机会。至少70%的中央扶贫资金要用到国家扶贫工作重点县的政策本身考虑了贫困人口在重点县和非重点县不平衡分布的实际情况,隐含的假定是国家扶贫工作重点县与非重点县对财政扶贫资金的实际需求强烈程度比值为7∶3。这一方面为更高程度地瞄准贫困人口提供了机会,另一方面为进一步减少扶贫资金的层层挪用与流失、减少扶贫资金目标偏离提供了政策保障。但是在实际操作中,扶贫资金在重点县和非重点县之间的分配并没有严格按照规定的比例进行,从2001—2003年的财政扶贫资金流向上看,大约只有60%的资金流向重点县。

在中央一级,资金的分配是从每年3月全国人大通过国家财政预算开始的。根据规定,财政扶贫资金必须在预算通过后的1个月内下拨到各省区财政厅。地方各级财政在收到上一级财政下达的财政扶贫资金后,应尽快与扶贫办、计委(以工代赈办)衔接项目计划,分批下达资金。首批下达时间不得超过1个月,比例不得低于80%。当年计划的项目和资金应该在财政年度之前完成和拨付。财政扶贫资金的拨付规定考虑了贫困人口需求项目生产的季节性与市场的变化性,从政策上限制了延迟拨付的可能。但实际中发现,从中央到省区的拨付都能按时,但从省再到市、县的拨付就有延迟的现象。2004年8月的一项调查发现,有的县2003年的资金还没有完全到位。迟到的资金影响了扶贫资金的及时有效使用,降低了扶贫资金的使用效率。

财政扶贫资金迟到的主要原因是行政层层拨付的制度,使得经手机构实际上无形中把经手权变成了控制权,形成了一种无形的权力资源。权力资源的利用会弱化资金分配的公平与合理性，也同时为县级单位最大化获取财政无偿扶贫资金的目标提供了博弈的机会，这也是各地出现"跑项目、争资金"的主要原因。跑项目、争资金不管是多么隐蔽的形式都增加了获得资金的交易成本，这一交易成本相当大，而这些成本最终都来自扶贫资金，会极大地降低扶贫资金的使用效率。据非正式调查，每年每个县扶贫办的非项目活动经费超出行政开支达3万~8万元，如果按照3万元的最低数估算，全国592个重点县每年就会有1776万元扶贫资金被"挪用"，占2002年重点县财政扶贫资金总量的0.5%；如果按照8万元的最高数估计，每年会有4736万元被"挪用"，占2002年重点县财政扶贫资金总量的1.3%。以上分析说明：(1) 目前保证财政扶贫资金及时足额到位的拨付方式缺乏高效率的技术措施；(2) 目前的行政层层拨付资金方式本身效率很低且不合理。

2. 我国财政扶贫资金的使用机制及影响

我国财政扶贫资金在使用上有几个特点：(1) 明确规定了资金的投向。这种规定在实际中的反映就是财政扶贫资金投向重点，从产业上看以农业为主，从项目类型上来看以农村基础设施建设为主。1998—2002年的5年间中央财政扶贫资金的平均投向中，农业占40.8%，工业占22.5%，其中6%左右是投向农副产品加工业，用于农村文教卫生和科技培训的社会服务约为5%，用于包括道路、农田水利、人畜饮水等农村基础设施建设的约占22.8%，而用于其他方面的约占9%。(2) 资金使用上必须以项目为承载，即通常说的"资金跟着项目走"。中央对财政扶贫资金使用上的这两点规定的根本目的是想从制度层面上为扶贫资金不被挪用提供制度保证，从而降低扶贫资金的目标偏离。但是在实践中这种规定并没有达到预期的目标，并且还对扶贫资金的使用效率产生了负面影响，主要表现为扶贫资金的使用在很大程度上偏离了贫困农户的需求，排斥了真正的贫困农户受益于扶贫干预。由于中央对财政扶贫资金的用途有严格的限制，地方政府则把这部分扶贫资金的用途限制在更小的范围内，如村路、沼气池—猪圈—改厕"三位一体"、人畜饮水、小水窖、灌溉小水窖及少量的技术培训。而实际上，我国农村贫困问题非常复杂，剩余贫困人口面临的生存环境差异巨大，贫困人口的需求也是千差万别，这种差别不仅体现在省区间，即便在同一个县内也十分普遍,因此采取这种"一刀切"的扶贫方式很难适应贫困问题的多样性特点和满足贫困人口的不同需求,这也就不可避免地会造成扶贫资金的使用偏离贫困人口的实际需求,从而也无形中降低了扶贫资金的使用效果。有调研结果显示,村民的第一需求是道路修建,排在第二至第九位的是提供盖房子方面的支持、发展养殖业、提供教育补助、发展沼气、解决人畜饮水、进行科技培训、解决通信问题和进行农田水利建设。将农户需求与两县扶贫资金投向做比较,不难发现,农户在基础设施建设方面的需求基本上能够得到满足,如道路建设、沼气池、人畜饮水和农田水利建设,但是对于住房改造、发展养殖业和教育补助等具有明显的个体性特征的需求基本上没有涉及。

"资金跟着项目走",从制度设计上是为了避免财政扶贫资金被截留和挪用,从而保证财政扶贫资金的专款专用。但是在实际操作中,扶贫部门为了降低扶贫项目的实施成本和利于监测,从而在项目选择时考虑的重点是:(1)项目有一定的规模;(2)以扶持基础设施建设项目为重点。"项目有一定的规模"的审批偏好,往往使多样性、分散性及小规模性的贫困人口需求因为不能满足这一偏好而被筛选掉,在一定程度上会造成扶贫资金的目标偏离。同时实际中具有一定规模的项目多是更能使非贫困人口受益的项目,例如,大规模修建需要农户配套资金的沼气池多是把难以支付配套资金的最贫困的农户排除在外,更多受益者是有能力支付配套资金的相对富裕农户。而如果不需要配套资金,只是把有限的扶贫资金用于扶持真正的贫困户,让富裕农户自费修建沼气池,可能的结果是沼气池的规模(数量)短期内不会很大,达不到审批偏好的"项目有一定的规模"。"以扶持基础设施建设项目为重点"的项目审批偏好,考虑到了项目的覆盖度与受益范围,能使更多的人口得到扶贫资金的扶持,但是对于商品生产程度低、经济收入来源缺乏的农户,有限的扶贫资金是便利了他们的生活,而不能增加其持续发展、摆脱贫困的经济收入来源。也就是说,扶贫资金的使用偏离了最贫困人口的实际需求。

3. 我国财政扶贫资金使用与管理的特点

一是中央财政扶贫资金类型多样,资金数量可观。这充分反映了我国政府解决贫困问题的决心和努力,但是资金分散到了各个部门管理,部门之间缺乏有效的协调机制和信息交流平台,从而造成了扶贫资金管理上的不一致性和使用上的重复性,带来了扶贫资源的浪费,同时也为资金的有效监测带来了诸多不便。

二是中央财政扶贫资金的分配根本上仍然遵循着以重点县为基本单元的县级瞄准,但实际上中央财政扶贫资金在重点县的投入比重远小于"至少70%"的目标规定,仅为60%左右。

三是财政扶贫资金在各层次的拨付时间有明确的规定,中央到省区的拨付都能按时到位,但从省到市、县的拨付就有延迟的现象,这种延迟势必导致扶贫资金使用效率的降低。

四是依托项目进行目标瞄准长期以来受到了研究者的质疑。一方面,对扶贫项目的类型限制使得扶贫项目并不能适应我国农村贫困问题的复杂性特点和农户需求的多样性,项目的选择受到了管理方便与农户需求分散这一矛盾的制约而无法做到准确瞄准,从而造成了我国扶贫资金不能准确瞄准穷人的结果;另一方面,对于项目的资金配套要求和技术要求也为排斥穷人受益、鼓励富人参与提供了合理性,从而造成了扶贫资源在目标群体瞄准上的偏离,研究表明,扶贫项目对贫困群体的覆盖率只有16%,而对中等户与富裕户的覆盖率分别为51%和33%。

(三) 我国财政扶贫资金绩效评价现状

1. 财政扶贫资金绩效评价的发展状况

财政扶贫资金绩效评价是指,根据政府预先设定的财政扶贫资金的使用目标,特定的评价主体按照一定程序,根据扶贫本身的特点,建立合理科学的绩效评价指标和评价标准,运用合适的评价方法,对财政扶贫的目标执行结果所进行的综合性的、定期与不定期的评价。目前我国对于财政扶贫的绩效评价,主要集中在中央财政专项扶贫资金的绩效评价和对具体扶贫项目的绩效评价上。我国对扶贫资金的绩效评价,经历了从无到试行再到正式确立三个阶段。

(1) 财政扶贫资金绩效考评的缺失阶段 (2005 年之前)。我国自 1980 年开始设立财政扶贫专项资金 (当时称为"支持经济不发达地区发展资金"),一直到2005年之前,都没有对财政扶贫资金进行绩效考评工作。前期对于扶贫资金的管理主要集中在扶贫资金的发放、监督上,对于扶贫的成效并不关注。财政部于1987年印发了《支持经济不发达地区资金管理办法》,这是我国首个针对财政扶贫资金的管理办法,其中明确规定:各省、自治区财政部门要不断加强对发展资金的管理工作,做好选定、执行、监督、验收等涉及受援项目的工作,同时积极配合审计和纪检等部门的审计与检查工作。随着时间的推移,发展资金的分配其实已经形成了基数,有些条文在新环境下不再适用,所以在1997年对原办法进行了修改,主要指出发展资金不能按照平均原则进行分配,分配时要考虑地区间连续年度的稳定性和实际情况。但这个管理办法中的资金仅仅是发展资金这一项,并不能代表全部的财政扶贫资金,管理上存在一定漏洞。为了弥补这一漏洞,1997年7月国务院办公室印发了《国家扶贫资金管理办法》,明确界定了国家扶贫资金的内涵,不仅包括了原来的发展资金,还包含新增财政扶贫资金、以工代赈资金、扶贫专项贷款、"三西"农业建设专项补助资金。该管理办法中对除"三西"农业建设专项补助资金之外的扶贫资金的分配、使用、管理做了明确规定。2000年,财政部、国务院扶贫办、国家计划委员会联合制定了《财政扶贫资金管理办法(试行)》和《财政扶贫项目管理费管理办法(试行)》。至此,我国财政扶贫的基本格局已确定。《财政扶贫资金管理办法(试行)》在以往的基础上,对于各类扶贫资金的分配方案、资金拨付的主管部门都做了明确规定,形成了国家计委、财政部、国务院扶贫办联合管理的局面。《财政扶贫项目管理费管理办法(试行)》则对于项目管理费的来源、使用范围、资金管理、监督检查进行了明确规定。2001年,财政部为了规范资金管理,下发了《财政扶贫资金报账制管理办法(试行)》,在这个办法中将扶贫资金与扶贫项目紧密联系起来,规定了项目资金的报批程序,加强了对扶贫资金投向的管理,有效避免了挤占、挪用扶贫资金现象的发生。综上可知,2005年之前能体现绩效的扶贫资金绩效评价尚未成形,这一段时间主要是对扶贫资金的具体管理方式进行了探索,为今后财政扶贫绩效评价的出现打下了坚实的基础。

(2)财政扶贫资金绩效考评的试行阶段(2005—2008年)。2005年,财政部联合国务院扶贫办下发了《财政扶贫资金绩效考评试行办法》(财农〔2005〕314号)。该办法成为我国首个对扶贫资金进行绩效考评的政府文件。该办法规定了具体的绩效考评指标,对于财政扶贫资金的使用管理过程及其效果进行了综合性的考核和评价,通过考核和评价结果,能够建立起财政扶贫资金使用管理的问责机制。2007年,国务院扶贫办会同财政部首次对各省2006年中央财政专项扶贫资金绩效进行评价。对于考评结果较好的省份进行表扬,同时激励考评结果落后的省份。这对于强化地方政府的扶贫责任起到了良好的推动作用。从财政支出的角度看,财政扶贫资金是中央对贫困地区的专项转移支付,也是中央预算的重要组成部分,所以加强对扶贫资金的绩效考评,是我国进行预算改革的重要内容。经过实践后发现,此阶段的财政扶贫资金绩效考评存在一些较为突出的问题:首先,专家进行考评的依据只来源于省级政府报送的相关资料,缺乏实地调查,无法保证其资料的真实性;其次,没有对省级上报资料的规范性、及时性进行明确规定,严重影响了考评工作的开展;最后,对于绩效考评的结果没有充分利用,当年绩效考评的结果并不会对来年扶贫资金的分配产生直接影响,这样就使得扶贫资金的绩效考核丧失了实际意义。

(3) 财政扶贫资金绩效考评的推广阶段(2008年之后)。2008年,财政部和国务院扶贫办在总结2006年财政扶贫资金绩效考评工作经验的基础上,对于2005年印发的《财政扶贫资金绩效考评试行办法》进行了修订,印发了新的《财政扶贫资金绩效考评试行办法》(财农〔2008〕91号)。该办法主要对考评原则、指标及打分标准进行了修改和完善,重点是将绩效考评结果反馈到资金分配机制中,奖励考评等级高的省份,对考评成绩不理想的省份,适当降低下一年的扶贫资金发放量。2011年,在《中华人民共和国预算法》和新制定的《中国农村扶贫开发纲要(2011—2020年)》政策方针的指导下,财政部、国家发展改革委、国务院扶贫办印发了新的《财政专项扶贫资金管理办法》(财农〔2011〕412号)。该办法的实行对财政扶贫绩效考评产生了较大影响。办法规定,省级配套资金需达到一定比例。同时将资金用途、投资补助标准、项目建设内容、资金用款计划等作为绩效考评的参考依据。这次改革极大地丰富了财政扶贫资金的绩效评价体系,同时也使绩效考评的重点由具体项目执行结果转移到了资金管理上来。在此之后,财政扶贫资金的绩效评价由国家逐渐向省级层面发展。贵州、四川等多省也在《财政扶贫资金绩效考评试行办法》和《中国农村扶贫开发纲要(2011—2020年)》的指导下,建立起了适合本省实际情况的财政扶贫资金绩效评价办法。由此,省对市、县的扶贫资金绩效评价开始建立,自上而下的绩效评价体系开始建立。

2. 财政扶贫资金绩效评价存在的问题

财政扶贫资金绩效应体现出财政扶贫资金的投入与预期目标相比的实现程度,以及所产生的经济效益、社会效益等。我国目前对于财政扶贫资金的绩效评价还处于不断研究改善阶段,所以还存在一定的不足。

(1) 绩效评价指标通用化。现阶段,只有《财政扶贫资金绩效考评试行办法》一个文件对具体指标体系进行了规定,这个指标体系分为扶贫成效、资金管理使用、评价三部分。由于此文件是从中央的角度制定的,所以指标设计较为粗放。对比省级的绩效考评体系可以发现,很多省都只是在这个基础上稍加变动,把中央制定的指标体系直接用于对市县级的考评,这样做明显是不合理的。各地的实际情况有所不同,并且扶贫资金的投向重点也有所差异,采用同样的指标、同样的权重,就会导致最后的评价结果没有针对性。与此同时,《财政扶贫资金绩效考评试行办法》还存在着大量难以进行客观评价的定性指标,只能采用评分的方式。但到了县级之后,可以用一些具体的量化指标来体现成效,如资金到达与最后拨付相差的天数等。所以,地方的扶贫绩效评价指标还存在较大的改进空间。

(2) 评价主体单一。我国目前对于财政扶贫资金的绩效考评都是财政部和国务院扶贫办负责省级情况的考评工作、省级财政部门和扶贫部门负责其下属单位扶贫资金使用情况的考核。这种自上而下、以政府主导型为主进行的绩效评价工作,在开展评估工作时往往会因受到一定的行政干扰而偏离评估方向和目的,难以做到评估结果的客观性、公正性、科学性。虽然国务院扶贫办邀请了有关专家共同参与到省级扶贫资金绩效考评工作中来,但是评估经费主要来自政府,专家只负责指标体系的修订、评价报告的撰写,主要的权力还集中于政府部门手中,不利于对扶贫资金绩效的真实考核。另外,各省扶贫办既是扶贫资金的管理主体,同时也是扶贫资金的考评主体,这也会导致评价结果缺乏必要的客观性,同时容易滋生中间环节的腐败问题。

(3) 缺乏法律制度的保障。目前,我国财政扶贫资金绩效评价领域尚未制定标准性的法律文件,难以对部门绩效评价形成强制性约束和指导。

我国目前的财政扶贫资金绩效考评只是以部门文件的方式下达地方，难以引起地方各级部门的关注与重视。部分省份会出现材料上报不及时或者上交材料不规范的问题，这给整体绩效考评工作的开展带来了难度。从地方政府的角度来看，绩效评价增加了他们的工作压力和工作强度，并让他们处在一种利益被别人监控的环境中。同时，通过绩效评价考核引入了竞争机制，由于竞争的存在，对于地方政府来说，扶贫工作比以往更加复杂。地方部门的不积极会导致我国财政扶贫资金绩效评价发展缓慢，因此只有通过法律的强制性和规范性来将绩效评价植入公共部门，才能促使扶贫资金绩效评价继续发展。

（四）精准扶贫战略下的财政资金使用机制

新时期我国贫困结构复杂，致贫原因多样，并呈现出从绝对贫困到相对贫困、单维贫困到多维贫困、静态贫困到动态贫困、短期贫困到中长期贫困的新特点。一是致贫原因复杂。疾病、技术与劳动力短缺、资金短缺、教育、自然灾害、残疾等都是导致贫困的重要因素。二是相对贫困问题日益凸显。改革开放以来，我国总体上实现了由温饱到小康的历史性跨越。但这种发展是不平衡的，城乡间、地区间、群体间收入差距日益加大。现阶段的扶贫工作不仅面临着解决和巩固特殊困难地区绝对贫困人口温饱问题的巨大任务，也面临让已经基本解决生存和温饱问题的扶贫对象实现全面小康的最终目标。三是贫困人口精准识别难度较大。通过有效、合规的程序，把贫困户识别出来，这是精准扶贫的前提。但在现实操作中，这一项却是最困难的。因为各地区、各家庭的情况不一样，界定贫困的标准却相对固定，很难满足所有地区、所有家庭的情况。四是部分地区返贫率较高。贫困家庭缺乏资产储备，抵御风险能力较差，一旦遇到意外，很容易导致返贫。返贫现象在我国广泛存在，但在各地区是不均衡的。一般来说，大面积、深层次的贫困地区出现返贫的概率相对较高。五是农村"空壳化"严重。目前农村转移出去的劳动力并非真正意义上的"剩余"劳动力，而是农村劳动力的精华部分，农村剩余的大多是妇女、儿童、老人。贫困人口、贫困地区的复杂性及脱贫攻坚的新形势都要求财政资金的使用应更具针对性。

1. 根据致贫原因选择针对性的扶贫措施

（1）进一步完善精准扶贫识别工作机制，对扶贫对象实行动态管理。允许各地区根据实际情况，细化和优化贫困人口的具体识别方法，建立科学的指标体系。探索由政府牵头，引入公益组织开展精准识别扶贫对象的工作，由公益组织对扶贫对象申请者实地考察，通过公开筛选和规范程序，精准识别贫困对象。建档立卡贫困对象信息应与当年减贫数量、减贫人口、返贫人口、帮扶措施、帮扶效果挂钩，实时更新帮扶信息，动态监测各项帮扶措施对扶贫对象生产生活条件、收入状况、社会服务、公共服务等带来的变化，及时按程序确认脱贫人口，及时识别返贫人口。应出台建档立卡贫困对象动态管理办法，明确动态管理的主要指标、不同致贫原因的贫困对象脱贫标准、返贫对象的比例，明确动态管理的时间节点与步骤以及各级扶贫部门在动态管理中的分工等，实现动态管理常态化。

（2）找准致贫原因，对扶贫对象和扶贫地区实行精准分类。因病致贫、因技术和劳动力短缺致贫、因资金短缺致贫、因残致贫属贫困人口内部因素，而因灾致贫属外部因素。但内部因素一定程度上也受外部因素的制约，比如资金、技术与劳动力的缺乏往往是因外部环境恶劣而导致的。因病致贫的扶贫对象，宜短期内通过政府和社会帮扶解决当下的困难，长期则应通过完善贫困地区的医疗保障体系来解决；资金、技术和劳动力短缺致贫的，应通过对帮扶对象的技术培训，以优惠政策引进产业类项目，盘活当地自然资源等措施，增强脱贫"造血"能力；对处于自然灾害多发的贫困区域，实行搬迁改造。由于各地自然、地理条件不同，造成贫困的原因也有所不同，应针对不同地域、不同特点进行产业布局，因地制宜，确定不同区域扶贫攻坚主攻方向，宜林则林、宜菜则菜、宜粮则粮、宜牧则牧、宜游则游。

（3）构建多层次的"因病致贫返贫"治理体系。根据建档立卡情况，发现疾病是主要的致贫原因，脱贫攻坚首当其冲的是医疗扶贫。当前，各贫困地区已形成了以医疗救助制度为基础、新农合制度为主体、大病保险和疾病应急救助为补充的医疗保障体系。这一体系在保障居民基本医疗需求方面起到了巨大作用，也有必要根据脱贫攻坚的任务要求进一步完善，使之在应对"因病致贫"问题上发挥更大作用。一是在"建档立卡"的基础上，进行分类瞄准和管理。重点建立"因病致贫返贫"数据库，通过对数据库的分析，对特别贫困群体进行科学评估，据实核准脱贫需求，分类提出治理方案。二是强化社会组织在医疗救助方面的特殊作用。目前，各类社会组织如红十字会、基金会、慈善机构和其他社会力量也在实施"一对一"的医疗救助。建议通过适当的财政投入，以政府购买服务的方式，支持和引导社会组织特别是慈善组织和社工机构积极参与脱贫攻坚，发挥社会组织在准确判定贫困对象医疗卫生服务需求上的优势。三是完善农村分级诊疗模式，发挥基层医疗卫生机构的作用。《国务院办公厅关于推进分级诊疗制度建设的指导意见》中提出，2017年逐步完善分级诊疗政策体系，2020年形成布局合理、规模适当、层级优化、职责明晰、功能完善、富有效率的分级诊疗制度。通过实行分级诊疗制度，引导参合农民合理利用卫生资源，控制医疗机构费用，防止小病大治，实现小病不出村、常见病不出乡、大病不出县，有效减轻农村居民的就医负担。

2. 优化财政资金投入结构，突出财政资金投入重点

近年来中央与地方财政收入比大致保持在45∶55。受支出责任下移及地方债务负担较重的影响，中央财政扶贫资金的增长空间要大于地方财政。

(1) 中央财政转移支付及预算内投资向贫困地区倾斜。中央财政转移支付向贫困地区倾斜，是我国转移支付制度改革的方向之一。贫困地区应当全面掌握转移支付制度设计的基本标准和计算方法，积极反映贫困地区的客观实际，争取更大比例的转移支付资金，以弥补贫困地区基层政府的财力不足。我国现行的公共财政体系也是围绕基本公共服务均等化与主体功能区建设逐步建构的。依据国家主体功能区规划，贫困地区既有禁止、限制开发区，也有粮食主产区，这些地区都是主体功能区转移支付的重点支持区域。贫困地区应根据国家主体功能区规划，积极参与相关转移支付制度设计，并为禁止、限制及粮食主产区争取转移支付支持。"十三五"期间，脱贫攻坚仍是中央预算内投资的重点领域之一。贫困地区应充分利用中央预算内投资，补充贫困地区基础设施建设的短板。

(2) 发挥农业转移人口市民化财政政策的作用。贫困地区发展缓慢的重要原因之一是城市化率过低。改革开放以来我国经济的发展主要是靠城市带动的，城市是经济要素的重要载体，也是经济的辐射源，而小城镇则

是城市的辐射中介。我国是世界上城乡差距最大的国家之一。在如此大的城乡差距下，农村人口越多，城镇化率越低的省区，就必然是最为贫穷的省区。要改变这种局面，就一定要促进城镇的发展，只有城镇发展了，农民才能分流，农民才能减少，实力才能增强，人民生活才能更好改善。中西部地区农业转移人口市民化是中央财政支持的重点，其中既有奖励性支持，也有均衡性支持。贫困地区各级政府应按照中央推动农业转移人口市民化的要求，把脱贫攻坚与新型城镇化建设结合起来，积极争取中央财政支持，推动贫困地区小城镇建设，弥补贫困地区基层政府民生支出缺口。

（3）探索生态补偿制度在贫困地区先行先试。党的十八大提出了"体现生态价值和代际补偿的资源有偿使用制度和生态补偿制度"的目标。生态补偿的本质就是通过生态交易，实现区域资源与环境经济效益的帕累托改进。建立生态补偿制度是我国可持续发展的必由之路，也是未来纵向及横向转移支付考虑的重要因素。我国的贫困地区大多是生态效益外溢地区，应着力在这方面进行先行先试，发挥先导优势，为全面铺开生态补偿制度积累经验。

3. 在统筹整合财政涉农资金的基础上促进扶贫职能的整合

由于扶贫标准与难度大大提高，扶贫成本成倍增加，加上贫困地区财政收入能力低下，难以落实配套资金，要实现扶贫开发新的目标，必须加大财政投入力度，建立健全扶贫资金稳定增长机制。各级政府应按照财政收入的增长速度安排扶贫开发投入，扩大财政支出，形成与脱贫攻坚任务相匹配的财政支出规模。近年来，各地按照"渠道不乱，用途不变，各负其责，各记其功"的原则，在扶贫开发资金与其他支农资金整合方面进行了有益的探索和尝试。在认真总结各地试点经验的基础上，应进一步从地方和中央两个层面，既"自下而上"又"自上而下"地推进财政扶贫资金与其他支农资金的整合。财政涉农资金项目表面上是"多"，实际上是管理的"分散"，资金管理部门化，部门管理条块化。

如果不整合部门职能，单纯整合资金效果不佳，可能会出现形式上整合、实质上仍分散的局面。应通过推动国家治理的现代化，优化整合部门职能，来实现财政涉农资金的统筹整合。反过来，在管理职能分散的情况下，单纯整合资金，不仅难度很大，整合的效果也受影响。现阶段，应当加强部门职能间的统筹与协调，对财政涉农资金，应当有统一的目标导向，避免各自为政的考核体系；应当形成定期评估的机制，根据评估情况优化资金配置；资金管理制度设计，应更多地听取基层意见，统筹考虑不同地区的不同诉求，解决上下级政府间的信息不对称问题。应以资金统筹为手段，把部门的积极性调动起来，把部门的职能和资源协调起来，打破部门分割，以"事"定项目、定资金，而不是以部门职能分配资金、安排项目。

4. 鼓励和吸引社会资本投入脱贫攻坚

脱贫攻坚庞大的资金需求与财政收入的增速趋缓，一增一减使得脱贫攻坚财政投入压力越来越大。要完成"十三五"时期脱贫攻坚任务，必须创新体制机制，充分发挥财政资金的杠杆作用，以各种方式吸引社会资金投入脱贫攻坚领域。

（1）有效利用金融资源，支持辖区金融机构充分利用扶贫再贷款支持贫困地区发展。不管是国家、地区，还是个人，仅靠自身积累投入，财富的增长就会受到局限。在有效控制风险的基础上，利用好金融市场的杠杆作用，就能够发挥"四两拨千斤"的作用，突破财富增长的比例限制。脱贫攻坚也是一样，如果能够充分发挥金融资源的作用，也会在一定程度上起到"一着棋活，全盘皆活"的作用。越是贫困地区，区域内金融资源的利用越不充分，大量的域内金融资源并没有有效地留在区域内，而是流失到区域外了。要完成"十三五"时期脱贫攻坚任务，并在"十三五"之后继续巩固和保持脱贫攻坚成效，必须在有效开发和利用区域内金融资源方面下功夫，既缓解财政投入的压力，也为金融资源的利用在区域内找到出口。脱贫攻坚具有一定的公共性，不是所有投入都有稳定的回报。基于风险回报原理，金融资源并不见得乐于投入该领域。这就要发挥财政资金的引导作用，通过财政资金的前期投入、事中补贴、事后扶持，弥补金融资源投入回报率的不足。2016年，中国人民银行设立了扶贫再贷款，为地方法人金融机构支持脱贫攻坚提供成本较低、期限较长的资金来源。扶贫再贷款的支持范围是连片特困地区、国家扶贫工作重点县，以及未纳入上述范围的省级扶贫工作重点县；发放对象是上述贫困地区的农村商业银行、农村合作银行、农村信用社和村镇银行4类地方法人金融机构。贫困地区金融机构则应结合实际开发扶贫信贷产品，通过扶贫再贷款的政策支持，在信贷资金配置、授信政策等方面给予贫困人口更多的倾斜。

（2）组建扶贫开发投融资平台，探索脱贫攻坚领域的政府和社会资本合作（Public-Private-Partnership，PPP）模式。目前，有些地区在省、市级成立了扶贫开发投融资机构，作为政府财政出资的公益性金融企业，承接辖区内易地扶贫搬迁、扶贫开发、农业发展专项贷款，并通过发行债券、设立基金、引入社会资金等市场化方式为脱贫攻坚筹集资金。建议贫困地区结合实际，在条件成熟时成立类似机构，通过财政出资成立金融企业，利用金融企业的市场化融资功能，为脱贫攻坚重大项目筹集资金。有些贫困地区具备丰富的自然资源，但受制于基础设施建设落后、资源开发投入不足等因素而未得到有效利用。在国家鼓励和支持在基础设施建设和公共服务提供领域引入PPP模式的大背景下，贫困地区应在基础设施建设及农业、旅游等资源开发中引入社会资本，利用社会资本的准确识别能力，将具备劳动能力和有劳动资源的贫困户整合起来。

（3）充分利用资本市场服务贫困地区发展。《中国证监会关于发挥资本市场作用服务国家脱贫攻坚战略的意见》提出，支持贫困地区企业利用多层次资本市场融资，支持和鼓励上市公司、证券基金经营机构及期货经营机构履行社会责任服务国家脱贫攻坚战略。该意见中的一系列政策措施，对于上市企业及相关机构在贫困地区开展业务很有吸引力。贫困地区政府应深入研究利用资本市场的具体方式及实现上市企业与贫困地区"双赢"的途径，适时出台上市公司及相关机构在贫困地区开展业务的优惠政策及要求，在充分利用资本市场的同时，避免企业的短期逐利行为对贫困地区持续发展带来负面影响。

5. 盘活存量财政资金，适度压缩"三公经费"

由于财政资金分配的固化，目前我国个别领域还存在集中用于脱贫攻坚财政资金使用效率不高的问题。一方面，诸多领域财政投入不足；另一方面，有些领域财政资金花不出去。根据2014年底审计署的抽查结果，22个中央部门有存量资金1495.08亿元，18个省部级财政有存量资金1.19万亿元。国务院常务会议多次提及盘活存量资金，《国务院办公厅关于进一步做好盘活财政存量资金工作的通知》就要求，各部门、各单位要加大结转资金执行力度，对不需按原用途使用的，按规定调剂用于本部门、本单位其他项目。建议根据国家要求，各级政府及财政部门把盘活存量资金相关措施常态化，把连续若干年存在结转的资金，作为结余资金，由政府收回后按比例统筹用于脱贫攻坚。近年来，随着中央"八项规定"的严格落实，各级政府及各部门普遍存在"三公经费"结余的问题。随着政府职能的转变及党纪、政纪的规范，"三公经费"管理日益严格，按原有因素测算的"三公经费"预算，可能会出现结余常态化的现象。建议各级政府根据实际，研究新形势下"三公经费"的测算方法，适度压缩各级政府和各部门的"三公经费"支出，统筹用于脱贫攻坚。

（五）提高财政扶贫绩效的有关措施

1. 优化财政扶贫制度

（1）完善转移支付制度。我国目前在财政扶贫方面还未形成规范的转移支付制度，财政专项扶贫资金一般是以拨款的方式下达地方贫困地区。这些专项拨款有些是财政部门直接负责管理，有些则是地方财政部门将款项交给地方扶贫办等机构，由扶贫办直接负责管理使用。这种资金多头管理形式，给专项扶贫资金的追踪造成了一定程度的困难。同时，由于专项扶贫资金缺乏科学的制度安排与标准设定，对扶贫资金持续地使用绩效会产生不利影响。以中央财政为例，每年的扶贫资金总量一般年初就确定了，每个地区能得到多少资金则取决于该地的贫困程度、扶贫项目和上级意志。这样并不能保证扶贫资金的总量和各地的分配是合理的，所以应加快建立规范的中央转移支付制度。第一，加大中央对地方的转移支付。通过建立规范的转移支付制度，能够根据各地区的需要，理清纵向政府间的支出责任，科学合理地安排专项扶贫资金。同时不断提高中央对贫困地区的财政援助比例，稳定保证并逐步增加对贫困地区的财力支持。第二，实现横向的转移支付。中央财政可以根据贫困地区的交通、通信、能源等基础设施，以及教育、科技、医疗等公共服务设施的状况，适当将发达地区的部分财力转移到贫困地区，逐渐缩小地区间的差距。第三，实现专项转移支付与一般转移支付的配合。可以将中央财政对贫困地区进行公共服务建设的一般性转移支付资金与专项扶贫资金有机结合起来，根据贫困地区具体的资源经济状况进行公共投资，促进贫困地区的公共服务水平和贫困人口的生活水平的提高。

（2）完善农村社会保障制度。这主要是为了给农村贫困人口建立一张"安全网"，保障农村最贫困人口的基本生活。具体来说，主要是从以下三个方面满足贫困人口的需求：第一，建立农村社会救助制度，通过直接接济贫困人口的方式来保障贫困人口的基本生活所需。主要通过建立农村最低生活保障制度和贫困地区自然灾害社会救助制度来保证极度贫困人口和受灾贫困人口的基本生活所需。这是我国农村反贫困的一张"安全网"。第二，健全农村养老保险制度，为农村老龄人口的基本生活提供保障。养老保险制度的健全，有助于一些丧失劳动力的贫困人口获得生存所需。中国人口老龄化问题逐渐凸显，农村的老龄化会给未来的发展带来极大的挑战，通过农村养老保险制度，可以缓解这一难题。第三，全面推行新型农村合作医疗制度。医疗保障问题与农村贫困人口的生存发展息息相关。目前在农村，因病致贫或者因病返贫的现象时有发生，说明医疗卫生花费给贫困群众带来了极大的负担。提高新农合的参保率可以在一定程度上为贫困人口提供基本的医疗服务。

2. 加强财政扶贫资金管理

（1）全面引入绩效预算管理。改革开放以来，我国已经有40年扶贫开发的历史，全国、各省级、市级、县级都建立起了自身的扶贫规划，且已经在全国范围内开展财政扶贫绩效评估，可以通过扶贫资金的绩效考评与预算管理相结合，优化对扶贫资金的管理。第一，建立科学合理的绩效评价指标体系。合理的绩效评价指标体系，有助于引导扶贫开发工作的开展和扶贫资金的合理分配，同时也是提高财政扶贫绩效的理论依据。完整的财政扶贫资金绩效评价体系应该包含投入、过程、结果、可持续影响四个方面。从投入层面看，主要是对扶贫主体行为的规范；从过程层面看，主要是对扶贫资源传递过程中的效率和合理性进行判断；从结果层面看，主要是对扶贫目标完成度的衡量；从可持续影响层面看，主要是对于贫困地区或贫困人口的能力培养水平。通过这四个层面，可以形成相对全面的综合评价体系。这个评价体系可以对今后的扶贫资金分配工作和扶贫的重点投向提供数据指导。第二，按照规定定期进行扶贫资金的绩效考评工作。

利用上面所建立的指标体系对扶贫资金的使用情况进行考评,具体可以分为扶贫综合绩效和项目绩效的考评。为保证考评结果的客观性和公正性,在此过程中可以适当引入独立的第三方机构。同时,应尽量保证考评的连续性,以便于进行纵向比较。第三,将绩效考评的结果与下一年的预算相结合。我国要建立起完善绩效考评结果应用制度,将考评结果作为公共信息向社会公布,提高绩效考核透明度;将考评结果与被考核部门或者项目的领导业绩考核相挂钩,提高相关部门对于扶贫发展的支持力度、规范应用财政扶贫资金的积极性;另外还要将绩效考评结果作为下年度编制部门预算的重要考察指标,对于绩效考评结果优秀的地区,可以奖励增加该地区的财政扶贫转移支付规模,对于绩效考评结果较差的地区,要对其进行缩减预算的惩处并要求主要负责人做出相关说明。

(2)整合各类扶贫资金。多年来,我国各项扶贫资金分散在扶贫办、发改委、财政、农林水等各个部门。由于我国各部门都比较注重部门的短期绩效,且各部门资金管理是相互独立的,这就使得分散在各部门的资金难以进行统筹规划、联合发力,甚至有时不同部门的资金在同一领域反复投资,造成了财政资金的浪费,对反贫效果造成了不利影响,因此需要整合各类扶贫资金。第一,在部门层级实现整合。要根据中央整体的扶贫规划与政策,在部门层级实现战略合作,建立统一的反贫困机制。具体来说,各部门可以联合界定在某一领域投入扶贫资金的规模,明确反贫困项目的目标和各部门的责任,最后可以对跨部门的扶贫资金统一进行绩效评估。各部门之间通过相互合作,可以优势互补,形成合力,促进脱贫的尽早实现。第二,在县一级实现整合。在实际工作中,各个渠道的财政扶贫资金最后都会落实到县一级单位组织实施,所以县一级具备整合各类扶贫资金的条件。应该充分发挥县一级在扶贫资源整合中统筹全局、协调运作的优势和能力,在县级成立扶贫资金整合小组,对整个的扶贫格局和具体的扶贫方案进行统筹规划,发挥规模优势。

3. 创新财政扶贫机制

(1)引导社会资源参与扶贫。贫困地区由于经济发展落后,地方财政收入有限,能够投入扶贫的资金严重不足,仅通过中央的财政扶贫资金难以实现脱贫目标。所以,我们应充分调动各种社会力量,积极参与到扶贫开发中来，全面推进扶贫开发进程，从政府、企事业单位及非政府组织到农民，全面发动社会各方参与到扶贫开发过程中来。第一，应该充分发挥政府财政扶贫资金的引导作用，撬动金融资产，使更多的金融资本参与到扶贫开发过程中。原始资本不足是抑制贫困地区发展的一个重要因素，通过国家财政政策的引导，可以使更多的资金流入贫困地区，为当地的发展提供资金支持。第二，通过加大对当地企业的资金支持和制度支持，引导鼓励当地企业带动扶贫对象发展产业，促进当地经济发展。同时将农村的富余劳动力向企业引导，促进社会资源与贫困需求的对接，实现贫困人口的增收。第三，对于农民而言，由于自身短视和风险承受力差等原因，更倾向于投资成本低见效快的项目，忽视了其行为对于长期可持续发展的影响，因此需要政府在贫困地区进行宣传培训，推广普及养殖、种植等知识和可持续发展观念，提高农民的综合素质和发展水平。

(2) 完善扶贫瞄准机制。目前我国的扶贫瞄准机制并不健全，这会对财政扶贫资金的绩效产生不利影响。我国一直以贫困县或贫困村为基本扶贫单位，并不能真正使各项扶贫政策惠及贫困人口。因此要借助网络工具，改进目标瞄准机制。主要可以从以下三个方面出发：一是瞄准贫困人口。要将基本扶贫单位由贫困县或贫困村细化为贫困家庭。要以家庭为单位，建档立卡，档案中对于家庭致贫的原因、贫困类型、贫困程度也要加以区分，这样能使扶贫政策更具针对性。另外，在建档立卡时，必须客观体现村民意愿，采取村民申报、村民代表评议、村委审核的方式进行，这样可以适当避免扶贫过程中的官员腐败现象。二是网络信息管理。要将贫困人口的基本资料记载成册，在县一级就应建立扶贫农户信息系统，以方便在全国范围内进行动态管理。同时，农业、水利、发改委以及社会团体等，都可以通过这个系统对农户的贫困信息有所了解，定向展开帮扶工作。三是完善退出机制。在扶贫过程中，要坚决避免已脱贫地区或贫困人口还在享受扶贫政策的好处，同时也要防止地方官员为了业绩虚假脱贫。这就要求我们通过制定合理的退出标准与退出程序，确保扶贫对象的真实退出。

五、国际扶贫经验对我国的启示及借鉴

长期以来，人类一直在与贫困进行着不懈的斗争。2000年联合国提出了全球反贫困的两个目标：一是2015年之前将全球贫困水平降低一半（比例减半）；二是到2030年消灭极度贫困。2015年联合国发布的《千年发展目标报告》表明，全球生活在极端贫困中的人数已经从1990年的19亿人下降至2015年的8.36亿人，实现了第一个反贫困目标。现在全世界正在为实现第二个目标努力。从理论上讲，贫困分为狭义贫困和广义贫困两个层面。狭义贫困是指生存主体的经济贫困，生活条件难以维持在最低水平。广义贫困除了经济层面的贫困外，还包括教育、文化、社会、医疗环境和发展等层面的因素。贫困标准是指，在一定条件下，维持人们生计所必须消费的商品和劳务的最低费用。2015年，世界银行宣布，按照购买力平价计算，将国际贫困线标准从此前的每人每天生活支出1.25美元上调至1.9美元。

贫困问题是一个国际问题，也是一个困扰人类发展的全球性问题。全世界各国都把解决本国的贫困问题作为政府的主要工作来抓。为此，各国政府在脱贫问题上都采用适合各自国家的不同的体制机制和办法解决本国的贫困问题，创造了许多有益经验和做法。同时，发达国家帮助发展中国家脱贫，也是联合国成立的主要任务之一。从全球主要国家解决贫困问题的方法和措施看，有不少成功的经验和做法值得我国学习和借鉴。在金融扶贫方面，各国政府大都通过政策性金融、开发性金融、商业性金融、合作性金融等形式及其不同组合开展扶贫工作。在我国，由于传统金融机构逐步撤离农村，供给主体缺失。以往，在我国农村地区，相应的金融市场大多是以小农经济为主体。在大力进行金融扶贫的过程中，一些传统的金融机构出于自身经营效益等情况的考虑，不愿意为农户提供利润较低的贷款服务。例如，长期以来，农村信用社一直都是农村地区金融体系的重要组成部分。近年来，农村信用社也开始不断从"三农"项目中抽离出来，出现了"脱农变异"的情况，转而将更多的资金投向各种政府偏好项目方面。这样一来,在广大农村地区,农村信用社网点数量出现了锐减的情况,导致金融供给主体进一步缺位。为此,在对农村地区进行金融扶贫的时候,要认识到当前在农村地区存在十分严重的金融供求不均衡的情况。

(一) 针对不同情况采取两种扶贫方式:直接方式和间接方式

1. 消除贫困普遍采用直接支出方式

直接支出方式是指由财政部门开具支付令,通过国库单一账户体系,直接将财政资金支付到供应商或收款人(用款单位)账户。国内财政直接支出适用于工资支出、购买支出、转移支出,国外财政扶贫直接支出方式主要是对农村基础设施建设及农业生产进行直接收入补贴。

(1) 重点支持农村基础设施建设。农村基础设施建设是一种投资大、周期长、外部性强且短期经济效益低的公共产品或混合公共产品,完全由市场提供会导致供给不足。为此,欧盟及日本政府多采取财政投资兴建或发放财政补贴方式进行农村基础设施建设,财政支持比例大多在25%～50%之间,个别国家对特定项目的支持力度甚至高达100%。通过政府财政的大力支持,欧洲及日本经济在第二次世界大战后均取得了快速发展。

(2) 对农业生产进行直接收入补贴。直接收入补贴是一种与农产品生产、价格不挂钩的固定补贴。最典型的生产与收入脱钩的直接补贴方式是美国的"生产灵活性合同支付"。美国在《1996年农业法》中提出了"生产灵活性合同支付",即不管生产者生产状况如何,其享受的生产灵活性合同补贴都不受任何影响,生产者可不受干扰地自行制定生产决策。为获得支付,在5年内(1991—1995年)中任何一年参加小麦、饲料粮、大米和高地棉花计划的农民,都可签订1996—2002年作物的7年生产灵活性合同。补贴额取决于基期(1991—1995年)的产品种类、面积、单产和法定补贴标准,而与当期农民生产的产品种类、面积、单产和价格无关,农民享有充分的生产决策权。2002年《农场安全与乡村投资法》以不挂钩的直接补贴替代了生产灵活性合同支付,进一步扩大了补贴范围。因此,生产灵活性合同支付充分发挥了直接支付方式灵活性、时效性的特点,促进了美国农业的稳定发展。

2. 灵活运用间接税式支出方式

间接税式支出方式就是利用税收减免、加速折旧、税前扣除和先征后返等方式，引导市场资金不断投入到农村基础设施建设中来，支持农村事业发展。在美国，农业投资被认为是农场主合法的"避税所"，政府对农业和农民在个人所得税、财产税、投资税上都规定了特别优惠政策，采取这种合法途径最高可获得应税收入48%的税收减免。具体来说，经营者可将部分尚未出售或已售但未收到现金的产品延至下年纳税；购买机器设备、生产用房及饲养一年以上牲畜开支可从当年收入完全扣除；出售农业固定资产所得免税60%。类似地，澳大利亚政府为鼓励农民投资，允许农民纳税人在当年或若干年内计算所得税收入时扣除特定资本性支出，如农田灌溉、净化水质设施支出可分3年扣除，每年扣除三分之一；改造改良耕地、牧场支出可分10年扣除，每年扣除十分之一；修筑堤坝、围栏支出可在当年全部扣除。间接税式支出方式不仅提高了农民投入农业生产的积极性，还促进了农村基础设施的快速健康发展。

3. 完善农业信贷扶贫体系

资金是贫困农户提高生产能力和收入水平的关键因素，贫困人口对资金有需求但付不起高利息，若无偿提供资金又容易养成依赖心理。因此，农业信贷扶贫计划应为贫困人口提供贷款利率低于市场利率的贴息贷款，利率差额由财政资金补贴。目前，由财政对农业信贷提供支持已成为国际普遍做法。而美国的农业信贷体系和日本的"制度贷款"两种模式各有特点。

（1）美国的农业信贷体系。为挽救经济危机后的农业经济，美国国会于1933年通过并实施了《农业调整法》，其核心内容是"由农产品信贷公司给参加农产品计划的农场主提供无追索权贷款"的政府干预价格政策。农场主可按保护性价格（即贷款率）将粮食抵押给国家，以获得贷款。贷款到期前，若市价高于贷款率，农场主按市价出售农产品后以获得的现金归还本息；若市价低于贷款率，农场主可放弃抵押给国家的粮食以偿还贷款。美国政府于1996年又出台了《联邦农业完善和改革法》，进一步降低了无追索权贷款率。《2002年农场安全与农村投资法案》实行了贷款差价补贴,当市价低于贷款率时,农民到市场上出售农产品,不用将农产品抵押给国家,由信贷公司对市价低于贷款率的部分予以补贴,极大缓解了农产品积压的矛盾。

(2)日本的"制度贷款"。日本通过为农民提供补助金及长期低息贷款的方式,对大部分农业固定资产进行投资,形成了颇具日本特色的"制度贷款"。"制度贷款"属长期低息贷款,利率较市场利率低1/3~2/3,政府利息补贴不直接支付给农户,而是当农户从有关金融机构获得低息贷款时,对金融机构贷款利率低于市场利率的差额进行补贴。"制度金融"有效调动了银行资本及农民个人资本投入农业的积极性,极大促进了日本农业的发展。

4. 加大财政对农业保险的支持

目前,世界上许多国家与地区都将农业保险作为农业支持的重要方式,通过对农户进行补贴,使其能以较低保费普遍参保,确保农户基本收益。欧盟农业保险的财政支持模式可分为:①公有化主导型;②公有和私有合作型;③私有化主导型。对于公有化主导型体系,希腊实行政府垄断型、强制性的农业保险,对国有保险公司给予补贴;对于公有和私有合作型体系,西班牙、葡萄牙的私有保险公司是实行风险管理和规避风险的载体,政府为其提供保险补贴和再保险支持;对于私有化主导型体系,德国、法国、奥地利、意大利的私有保险公司是实行风险管理和规避风险的载体,政府通过财政政策提供政策支持,包括公共灾害援助金、特别灾害援助金、减免税负等。日本"制度贷款"为减少银行投资农业的风险,通过债务担保形式吸收银行资金投入农业对农民贷款给予利息补贴、损失补贴和债务担保(1961年专门成立了"农业信用资金协会"),通过国有金融机构直接发放财政资金贷款。在美国农业保险体系中,农场主、私人公司、政府及联邦农作物风险保险公司(FCIC)三者相互配合,为美国农业提供了一个保障网。农户向私人直接保险公司投保,私人再保险公司和FCIC向私人直接保险公司提供再保险,而FCIC向农场主补贴保费、向私人直接保险公司补贴管理费用。政府支持在保障网中起着重要作用,2011年,美国联邦政府对农作物保险的保费补贴总额达到了创纪录的74亿美元,相比5年前已经翻倍。通过降低农民的保费支出,美国农民的参保比例在2011年达到85%,确保了他们的基本收益和生活保障。

(二)完善的农合组织:"农户+公司"模式减少农户经营风险

1. 国外农民合作组织发展的成功经验

完善的农民合作组织可以将一家一户的农户组织起来,通过"农户+公司"的模式减少农户分散经营生产带来的巨大风险,保障农户生产经营的根本利益。在西方发达国家,农民合作组织已有170多年的发展历史,其法律法规、治理结构、管理制度、政策支持、运作模式等比较成熟,在推进农业现代化和助力贫困人口脱贫方面发挥了极其重要的作用。农民组织化建设是推进扶贫开发的重要途径,农民合作社是农业组织化建设的具体实现形式。美国、丹麦、德国和日本等发达国家都把发展农民合作社作为反贫困的重要举措,并推出一系列加强农民合作社建设的举措。发达国家的经验对我国推进农民组织化建设具有重要启示意义。经过多年的努力,我国农业现代化建设取得了巨大成就,但与全面建成小康社会的要求相比,还存在一些差距。其中农民组织化程度低、对接大市场及抗风险能力弱造成贫困农民持续增收困难,成为脱贫后返贫的最突出问题。美国、德国、日本等发达国家反贫困的经验表明,推进农民组织化建设,有利于克服市场经济周期性变化对农户生产的制约,实现产业融合发展,确保农户能够分享增值收益。当前,农村的社会资本存量越来越少,农户通过加入各种合作组织,可以显著提高农村社会资本的占有能力,进而提升产业发展的成功率和脱贫的可持续性。

(1)美国农场主合作社

美国的农民合作组织起源于19世纪初期,发展至今已有近200年的历史,至今依然在农业生产、农产品贸易、农业技术推广等领域发挥着不可替代的作用。在美国,农业以家庭农场经营为主,合作社则以家庭农场作为基本的农业生产单位。因此,美国的农民合作社通常也被称作农场主合作社。一个农场主往往在不同的经营环节同时参加多个不同的合作社,渗透到销售、供应、服务等各个方面。美国农业合作社种类繁多，覆盖各个层面。起初，合作社按照服务功能可分为销售合作社、供应合作社、服务合作社三类，发展到现在多为综合性的合作社。据美国农业部的统计数据，美国有农民合作社超过4000个，拥有300多万社员，年交易额超过1000亿美元。其中，销售和加工服务型合作社超过1600个，物资供应服务型合作社超过1200个，服务型合作社超过400个。由合作社加工的农产品占全美总量的80%，农民所使用的化肥和农药中44%来源于合作社，另外农民得到的贷款中也有40%来源于合作社。

美国的农场主合作社有以下五个特点：一是股本金具有稳定性。通常入社社员必须承购10000～12000美元的股金，且不能自由退股，只能将股份转让，以便束缚社员和确保股金基数。二是社员享有同投资额相当的交货权，而且交货权益（包括增值收益）可以转让。三是通过发展加工业提高产品的附加值，从而增加社员收入。美国农民合作社将其主要业务定位于对原料农产品进行加工增值，而社员也从纯粹的农业生产者向产业链的前端推进。四是在管理方面，将"一人一票制"的民主管理同委托专家管理相结合。所以美国的农民合作社同时拥有顾客、资助者、社员以及所有者四种角色。五是实行以交易权分红返利为主的利益分配机制。在对合作社的盈余进行分配时，按照社员与合作社的交易量进行分配。

（2）丹麦农民合作社

丹麦最早的农业合作社是成立于1882年的奶业合作社。1884年，丹麦出现了第一家面包房合作社；同年，以合作乳品加工厂为起点，丹麦成立了第一个从事奶牛配种的合作种牛俱乐部；1895年又成立了第一个从事奶牛个体产量记录和牛奶质量分析的合作控制协会。经过一百多年的发展，丹麦的农业合作社已发展成专业化、国际化的大型经济集团，在国家经济中发挥着举足轻重的作用。目前，丹麦全国90%以上的农场主都加入了一个或者多个合作社。在猪肉、奶制品、草种、皮草、谷类和饲料等领域，合作社完全占据主导。2011年，丹麦农民合作社产品的市场份额，生猪屠宰占86%，生猪生产占68%，牛奶占96%，皮草占98%，饲料化肥占80%，水果蔬菜占60%。哥本哈根皮草合作社已发展成为世界上最大的皮草行和世界上最大的全球皮草贸易中心。丹麦王冠集团是由丹麦农民共有的合作社，目前是全球第二大、欧洲第一大猪肉屠宰场。丹麦农民合作社具有以下五个特点：一是宽进严出的社员资格。丹麦农民合作社的社员资格是开放的，但合作社社员的资格不能用于买卖，社员在退出时不仅会失去所有股份，同时还必须支付合作社净债务中的份额。二是合作社的专业化。这种专业化不仅体现在生产技术的专业化上，更体现在管理与经营的专业化上。三是按交易额进行利益分配。社员按照向合作社提供的农产品数量取得收入，合作社盈余部分则按照社员与合作社的交易额按比例分红。四是"一人一票"的民主管理原则和决策机制。基层合作社的最高权力机构为全体社员大会，实行"一人一票"和"少数服从多数"的决策程序。五是提供最优惠的交易条件。合作社以尽量高的农产品价格销售和尽量低的投入品价格购买从事经营活动。

(3) 德国农民合作社

合作社在德国的发展起步于19世纪中后期。1864年，在农业歉收和饥荒的困境下，莱夫艾森在魏尔布施（Weyerbusch）建立了一个作为慈善和接受外来援助机构的"面包合作社"（Brodverein），这是德国第一个合作社。经过一百多年的发展，合作社已扎根于德国社会经济生活的各个方面，从农业到消费、住房、保险、金融等，已发展成为国民经济的重要组成部分。截至2009年底，德国农业合作社共有2675个，拥有合作社成员约180万人，几乎所有的德国农民都是一个或多个农业合作社的成员。德国农民合作社的成功运行和发展，离不开德国农业合作社自身的优势特点。概括起来，德国农业合作社主要具有以下五个特点：一是社员加入合作社要有一次性投入，具体金额及其使用、分配办法由章程规定。二是合作社实行董事会、监事会和社员大会分权制的治理结构。德国《合作社法》规定了合作社的整体结构类似于股份公司，具有法人主体地位，由董事会、监事会和社员大会组成，社员一人一票，可为对合作社经营做出特殊贡献的社员设置投票权，但最多不超过三票。三是农村金融健全。实际上，德国合作社的主要起源之一就是信贷合作社。其后，在德国合作社特别是农业合作社发展过程中，合作金融发挥了至关重要的作用。四是严格的审计制度。合作社法定审计制度是德国合作社实践中一个富有特色的做法。合作社成立前必须经当地合作社审计协会批准，成立后必须加入所在地区的合作社审计协会，并接受定期审计，合作社日常业务往来、资产状况、董事会的管理方式和经济效益均纳入审计范畴。五是适当的政府扶持。在德国农民合作社发展过程中，政府通过立法、信贷、财税、资金等一系列措施来保证合作社的合法权益，以促进合作社的发展。德国基本法就明确规定，"促进合作制""支持合作自助"，并把这种促进和支持作为"优先目标"。

（4）日本农协

第二次世界大战结束后，日本经济民主政策取得了一定的进展，根据1947年11月颁布的《农业协同组合法》，日本建立了农协组织。日本农协全称为"农业协同组合"，是由农民自发组成，并代表农民自身利益的合作经济团体。作为一个完整的体系，日本农协在组织架构上包括基层农协、县一级联合组织和中央联合组织。根据业务类型可以分为专业农协和综合农协。由于日本农协以"为农民服务"为宗旨，农协组织遍布日本全国的市町村，几乎把每个村庄的所有农户都组织起来，使农户与农协紧密结合在一起，为农民的生产和生活提供全方位的服务。目前，日本有1000余个基层农协，全国99%的农户都加入了农协，远远超过了欧美农业合作社发达国家的比例。据统计，截至2014年12月，日本共有各种全国性农协联合会18个，都道府县农协联合会207个，基层综合农协708个，各类专业农协2011个。日本90%以上的农户是农协的社员。农协共有社员969万人，其中，正社员472万人，准社员497万人。日本农协具有以下五个特点：一是集合作经济组织、行政辅助机构和政治压力团体于一体。在承担农业生产销售职责的同时，代表农民向政府反映诉求，维护农民利益。二是综合农协和专业农协共存。综合农协负责信贷、购销、保险、互助等职能。专业农协专门负责某类农产品的销售与加工、生产指导和生产资料购买。三是业务功能广泛。以金融为支柱开展综合经营。四是重视教育。日本全国和县一级农协都设有教育培训中心。五是政府扶持力度大。例如，农协比一般民间企业赋税低14%左右，对农协经营性和会员生产性共同利用设施建设，政府给予50%的补贴。

2. 国际农民合作组织经验对我国的启示

在现代化进程中，伴随着农村改革的推进，农民组织化建设也取得了一定的发展。目前，我国已建立一百多万家不同形式的农民合作社，但绝大多数是按照出资额占比来分享决策权。作为资本方的龙头企业、农业大户，实际上支配了合作社的决策和运营，农民只是形式上的合伙人，缺乏决策权，无法公平分享合作社收益。同时，作为个体的农民，不仅组织能力不足，处于社会弱势地位，而且组织合作不够规范，组织与会员之间的利益关系不够紧密，没有明确的约束，存在较大的不稳定性。组织化程度不高，服务水平低，服务基本停留在信息、技术咨询等层面，提供加工、储运等配套服务能力较弱，吸引力、凝聚力不强，尚不能适应新时期农业升级发展要求。此外，贫困地区由于受经济文化等因素影响，专业经济合作组织处在初步发育阶段，农民合作社经营规模较小，整体实力不强，人员素质也不高，管理缺乏经验，还比较脆弱。农民组织化发展也缺乏相应的法律保障。

作为构建新型农业经营体系的重要组成部分，发展农民合作社，有利于扩大农户间的合作与联合，逐步形成多元化、多层次、多形式的经营体系，有效地为农民提供产前、产中、产后各个环节的服务，提高农户的市场谈判能力和竞争能力。农民合作社是扶贫对象产业发展与市场连接的重要载体，也是加快我国农村全面发展、形成精准扶贫长效机制的一个重要突破口。尽管受历史、经济、社会人文环境的影响，以及农业条件、农民状况的差异，各国农业合作社在业务构成、组织形态、治理结构以及治理机制等方面存在一定差异，但美国、丹麦、德国、日本等西方发达国家在长期探索农民合作社建设和推进反贫困实践中还是存在很多共性的东西能够对我国提升农民合作社建设水平提供有益的借鉴与启示。

一是保持农村合作社的自主性质。当前，我国已有的农民合作社大多具有政府领办、集体主办的性质，加入合作社的农户更多是为了享受政府转移出来的利益，缺少自治的足够激励。农村合作社本身就是农民为自我服务的经济组织，而良好的运行机制是促进合作社健康发展的内在动力。要促进农民合作社健康、可持续发展，必须逐步改变政府领办、集体主办的合作社现状，真正把权力下放给农民，调动和提高农民的积极性。在形式上，可以多鼓励农村大户和农村能人作为带头人，建立农民自己的农村合作社，并开展社员自治管理。

二是全面改善农村金融生态环境。农民合作社的发展离不开金融的支持。德国、日本等国农民合作社建设的经验表明，健全的合作金融体系是合作社得以成功的重要保障。目前，我国农村仍然存在金融服务缺位和金融资源供应不足的问题。解决合作社发展的资金问题是推动农民合作社发展的主要着力点。一方面，政府应当鼓励和引导开发性金融机构、政策性金融机构、商业性金融机构建设农村金融市场，并给予相应的优惠扶持政策。另一方面，鼓励专业合作社内部开展信用合作，通过社员内部融资、资金助学等方式，发挥信用合作"依托于产业、服务于产业"的积极作用，多方面解决农民合作社建设所需资金。

三是建立健全完善的法律法规体系。当前，我国农民合作社的管理运行还存在管理不规范、无法可依的问题，亟须通过健全相关立法促进农村合作社的发展。我国农村合作社的发展速度并不慢，然而，与股份公司等其他经济组织相比，规模仍然很小、经济实力相对较弱。因此，我国需要制定与农村合作社相关的法律法规，将农村合作社的建立与发展，纳入规范化、制度化和法制化的轨道，保障和促进农村合作社的健康发展。美国等发达国家在发展农村合作社的过程中，在制度安排上都提供了相关的法律保障。

四是推进区域间合作社的合作。发展区域间农民合作社的合作是当前农民合作社发展的一大趋势。美国农村合作社的代表类型为跨区域合作社，这类合作社的主要特点是跨区域合作与联合，以共同销售农产品为主。美国的合作社是从发展销售，继而扩大到供应和食品加工。我国农村合作社活动范围较为狭窄，如果实行跨区域乃至全国范围内的合作，就能够使农民获得更多的经济信息，进行技术交流，由此，不仅能够大幅度地提高农民的劳动生产率，而且可以大幅度地减少生产和销售成本。

五是人才培养是合作社发展的智力支撑。德国合作社发展的成功经验表明，对农民合作社领导人及社员进行培训是必须长期加以重视的工作。丹麦大约有2%的年轻人从事农业，在他们进入农业生产领域之前必须接受相应的基础教育，全面了解农业的必要知识。农民也必须经常更新自己的知识，农场主、雇员以及州农业委员等也必须轮流入学，进行技术知识更新。目前人才短缺已经成为我国农民合作社发展的最大瓶颈。我国应该广泛汲取丹麦、德国等的经验，为农民合作社的发展注入强大的智力支撑，进而增强农民参加农业合作社的内生动力，提升农业合作社的运行效率和水平。

（三）小额信贷扶贫的国际经验

目前，我国农村金融扶贫精度较低，目标人群不明确。为了提升农村金融扶贫的效果，提高扶贫工作的精确性显然必不可少。在我国大力开展金融扶贫的过程中，即选择将扶贫目标精确到"户"，以实现扶贫资金的准确到户，更好地对各项资金予以利用。金融扶贫在一定程度上扭转了以往"难时吃救济"的观念，变财政救济为帮扶产业发展，让精准扶贫方式更加多元，扶贫真正成为一种可持续的工程。但是，在我国农村地区，受到传统二元经济结构的较大影响，在很多贫困地区，都存在十分突出的金融服务供需矛盾，金融扶贫资源很难真正落到实处、到达贫困农户的手中。这一情况的出现，也严重影响到金融扶贫到户的实际效果。

长期以来，在农村地区，传统银行信贷门槛相对较高，贫困农民很难从中贷到脱贫启动资金。因此，为了促进我国一些农村地区的全面脱贫，我国积极实行了金融扶贫策略，为农村地区的贫困农户等提供小额信贷服务，以更好地满足其在资金方面的需求。小额信贷在帮农民脱贫的同时，也推动了当地特色产业的发展，是一种可持续的发展模式，对防止返贫有重要意义。国际上其他一些国家和地区也在小额贷款方面进行了大量的尝试，并取得了一定的理想成效。为此，应通过对国际上一些国家相关实践经验的分析，结合我国的实际国情，从中寻找可供参考的经验，以更好地促进我国扶贫事业的发展。

1. 小额信贷的国际做法与经验

（1）印度尼西亚人民银行（BRI）。在印度尼西亚，BRI 负责为农村地区的群众提供小额信贷。农村地区的低收入人群可以从该银行获得一定的信贷和储蓄服务，以更好地满足自身在资金等方面的需求。该银行的资金来源为储户的存款和利息收入，在该银行提供小额信贷的过程中，对相应的贷款对象有一定的要求。相应的贷款对象必须满足农村低收入人群的条件，且经过综合审核与评估，具备一定的还款能力。在该银行的日常经营和发展过程中，印度尼西亚政府并不会对其进行直接的干预，而是积极地为其打造良好的金融生态环境，以支持其发展。在 BRI 的日常经营中，为了实现自身的长期稳定发展，更好地提高自身的小额贷款业务水平，还进行了多方面的努力。首先，该银行构建了完善的小额信贷网络，并由总行负责进行统一的管理。其次，在业务开展过程中，注意积极结合当地的实际情况，做好风险防控，并制订完善的运营方案。

（2）欧美社区银行扶助贫困人口和小企业的主要做法。欧美地区的社区立足不同社区的实际情况，为个体提供各种所需的贷款服务，具体业务开展过程中，相应的手续十分简单，办理方便。社区银行的资金来源主要是利息收入以及当地众多社区成员的存款。社区银行对资金有着严格的控制，不允许资金外流，以保证这些资金可以用于本社区范围内，很好地满足当地居民和企业等的需求。社区银行所面对的贷款对象是居民以及中小企业，这些居民和中小企业受自身情况的限制，很难通过常规方式从不同的大型商业银行获得信贷资金。而社区银行的存在，则为居民以及中小企业提供了极大的便利。社区银行的成功经验主要包括以下几个方面：一是政府大力支持。欧美很多国家都出台了相关的法律法规以及政策等，大力支持不同社区银行的发展。例如，美国颁布了《社区再投资法》，大力支持不同社区积极地结合自身的实际情况，开展不同形式的金融活动，以更好地满足本社区居民的融资需求。二是社区银行立足社区，与当地居民和企业等关系密切，具备很强的人缘优势。

（3）孟加拉国格莱珉银行。孟加拉国格莱珉银行创立于1974年，其服务对象主要为贫困农民。随着时代的发展，格莱珉银行的业务水平不断提高，小额信贷模式的成功经验已经在全球众多国家得到很好的推广。孟加拉国十分支持格莱珉银行的经营和发展，并通过法律形式对其合法地位予以明确。同时，还专门建立了政府小额信贷组织，为其发展提供强有力的支持。在税收方面，也制定了一定的优惠政策，以减轻其税负。

2. 小额信贷的国际经验对我国金融扶贫的启示

我国一直十分重视对农村地区的扶贫工作，近来金融扶贫正在被更多提及，无论是电商进村还是实业扶贫，资金都是关键性问题，作为推动精准扶贫的重要引擎，金融扶贫正在改变着千村万户的面貌。就目前的实际情况来看，我国在农村地区的金融扶贫工作已经取得了一定的成绩，但也存在一些问题。为此，还需要积极借鉴国际上其他一些国家和地区在小额信贷方面的成功经验，并结合我国的实际国情，制订相应的扶贫方案。

（1）建立完善的贷款事后评价机制。例如，格莱珉银行组织的贷款对象主要为贫困农户妇女，并十分注重对贷款对象的综合评估，以尽可能减少信息不对称导致的信用风险。欧美社区银行立足社区，与当地居民以及企业等关系密切，具备很强的人缘、地缘优势，也可以很好地掌握贷款对象的实际情况，进而有效减少信息不对称风险。上述成功经验均提示，做好风险控制，合理解决信息不对称风险，是小额贷款开展过程中的重要问题。为此，对不同地区而言，要注意积极制定贫困户评级授信系统，确定诚信评价、家庭劳动力和人均纯收入等指标作为贫困农户专用评级授信的主要内容。在对不同贫困农户的实际情况进行综合评定之后，将其划分为不同的信用等级。然后，针对其信用等级，选择是否予以授信，对于等级较高的农户，可以为其授信，向其提供所需的资金。另外，做好后期的跟踪调查工作，针对信誉良好的农户，可以结合其实际需求，逐步增加信贷额度，延长信贷期限，从而为其提供更好的金融服务，帮助其尽快脱离贫困。各地区可以结合实际情况，对申请贷款贴息资金的贫困户或符合条件的项目业主的贷款合同、利息单原件进行审核，经贷款发放金融机构确认后，汇总报县级财政部门。县级财政部门根据农业部门的审核情况，以一卡通的方式将资金直接发放到贫困户或是符合条件的项目业主的个人账户。

（2）政府发挥自身职能，为金融扶贫提供所需支持。通过对国外不同地区金融扶贫成功经验的分析可以发现，在各国进行金融扶贫的过程中，政府部门均扮演了十分重要的角色。不同银行小额信贷业务的开展，均得到了政府部门的大力支持。例如，孟加拉国十分支持格莱珉银行的经营和发展，并通过法律形式，对其合法地位予以明确。同时，还专门建立了政府小额信贷组织，为其发展提供强有力的支持。在税收方面，也制定了一定的优惠政策，以减轻其税负。为此，我国在金融扶贫的过程中，也要注意积极发挥出政府部门应有的作用，为金融扶贫提供所需的多方面支持。首先，发挥政府职能，打造良好的金融环境。在印度尼西亚，BRI的日常经营和发展过程中，印度尼西亚政府不但不会对其进行直接的干预，还积极地为其打造良好的金融生态环境，以支持其发展。美国也颁布了《社区再投资法》，大力支持不同社区积极结合自身的实际情况，开展不同形式的金融活动，以更好地满足本社区居民的需求。为此，我国政府部门也可以积极针对不同地区的实际情况，出台相应的法律法规，制定一定的税收优惠政策，打造理想的环境，促进农村地区金融扶贫工作的顺利开展。其次，做好资金管理，合理限制资金外流。欧美地区的社区银行对资金有着严格的控制，不允许资金外流。针对我国金融扶贫工作中资金无法顺利达到农户手中等实际情况，我国在开展小额贷款金融扶贫的过程中，也可以积极借鉴这一做法，通过一定的方式，包括行政或法律手段等，对农村资金的流向予以严格的控制，避免出现资金外流等情况。

（3）提高扶贫精确程度，准确定位农户金融需求。扶贫首先要了解扶贫的对象，不仅要知道哪些人需要服务，还要了解致贫的原因、判断其能否起到带动作用，才能决定帮扶方式。为保证每一个有信贷需求并符合信贷条件的贫困户都能享受到小额信贷支持，让每一个带动贫困人口就业并符合信贷条件的各类扶贫经营主体都能得到信贷支持，还需要进一步提高扶贫精确程度。通过上文分析发现，BRI 在提供小额信贷的过程中，对贷款对象有一定的要求。相应的贷款对象必须满足农村低收入人群的条件，经过综合审核与评估，且具备一定的还款能力。格莱珉银行组织的贷款对象主要为贫困农户妇女，并十分注重对贷款对象的综合评估，以尽可能减少信息不对称可能导致的信用风险。上述成功经验均表明，实现对扶贫对象的精准选择和定位至关重要。对于传统金融机构而言，关于贷款者的实际情况、信用记录，以及担保和抵押情况等，均提出了十分严格的要求。但是，在农村地区，广大农户，尤其是对处于贫困状态的农户而言，大多无法满足金融机构在上述方面的种种要求。例如，很多农户都不具备相应的信用记录。在抵押担保方面，也缺少必要的了解和相应的条件。这样一来，对这些农户而言，便因为无法满足金融机构在贷款对象方面的种种要求，不具备相应的贷款资格，而被拒之门外。为此，还需要结合不同农户在金融方面的实际需求及其实际情况，为其提供针对性的金融服务，以更好地提高金融扶贫的准确性和精确程度。例如，对于处于"贫困陷阱"阶段的农户而言，考虑到其生活水平较低，缺少足够的资金，无法满足其基本的生产生活需要等实际情况，需要为其提供一定的金融服务。相应的金融服务需要借助政府的力量，为农户提供政府主导的政策性开发贷款，以改善其生活水平。之后，随着农户的生产和生活水平得到了一定的提高，开始逐步进入"自生区域"阶段，农户的自有资本能力得到了一定的提高，此时，便可以逐步转变金融服务的方式，转而由各种外部金融机构来提供资金。因此，在这个阶段，可以灵活利用多种形式，包括农村资金互助社、引导性政策贷款以及商业性的小额信贷等。在进入"高级生产者"阶段后，农户的生产和生活水平较之最初阶段得到了显著的提高，信用水平也得到了显著的改善。此时农户的各方面情况已经可以满足金融机构在信贷方面的各种要求，便可以改变金融服务方式，由正规金融机构负责对农户提供所需的资金和服务。中国银保监会的监管统计数据显示，近年来，我国银行业金融机构涉农贷款余额呈现出不断增加的趋势。这一趋势表明，当前我国农村金融市场稳步改革，并取得了一定的成效。但是，在很多农村地区，依然存在农民贷款难问题。在一些农村地区，对资金有着较大需求的农民在向当地的金融机构申请贷款的时候，往往会受到较多因素的影响以及很多现实情况的约束，因为缺乏针对性的信贷产品、抵押担保体制等，很多农民都无法顺利从金融机构获得所需的贷款。

(4) 设计多种针对农户的信贷产品。考虑到农村地区的实际情况，在为贫困农民提供所需信贷服务的时候，还需要结合当地的实际情况，为其提供针对性的信贷产品和信贷服务，以更好地满足农民的信贷需求。但是，传统的信贷产品大多不具备针对性，无法很好地满足农民的需求。对于不同的金融机构而言，要注意针对农村地区小手工业者和作坊主以及农户等的实际情况，设计一定的信贷服务类型和小额信贷产品等。例如，金融部门可以加强与地方组织部门、团委、妇联、扶贫部门、社保部门、移民局等各级政府有关部门的沟通合作，推出相应类型的贷款，如青年创业贷款等。同时，针对不同对象的实际情况，尽可能扩大其在抵押担保方面的范围，为其提供多种信贷抵押可能，以更好地满足不同农户的多元化需求。

（四）易地扶贫搬迁的国际经验及做法

中国的易地扶贫搬迁，是指把居住在深山区、高寒山区、生态环境脆弱地区以及"一方水土养不活一方人"的生产生活条件极为艰苦地区的贫困农户搬迁出来，到条件较好的地区发展致富，从根本上解决长期困扰他们的生存问题。生态贫困理论认为，贫困与生态环境脆弱往往是共生的，严酷恶劣的自然生态条件，使得在生态贫困区实施原地扶贫难度大，即使依靠各种外界力量实现了脱贫，受基本自然生存条件及自然灾害等影响，也极易返贫。而且，在扩散效应影响下，维持生态贫困区原地发展容易造成贫困区域的进一步扩大化。因此，易地扶贫搬迁主要针对生态贫困区，是解决生态贫困问题的重大举措和根本方法，可同时实现缓解贫困、开发利用土地资源和保护生态环境等多重目标，是打破"贫困→环境退化→进一步贫困"恶性循环最理想的办法。

从2001年起，中国开始实施易地扶贫搬迁试点工程，经过多年的努力，中国易地扶贫搬迁工作取得了积极的成效。截至2018年末，易地扶贫工程已扩展到全国所有有贫困县和贫困乡村的省份，完成1000多万贫困人口的扶贫搬迁工作，形成了依托小城镇、依托国有农场、置换式、山上搬山下、易地安置等多种易地扶贫安置模式。总体来看，易地扶贫搬迁工作大幅提高了搬迁群众的生产条件和生活质量，对于推进小康社会建设，促进社会可持续发展发挥了重要作用，并且成为我国彻底解决极端贫困地区贫困人口脱贫的一种最为重要的方式。

国外没有易地扶贫搬迁概念，与易地扶贫移民相似的概念是生态移民（Environmental migration）或是环境移民（Ecological migration），指的是"由于干旱、土壤侵蚀、荒漠化、过度砍伐森林等环境问题，结合人口压力、贫穷等社会经济问题，从而致使其生计问题不能得到保障的人"。从迁移的起因角度可将生态移民划分为3大类，分别是由于某种自然灾害（如龙卷风、飓风以及沙尘暴等，所造成的迁移、环境崩溃而造成的迁移和生态环境的持续缓慢退化所造成的迁移。国外生态移民的安置战略主要有一次补贴性移民安置战略和长期开发性移民安置战略两种类型。国外的生态移民搬迁工程与中国的易地扶贫搬迁在组织方式、建设内容、实施目的方面是一致的，国外生态移民的基本经验对于中国开展易地扶贫搬迁安置工作具有一定的启发和借鉴意义。

1. 国外生态移民安置的相关做法

（1）泰国农村移民扶贫

泰国北部山区和南部城市的经济发展水平差别极大，北部山区少数民族众多、经济文化落后，泰国人习惯把居住在山区的少数民族称作"山民"。这里的少数民族人均居住面积为每平方千米2.5人，平均每村有17.7

户。20世纪50年代,这里以原始农业为主,农作物单产极低,过度垦殖现象严重,2~3年就需要迁移易地耕作。这一方面导致了自然和生态环境的严重破坏,水土流失严重,珍稀动植物品种锐减;另一方面导致了严重的社会问题,罂粟的种植成为北部山区很多民族的主业,制、贩、吸毒泛滥,致使他们一直生活在封闭、落后、贫困和恶劣的环境中。泰国国王普密蓬·安杜德于1969年提出的泰国山民经济发展计划,旨在帮助居住在泰北山区的少数民族摆脱贫困、发展经济,在泰国被称为国王计划。为了保证计划的实施,专门成立了国王计划基金会,资金主要来源于泰国民众的捐献、泰国政府的拨款和外国政府的资助。从1959年开始,公共福利厅根据泰国内阁的指导路线在泰国中部、南部建立"山民自助居住区",1960—1962年共建立了4个"山民自助居住区"。泰国政府采取了一系列措施,保障山民顺利移民定居。主要包括:①加强基础设施建设。项目首先在各个村庄修建公路,由当地农民出工出力,项目或政府部门出物资设备。此外,项目还为当地居民修建水利工程,安装自来水、输电通信线路等基本公共设施。②强化产业扶持。政府和银行投资建立果园、滩涂养殖场、蔬菜种植园和农产品加工厂,先期由政府派出技术人员规划设计,建设时选择准迁户的青年一边接受培训一边参加建设,建成后农户与政府签订承贷合同,3年内享受免税待遇,分期还清贷款。③加强教育和医疗体系。兴建学校,动员农民子女入学。学校建立后,由泰国教育部初级教育机构接收管理,按期拨付经费、教材、培训教师,建立流动图书馆;举办各类手工艺技术培训班,传授竹、藤器编织、裁缝和金银器加工等工艺。建立医疗卫生保健站,项目区内的农民患重病需要到城里就医,皇家项目还给予他们经济支持。④加强实用农业技术推广。政府聘用了一批技术人员协助实施扶贫计划。在农业生产中改变了单一水稻种植的状态,引进洋麻、木薯和甘蔗等经济作物,以代替罂粟种植。⑤加强农产品营销。国王计划基金会在曼谷和清迈都设有负责市场营销的专门机构,负责项目区农产品销售。计划实施后,项目区内及其辐射地区90%以上的少数民族已实现定居,基本消除刀耕火种现象,铲除了鸦片生产,森林等自然资源得到了有效的保护和改善,农民生活水平大大提高。

(2)苏丹农村移民扶贫

20世纪80年代初期,长时间干旱伴随着荒漠化,导致苏丹达尔富尔北部地区环境承载力大大下降。1982—1984 年，许多地区平均降水量比往年减少了 50% 以上，导致连续几年农作物减产甚至绝收。当地通过移民安置方法来应对干旱问题和日益严重的荒漠化问题，主要做法是将达尔富尔北部地区干旱少雨、荒漠化严重的农民移民搬迁到雨水较为丰沛的达尔富尔南部。当地农业部门估计，1983—1985 年，达尔富尔地区 130 万人中约有 50 万人从达尔富尔北部地区迁出。其中，15 万人就近安置仍然在达尔富尔北部搬迁安置，30 万人移民搬迁至达尔富尔南部地区，其余的 5 万人离开达尔富尔去其他地区安置谋生。达尔富尔地区移民安置方式主要包括两类：一是在已经建成的农村社区进行安置，主要是扩大已有农村社区的规模；二是重新选择安置点新建社区。移民搬迁安置过程中，鉴于达尔富尔地区移民数量较大，大批人口需要寻找新的安置点定居，为此制定了优先搬迁的标准：一是达尔富尔北部地区向南部地区搬迁的移民优先，二是最贫困的移民具有优先权。国家援助的内容包括：①为移民从迁出区到安置点提供交通运输。②为移民家庭提供至少两年的粮食，移民为各种基本工程提供劳动服务（以工代赈）。③提供简易安置住房建设所需的各种当地原材料。④免费提供谷物种子、蔬菜种子以及手工劳动工具。明确农户对土地的使用权，每个家庭分配 40 费丹（埃及面积单位，1 费丹 ≈ 0.42hm²）土地，在农业发展过程中尽量保持达尔富尔地区传统农业系统的多样性，避免发生像在北达尔富尔地区的荒漠化。每个安置点的家庭数量一般在 50~100 户，灵活安排。政府给每户家庭留出足够的空间用于建设房屋、粮食储藏室和菜园等。另外，每个安置点都有足够的空间建设学校、卫生室、办公场所和小市场等。在基础设施建设过程中分阶段进行，先建设移民需求最迫切的部分。

（3）印度野生动物自然保护区移民安置

为保护 Bhadra 野生动物保护区，印度政府决定将生活在自然保护区中的村民搬迁安置到保护区外。安置项目于 2001 年 10 月正式实施，印度政府为每个农户提供耕种土地和宅基地，安置到 M. C. Halli 和 Kelaguru 两个村庄。M. C. Halli 占地 304hm²，安置农户 373 户（含 373 户的农田和宅基地）。搬迁家庭如果拆除自己在保护区的旧房屋会得到补偿金和安置到移民村的运输费用。所有住户都会免费分到宅基地和 6 个月的生活津贴。这项津贴用于搬迁移民的食品、燃料和饲料支出。两个安置点均已通电，并有水井、公共交通、通信设施、市场、学校和医院等基础设施。安置群众积极参与了移民安置决策过程，如他们对房屋的设计和建设要求被采纳，对燃气灶的要求也获得相关部门采纳。

(4) 老挝高地移民搬迁安置

对少数民族进行移民安置已经成为老挝政府重要的农村发展战略。过去10年，老挝推行的安置计划将大多数在高地（高原、台地）的村庄搬迁安置到山下。老挝采用两种搬迁方式，第一种类型是将村子搬迁到新的安置点，但村民仍然暂时保留原来的宅基地，并耕种迁出区原有的土地，从而保障他们的粮食安全。在雨季，大部分村民生活在他们高地的临时住房，也经常回到新的安置区。因此，这种双住房体系成为北方的山地移民搬迁的一大特色。第二种类型是"安置诱导迁移"，沿着道路或河流安置的村民不再返回到他们在山上的住所，并且吸引更多的农户搬迁到附近，进而形成新的村庄。在1996年，省级行政规划实施8个当地安置点（共157个自然村），最终决定其中4个安置点的财政资金来源于联合国开发计划署（UNDP）与老挝在万象签署的金融协定。这样的例子在其他省份也很普遍。在整个国家范围内，中心村安置点几乎全部依赖国际社会的支持，在1998—2002年"五年规划"中，公共投资移民搬迁资金1.54亿基普（1998年1月约为1.15亿美元；1万老挝基普约合7.72元人民币，2014），其中动用外资1.28亿基普（占83%）。在老挝，移民安置不仅是一个工具，它已经成为农村发展政策的核心。国际援助项目直接参与目前的移民安置项目，特别是世界银行，它们提供大部分资金用于农村发展。

2. 国外生态移民安置经验的启示

世界各国由于自然环境、资源状况、经济水平和人文历史等方面的国情不同，选择了不同的移民搬迁安置模式，并在政策扶持、组织管理、补贴标准、利用国际援助和环境保护等方面积累了宝贵的经验，对于中国易地扶贫搬迁安置工作具有启示和借鉴作用。

(1) 建立灵活高效的财政支持体系

财政资金投入对移民安置过程至关重要。在移民安置过程中要满足人类的基本需要，包括教育、医疗、道路、供水和电力等基础设施，特别是安置住房建设，各国的移民安置主要依赖于政府的财政支持。在移民安置住房补贴方面，苏丹达尔富尔地方政府为移民提供建房用的原料，以降低房屋建设成本。南非则对每月收入低于 1500 南非兰特的贫困群众给予 16000 南非兰特的住房补贴，用于改善居住条件。随着社会经济的发展，受到物价、劳动力成本和通货膨胀等因素的影响，移民安置的成本在上升。因此，要适时调整安置补贴标准，以适应变化了的现实。根据建房成本的不同，印度 Bhadra 自然保护区移民安置项目，1992 年移民搬迁安置成本补贴为 5740 万卢比，1999 年为 8070 万卢比。积极利用和吸收国际援助（包括国际组织援助及国家间的双边援助）常常是一条重要途径。老挝在 1996 年规划实施的 8 个移民安置点中，有 4 个安置点的财政资金依靠联合国开发计划署（UNDP）与老挝签订的金融协定，这样的例子在老挝的其他省份也很普遍。在 1998—2002 年"五年规划"中，老挝公共投资移民搬迁资金中外资占到了 83%。

(2) 充分吸取搬迁群众的意见

各国的实践表明，为推进移民扶贫搬迁工作，政府应努力创造良好的社会环境，积极引导，但又不能大包大揽，以避免抑制和抵消农民自发、自助、协同的创造性。促进贫困人口参与移民安置的过程，也是不断提高其能力建设的过程。在安置工作中应尊重群众的意见和建议，使搬迁移民真正参与搬迁安置决策过程。印度 M. C. Halli 的安置群众积极参与了移民安置决策过程，如他们对房屋的设计和建设要求被采纳，对燃气灶的要求也获得相关部门采纳。苏丹达尔富尔移民安置过程中赋予搬迁居民足够的自主权利，包括每个家庭在居民区的位置、学校、医院等的位置选择、居民区道路的设计等，在移民安置过程中咨询搬迁群众的建议，解决搬迁移民最迫切的需求。居民参与决策能够增强搬迁农户在安置区建设新家园的主人翁意识和积极性，使安置区建设工作更快更好地向前推进。此外，安置过程中将来自同一部落或民族的移民安置在一起，可以减少不同群体之间潜在的冲突，同时社会适应性强，过渡时间短。

(3) 因地制宜发展后续产业

后续产业发展是移民安置的重要内容，产业的发展要因地制宜，突出特色。在产业发展方面，苏丹达尔富尔地区在移民安置过程中仍然以农业为主，每个家庭分配 40 费丹土地，明确农户对土地的使用权，因地制宜发展多种农作物种植。印度在移民安置过程中根据土地和水源状况，因地制宜发展优势产业，如在 M. C. Halli 安置点发展甘蔗、水稻和蔬菜等产业，在 Kelaguru 发展咖啡、辣椒等产业，突出地区特色优势。泰国在移民安置过程中也注重差异化的产业政策，根据当地具体情况设置了适合安置移民的产业。从目前的发展趋势看，国外对生态移民的安置，已经开始从"输血"型移民安置向"造血"型移民安置转变。

(4) 高度重视生态环境建设

在农业生产中应重视生态环境建设，如苏丹在移民安置产业发展过程中限制畜牧养殖的数量，同时，在农业发展中尽量保持达尔富尔地区传统农业系统的多样性，避免发生像在北达尔富尔地区的荒漠化。苏丹达尔富尔地区不仅对搬迁的移民进行资助，同时对安置过程中原有的安置区居民也给予一定的补偿，帮助其保护生态环境，同时避免社会服务质量的恶化。

(5) 实施差异化管理策略

移民搬迁安置过程中，苏丹达尔富尔地区移民数量较大，大批人口需要寻找新的安置点定居，为此制定了优先搬迁的标准：一是达尔富尔北部地区向南部地区搬迁的移民优先，二是最贫困的移民具有优先权。印度 Bhadra 野生动物保护区项目中，M. C. Halli 为失地农户建造了 203 间住房（2001 年 11 月至 2002 年 6 月），每套住房成本为 42000 卢比（合 900 美元），而较富裕的农户则被要求自己建设住房。

3. 关于我国易地扶贫搬迁工作的建议

(1) 逐步加大易地扶贫搬迁财政投入

考虑到现有投资规模与实际需求差距较大，根据国家到 2020 年全面建成小康社会的要求，建议国家进一步扩大易地扶贫搬迁规模，力争 2020 年基本完成易地扶贫搬迁任务。要加大省（市）级配套资金的投入力度。目前，中西部地区省级以及条件较好的市级政府财力逐年增强，完全有能力拿出更多的资金支持扶贫开发事业，发展改革委系统扶贫工作战线要参照贵州省、宁夏回族自治区和陕西省的经验，积极做好与财政、扶贫等部门的协调工作，争取在省（市）级财政中多增加一些资金，以更大规模地推动易地扶贫搬迁工作。要以规划引导协同使用部门资金。在省级层面，要充分发挥项目领导小组的作用，通过超前制定规划，自上而下，协同利用财政资金、农村饮水安全及小型水利建设、农村公路、危房改造等部门项目资金。市（县、区）政府要以易地扶贫搬迁为平台，负责组织相关部门按各自业务做好实施方案中单项工程的对口衔接和上报争取工作。各级政府要努力推动重点工程、重大项目的立项，加强协同利用资金的力度和规模。

（2）充分发挥信贷和社会资金的作用

要建立易地扶贫搬迁贷款风险基金，与金融部门合作，完善住房购置补贴政策，协调农户贴息贷款，用于搬迁群众住房建设。将产业贴息贷款向搬迁农户倾斜，放宽借贷条件，鼓励后续产业发展；鼓励党员帮扶、国际组织援助、对口帮扶等，支持易地扶贫搬迁安置点建设；鼓励企业参与易地扶贫搬迁工程建设，给予企业税收和项目等各方面的政策优惠；积极寻求国际援助，如全球绿色资助基金会、世界自然基金会（WWF）、保护国际（CI）等，寻求资金支持，使其在生态环境保护和移民的安置中发挥重要的作用。

（3）强化健全后续产业扶持体系

①将后续产业作为项目安排的必要条件。对于那些住房搬迁、生产照旧（原地原业）的易地扶贫搬迁项目，近期可不予考虑，当前主要安排那些已制定了后续产业扶持规划，已经确实确立后续产业且产业发展潜力较大的地区实施易地扶贫搬迁项目，以保证"发展有方向，脱贫有产业"，实现易地扶贫搬迁工程"稳得住"和"可致富"。②鼓励实施多业并举促增收。鼓励实施有田安置、配套建设门面房（柜台）、公益性岗位和劳务输出等方式，增加农民收入。有土地资源条件的地区，加快种养殖结构调整，鼓励农户发展高效特色农业种养殖和设施农业，加强土地整治和规模化经营，打造"一村一品""一乡一业"。创造优惠的政策条件，鼓励建设项目和园区企业优先聘用易地扶贫搬迁移民人口。引导和扶持具有一定能力的移民率先自主创业。同时，根据扶贫标准和农村最低生活保障标准，让更多的搬迁户享受农村社会养老保险、农村低保和农村五保户供养等政策。③提高后续产业的科技支撑能力。要成立由各行业部门组成的技术指导小组，依托"阳光工程""雨露计划"等培训项目，采取阵地宣传、上门咨询、现场指导和集中办班等各种形式，分别对农田水利、村镇道路、村委会、农田线路、住宅和产业化配套等项目进行技术指导。同时，以增强移民"造血功能"为目标，选派搬迁安置户到中等专业技能学校进行旅游、

商贸和服务业等针对性的免费技术培训，使其掌握一项或多项技术，增强安置户就业能力。

（4）探索推进差异化搬迁安置方式

①住房安置方式差异化管理。考虑到农户的实际需求，结合当地生活居住习惯、民俗民风，合理确定房屋面积和套型，建议适当放宽建房面积，提供不同面积的住房供安置户选择，同时要合理控制建房规模，避免面积过大，贫困户负担过重；面积较小的户型，要预留足够的空间，以便安置户未来扩建所用。②要统建和自建相结合。坚持统一整体规划、统一质量标准、统一设计方案，对高层楼房及配套基础设施，可采用统一建设方式，对就近安置模式，可推广联户建、村集体统一选择施工队和自主建等多种建房方式。积极组织群众采取社会互助、邻里帮工等多种途径，降低建设成本和搬迁成本，同时，组建建房委员会，全程参与进行质量控制和监督。③插花安置与集中规模化安置相结合。在土地资源制约地区，积极推进插花安置和小规模集中安置，鼓励和推动贫困群众通过劳务输出等方式自愿移民搬迁，探索相应的补助办法。在土地资源较丰富、水资源制约区，实施大规模集中搬迁安置，降低搬迁成本，提高搬迁安置规模和水平。

（5）进一步加强生态环境综合治理

要制定迁出区生态环境整治规划，增加迁出区生态环境整治工程投入资金，通过实施退耕还林、退牧还草工程，保障移民户获得稳定的经济补贴和林木生产的长期经济收益。鼓励移民将原有的土地用于生态建设，发展生态林按国家生态林建设政策对待，发展经果林按产业化扶贫政策对待。在生态极度脆弱地区，通过实施整体搬迁，实施"禁耕、禁牧、禁砂"等工程，逐步恢复生态系统功能。积极开展水土保持综合治理，采取小流域综合治理、淤地坝建设、坡耕地整治、生态修复等措施，有效防治水土流失，促进区域可持续发展。

六、我国金融扶贫的理论基础、主要做法与制约因素

党的十八大以来,由于扶贫力度不断加大,扶贫任务完成时间日渐临近,对扶贫资金的需求量越来越大。我们知道在扶贫资金使用方面,财政资金具有一次性和不可再生性,各地对扶贫资金的需求急剧增加。由于财政资金的增加幅度有限,金融扶贫已经成为我国扶贫的主要手段,并且在我国精准扶贫工作中起着越来越重要的作用。党的十九大以来,我国金融机构坚决响应习近平总书记精准扶贫的号召,积极投入到扶贫攻坚战中,为我国精准扶贫做出了重大贡献。但是由于体制和管理上的原因,我国金融支持精准扶贫还存在一些突出的问题并且亟待解决,需要我们从理论和实践的角度探讨和研究金融扶贫的制度约束以及如何解决实践中体制上的障碍。

(一) 金融扶贫的理论基础

金融扶贫的理论基础源于金融与经济发展的关系。相关理论和经验研究不同程度地证实,金融能促进经济增长,经济增长能带动贫困减缓。提高低收入群体的金融可得性有助于贫困减缓。从金融扶贫渠道看,可分为支持贫困人口的直接渠道和带动贫困人口的间接渠道,前者是向贫困地区或贫困人口直接提供金融服务,后者是向一些企业或产业提供金融服务,通过经济增长,间接带动贫困地区和贫困人口脱贫。间接渠道比直接渠道减贫效果更好。贫困农户能够进入劳动力密集型的工业部门就业并获得更高收入,成为他们分享工业化所带来的经济增长红利及脱贫的关键渠道。金融扶贫的最佳方式并不是直接给穷人提供贷款,而是通过金融发展改善宏观经济环境和市场运行,创造更多投资、就业机会。在我国农村金融发展对减少农民贫困的作用中,间接效应的作用明显高于直接效应。主要有

以下理论：

(1) 金融间接促进贫困减缓理论

20世纪50年代以来，世界各国的经济学家对金融发展与经济增长的关系问题进行了大量富有成效的研究，并基本达成以下观点：从总体上看，金融发展是推动世界经济增长和全球化进程加快的有力因素，因此金融的发展会通过促进经济增长而间接地提高国民收入，进而促进贫困减缓。但是，金融发展促进经济增长使广大贫困人口从中受益的前提条件是社会分配要公平公正。如果存在社会分配不公，尤其是针对贫困人口设置信用限制或信贷障碍，贫困人口将失去自我发展的机会，贫富差距将会越来越大，这样经济增长对贫困减缓将不会起到实质性的作用；如果社会分配是相对公平的，则金融发展对经济增长所产生的积极促进作用，会使贫困人口收入倾向于随国民收入的提高而同步增加，进而会对贫困减缓产生正面的影响。同时，经济增长的滴流效用（down-trickling effect）理论也指出，经济增长会使贫困人口间接受益，降低贫困发生率，原因是经济增长促使资本从富人流向了贫困人口。

(2) 金融直接促进贫困减缓理论

第一，金融发展对贫困减缓的直接影响。理论界和学术界围绕金融发展和贫困减缓之间的关系问题进行了大量的研究，而这些研究最初都是建立在金融发展与收入分配之间关系的基础上逐步展开的。Galor 和 Zeira (1993) 在著名的《收入分配与宏观经济》中指出，金融组织的完善程度和金融中介的发达程度是影响穷人收入增长的重要因素。如果金融组织体系不完善，金融中介功能不强，可能会徒增穷人实现自我发展的成本或者得不到应有的金融支持；相反，富人却很容易通过金融组织或金融中介得到融资并实现发展。从这个意义上讲，金融的发展的确能够减少贫困，缩小收入差距。Li、Squire 和 Zou (1998) 通过验算112个国家48年的基尼系数，从中发现各个国家收入不平等的原因各有不同，但最基本的原因是一致的，即社会分配不公平、产业结构不合理等内部因素使然，他们进一步研究后还发现，各国金融发展的深度对降低贫富差距效果显著，这些国家穷人平均收入提高的80%都获益于金融发展的深化。因此，一国金融的发展应该以缓解贫困地区和贫困人群的信用限制为主要方向，支持他们做回报较高的投资。Jalilian 和 Kirkpatrick (2002) 通过分析18个发展中国家和

8个发达国家的面板数据，进一步验证了金融发展和减缓贫困之间所存在的正相关关系。研究结论认为，发展中国家金融发展和穷人收入增长的比例关系为1∶0.4。Geda等（2006）利用埃塞俄比亚1994—2000年的面板数据，通过单一的金融贫困模型验证了金融发展与贫困减缓之间的关系，发现金融发展可以使穷人的消费水平平滑，从而起到减缓贫困的作用。进入21世纪以后，随着联合国千年发展目标（Millennium Development Goals，MDGs）的正式签署，如何消除贫困促进世界共同发展，成为各国尤其是发展中国家普遍关注的焦点问题。各个国家和国际机构、智库开始着重研究此问题。联合国全体成员国于2000年9月在联合国千年首脑会议上一致通过一项行动计划，致力于以1990年的水平为标准将全球贫困人口在2015年之前降低一半。为此，各成员国共同签署了《联合国千年宣言》。同时，金融发展在促进贫困减缓方面的作用也越来越受到重视。2004年，英国国际发展部研究指出，金融发展在促进贫困减缓方面有着积极的作用并产生重要影响，金融部门可以为贫困群体提供适宜的金融产品和金融服务，适当放宽信用管制和信贷约束，让更多的穷人参与到金融活动中来，帮助其提高预期收入，改善贫困状况。让穷人更多地参与金融活动，一方面，穷人可以利用先进的金融工具管理自己的资产和资本，有效降低风险资产比例，实现资产保值增值，从而带来长期收入的累积和增长；另一方面，穷人对金融的接触，能够帮助其通过利用各种金融工具获得更多的融资来扩大生产能力，改善技术水平，从而提高劳动生产率和收入水平，降低贫困的发生率。Cui、Zhang和Xu（2012）采用ARDL方法，以中国1978—2010年33年的时间序列为样本，分析论证了金融发展与贫困减缓的长期因果关系和协整关系，得出的结论认为，金融发展在改善贫困群体收入方面影响积极，有助于贫困的减缓。综合以上分析可知，金融发展对贫困减缓能否产生直接影响，主要取决于贫困群体在金融产品以及金融服务方面的可获得性。金融机构可以通过创新金融产品和金融服务，适当放宽信用管制，提高不良贷款的容忍度，使穷人更多地参与到金融活动中来，分享金融发展的红利，从而提高预期收入，逐步减缓贫困。

第二，普惠金融及其对贫困减缓的促进作用理论。联合国在2005年起草的有关普惠金融蓝皮书中，首次使用了普惠金融体系（inclusive financial system）的概念，并于当年5月在日内瓦召开的构建普惠金融体系全球会议上正式提出。蓝皮书中给出的定义是发展中国家可以通过国家立法、制定一系列政策和规章制度，为广大人民建立一个可持续的、可获得的金融产品和服务的金融体系，也就是说，企业和家庭通过随时花费可负担的成本，均可获得包括储蓄、信贷、汇兑结算、保险、养老金等在内的各种金融服务。同时，金融机构之间应存在竞争，并接受市场的监督和监管当局的审慎性监管，保证其可持续发展，以确保为客户提供更高效和更多可供选择的金融服务。普惠金融体系是小额信贷和微型金融的进一步发展完善，是对现有金融体系的反思和扬弃，在现代金融理论方面也堪称一大突破。它指出，现有的金融体系都存在一个突出问题，即将金融服务的重点指向大型企业和优势行业等强势群体，而对中小微型企业及个体经营户、农户等弱势群体的金融服务则有所忽视和相对滞后。这也就意味着，大部分低收入群体和小微企业通过正规金融渠道是无法获得或很难获得金融支持的，它们只能想方设法向非正规金融渠道寻求服务，从而导致两方面的问题：一是不可持续；二是代价高昂且条件苛刻，使本已处于困难境地的弱势群体"雪上加霜"。普惠金融体系强调要依靠政策支持、技术创新推动贫困和偏远地区金融市场的发展，鼓励金融机构根据贫困地区的特点和产业发展的需求创新适合的金融产品，制定合理的价格成本，把金融服务向贫困地区延伸，即普惠金融体系不仅关注金融服务的广度，还关注金融服务的深度。从宏观上讲，需要将发展普惠金融体系上升为国家金融发展战略，推进多层次的金融体系建设，最大限度地提供各类差异化的金融服务，满足小微企业和贫困群体的发展需要。发展普惠金融体系的过程，其实就是通过延伸金融服务和创新信贷产品，帮助弱势群体增强自我发展能力，逐步改善生产和生活条件，降低贫困程度直至脱贫致富的过程。普惠金融体系理念的提出，转变了对传统金融的观念，也颠覆了对金融主要为富人服务的认识，是金融改革的一大创举。

普惠金融也称为包容性金融，具有三个特点：一是"普"，即金融机构和金融服务要尽可能地扩大覆盖面，尤其是向边远地区、欠发达地区和低收入群体倾斜；二是"惠"，即在提供金融服务时，价格要合理或者成本要可承受，尤其是要为弱势群体提供有效率的服务；三是"可持续"，财务的可持续是普惠金融发展的重要特点，只有金融机构的财务实现可持续发展，才能为弱势群体提供长期的服务，否则将难以为继。2016年1月，我国制定并出台《推进普惠金融发展规划（2016—2020年）》，首次从国家层面确立普惠金融的实施战略。该规划指出："普惠金融是指立足机会平等要求和商业可持续原则，以可负担的成本为有金融服务需求的社会各阶层和群体提供适当、有效的金融服务。小微企业、农民、城镇低收入人群、贫困人群和残疾人、老年人等特殊群体是当前我国普惠金融重点服务对象。"

（二）金融扶贫的内涵

目前，理论界和学术界对金融扶贫还没有一个严格的概念界定。金融扶贫的定义应有广义和狭义之分。广义的金融扶贫是指在普惠金融理论指导下，通过全面制定和实施有关扶贫的宏观金融调控政策和监管法律法规，建立有关激励约束机制，完善金融基础设施，着力引导各类金融机构共同参与，构建起宏观、中观和微观相结合的系统的扶贫金融服务体系，增强金融服务的包容性和公平性，满足贫困地区和贫困人口多元化的金融需求，帮助其在金融支持下以自身的努力减贫和脱贫。狭义的金融扶贫则是相对于传统的财政扶贫、社会救助扶贫而言，是指主要通过银行信贷、支付结算等形式，按照保本微利原则，为贫困地区和贫困人口提供优惠利率和低成本的金融服务支持，满足其生产生活的金融服务需求，进而帮助其实现减贫和脱贫。

1. 金融扶贫的特征

广义的金融扶贫的主要特征在普惠金融促进贫困减缓的理论分析中已经说明，这里重点就狭义的金融扶贫的特点进行分析。

（1）金融扶贫依靠整个金融系统。传统的财政扶贫依靠各级政府自上而下的管理体系以及同级政府左右横向的协作体系实施，而金融扶贫则是依靠遍布在广大农村地区、偏远山区的金融机构的各个经营网点来实施。在农村地区尤其是边远贫穷地区，大大小小的金融机构都想方设法通过自筹、专项扶贫和国际援助等渠道不断拓展自身的资金来源，以小额贷款和项目贷款为主要方式，为广大贫困地区和贫困人口实现脱贫致富和自我发展创造机会、提供金融服务。从这个角度讲，金融系统其实在金融扶贫中扮演了金融服务提供者的角色，其中占主要地位的是中国农业银行、农村信用社、邮政储蓄银行、村镇银行、农村小额贷款公司和非政府小额信贷项目。

（2）金融扶贫通过资金循环实现。财政扶贫是采用"输血式"的财政补贴开展，而金融扶贫则是依靠信贷资金"造血式"的循环来实现。金融机构通过市场运作将信贷扶贫资金发放给贫困地区和贫困人口，必须确保其资金能够按时足额还本付息，否则就会出现财务的不可持续，进而导致金融扶贫的不可持续。因此，金融扶贫就是要通过信贷资金良好的自我循环和持续盈利，实现扶贫金融机构的商业可持续，从而实现整个金融扶贫体系的良性循环和健康发展。

（3）金融扶贫遵循市场机制。金融扶贫强调发挥市场在资源配置中的基础性作用。一方面，打破农村金融市场现有分配格局，逐步放宽农村金融市场的准入和信用管制，鼓励公平竞争，吸引更多的金融机构和社会力量参与到金融扶贫体系中来；另一方面，要依据市场机制逐步完善利率定价体系，使金融扶贫的资金风险成本与预期收益基本匹配。

（4）金融扶贫重在满足贫困者的自我发展需求。传统的财政扶贫主要面对的是极端贫困人口或者是丧失劳动能力的弱势贫困群体；而金融扶贫强调更多关注那些次贫困人口或具有劳动能力、能实现自助脱贫的人口。因此，从两者之间的区别来看，财政扶贫主要是解决贫困群体的福利性需求，而金融扶贫主要是满足贫困地区和贫困人口自我发展的需求。

2. 金融扶贫理论研究

（1）农业信贷补贴论。20世纪80年代之前，在金融扶贫理论的框架体系和制度设计方面，我国学术界的相关研究主要是以农业信贷补贴论为主。该理论强调，广大贫困群体一般都没有储蓄能力，他们通过生产经营实现自我发展，普遍存在资金不足问题。同时，在资金的供给方面，传统农业生产普遍具有高风险、低收益且投资回报时间长等先天不足的特性，导致传统农业很难成为正规金融介入支持和提供服务的对象。因此，理论界认为，要想解决农业发展和贫困人口减贫脱贫的资金问题，只能由政府牵头成立非营利性的专门金融机构，并且给予一定的政策支持，由专门的政策性金融机构负责向贫困地区和贫困人口供给低成本、可负担的信贷资金，以满足其脱贫致富的资金需求。此外，为避免因金融缺位和信贷资金供给不足而引发农村地区高利贷等非法活动滋生蔓延,造成贫困地区和贫困人口获得金融服务变得更加困难和昂贵,致使其贫困程度更加恶化,政府应该通过正规金融体系或者有政府背景的信用合作组织,注入大量低息政策性信贷资金,扩大发放小额贷款业务,推动贫困地区和贫困人口以能够负担得起的成本获得所需的金融服务,并逐步实现减贫和脱贫。

(2)农村金融系统论。20世纪80年代后期,随着农村信贷补贴实施后效率低下、权力寻租、扶贫效果不显著等问题的出现,学术界对金融扶贫的理论研究进行了反思,农村金融系统论逐渐取代了农业信贷补贴论。农村金融系统论更加注重市场机制的作用,该理论指出了农业信贷补贴论存在的问题,认为虽然农业信贷补贴论提出了发展农业必须首先确保信贷供给的思想,但是农业信贷补贴论假设的前提条件是有问题的,它假设广大贫困群体一般都没有储蓄能力。事实上我国农村的贫困人群虽然贫穷,但由于该群体数量非常庞大,仍然具有很强的储蓄能力,会形成规模经济。同时,由于传统观念影响和我国社会保障体制尚不完善,在储蓄机会和激励机制同时存在的条件下,我国大多数贫困者一般会放弃激励机制而选择储蓄,这也从另一个侧面证明,农业信贷补贴论所倡导的依靠低息贷款政策实现贫困地区发展和调节收入分配,帮助贫困人口脱贫致富的思路有失偏颇。农村金融系统论还进一步指出,在实际操作中,政府低息贷款的对象有被替换的可能,富裕阶层可能通过权力寻租、暗箱操作等手段过多地占有这些廉价扶贫资源,反而会导致真正的贫困群体享受不到低息贷款的益处,从而事与愿违,进一步拉大贫富差距。基于以上分析,农村金融系统论认为,政府通过政策性资金帮助贫困群体实现减贫脱贫的目标存在问题,不应继续坚持,而且政府的过多干预会阻碍农村金融的健康发展。该理论提倡要充分发展农村金融市场,完善农村金融组织体系,积极吸收非正规金融进入农村金融市场,充分发挥其拾遗补缺的辅助性作用。金融扶贫的关键在于农村金融体系的市场化、可持续性健康运行,应大力推动农村金融市场化改革,以市场化原则进行利率定价,依靠市场机制发挥好金融扶贫的作用。

(3)不完全竞争市场论。20世纪90年代后期,我国政府及理论界普遍认识到,推动农村金融扶贫和金融改革,发展农村金融市场,仅仅依靠市场机制是远远不够的,政府必须进行适当干预,引入一些政策性和非市场因素共同参与，至此，斯蒂格利茨的不完全竞争市场论才逐渐被大家认可和接受。该理论认为，农村金融市场并不是一个完全竞争的有效市场，在这个市场里存在严重的信息不对称现象，使得农村金融机构很难真正掌握授信农户的个人真实情况。因此，单纯依靠市场机制根本无法培育出一个社会所需要的农村金融市场。而作为宏观调控者，政府有义务采用适当方式介入农村金融市场，发挥政府的引领作用，确保"三农"发展和金融扶贫工作顺利进行。

（三）金融为什么可以精准扶贫

金融扶贫是中国进入扶贫攻坚阶段重要的扶贫手段之一。在多维贫困视角下，金融手段可以缓解贫困人群的收入贫困和能力贫困。从金融机构的规模、数量、组织形式以及不同金融工具的特征与优势两条主线出发，对国内外金融扶贫的经验进行比较分析，结论是在信息技术的冲击下传统金融机构的规模和数量逐步下降，大银行和小银行在扶贫工作中各具优势；参与扶贫的机构应该越多越好，但强制性数量扩张很可能会带来资源浪费；合作制金融相较商业性金融与扶贫更为契合。从工具的角度，各类金融产品在解决信息与成本问题以及能力贫困上各具优势。因此，金融扶贫不应仅仅局限于小额信贷等传统手段，还应积极利用以移动运营商为主导的手机银行、农业价值链金融等各种创新金融工具。

贫困人群受教育水平较低，缺乏可抵押资产、担保以及风险管理的手段和能力，这种金融弱质性的存在导致金融机构在为其提供金融服务时面临信息不对称、交易成本过高、不可持续等突出问题，贫困人群往往因此面临被金融排斥及信贷配给。但是，金融与贫困并非完全无法契合。金融手段可以在一定程度上缓解贫困人群的收入贫困，同时提升贫困人群项目管理、理财等方面的能力，特别是建立在现代信息通信技术基础上的数字化金融手段可以较好地解决信息与成本问题，在满足贫困人群基本信贷权利的基础上提升其金融素养，有效解决"能力贫困"的问题。为了推动金融扶贫，中国自20世纪80年代开始实施扶贫贴息贷款。目前，小额信贷、农村资金互助社、社区发展基金、贫困地区村级发展互助资金、抵押品创新、供应链金融等农村金融产品创新层出不穷，在一定程度上解决了"最后一公里"的问题,取得了较好的经济效益和社会效益。但在实际运行中也出现了由于利率提升引发信贷配给,小额信贷持续性差和违约率高,农村资金互助社在目标、产权、管理以及贷款方面出现异化,金融基础设施薄弱及风险分担机制不健全等各种问题,在一定程度上降低了扶贫效果。

1. 金融扶贫的多维性不可替代

(1) 从物质扶贫到多维扶贫

关于金融是否能扶贫的问题,学术界一直存在争议。争议的焦点在于"逐利的金融机构是否会主动服务于收益率低、风险高的贫困主体"。2016年4月国家开发银行与中国农业发展银行成立扶贫金融事业部后,实践中的金融扶贫迅速推开,亟须学术界在理论上对金融扶贫的内涵与机制做出解释。在对贫困理论的研究以及反贫困的实践中,贫困是"一个非常难以捉摸的概念"。早期贫困仅被界定为物质匮乏,后来人们逐渐认识到,贫困是一种复杂而综合的社会现象。1976年阿玛蒂亚·森将"可行能力"引入贫困分析中,提出"能力贫困"的概念,认为贫困的实质是人们缺乏改变现状、抵御各类风险、抓住经济机会和获取经济收益的"能力"。由此可见,贫困不仅包括收入或消费的贫困,还包括健康、教育、住房及公共物品的获得等多个维度"可行能力"的缺失。近期研究表明,在现代信息技术飞速发展的大背景下,"数字鸿沟"和"知识鸿沟"的存在导致贫困人群面临着"双重排斥",使多维贫困扩展到包括数字信息获取能力、供给能力以及应用能力在内的数字能力贫困。基于对多维贫困理念的认可,牛津大学成立了贫困与人类发展中心(OPHI),开发多维贫困的测量方法。联合国发展计划署的人类发展指数(HDI)也采纳了森的观点,从收入、教育、健康三个维度对贫困进行测量。

(2) 金融对多维贫困的缓释作用

在多维贫困视角下,金融扶贫被认为是开发性扶贫的有效手段之一。实践证明,金融不仅能提高贫困人群的收入水平,还能从金融素质及发展能力等多个维度来缓解能力贫困。

首先,在缓解收入贫困方面,来自印度、埃塞俄比亚等发展中国家的数据分析证明,金融发展可以影响贫困人口对金融服务的可获得性,通过增加储蓄以及信贷交易机会产生直接影响。同时,金融可以通过经济增长、收入分配等对贫困减缓产生间接影响。因为经济增长的"涓滴效应"可以增加贫困人群的收入，使其有能力增加人力资本的投入，进一步使收入的增长快于人均 GDP 增长率，减少收入差距。其次，金融可以通过分散风险、突破投资门槛、降低交易成本等方式降低贫困人群的脆弱性，形成贫困群体的负债消费，进而形成人力资本，提高贫困人群自身素质和发展能力。以小额信贷为例，从长期来看，接受小额信贷的贫困家庭的孩子学费支出明显上升，有助于其摆脱教育贫困陷阱；同时，获得贷款可以减少穷人的收入波动，促进消费平滑。对女性而言，小额信贷可以提高妇女的资产拥有量、在家庭决策中的地位，增强政治和法律意识。有证据表明，这些妇女更可能远离家庭暴力，而她们的孩子更可能远离饥饿、疾病和不识字，儿童福利得以提升。最后，现代信息通信技术（ICT）对贫困缓解具有积极作用。建立在 ICT 基础上的互联网金融可以通过技术手段降低金融交易成本和信息不对称水平，从广度和深度上缓解金融排斥，进而在一定程度上解决贫困人群金融的"地理可及性"问题。在满足贫困人群储蓄、支付、汇兑等多方面"信贷权利"的同时，手机银行等金融工具的推广还能起到收入的再分配作用，并改进贫困人群的金融行为，提高他们的抗风险能力。由以上分析可知，金融确实可以提高贫困群体的绝对和相对收入水平，对加快反贫困进程效果显著。而伴随现代通信技术发展的金融创新对贫困人群在教育、健康、资产管理、风险抵御等方面能力的提升，以及对于反贫困进程的推进作用更为关键。

（3）金融机构是扶贫资金的主要提供者

金融机构目前是我国农村扶贫的主体，通过机构设置、网点深入村镇和乡村以及由农民参股的新兴农合组织直接为扶贫提供机构与资金支持。

第一，扶贫中的"小银行优势"明显存在。首先，小型金融机构一般都会以一定的地域范围为基础开展业务，具有显著的区域性特征，在获取和利用"软信息"中具备优势。其次，由于地方化、内部层级少、组织结构简单、决策链条短，小型金融机构对贫困人群贷款服务决策的信息成本和代理成本均较低。最后，大中型金融机构为避免"组织不经济"，一般不愿为贫困人群提供关系型贷款，而小型金融机构在为中小客户提供关系型贷款方面具备"小银行优势"。此外，小型金融机构还具备稳定经济的功能，特别是在金融危机期间小银行的信息及管理优势并未减弱。在金融危机期间银行对中小企业贷款有60%来自小银行，可见小银行能够在金融危机期间持续为小企业提供流动性，是中小客户贷款的主要来源。

第二，金融机构网点深入到农村最基层，为我国金融扶贫提供机构支持。我国农村金融机构众多，除了国有大银行在县一级一般都设有机构外，众多的地方银行在乡镇都设有机构，而为了更好地为"三农"服务，我国近年加大了农村新型金融机构的建设力度，全国基本上每个县都设有村镇银行，一般村镇银行的机构都会深入到村一级行政机构。从资金支持的角度看，有机构的地方就一定会有扶贫项目在开展。我国金融机构积极响应习近平总书记的号召，把扶贫工作当作银行发展最重要的一项任务，近几年不断加大对扶贫的支持力度。与财政相比，金融机构的农村机构数量是财政无法比拟的，服务也是财政无法比拟的。

第三，我国新型农村合作性金融机构更具扶贫优势。金融机构按照组织形式的不同可以划分为商业性金融、合作性金融和政策性金融等多种形式。我国新型农村合作性金融机构是一种以合作制为基础，本着自愿原则由社员共同出资建立，以为社员服务为目的，进行民主管理的信用组织形式。合作性金融机构自身的运行机制和组织形式决定了其在金融扶贫中更具优势。首先，我国新型农村合作性金融机构是以互助合作原则建立起来的，经营目标是为"三农"服务，保本微利；保障了贫困人群获取金融服务的权利，增加了信贷可得性。其次，我国新型农村合作性金融机构服务的对象主要是村民个人，村民既是客户也是股东，在组织内部信息的传递和获取方面相对真实便捷，在信息成本方面较商业性金融机构具有绝对优势。最后，我国新型农村合作性金融组织可以实现成员的资产资本化，通过资产的集中可以最大限度地发挥小额、零散资本的效益；同时，风险共担的机制也使合作性金融机构相较于商业性金融机构更具稳定性。

（4）扶贫性质的金融工具更容易被农村贫困人口接受。金融扶贫需要依靠金融工具来实现。与财政扶贫相比较，金融工具在面对贫困群体弱质性的特点，以及缓解信息不对称、降低交易成本、缓解能力贫困方面更具优势。

第一，缓解信息不对称。由于财政部门无法很好地掌握贫困人群的信用记录、资产负债状况等，所以往往会提高财政扶贫的门槛，使贫困人群面临信息不对称所导致的财政资金配给。与财政扶贫相比，解决信息不对称是金融扶贫最突出的优势。由于扶贫资金需要还本付息、防范风险，金融机构对贫困户的信用甄别是首要问题。目前为解决贫困人口可担保资产不多的问题，一般采用价值链金融模式、互联网金融、扶贫贴息贷款等。在价值链金融的运行模式下，金融机构通过向价值链嵌入资金或信用，为价值链上下游生产者提供流动资金解决方案，在很大程度上缓解了金融交易中的信息不对称问题。同时，各金融机构在扶贫工作中，推进互联网背景下传统金融扶贫方式的转变，利用大数据技术对庞大的数据信息进行标准化处理，使得数据的使用效率得到显著提高。依靠大数据支撑的信用系统可实现贫困人群数据的精准分类及标准化管理，金融机构可以在此基础上对贫困人群进行精准筛选，完善风险分担机制，在一定程度上保障了金融扶贫的可持续性。由于降低了授信时对担保的依赖，可以推进客户群体的下沉，提高金融资源配置效率。另外，网络银行、手机银行、网络证券公司、网络保险公司等互联网金融化产品不断涌现，可以以信息与成本优势发挥长尾效应，将更多的贫困人群纳入，接触传统金融难以接触者；同时满足贫困人群除信贷以外的储蓄、支付、汇兑、结算等方面的金融需求，进而实现金融包容性发展的需要。目前，基本已形成以中国农业银行为发放主体、按"到户贷款"和产业化扶贫龙头企业与基础设施等项目贷款两部分进行操作的扶贫贴息贷款体系，扶贫贴息贷款在总的扶贫资金中已占到55.9%，成为中国金融扶贫中最重要的手段。党的十八大以来，随着精准扶贫政策的落实推行，贫困户建档立卡工作逐步展开，政府掌握了大量的贫困人群信息，政府与金融机构之间实现信息共享并借助扶贫贴息贷款手段，取得了金融扶贫的较好效果。

第二，通过互联网金融进一步降低金融扶贫资金成本。相比其他金融工具，互联网金融借助 ICT 可以实现金融交易成本的有效降低。一方面，凭借网络规模效应降低边际交易成本；另一方面，以网上业务逐步取代实体营业网点，大幅降低实体网点铺设与运营成本。以手机银行为例，其广泛的使用降低了金融机构为贫困人群提供服务的成本，使得金融服务可得性提高。目前手机银行主要有三种不同的经营模式："银行+客户"模式、"银行+零售代理商+客户"模式、"移动运营商+零售代理商+客户"模式。前两种均需要客户拥有银行账户，因此在贫困地区推广可能会遇到一定的困难。而第三种模式下只需移动运营商为客户提供虚拟账户，客户可以通过虚拟账户获取存贷、支付等各类金融服务,更适合在贫困地区推广实施。

第三,我国金融机构广泛使用的小额信贷对脱贫具有重要作用。小额信贷是目前我国金融机构金融扶贫的重要手段之一。我国各金融机构在金融扶贫工作中已经建立了一套完善的动态激励和约束机制以保障可持续经营,减少了信息约束下的逆向选择和道德风险,保障了经营的可持续性。针对农业产业链本身的复杂性及各环节经营主体融资需求的多样性,运用多元化的小额信贷为客户提供全方位的融资解决方案,并为客户提供附加的信息及技术服务,保障了农业价值链中农民金融需求的满足及信贷的可持续性。

2. 关于金融支持精准扶贫的总体看法

无论是从理论上看,还是从全球的实践看,金融都是支持精准扶贫最有效的手段。与财政扶贫相比,金融扶贫在扶贫工作中占有资金支持的主导地位。金融扶贫给贫困人群提供的不应仅仅是金融资本的注入,更多的应是如何使贫困人群依靠这些金融资本和扶贫过程中金融机构的持续服务来提高自我素质和发展能力,在生产活动中找到脱离贫困的有效手段和方法。贫困人群金融弱质性的改善与贫困问题的不断缓解,是保证金融减贫扶贫工作持续推进的基础。因此在扶贫中既要充分发挥"小银行优势",又不能忽视大型金融机构的作用;从金融机构数量的视角看,参与机构越多扶贫效果越好;从金融机构的优势看,新型的农村合作性金融机构相较于商业性金融机构在扶贫中更具优势,应根据中国的实际积极引导和充分发挥合作制金融的扶贫减贫作用;从金融工具的角度看,金融扶贫中的现有各类产品在解决信息与成本问题以及推进机构持续经营上各具优势。我国金融扶贫的推进不应仅仅局限于小额信贷等传统手段,还应借助现代信息通信技术带来的发展契机,积极利用以移动运营商为主导的手机银行、农业价值链金融等各种金融创新工具。金融扶贫的推进始终要在政府政策的支持和引导下,依靠现有农村金融体系和市场机制进行。一方面,政府应加大贫困地区金融基础设施建设,完善金融服务体系;另一方面,政府应与金融部门紧密合作,帮助其减少自然风险和市场风险,提高其参与扶贫的积极性。

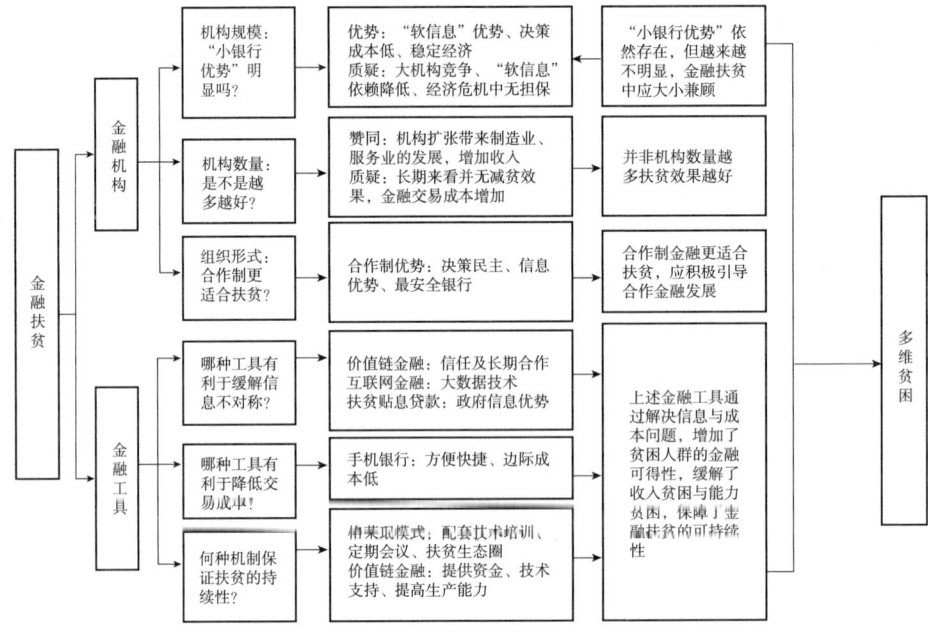

图 6-1 金融扶贫示意图

（四）现阶段我国金融扶贫的主要做法

《中国农村扶贫开发纲要（2011—2020 年）》首次把金融服务作为新时期扶贫开发的重要政策保障。2013 年的中央一号文件又进一步提出要改善农村金融服务，发挥商业性金融、政策性金融与合作性金融的作用，加大金融支农力度，促进农村及贫困地区发展。

1. 金融扶贫政策的变迁

新中国成立后至改革开放前的这一时期，国家主要通过调拨粮食及救济物品等直接救助方式开展"输血式"扶贫。20 世纪 70 年代末，中国开始了农村经济体制改革，最主要的是确立了家庭联产承包责任制，极大地调动了农民的生产积极性，农民收入水平逐年增加，城乡收入差距下降，到 1985 年时，绝对贫困人口由改革初的 2.5 亿人下降到 1.25 亿人，贫困发生率降为 14.8%。

20 世纪 80 年代中期以后,土地经营制度变革带来的红利基本释放完毕,自 1986 年开始,城乡收入差距迅速扩大。1986—1993 年,扶贫开发引入信贷扶贫政策。1986 年,国家开始实施有计划、有组织、大规模的扶贫开发计划。在确立了坚持开发式扶贫方针的同时,开始实施信贷扶贫政策。这一时期,信贷扶贫政策尽管一定程度上克服了过去救济式扶贫的缺陷,但是具有明显的政府干预色彩,银行在开展扶贫贴息贷款业务和工作中自主性差,扶贫贷款资金投放规模、贷款对象选择、贷款额度、利率和还款期限等都受到政府干预,并存在寻租行为。此外,由于贴息贷款存在规模有限、瞄准机制存在缺陷、还款率低等问题,扶贫贴息贷款的使用效率和社会效益不高。

1994—2000 年,初步探索金融扶贫模式。1994 年 4 月,国家出台并开始实施《国家八七扶贫攻坚计划》,要求继续执行扶贫贷款政策,适当放宽贷款条件;同时,国有商业银行每年安排一定的信贷资金,对贫困地区有选择地进行项目贷款扶持。需要指出的是,这一时期,小额信贷扶贫模式得到了国家的认可。1993 年,开始探索"格莱珉银行模式"的小额信贷在中国的可行性,经过三年多的扶贫社试点,公益性小额信贷机构和小额信贷模式运作基本成熟,为国家和金融机构扶贫开发政策和推广金融扶贫模式提供了借鉴和新思路。1997 年,国家开始小额信贷试点,通过政府扶贫办下设的扶贫社代理中国农业发展银行开展扶贫贴息贷款工作,推广范围达到 200 多个贫困县;1998 年,又改由中国农业银行开展小额信贷,直接到村入户。1999 年后,中国人民银行先后出台了《农村信用社农户小额信用贷款管理暂行办法》和《农村信用合作社农户联保贷款管理指导意见》,农村信用社开始推广小额信贷业务,资金主要来源于中国人民银行发放的低息支农再贷款。政府主导下的农村金融体系改革成为这一时期金融扶贫的突出特点。但由于农业银行等大型银行撤并和缩减县域及以下网点,加上农村金融体系不完善,农村金融服务虽然得到改善,但金融扶贫发挥的作用有限。

2001—2010 年,金融扶贫初具规模。2004—2010 年,历年中央一号文件都明确提出要改革农村金融体制,减少金融机构农村资金外流,增加金融机构"三农"信贷投放,重视农业银行、农村信用社、邮政储蓄银行(2007 年成立)等金融机构的金融扶贫作用,积极支持发展多种形式的农村金融组织、多样的农村担保和农村保险业务。积极探索建立商业性金融、合作性金融、政策性金融和小额贷款组织互为补充、功能齐备的农村金融体系。2008年的中央一号文件还提出，要通过批发贷款的途径解决农村金融机构资金不足的问题。在此期间，中央政府和金融监管部门制定了一系列相关政策，推动了普惠金融的发展。这一时期，国家开始重视金融扶贫的作用。2001—2010年，中央财政累计安排扶贫贷款财政贴息资金54.15亿元人民币，发放扶贫贷款近2000亿元人民币。此间，国家对扶贫贴息贷款管理体制进行了改革，下放扶贫贴息贷款管理权限，调动了金融机构参与金融扶贫的积极性。为充分发挥农村信用社的支农作用，克服其在产权、监管、内部控制等方面存在的诸多问题，从2003年开始，国家开始对农村信用社进行改革；2006年底，银监会调整放宽了农村地区银行业金融机构准入政策，引导各类资金流向农村地区开展农村金融服务，同时开展三类新型农村金融机构试点，放宽农村金融机构准入机制；2007年，成立中国邮政储蓄银行，充分利用网点优势面向城市社区和农村居民开展提供基础金融服务。

2011年至今，金融扶贫模式进一步发展。2011年11月，中央决定将农民人均纯收入2300元作为新的国家扶贫标准，按新标准测算，全国目前有1亿多贫困人口，新时期扶贫任务艰巨，扶贫力度加大。《中国农村扶贫开发纲要（2011—2020年）》和2013年中央一号文件都明确提出改善农村金融服务，通过充分发挥商业性金融、政策性金融与合作性金融的作用，加大金融支农力度，对金融扶贫模式给予了充分重视，金融扶贫模式开启了新的发展阶段。

2. 新时期金融扶贫的主要形式与作用

目前，在二元经济结构条件下，中国农村金融市场供需矛盾突出。而在二元经济结构的背后，是二元金融结构在发挥着基础性作用，农村金融服务的滞后成为农村经济发展的"瓶颈"。新时期应充分认识并发挥金融在扶贫开发中的重大作用。强化金融扶贫模式在扶贫开发中的地位和作用，使财政支农与金融扶贫相辅相成。财政支农是国家通过财政直接投资或财政补贴等手段对农业、农村和农民进行扶持，具有无偿性、政策性、直接性和引导性等特点，政府通过加大对农村贫困落后地区的财政投入，包括落后地区基础设施建设、扶贫资金投入等,来推动农村地区发展。金融扶贫同样具有不同程度的政策性和公共性特点,同时又由于坚持可持续性和商业化运作,有利于弥补财政投入缺口,克服财政支农规模有限和效率不高等问题,有助于改善农村金融服务,活跃农村经济。此外,金融扶贫还不同于金融资源完全市场化自由配置。在现阶段二元经济结构条件下,农村金融市场具有风险高、成本高、利润低的特点,如果任由金融资源完全市场化自由配置,则必然引致农村地区金融机构和资金向城市大量转移,进一步强化城乡二元经济结构,形成农村贫困地区发展的恶性循环。因此,金融扶贫应该在财政支农等政策的引导下,兼顾可持续性和政策性原则,开展金融扶贫工作。健全的农村金融体系是开展金融扶贫的载体,金融扶贫的有效开展必须依托农村金融机构。因此,应进一步完善以政策性、合作性和商业性金融机构为主体的农村金融组织体系。通过财政和政策性银行协调机制,发挥好政策性金融的诱导和资源优化配置功能,大力扩大和增强农业发展银行的职能和业务范围,使其成为真正的农村和农业政策性银行;注意发挥国家开发银行支持"三农"的功能作用;建立以政策性保险为主体的农村保险体系,发展各类农业生产保险,并注意保险与信贷业务的协调配合;借鉴当前主要在城市开展的小额担保贴息贷款工作经验,构建农村信用担保体系;推进农村信用社改革,避免"一刀切",因地制宜将其办成包括股份制、股份合作制、合作制、社会企业等性质的金融机构;加快中国农业银行三农金融事业部制改革,使农业银行发挥更大的金融支农作用;鼓励和支持邮政储蓄银行大力开展小额信贷业务;进一步放宽农村金融市场准入条件,增加农村金融机构存量。处理好政府与金融机构、政策性金融与商业性金融之间的关系。开展金融扶贫,首先应明确政府与金融机构的角色和定位。

在加大财政直接支农力度的同时,政府还应通过政策优惠、完善农村金融基础设施、加快征信体系建设、推进利率市场化等措施引导金融机构进入和参与,避免对金融机构的干预,增强金融机构自主性,鼓励和支持农村金融机构坚持可持续性和政策性的统一,兼顾经济效益和社会效益。促进农村政策性金融机构与商业性金融机构相互协调发展。长期来看,即使在金融市场不发达的农村,商业性金融机构也处于主体地位,而政策性金融机构则起到补充或引导的作用。在贫困落后地区,往往政策性金融机构首先进驻,通过发挥引导作用,吸引商业性金融资源进入,经过金融市场培育,商业性金融运作成熟,实现可持续发展,政策性金融此时则应该逐渐退出经营性领域。促进扶贫参与主体的多元化。扶贫开发仅仅依赖财政支农投入无疑杯水车薪,也是不可持续的,应适当引入市场竞争机制,鼓励企业、非政府组织以及个人等社会主体共同参与进来。在充分发挥政府财政支农、政策性金融、商业性金融与合作性金融作用的前提下,鼓励民间资本以多种方式参与扶贫开发,包括农村基础设施建设、组建新型农村金融机构等。国家应适当给予政策优惠,增加基本公共服务供给,加快基础设施建设。根据世界银行的测算,发展中国家基础设施存量每增长1%,GDP就增长1%。当前,应在增加农村基本公共服务供给的同时,重点加快贫困地区基础设施建设,促进教育、文化等农村公共事业发展,健全农村社会保障体系,提高农村居民社会保障水平。加强金融扶贫的配套政策法规建设。借鉴美国《社区再投资法》和泰国、巴西等国的强制信贷支农政策经验以及城乡差别准备金制度,通过立法或相关政策措施解决农村资金外流及金融资源供给不足问题。通过税收减免、财政补贴等措施,发挥杠杆作用,对金融扶贫参与机构形成正向激励。

3. 现阶段我国金融扶贫的主要模式

(1)"政府担保+金融机构+农户"的杠杆模式。该模式是政府将扶贫资金的一部分拿出来,作为扶贫基金,专户转存重点扶持。党中央、国务院于2011年颁布实施《中国农村扶贫开发纲要(2011—2020年)》,对未来我国扶贫开发工作做了规划性指导,其中有两个主要的亮点值得关注:①首次提出在我国进行连片特困地区扶贫工作,将全国贫困地区分成14个区域,这14个区域是扶贫攻坚的主战场,以整区推进的形式进行开发式扶贫。连片特困地区金融扶贫不仅仅是针对贫困户的扶贫,更是通过开发性金融的介入来完善基础设施建设以及提高整区的信用意识,从而对整个连片特困地区的发展进行全方位扶持。②重点强调了金融扶贫的重要性。金融扶贫以"造血"的形式改变了以往财政扶贫"输血"的形式,体现了"授之以渔"的理念,在指导思想上与当前国家发展普惠金融的主流理念相符合。2013年党的十八届三中全会提出发展普惠金融,是要让不同阶层人群特别是低收入人群享受平等金融服务,主张人人具有平等的信贷融资权利。发展普惠金融要求金融机构在扶贫的同时追求机构自身的可持续发展，国际经验已经证明只要机制设计合理，金融业在扶贫开发中大有可为。2019年政府工作报告提出要创新扶贫开发方式，加快推进集中连片特困地区区域发展与扶贫攻坚，实行精准扶贫，确保扶贫到村到户。改变我国贫困状况不是一朝一夕的事情，需要持续不断地提供金融服务，必须探索并建立适合我国国情的金融扶贫体系，共同发挥金融机构、政府与被扶贫对象的作用，才能保证金融扶贫真正取得效果，帮助贫困人口真正实现小康。

（2）大型商业性金融机构扶贫，发挥资金优势。因信息不对称等多方面原因，商业银行等大型金融机构直接扶贫发展存在很多障碍，但具有资金充足、技术发达、管理到位等方面的优势。因此，大型金融机构可以采取间接扶贫模式，具体有以下三种模式值得推广。①"大型商业性金融机构+龙头企业+贫困户"的扶贫模式。龙头企业是市场与贫困户的纽带，是国家进行产业扶贫的重要载体。大型商业性金融机构可以利用资金优势，给当地的龙头企业发放贷款。拥有资金来源的龙头企业再促进贫困户的发展，带动贫困户增收。龙头企业的发展不仅能带动相关产业的发展，且能提供更多的就业岗位，对于贫困户的脱贫与农村的发展有着至关重要的作用。特别是在我国连片特困地区培育和支持具有特色优势产业的龙头企业，对于增加农民家庭经营性收入具有重要意义。②"大型商业性金融机构+专业合作社+贫困户"的扶贫模式。大型商业性金融机构通过贷款给专业合作社来帮助贫困户，解决专业合作社的贷款难问题，有利于专业合作社将同类农产品的生产经营者或相同的农业生产经营服务提供者有机联合到一起，解决贫困户的切身需求，提供农业生产资料的购买，农产品的加工、销售、运输等服务。③"大型商业性金融机构+微型金融机构+贫困户"的扶贫模式。由于大型商业性金融机构与贫困户之间信息不对称、交易成本高等，使得直接扶贫效果并不显著，而缺乏资金来源是微型金融机构难以快速发展的主要原因。因此通过大型商业性金融机构与微型金融机构的对接，使得微型金融机构充当大型商业性金融机构的"脚"走到基层、走到每家每户，将资金零售放贷给真正需要支持的贫困户，这样的方式可解决微型金融机构贷款难的问题，也可减少大型商业性金融机构直接发放信贷过程中的信息不对称问题。

（3）微型金融机构扶贫，发挥信贷机制优势。目前我国的微型金融机构主要有村镇银行、小额贷款公司以及非政府组织小额信贷机构，微型金融机构以服务"三农"及小微企业为主要目标，对于扶贫工作有着不可忽视的作用，它通过直接贷款的方式来填补大型金融机构扶贫的空白。微型金融机构的规模虽然不大，资金也没那么富足，但是往往具有独特的优势，它可以深入基层，有效缓解信息不对称，也可以降低交易成本。因此，为了更好地发挥微型金融机构在我国连片特困地区金融扶贫中的作用，除了通过与大型金融机构合作解决资金短缺问题以外，还应该大力发挥微型金融机构的信贷机制优势。一是完善小组联保信贷机制。小组联保模式属于担保创新，社区居民自愿组成联保小组，通过互相承担担保连带责任的方式来解决无抵押物的状况。小组联保贷款的基本原则是"多户联保，总额控制，按期还款"，这样相互制约、相互管制，能够带动成员还款的积极性，也有利于后续贷款工作的有序进行。这种贷款模式的理念认为穷人是讲信用并且有能力的，甚至有时比富人更讲信用，因为他们手中的资源稀缺，因此更加珍惜来之不易的信贷机会。而且任何人都不想在熟人社会失去信誉，而"小组联保贷款"就很好地利用了这一点。二是实施分期还本付息的信贷机制。分期还本付息这种人性化方式可缓解贫困户的还贷压力，有利于贫困户资金的周转，符合贫困户对于流动资金的需求。客户及时还本付息是微型金融机构能够自负盈亏甚至稍有盈利的保障，也是一种监控客户的贷款资金流向、控制信用风险的途径，并且在资金紧张的情况下，通过不断回收资金来提高资金使用效率，以一种平等借贷的机制来促进贫困户和微型金融机构和谐发展。

（4）合作性金融扶贫，发挥"互助"优势。我国农村信用社在名义上应该属于合作性金融组织，但农村信用社事实上已经偏离了合作金融的轨道，走上了不可逆转的商业化发展道路，使我国出现了事实上的合作金融组织残缺。众所周知，合作性金融在连片特困地区扶贫乃至全国经济发展过程中有着不可替代的作用。因此，迫切需要重构我国合作金融体系，发挥合作性金融在连片特困地区扶贫中的"互助"优势。当前我国存在农村资金互助社、农民资金互助社和贫困村互助资金三种具有合作性质的组织，它们虽然在发展过程中面临诸如管理人员素质不高、管理手段比较落后、资金周转速度较慢等问题，但拥有"互助扶贫"的基础，政府应该对它们进行有效引导，充分发挥熟人互助模式扶贫。由于合作性组织成员来自一个"熟人社会",对于贷款人的信用和资金使用情况都比较清楚,可省去许多交易费用与交易时间。通过这种模式可以有效解决贫困户担保缺失的问题,贫困户不再以常规的担保品来贷款,而是通过贫困户之间长期维护的信任来担保。同时,能够适应农村贷款资金使用的特点,开展村庄内贷款。由于农业生产、农村市场以及农民生活的原因,贫困户对资金的需求额度小、频率高,在"熟人社会"更能满足这种基本特征,人与人之间也更容易产生同情心而互相帮助。

(5)政策性金融扶贫,发挥开发性金融优势。完善基础设施是连片特困地区经济发展的重要基础,但基础设施的完善需要大量的资金投入,而且资金投资回收期很长。因此,政策性金融在连片特困地区金融扶贫过程中有不可忽视的作用。我国政策性金融机构从其诞生起就担任着填充财政直接支出和商业性融资之间的"中间角色",但我国传统的政策性金融只是将财政资金简单信贷化,并没有真正实施市场化运作,因而不能解决数以亿计的贫困人口的生活问题。当前,应该不断深化我国政策性金融改革。一是运用开发性金融理念,实施市场化资金运作方式,实施政策性资金的有偿使用,运用银行信贷"有借有还,到期归还"的经营机制来促进所支持项目的发展。提高政策性资金的使用效率。二是政策性金融机构应该主动寻找市场,改变传统的"政府挖坑,金融种树"的被动模式,把支持基础设施领域的成功经验拓展使用到连片特困地区新的资金需求领域,以寻求政策性金融机构自身新的利润增长点,实现"做大做强",为连片特困地区扶贫贡献更大的力量。三是政策性金融机构在连片特困地区运用市场化的运营管理模式,为基础设施建设提供中长期资金。在金融扶贫过程中注重培育连片特困地区的市场化作用机制,逐渐增强经济主体参与经济发展的内在动力,构筑连片特困地区政府力量与市场机制之间的有效沟通桥梁,将融资优势与政府组织优势有效融合,高效率地实现政策性资金在连片特困地区扶贫中的作用。

（五）金融精准扶贫的现状及存在的主要问题

1. 我国金融精准扶贫的现状

（1）金融精准扶贫政策体系逐渐完善。自2014年中国人民银行等六部门联合发布《关于全面做好扶贫开发金融服务工作的指导意见》以来，各部委和各级地方政府发布了一系列指导意见，制定实施了一些政策措施，引导金融机构积极参与精准扶贫工作，如2016年发布的《关于金融助推脱贫攻坚的实施意见》《中国银监会关于银行业金融机构积极投入脱贫攻坚战的指导意见》等。在这些重要文件的指导下，多项金融扶贫相关优惠政策出台，并不断落实。如在贫困县设立比支农再贷款更加优惠的扶贫再贷款；很多贫困地区开展"金融扶贫进农村"活动，推动落实金融精准扶贫专门主办行制度；还有一部分贫困县制订金融精准扶贫方案，有效加强金融机构与贫困群体的联系。总体来看，我国金融机构都积极参与到金融精准扶贫中。

（2）金融精准扶贫方式不断丰富。我国金融精准扶贫工作一般是根据各类贫困户的不同特点和需求，将其分为创业类、就业类、救济类等不同类型，进而提供相应的信贷产品，现已取得一定成绩。此外，各地推出相对多样化的金融扶贫方式。在金融机构方面，中国邮政储蓄银行在部分地区建立"政银保企"的贷款模式，重点推出用于保障保险类小额贷款的"银行+保险"模式及农业产业链相关的"涉农龙头企业+农业经销商+上下游种养殖户"贷款模式；中国农业银行为配合农村集中住房建设工作，定向设计了相关贷款产品；重庆农村商业银行则创新性地推出"光伏扶贫贷款""助农贷"和"三权"抵押借款等系列信贷产品。在政府部门与金融机构协作方面，河北省推出"两组织+双保险+金融+贫困群体"模式，即地方扶贫志愿组织结合干部担保及农民互保，帮助农户获得信贷资金；重庆市政府牵头，联合多家金融机构共同制订了金融精准扶贫专案，构建了一批容易效仿复制、便于操作落地的金融扶贫代表性模式，创造性地推出"农户+政府""农户+担保公司""农户+企业"等新型贷款模式。

（3）金融精准扶贫规模不断扩大。截至2018年第一季度，全国进行建

六、我国金融扶贫的理论基础、主要做法与制约因素

档立卡的贫困人口以及已完成脱贫人口的贷款余额达6353亿元，产业精准扶贫贷款余额约9186亿元，全国有835万建档立卡的贫困人口取得信贷支持，国家级贫困县中有12家企业借助资本市场绿色通道政策实现上市。部分国有银行围绕精准扶贫推出明确方案并取得成效。在政策性银行中，国家开发银行在2013—2017年的五年间累计发放精准扶贫贷款约9191亿元，其中仅2017年投放的精准扶贫贷款金额就达4445亿元，并在2018年继续部署配套的精准扶贫贷款约4000元，国家开发银行的精准扶贫已覆盖全国987个贫困县，较大程度地促进了贫困地区经济的发展及贫困人口物质生活的改善；中国农业发展银行自2015年起推出长效扶贫机制，通过多种模式因地制宜地助力易地扶贫搬迁、教育精准扶贫、产业精准扶贫及健康精准扶贫等，截至2017年底累计发行精准扶贫贷款余额达1.26万亿元，其中通过易地扶贫搬迁贷款共帮扶搬迁约768万人，通过产业精准扶贫贷款共支持超过480万建档立卡贫困户实现产收增加。在商业银行中，中国农业银行在2017年末累计发放扶贫贷款余额约8151亿元，其中仅2017年就投放扶贫贷款超过3700亿元，覆盖全国约832个国家重点支持的扶贫县，帮扶贫困人口665万人次；中国建设银行2017年末累计发放金融精准扶贫贷款达1500亿元，直接支持约37万建档立卡贫困户实现产收增加，通过金融信贷模式大力帮扶贫困县的贫困户及企业。

2. 金融精准扶贫面临的主要问题

当前，我国仍有大量人口身处资源匮乏、偏远落后的地区，面临严峻的贫困问题，减贫任务艰巨且紧迫，金融精准扶贫的意义重大。与我国金融行业整体发展水平相比，金融精准扶贫还面临很多问题，如贫困地区金融体系建设落后，金融产品供给与贫困农户需求不相适应，相关配套政策对金融精准扶贫的引导力不强等。

（1）贫困地区金融体系建设落后。主要表现在：第一，参与扶贫的金融机构数量尤其是在乡、村一级的金融网点相对较少，而小型金融机构如农村信用社等能力又偏弱。在四大国有商业银行中，除中国农业银行在乡镇一级设有分支机构外，其他三家银行的营业网点仅设置到县一级，且没有完全覆盖。根据中国人民银行发布的《2017年农村地区支付业务发展总体情况》，截至2017年底，我国农村地区每万人拥有银行网点数不足56个，

乡均银行网点和村均银行网点分别仅3.93个和0.24个，单个网点服务的人数超过7500人，银行网点数量严重不足。相较于四大国有商业银行，虽然中国邮政储蓄银行、农村信用社、农村商业银行、村镇银行等金融机构在乡（镇）、村的网点较多，但受贷存比控制和自身效益的约束，可贷资金有限，扶贫力度也相对较弱，有限的资金供给难以满足当前金融精准扶贫的需求。第二，贫困地区金融市场信息不畅通。在贫困地区，由于基础设施落后导致金融市场信息闭塞，无论是商品信息还是科技信息都无法保证及时性和有效性，难以有效发挥金融精准扶贫的作用。我国贫困地区多为交通不便、地形复杂的偏远山村，村民居住分散，现代化基础设施严重匮乏。较低的信息化普及率限制了贫困地区的融资渠道，融资效率不高。然而现代金融服务业对网络等基础设施要求较高，且相关产品和服务也越来越多维和复杂，金融机构在为贫困地区提供金融服务时，仍需采用大量传统技术手段，一家一户地进行讲解和交易，导致金融机构扶贫的运营费用、管理成本长期居高不下，在一定程度上制约了金融精准扶贫作用的发挥。第三，贫困地区信用体系不健全。信用体系建设是一个长期的系统性工程，目前我国多数贫困地区信用环境不佳，许多贫困户信用意识薄弱，再加上其对金融市场基础知识缺乏了解甚至对扶贫政策理解错误，在日常金融服务过程中常会出现一些贫困地区的人口将银行信贷资金与国家扶贫资金混淆，甚至存在逃废债现象。面对相对较高的扶贫贷款风险，金融机构普遍惜贷，参与金融精准扶贫的意愿不强。同时，贫困地区企业和群众征信数据的缺乏也给金融机构带来不少风险。总之，金融信用体系不完备是造成我国广大农村金融精准扶贫无法有效持续发展的主要原因之一。

（2）金融产品供给与贫困农户需求不相适应。一方面，商业银行金融产品供给与贫困农户产品需求存在错配。不同贫困地区的经济发展状况、贫困企业的融资困境及贫困户的境遇各有不同，对资金额度、贷款期限等均有不同需求，应设计多样化且与实际贷款诉求相匹配的金融产品。事实上，尽管当地银行网点工作人员能相对精准地把握贫困户需求，但由于商业银行的主要经营目标是在防范风险的同时实现收益最大化，设计的多为标准化产品，产品类型单一，使基层网点无法推荐匹配的或无权灵活设计适应贫困户的金融产品。产品供给与需求的错配限制了金融扶贫的精准度。中国农村金融协会调查显示，在30%有贷款需求的农户中，贷款满足度不到50%，贷款覆盖率仅15%，贫困户从正规金融机构获得相匹配的贷款产品的比例较小。另一方面，金融扶贫产品的征信方式与贫困农户需求不匹配。如传统的抵押担保贷款、联保贷款，因贫困农户本就缺少自有资产而难以发挥作用，免抵押免担保信用贷款实际覆盖范围又相对较小。短期看，金融机构要履行社会责任，但也要遵循市场规律，考虑风险和收益问题；长期看，受贫困户抵押物不足等因素制约，传统的商业性金融机构无法满足贫困群体的资金需求。金融机构倾向于将信贷资金投向大客户，而有意限制资产不足且无担保的贫困农户信贷，其趋利性与扶贫的政策性存在一定冲突。

(3) 相关配套政策对金融精准扶贫的引导力不强。第一，农村金融机构的准入政策普遍偏紧，地方性村镇银行数量偏少、密度不高，缺少专门从事扶贫工作的全国性金融机构。一方面，中国人民银行发布的《中国农村金融服务报告（2016）》显示，涉农金融机构中95%以上的网点为农信系统，其中信用社占一半以上，金融机构涉农主体相对单一、多元化程度有限。另一方面，村镇银行的设立多受"一县一行"等政策性限制，从而无法灵活地跨区域开展业务。目前，尚未设立专业性和针对性更强的专门金融机构从事扶贫事业。第二，对向贫困群体提供直接服务的金融机构的政策性支持不足。金融扶贫的关键是从根本上提升金融机构参与扶贫事业的积极性和主动性，建立行之有效的激励机制，从而真正提高扶贫效率和效果，减少"外部输血式"的资金输入。科学合理的税收政策能在降低金融机构扶贫成本、激发其扶贫动力方面起到重要作用，然而金融机构在扶贫工作中要无偿承担较多应税项目，且部分捐赠活动要视同销售缴纳相应税收，税务成本较高，从而降低了金融主体开展扶贫工作的积极性。第三，扶贫政策导向性不足。例如，传统的财政资金投入会对扶贫产生明显的短期效果，但长期看不可持续；已出台的"三农"针对性再贷款政策考核力度较小，且条文宽泛，在实际实施中无法精准对焦，引导作用难以发挥。同时，国家对金融精准扶贫的资金投向介绍不明，当前相对明确的仅针对易地搬迁、助学贷款等领域出台了相关政策，更有指导性、可落地的操作方法也未做具体规定。如何通过精准的金融扶贫政策打破"输血"模式实现"造血"效果、发挥导向作用还需要深入研究。

(六) 我国金融扶贫面临的难点与制约因素

1. 自然条件恶劣,金融扶贫风险增加

由于金融机构参与扶贫开发起步较晚,起点较低,针对贫困地区农户的金融服务极其匮乏,资金投入不足导致贫困地区发展动力不足,影响生产水平提高。从需求、供给、收入、成本等要素分析,特困地区自然灾害频繁,生态环境十分脆弱,加上人口增长、不合理的耕作方式、毁林毁草开荒等不合理开发,水土流失日益严重,有的地方已无地可耕,连最基本的生存条件都难以保障,形成人口、资源、环境的尖锐矛盾,陷入资源破坏、环境退化、贫困加深的恶性循环中。这些地区同时又是地方病高发区,致贫因素多,贫困程度深,灾年返贫、因病返贫、因学返贫现象十分普遍。

2. 水、电、路等基础设施落后,金融扶贫成本增加

由于特殊的地理环境,加上长期投入有限,欠账太多,人口迅速增长的压力以及各地财力不足等因素,特困地区水利灌溉程度低,公路覆盖面窄、路况差,农网改造户表率低,住房条件差。到2014年底,全国有3917个村不通电,380万人无电可用,连片特困地区有3862万农村居民和601万学校师生没有解决饮水安全问题,近10万个行政村未通水泥沥青路。

3. 农村产业结构单一,金融扶贫难度增加

特困地区自然经济占主导地位,商品经济不发达,缺乏竞争力和自我发展能力,产业构成以农业为主,粮食生产占主导地位,经济作物等其他产业比重极低,劳动强度大,农业生产成本高,生产发展水平低,收成少,一旦遇上自然灾害和市场价格下跌,贫困村农户就处于亏本经营的状态,难以实现资本积累。贫困村生产耕作技术低,支撑产业不强,农业产品量小且市场化程度极低,导致贫困村产业市场竞争力不强,可持续发展后劲不足。

4. 贫困地区生态环境差,信用评级困难增加

我国592个国家扶贫开发工作重点县农民人均纯收入不足全国平均水平的60%,农民医疗支出仅为全国农村平均水平的60%,文盲、半文盲的比例比全国高出3.6个百分点。贫困村农民长期在封闭的环境中生活,缺乏科技知识和市场经济意识,缺少农村实用新知识、新技术,家庭经济脆弱,扩大家庭生产投入困难,科技知识运用乏力。贫困村中留守的都是劳动力文化素质偏低、年龄偏大、生产能力偏弱的"三偏"农民,这部分农民"等、靠、要"的依赖思想更为严重。

5. 认识不一,金融扶贫工作推进力度不足

地方政府对金融扶贫的认识不统一,存在畏难情绪,缺乏一定的担当意识,存在步子不大、遇到困难打"退堂鼓"的思想、风险补偿金设立存在难度等问题。扶贫工作涉及部门多,工作协调难度大。扶贫资金多为财政性资金,条块管理,专款专用。财政资金作为风险补偿金的占比较小,扶贫资金有限,难以发挥"四两拨千斤"的作用。

6. 手段匮乏,金融生态符合经济社会发展需要不足

由于信息不对称,贫困地区农村生产要素市场发展滞后,土地承包经营权、林权、非上市企业股权等"五权二指标"要素无法有效交易和流转,资产评估难、流转难、变现难,要素价格发现功能难以实现,加剧了银行与农户、企业之间的信息不对称,抑制了金融资源的及时介入。信用等级较低,贫困地区生态环境改善、信用体系建设较缓慢,市场主体信用等级偏低,合格的贷款主体较少。

7. 配套不够,金融机构参与扶贫开发工作动力不足

针对贫困地区的差异化金融监管政策、货币信贷倾斜政策配套不够,金融机构将资金用于贫困地区的动力不足。专项财政税收扶持政策配套不够,目前还没有针对贫困地区专门的风险补偿、税收优惠、财政奖励、费用补贴等政策,难以吸引金融机构在贫困地区加大投入。现有扶贫专项资金专项投入与贫困地区需求配套不够,由于扶贫对象多,有些地方为了兼

顾公平，难免存在"撒胡椒面"式安排资金项目的问题。

8. 认识误区，贫困户的内生需求不足

由于地理条件、气候条件、交通条件及整体的文化素质等多方面原因，贫困地区农户产业发展选择较难，增收渠道单一。从相关调查情况看，贫困地区农户贷款的需求分别为大件生产设备的采购、建房、婚丧嫁娶、大病住院、子女上学等，日常对贷款的需求并不迫切。有些贫困户仍然抱着依赖政府"输血式"救济的老观念不放，有些贫困户甚至有"金融扶贫是国家救济，可以借钱不还"的错误想法。

七、我国金融扶贫的政策体系和组织体系

党的十八大以来，我国扶贫开发工作进入新的历史时期，中央将精准扶贫、精准脱贫作为打赢脱贫攻坚战的重要方略。金融精准扶贫作为我国扶贫开发的重要组成部分，是在国家脱贫攻坚规划、"精准扶贫、精准脱贫"方略等顶层设计的引领下，将金融资源定向、精准地配置到贫困地区和贫困人口的过程，是促进贫困地区经济社会发展、贫困人口脱贫致富，助力打赢脱贫攻坚战的重要支撑。党中央、国务院高度重视金融精准扶贫工作，先后出台多项政策措施，构建了日臻完善的金融精准扶贫政策体系，鼓励和引导全国金融系统加大对脱贫攻坚的支持力度，全面改进和提升脱贫攻坚金融服务的精准性和有效性。我国金融系统坚决响应习近平总书记精准扶贫的号召，在金融制度政策和机制体制方面做了许多创新，坚决引领我国金融业支持精准脱贫。

（一）加快我国金融扶贫的政策体系建设

2013年11月，习近平总书记在湖南湘西考察时首次提出"精准扶贫"思想，中共中央办公厅、国务院办公厅随即印发了《关于创新机制扎实推进农村扶贫开发工作的意见》（中办发〔2013〕25号），正式提出建立精准扶贫机制，为我们做好新时期扶贫工作指明了方向。在此背景下，人民银行等七部门联合出台了《关于全面做好扶贫开发金融服务工作的指导意见》（银发〔2014〕65号），针对832个国家级贫困县提出做好扶贫开发金融服务工作的总体要求、重点支持领域、十项重点工作、保障政策措施、加强组织领导五方面内容。这也成为新时期全面做好扶贫开发金融服务的指导性文件，也是我国首个全面系统的关于金融扶贫的政策体系。

习近平总书记先后赴福建、贵州等多地开展扶贫调研，并在"2015减贫与发展高层论坛"、部分省（自治区、直辖市）党委主要负责同志座谈会

等多个场合强调精准扶贫。2015年11月,中央召开了扶贫开发工作会议,深入分析了全面建成小康社会进入决胜阶段脱贫攻坚面临的形势和任务。习近平总书记在会上系统阐述了精准扶贫精准脱贫方略,提出了"五个一批""六个精准"的一系列战略思想,强调"要加大扶贫资金整合力度,做好金融扶贫这篇文章"。会后,《中共中央 国务院关于打赢脱贫攻坚战的决定》(中发〔2015〕34号)颁布实施,全党全社会共同参与的脱贫攻坚战正式拉开大幕。该文件把"加大金融扶贫力度"作为脱贫攻坚政策保障和支撑体系进行安排部署,提出鼓励和引导各类金融机构加大对扶贫开发的金融支持、设立扶贫再贷款、发行政策性金融债筹资专项用于易地扶贫搬迁等举措。为贯彻落实好中央扶贫开发工作会议精神、中发〔2015〕34号文件要求以及中央领导同志关于扶贫开发工作的系列重要指示精神,人民银行等七部门于2015年12月召开了全国扶贫开发金融服务工作电视电话会议,研究部署新时期金融扶贫工作重点任务。2016年3月,人民银行会同相关部门联合印发了《关于金融助推脱贫攻坚的实施意见》(银发〔2016〕84号),从六大方面提出22项金融扶贫政策措施,突出了"精准"二字,为全国金融系统做好金融精准扶贫工作明确了重点、强化了保障。一是准确把握精准扶贫要求。坚持精准支持与整体带动结合,坚持金融政策与扶贫政策协调,坚持创新发展与风险防范统筹,以发展普惠金融为根基,全力推动贫困地区金融服务到村到户到人,努力让每一个符合条件的贫困人口都能按需求便捷地获得贷款,让每一个需要金融服务的贫困人口都能便捷地享受到现代化金融服务。二是精准对接融资需求。精准对接贫困地区发展规划,找准金融支持的切入点。精准对接特色产业、贫困人口就业就学、易地扶贫搬迁、重点项目和重点地区等领域的金融服务需求,增强贫困户自我发展能力。三是推进普惠金融发展。深化农村支付服务环境建设,加强农村信用体系建设,加强金融消费者教育和权益保护,优化金融生态环境。四是发挥各类金融机构主体作用。引导政策性、开发性、商业性、合作性金融机构根据各自的定位,有针对性地推进金融扶贫工作。五是完善保障措施。设立扶贫再贷款,引导地方法人金融机构加大对贫困地区的支持力度。加强金融与财税政策的协调配合,引导金融资源倾斜配置。实施差异化监管政策,适度提高贫困地区不良贷款容忍度。六是完善工作机制。建立和完善人民银行、银监、证监、国家发展改革、扶贫、财政、金融机构等参与的脱贫攻坚金融服务工作联动机制。切实发挥人民银行各级分支机构在脱贫攻坚金融服务工作中的组织引导作用。建立和完善脱贫攻坚金融服务专项统计监测制度，开展专项评估，加强总结宣传，增强金融精准扶贫政策的实施效果。国务院还于2016年6月专门召开了全国金融扶贫工作电视电话会议，汪洋副总理出席会议并强调"金融扶贫是增加扶贫投入的重要渠道，是脱贫攻坚的关键举措"，要求"加大金融扶贫力度"。为指导全国金融系统全面贯彻落实好中央扶贫开发战略以及中发〔2015〕34号文件、银发〔2016〕84号文件要求，更好地投入脱贫攻坚，人民银行、金融监管部门等相继出台具体意见。一是资金保障方面。人民银行创设扶贫再贷款，利率在正常支农再贷款利率基础上下调1个百分点，专门用于支持全国832个国家级贫困县和未纳入上述范围的省级扶贫工作重点县扩大信贷投放，降低融资成本。人民银行印发《易地扶贫搬迁信贷资金筹措方案》（银发〔2016〕90号），并联合国家发展改革委等相关部门出台相关政策规定，提出由国家开发银行和中国农业发展银行通过在银行间债券市场发行易地扶贫搬迁专项金融债券筹资用于发放贫困地区易地扶贫搬迁贷款，并规范相关事项。二是专项领域指导意见方面。2016年以来，银监会、保监会、证监会先后印发了有关银行业、保险业、资本市场领域做好金融扶贫工作的指导意见，指导银行业金融机构实施信贷倾斜支持政策、探索有效服务模式、实施差异化监管制度等；指导保险机构精准对接农业、健康、民生、产业脱贫、教育脱贫等保险服务需求，努力实现贫困地区保险服务到村到户到人；明确为全国592个贫困县首次公开发行股票、新三板挂牌等开辟绿色通道，支持贫困地区利用资本市场资源拓宽融资渠道。三是金融产品创新方面。为建档立卡贫困户量身定制"5万元以下、3年以内、免担保免抵押、基准利率放贷、财政贴息、县建风险补偿基金"的精准扶贫信贷产品，支持有贷款意愿、有就业创业潜质、有技能素质和一定还款能力的建档立卡贫困户发展扶贫特色优势增收产业项目。银监会等部门还专门印发了《关于促进扶贫小额信贷健康发展的通知》（银监发〔2017〕42号），进一步明确扶贫小额信贷有关政策要点，指导各地在投放扶贫小额信贷过程中坚持精准扶贫、依法合规、发展生产，切实提高贫困户脱贫内生发展动力。2016年，人民银行、财政部、人力资源和社会保障部联合出台了《关于实施创业担保贷款支持创业就业工作的通知》（银发

〔2017〕202号），将小额担保贷款政策调整为创业担保贷款政策，支持建档立卡贫困人口、返乡创业农民工、复员转业退役军人等9类人群创业就业。四是金融扶贫信息对接方面。为做好金融精准扶贫工作，推进扶贫信息共享，及时、准确、完整地反映金融精准扶贫政策落实情况，人民银行会同相关金融监管部门、扶贫办建立了金融精准扶贫信息共享机制，印发了《关于加强金融精准扶贫信息对接共享工作的指导意见》（银发〔2016〕155号），推动实现建档立卡贫困户信息、带动脱贫重点项目信息、金融扶贫信息等对接共享。建立了扶贫贷款专项统计制度，印发了《关于建立金融精准扶贫贷款专项统计制度的通知》（银发〔2016〕185号），从多维度对个人扶贫贷款、产业扶贫贷款和项目扶贫贷款进行监测，并配套建设了金融精准扶贫信息系统，运用信息化手段辅助开展统计监测。建立了专项评估制度，印发了《关于开展金融精准扶贫政策效果评估的通知》（银发〔2017〕19号），按照金融精准扶贫政策执行情况，将各贫困地区、金融机构评为优秀、良好、中等、勉励四个档次，通过实施奖优惩劣的激励政策，督促金融精准扶贫政策的有效落实。随着"精准扶贫、精准脱贫"方略的深入实施，习近平总书记提出了新的、更加精准的工作要求，在中共中央政治局第三十九次集体学习时提出"七个强化"；在"两会"期间提出"绣花式"精准扶贫思想；在中共十九大报告中强调要动员全党全国全社会力量，坚持精准扶贫、精准脱贫，坚决打赢脱贫攻坚战。2017年6月，习近平总书记还在山西省太原市组织召开全国深度贫困地区脱贫攻坚座谈会，专门研究破解深度贫困问题之策，提出从八个方面加大力度推进深度贫困地区脱贫攻坚的任务和要求。中共中央办公厅、国务院办公厅随即印发了《关于支持深度贫困地区脱贫攻坚的实施意见》（厅字〔2017〕41号），提出新增脱贫攻坚资金、项目、举措主要用于深度贫困地区，强调"加大金融扶贫支持力度"，要求金融系统制定差异化信贷支持政策、加快审核符合条件的企业首次公开发行股票、提高保险服务水平等。这为金融支持深度贫困地区指明了方向，是新形势下金融部门深入做好金融精准扶贫工作的行动指南。为贯彻落实好习近平总书记在深度贫困地区脱贫攻坚座谈会上的讲话精神，人民银行召开了金融支持深度贫困地区脱贫攻坚座谈会，要求金融机构采取更加有效的举措和开展更加有力的工作，聚焦深度贫困地区，积极做好深度贫困地区各项金融服务工作，包括加大政策攻坚运用和

信贷政策指导、发挥金融机构主体作用、加强产业政策、财税政策与金融政策的协调配合等。2017年12月，为深入贯彻落实党的十九大精神，根据要求，人民银行会同相关金融监管部门印发了《关于金融支持深度贫困地区脱贫攻坚的意见》（银发〔2017〕286号），从强化责任、综合运用货币政策工具、改进完善差异化信贷管理、加强易地扶贫搬迁贷款资金筹措管理、拓宽直接融资渠道、创新发展保险产品、下沉金融网点、推进信用体系建设、提升国库服务水平、加强金融生态环境建设、优化银行业金融机构监管考核、发挥财税对金融资源的撬动作用、完善监测考核评价机制十三个方面，着力改进和做好深度贫困地区金融服务。这也为全国金融系统进一步聚焦深度贫困地区脱贫攻坚强化了政策保障，为金融支持打好精准脱贫攻坚战指明了方向、明确了措施。

党的十八大以来，我国扶贫开发工作进入新的历史时期，中央将精准扶贫、精准脱贫作为打赢脱贫攻坚战的重要方略。金融精准扶贫作为我国扶贫开发的重要组成部分，是在国家脱贫攻坚规划、"精准扶贫、精准脱贫"方略等顶层设计的引领下，将金融资源定向、精准地配置到贫困地区和贫困人口的过程，是促进贫困地区经济社会发展、贫困人口脱贫致富，助力打赢脱贫攻坚战的重要支撑。党中央、国务院高度重视金融精准扶贫工作，先后出台多项政策措施，构建了日臻完善的金融精准扶贫政策体系，鼓励和引导全国金融系统加大对脱贫攻坚的支持力度，全面改进和提升脱贫攻坚金融服务的精准性和有效性。

2018年2月，习近平总书记在成都组织召开打好精准脱贫攻坚战座谈会，对下一步脱贫攻坚工作做出了重要部署，提出了明确要求，强调要提高脱贫质量，聚焦深度贫困地区，扎扎实实地把脱贫攻坚推向前进。为了贯彻落实打好精准脱贫攻坚战成都座谈会精神，2018年5月16—17日，人民银行在四川省阿坝藏族羌族自治州理县召开金融精准扶贫经验交流暨工作推进会，总结交流金融精准扶贫工作的新进展、新成效，从加大货币信贷政策支持力度、健全金融支持产业扶贫机制、聚焦深度贫困地区增加金融资源和服务、完善易地扶贫搬迁金融服务、坚持金融支持与风险防范两手抓等方面对今后三年的金融精准扶贫工作进行了安排部署，大力推动金融精准扶贫政策落实落地。

目前，按照中央关于打赢打好脱贫攻坚战的精神要求，人民银行牵头出台了金融助推脱贫攻坚、金融支持深度贫困地区脱贫攻坚、易地扶贫搬迁信贷资金筹措方案等政策文件，在货币政策工具运用、差别化信贷管理、拓宽直接融资渠道、下沉金融服务网点、建立健全信用体系等方面明确了政策举措，并通过建立金融精准扶贫信息对接共享机制、开展金融精准扶贫政策效果评估等配套措施为金融精准扶贫政策的有效落实提供了保障。下一步，做好金融支持精准脱贫攻坚的重点和关键在于充分发挥现有举措作用，用好用足现有政策，确保政策落到实处、见到实效，切实为我国脱贫攻坚提供积极支撑。

（二）加强我国金融扶贫的组织体系建设

自 1978 年改革开放以来，我国金融业开始了从计划经济体制向市场经济体制的深刻变革。1978 年以前，我国执行与计划经济体制相适应的高度集中的、单一的国家银行体制。1978 年，党的十一届三中全会开启了我国金融体制改革开放的历史序幕。1979 年后，我国逐步建立或恢复了中国农业银行、中国银行、中国建设银行、中国工商银行，设立了一批全国性和区域性股份制商业银行，以及其他各类金融机构。1984 年，中国人民银行开始专门行使中央银行职能，专注于宏观调控、金融监管和为银行提供支付清算等金融服务。1993 年，党的十四届三中全会明确提出加快金融体制改革。到 20 世纪末，我国初步建立了与社会主义市场经济相适应的现代金融组织体系。进入 21 世纪以来，在党中央、国务院的正确领导下，我国金融体系持续深化改革，探索解决金融组织体系中存在的问题，改革工作取得了一系列重大进展。大型商业银行成功股改上市，农村信用社改革全面深化，证券公司规范发展，大型国有保险公司基本完成改制，我国基本建立起了以商业银行为主体、多种金融机构并存的金融组织体系，为实体经济发展提供了重要支撑。

近年来，以习近平同志为核心的党中央把脱贫攻坚摆在治国理政的突出位置，把贫困人口脱贫作为全面建成小康社会的底线任务和标志性指标，高位强力推进精准扶贫、精准脱贫。金融扶贫作为脱贫攻坚战略体系的重要组成部分，人民银行积极发挥金融扶贫牵头作用，联合相关金融监管部门，组织银行业、证券业、保险业等金融机构立足自身机构和业务特点，发挥主体作用，精准、有效地开展金融扶贫，为促进贫困地区脱贫攻坚和贫困群众脱贫致富提供有效的金融支撑。

1. 开发性、政策性银行业金融机构在金融扶贫中起着重要作用

我国的开发性、政策性银行业金融机构设立和改革的初衷，就是服务国家战略、推动实现政府发展目标、加大对重点领域和薄弱环节的支持力度，在商业性金融资源配置失灵的领域提供更多更有效的支持。因此，开发性、政策性银行在开展金融扶贫中具有天然的优势和责任。近年来，国家开发银行和中国农业发展银行将金融扶贫的重心放在支持扶贫开发重点领域和重要项目上，对于支持贫困地区基础设施建设、易地扶贫搬迁、产业项目发展等发挥着积极的作用。2016年，国家开发银行和中国农业发展银行先后设立"扶贫金融事业部"，通过实施精准支持措施、精准管理手段、精准信贷服务，更集中、更专业地开展脱贫攻坚金融服务。"扶贫金融事业部"下设若干职能部门，在22个扶贫任务较重的省份分支机构设立扶贫业务处（事业部分部），按照"政策支撑、市场运作、专项管理、单独核算、保本微利"原则，主要负责组织开展支持建档立卡贫困村、贫困人口的易地扶贫搬迁、特色产业、教育医疗及交通、水利、电力、农村危房改造和人居环境整治等贫困地区基础设施建设的相关业务。其中，中国农业发展银行将"扶贫金融事业部"的触角延伸到832个国家级贫困县，基本实现贫困地区政策性金融服务全覆盖。此外，"扶贫金融事业部"从事涉农贷款等与金融扶贫密切相关的业务时，依法享受相关税收优惠。

2. 商业性银行业金融机构是金融扶贫的主体

商业银行是我国金融业的主体，是我国资金的主要筹集者、供给者和金融服务的主要提供者。目前，我国商业银行体系主要由国有大型商业银行、邮政储蓄银行、股份制商业银行及城市商业银行等组成。在金融扶贫工作中，国有大型商业银行充分发挥自身信贷资金充足、金融科技先进和管理经验丰富的优势，不断简化业务流程、下沉服务重心、延伸服务半径，大力发展订单、仓单质押等产业链、供应链金融服务，加大对贫困地区龙头企业、农民专业合作社等经营主体的支持，重点做好贫困地区特色产业发展和基础设施建设等的金融服务工作，推动贫困地区经济发展和产业结

构升级,有效带动建档立卡贫困人口脱贫增收。其中,农业银行继续深化三农金融事业部改革,强化县级事业部经营能力;邮政储蓄银行设立三农金融事业部,逐步扩大涉农业务范围,加大对扶贫重点领域的支持力度。股份制商业银行和城市商业银行发挥自身业务优势,针对贫困地区实际需求,改进贷款营销模式,通过委托贷款、批发贷款等方式向贫困县(市、区)增加有效信贷投放。

3. 农村中小金融机构是金融扶贫的主力军

农村中小金融机构主要包括农村信用合作联社、农村商业银行、农村合作银行和村镇银行等农村法人金融机构,其拥有独立法人地位,管理半径小、决策路径短、服务效率高,能够将金融资源精准及时地配置给"三农"经济,更好地满足弱势群体差异化、个性化的金融服务需求,是农业农村金融服务主力军。金融扶贫工作中,农村信用合作联社、农村商业银行依托网点多、覆盖广、业务灵活的优势,扎根贫困地区,针对产业发展、贫困人口需求特点,发放扶贫小额信贷、开展"两权"抵押贷款试点业务等,满足贫困地区扶贫产业经营主体和建档立卡贫困人口发展生产资金需要。同时,通过建立"金融扶贫综合服务站""农村金融综合服务站""贫困村金融服务点",开展"金融夜校"等金融消费者教育活动,推动金融服务、金融知识进村入户。村镇银行不断提高集约化管理和专业化服务水平,积极开展普惠金融业务,为贫困地区各类经营主体和贫困人口提供信贷和服务支持,有效填补了贫困农村地区金融服务的空白,加大了对农业农村金融的支持力度,提高了贫困地区和贫困人口金融服务的可获得性。

4. 证券业金融机构是金融扶贫的补充

自2015年全国扶贫开发工作会议开始,脱贫攻坚的配套政策指导全面铺开。2016年3月,中国人民银行会同国家发展和改革委、财政部等六部委提出《关于金融助推脱贫攻坚的实施意见》,随后分别下发关于银行业金融机构、资本市场与保险行业对接扶贫工作的具体指引。2017年7月,全国金融工作会议重申推进金融精准扶贫、加强"三农"和偏远地区金融服务的总体部署。2017年10月,十九大报告继续坚定了"坚决打赢脱贫攻坚战"的战略目标。2017年末的中央经济工作会议针对下一阶段的精准扶贫进行深入阐述,要求向深度贫困地区聚焦发力,激发贫困人口内生动力,加强考核监督。可见,金融扶贫的政策指引体系与顶层设计机制已趋完善,要求与目标非常明确,在此框架下各市场主体的实践与创新效果将是未来政策研究的重要方向。证券业金融机构是发挥资本市场助推脱贫攻坚作用的重要主体。近年来,证券业金融机构积极发挥行业优势,在拓宽贫困地区融资渠道的同时,发挥资本市场功能,帮助贫困地区培育内生发展动力。一方面,大力加强对贫困地区企业的上市辅导培育和孵化,根据地方资源优势和产业特色,完善上市企业后备库;支持上市公司对贫困地区的企业开展并购重组,对涉及贫困地区的上市公司并购重组项目,优先安排加快审核,对符合条件的农业产业化龙头企业的并购重组项目,重点支持加快审核。另一方面,积极支持贫困地区企业利用多层次资本市场融资,对注册地和主要生产经营地均在贫困地区且开展生产经营满三年、缴纳所得税满三年的企业,或者注册地在贫困地区、最近一年在贫困地区缴纳所得税不低于2000万元且承诺上市后三年内不变更注册地的企业,申请首次公开发行股票并上市的,适用"即报即审、审过即发"政策;对注册地在贫困地区的企业申请在全国中小企业股份转让系统挂牌的,实行"专人对接、专项审核",适用"即报即审、审过即挂"政策,减免挂牌初费;对注册地在贫困地区的企业发行公司债、资产支持证券的,实行"专人对接、专项审核",适用"即报即审"政策。此外,证券机构还积极开展专业帮扶行动,通过组建金融扶贫工作站等方式结对帮扶贫困县,与当地政府建立长效帮扶机制,帮助县域内企业规范公司治理,提高贫困地区利用资本市场促进经济发展的能力。

5. 保险业金融机构是金融扶贫的保障

保险是扶危济困的行业,在防止贫困群众因灾因病返贫致贫、优化扶贫资源配置、促进贫困地区产业发展等方面有着独特的优势,保险业金融机构与扶贫具有天然的内在联系。在金融扶贫工作中,保险机构积极发挥对贫困地区产业发展和贫困人口生产生活的保障和增信作用,通过发展农业保险、大病保险、民生保险和创新保险资金运用等全力推动保险精准扶贫。一是发展农业保险,针对贫困地区产业发展特点,开发多样化农业保险产品,并对贫困农户实行普惠基础上的特惠政策,对贫困地区农业生产者在从事种植业、林业、畜牧业和渔业生产过程中，遭受自然灾害、意外事故、疫病等保险事故所造成的经济损失提供保障，有效降低了贫困人口因灾返贫的可能。二是扩大大病保险覆盖面。针对建档立卡贫困人口，开发推广贫困户主要劳动力意外伤害、疾病和医疗等扶贫保险产品，提高贫困人口医疗费用报销比例，加强基本医保、大病保险、商业健康保险、医疗救助、疾病应急救助和社会慈善等的衔接，最大限度提升对贫困人群的医疗保障水平，防止"因病致贫、因病返贫"。三是扩大农房保险覆盖面，支持贫困地区开展巨灾保险试点，兜住贫困群体生产生活风险底线。四是发挥保险的融资增信功能。发展农业保险保单质押、小额贷款保证保险和保险资金直接投资，为建档立卡贫困户融资提供增信支持，缓解贫困群体贷款难、贷款贵问题。此外，保险机构还创新保险资金运用，通过设立保险业产业扶贫投资基金等积极助推产业脱贫。目前，我国保险扶贫已初步形成以农业保险、大病保险为代表的保险保障体系，以农险保单质押、小额信贷保证保险为代表的融资增信体系和以中国保险业产业扶贫投资基金为代表的险资直投体系。

（三）我国金融扶贫的金融监管支持政策

优化银行业金融机构监管考核、实施差别化监管制度，对于有效引导金融机构积极投入脱贫攻坚战、做好扶贫开发金融服务工作具有重要意义。近年来，按照党中央、国务院的总体部署，金融监管部门出台了许多有针对性的措施，要求金融机构立足职能定位，持续加大扶贫资金投入，创新金融产品服务，全面做好金融扶贫这篇大文章。银监会先后出台了《关于银行业金融机构积极投入脱贫攻坚战的指导意见》《关于印发大中型商业银行设立普惠金融事业部实施方案的通知》《关于促进扶贫小额信贷健康发展的通知》等一系列政策指引和意见，为齐心协力打好脱贫攻坚战奠定了坚实基础。

1. 完善金融扶贫工作机制

2015年2月，银监会办公厅印发《关于做好2015年农村金融服务工作的通知》（银监办发〔2015〕30号），在大力发展农村普惠金融，全面提升农村金融服务质效方面，要求银行业金融机构以集中连片特困地区为重点，加大信贷投放和工作力度。推进精准扶贫，推动扶贫小额信贷健康发展，提高扶贫小额信贷覆盖建档立卡贫困农户比例，全面做好支持农村贫困地区扶贫攻坚的金融服务工作。2016年2月，银监会办公厅印发《关于2016年推进普惠金融发展工作的指导意见》（银监办发〔2016〕24号），要求各金融机构明确定位，落实责任分工。鼓励银行业金融机构按照单列信贷资源、单设扶贫机构、单独考核贫困地区建制乡镇机构网点覆盖率和行政村金融服务覆盖率、单独研发扶贫金融产品的"四单"原则，加大对扶贫工作的投入。发挥政策性金融和商业性金融互补作用，以国家开发银行和中国农业发展银行为主渠道，同时通过市场化机制引导商业性银行业金融机构加大信贷投入。国家开发银行、中国农业发展银行设立扶贫金融事业部。其他涉农银行业金融机构要成立扶贫工作专门组织架构。2016年4月，银监会印发《关于银行业金融机构积极投入脱贫攻坚战的指导意见》（银监发〔2016〕9号），要求国家开发银行、中国农业发展银行设立扶贫金融事业部，统筹协调扶贫开发金融服务工作。其他涉农银行业金融机构要成立扶贫工作专门组织体系，建立由各部门参加直至末端的条线制专项工作机制，对联系扶贫部门、自身任务确定、责任划分、时间进度计划、信贷政策、业务授权、金融创新、资源配置、跟踪督查等进行统筹安排。2017年4月，银监会印发《关于提升银行业服务实体经济质效的指导意见》（银监发〔2017〕4号），要求各金融机构进一步完善"四单"等金融扶贫工作机制，落实扶贫小额信贷分片包干责任，继续扩大建档立卡贫困户的扶贫小额信贷覆盖面。支持银行业金融机构向贫困地区延伸机构和服务，提升金融精准扶贫效率。

2018年2月，银监会办公厅印发《关于做好2018年银行业三农和扶贫金融服务工作的通知》（银监办发〔2018〕46号），要求各银行业金融机构把普惠金融重点放在乡村，以实施乡村振兴战略为"三农"金融服务工作总抓手，聚焦农户、新型农业经营主体、建档立卡贫困户和深度贫困地区，充分发挥基层党组织力量，进一步健全农村金融体系，加大金融资源倾斜力度，力争全年涉农贷款持续增长、新型农业经营主体贷款和精准扶贫贷款增速高于各项贷款增速、基础金融服务覆盖面进一步扩大。

2. 实施差异化信贷管理政策

银行业金融机构针对不同行业、不同经济主体均已构建起成熟完备的授信审批管理体制机制，但结合金融扶贫重在增加信贷资金投入的内在要求，需要金融机构改进和实施差异化的授信制度和信贷管理政策。2016年2月，银监会办公厅印发《关于2016年推进普惠金融发展工作的指导意见》，要求金融机构聚焦重点难点，确保精准投放。国家开发银行和中国农业发展银行要加大贫困地区基础设施、公共服务设施、移民搬迁、生态保护、教育扶贫等领域的资金投放。其他涉农银行业金融机构要着重加大建档立卡贫困人口的扶贫小额信贷投放。要进一步完善建档立卡贫困户贷款管理政策。提高财政专项扶贫资金投入扶贫项目的信贷资金配套比例。增加贫困地区基础设施、易地扶贫搬迁等项目的中长期信贷资金比重。银行业金融机构要制定关于脱贫攻坚项目的贷款管理办法，把扶贫项目和贫困对象认定结果的真实性作为发放贷款的首要条件，把确实的还款来源作为还款主要保障，把贷款资金是否专款专用、支持对象是否精准作为贷款检查的重要内容，保证精准扶贫。2016年4月，银监会印发《关于银行业金融机构积极投入脱贫攻坚战的指导意见》，要求银行业金融机构按照《关于创新发展扶贫小额信贷的指导意见》的各项政策，单独安排资金，单独考核责任，持续加大扶贫小额信贷投放力度。拓展扶贫小额信贷适用范围，更好地满足建档立卡贫困户生产、创业、就业、搬迁安置等各类贷款需求，对建档立卡贫困户5万元以下、3年以内的贷款，采取信用贷款方式，不设抵押担保门槛；对有贷款意愿、就业创业潜质、技能素质和一定还款能力的建档立卡贫困户保证应贷尽贷；实行利率优惠。完善生源地助学贷款政策。支持银行业金融机构对有在读高校学生的贫困户发放生源地助学贷款，学生在读期间利息全部由财政补贴，延长贷款期限至最长20年。

2017年12月，人民银行、银监会、证监会、保监会联合印发《关于金融支持深度贫困地区脱贫攻坚的意见》，提出金融扶贫资源要更加聚焦深度贫困地区。坚持新增金融资金优先满足深度贫困地区、新增金融服务优先布设深度贫困地区。到2020年，力争每年深度贫困地区扶贫再贷款占所在省（自治区、直辖市）的比重高于上年同期水平。2020年以前，深度贫困地区贷款增速力争每年高于所在省（自治区、直辖市）贷款平均增速。

2018年2月，银监会办公厅印发《关于做好2018年银行业三农和扶贫金融服务工作的通知》，进一步明确考核目标，完善差异化监管政策。要求设立普惠金融事业部、三农金融事业部的大中型银行和各农村中小金融机构要在确保涉农贷款余额持续增长的基础上，力争实现单户授信总额500万元以下普惠型农户经营性贷款和1000万元以下普惠型涉农小微企业贷款增速总体不低于各项贷款平均增速，扶贫小额信贷和精准产业扶贫贷款增速总体高于各项贷款平均增速。

3. 落实机构准入与不良贷款差异化监管政策

放宽机构准入审批条件、适度放宽不良贷款容忍度等是激发金融机构以及金融机构从业人员参与扶贫开发事业的内生动力，是增加贫困地区有效金融供给的重要举措。2016年4月，银监会印发《关于银行业金融机构积极投入脱贫攻坚战的指导意见》，对银行业金融机构在贫困地区的乡、村设立服务网点实行更加宽松的准入政策。优先支持在贫困地区设立村镇银行等新型农村金融机构，立足县域金融承载能力，支持在贫困地区规模化集约化发起设立村镇银行，因地制宜采取"一行多县"等方式，在攻坚期内基本覆盖贫困县。攻坚期内严格控制贫困地区现有机构网点撤并。支持贫困地区培育发展农民资金互助组织，优先在贫困地区开展农民合作社内部信用合作试点。鼓励贫困地区设立政府出资的融资担保机构。优先支持在贫困地区设立小额贷款公司。鼓励利用互联网平台开展金融服务，发挥网络借贷机构融资便捷、对象广泛的特点，引导其开展对贫困户的融资服务。同时提出，引导银行业金融机构合理确定扶贫项目贷款、扶贫小额信贷的不良贷款容忍度。对扶贫开发贷款做出尽职免责安排。对参与扶贫攻坚项目的公司主体、平台主体以及贫困户等因客观原因发生财务困难，无力及时足额偿还贷款本息的，可按有关规定实施贷款重组。2017年7月，银监会、财政部、人民银行、保监会、国务院扶贫办联合印发《关于促进扶贫小额信贷健康发展的通知》，对于银行业金融机构扶贫小额信贷不良率高出自身各项贷款不良率年度目标2个百分点以内的，可以不作为监管部门监管评价和银行内部考核评价的扣分因素。明确扶贫小额信贷发放过程中的尽职要求，强化正面导向，积极调动银行业金融机构投放扶贫小额信贷的积极性，同时也要加强对不尽责、失职行为的责任追究，切实防范道德风险。2017年12月，人民银行、银监会、保监会、证监会联合印发《关于金融支持深度贫困地区脱贫攻坚的意见》，提出对深度贫困地区银行业金融机构个人精准扶贫贷款不良率高于自身各项贷款不良率年度目标2个百分点以内的，可以在监管部门监管评价和银行内部考核中给予一定的容忍度。2018年2月，银监会办公厅印发《关于做好2018年银行业三农和扶贫金融服务工作的通知》，要求银行业金融机构注重积极配合财政、民政政策实施，结合深度贫困地区实际需求，合理优化网点布局，优先在机构空白的深度贫困县新设网点，积极推动已有网点服务升级，适度下放管理权限。扩大村镇银行县市覆盖面，鼓励和优先支持在深度贫困地区设立"多县一行"制村镇银行，提高村镇银行在深度贫困地区的覆盖面。

4. 规范扶贫小额信贷发展

扶贫小额信贷业务开展以来，在帮助贫困户发展生产、增收脱贫等方面取得了积极成效。但在实践中，扶贫小额信贷业务发展仍然存在一些问题。针对扶贫小额信贷业务发展存在的问题，2017年，银监会联合财政部、人民银行、保监会、国务院扶贫办联合印发《关于促进扶贫小额信贷健康发展的通知》，进一步强调扶贫小额信贷是为建档立卡贫困户量身定制的金融精准扶贫产品。从规范贷款发放和资金使用、强化风险管理、加强监测考核等方面，对扶贫小额信贷的发展进行了规范和明确。

一是始终精确瞄准建档立卡贫困户，加大对信用良好、有贷款意愿、有就业创业潜质、有技能素质和一定还款能力的建档立卡贫困户的支持力度。对已经脱贫的建档立卡贫困户，在脱贫攻坚期内保持扶贫小额信贷支持政策不变、力度不减。将信用水平和还款能力作为发放扶贫小额信贷的主要参考标准，发放过程要符合法律法规和信贷管理规定，借款合同要明确贷款资金用途，坚持户借、户还，切实防范冒名借款、违规用款等问题。

二是将扶贫小额信贷精准用于贫困户发展生产或能有效带动贫困户致富脱贫的特色优势产业，不能用于建房、理财、购置家庭用品等非生产性支出，更不能将扶贫小额信贷打包用于政府融资平台、房地产开发、基础设施建设等。在探索将扶贫小额信贷资金用于有效带动贫困户致富脱贫的特色优势产业过程中，必须坚持贫困户自愿和贫困户参与两项基本原则，使贫困户融入产业发展并长期受益，提高贫困户脱贫内生发展动力。

三是有条件的地区可根据实际情况建立和完善风险补偿和分担机制。风险补偿金投入要及时到位,专款专存、封闭运行。科学合理确定风险补偿金放大贷款倍数,明确政府与银行业金融机构之间的风险分担比例,不得将风险补偿金混同为担保金使用。对于贫困户参与的扶贫产业项目,要做到对建档立卡贫困户和产业项目双调查。稳妥办理无还本续贷业务,区别对待逾期和不良贷款,适当提高不良贷款容忍度。

四是督促银行业金融机构落实"包干服务"制度,推动扶贫小额信贷精准合规发放,加强信贷风险防范。放贷机构要履行好扶贫小额信贷投放的主体责任,在风险可控和商业可持续的前提下,加大扶贫小额信贷的投放力度。

五是积极发挥金融精准扶贫信息系统作用,加强与扶贫、银监、保监等部门的信息对接共享,共同做好扶贫小额信贷统计监测分析和评估考核工作。

六是利用群众喜闻乐见的形式加强宣传,确保贫困户真正把握政策要点,并注意总结扶贫小额信贷健康发展的有效做法,加大交流推广力度。

(四) 我国金融扶贫的保险保障支持政策

保险是扶危济困的行业,在防止贫困群众因灾因病返贫致贫、优化扶贫资源配置、促进贫困地区产业发展等方面有着独特的优势。

1. 保险扶贫的现实意义

保险最初的概念是基于契约的规定,保险人对被保险人的财产或人身权益未来发生不确定损害承担赔偿或给付保险金的行为。随着社会经济的发展,保险的功能不断完善,形成了保险保障、资金融通、社会管理的功能。改革开放以来,我国保险业快速发展,保险公司数量不断增多,类型不断齐全,以财产和人身权益为标的的保险产品日益丰富,对促进社会经济发展起到了十分重要的作用。从保险的属性可以看出,保险业本身具有扶危济困的特性,与扶贫具有天然的内在联系,面向最广大的贫困人口和社会弱势群体,有着独特的机制优势。保险作为风险管理工具,拥有独特的风险阻隔与经济补偿功能。"通过市场化机制,保险可以对受灾贫困人口进行精准补偿，有助于提高扶贫开发的科学性和精准性；通过大数法则和风险分散机制，保险可以放大财政资金使用效应，在更大的范围内实现扶贫开发资源的优化配置；通过增信功能，可以帮助贫困户提高融资能力"。《中华人民共和国保险法》第二条规定："本法所称保险，指投保人根据保险合同约定，向保险人支付保险费，保险人对于合同约定的可能发生的事故因其发生所造成的财产损失承担赔偿保险金责任，或者当被保险人死亡、伤残或者达到合同约定年龄、期限时承担给付保险金责任的商业保险行为。"

截至2018年12月，我国有人身保险公司91家，其中中资公司63家、外资公司28家，财产保险公司88家，其中中资公司66家、外资公司22家。

2. 保险扶贫相关政策

近年来，按照党中央的部署，人民银行等七部门制定了《关于金融助推脱贫攻坚的实施意见》，原保监会和国务院扶贫办制定了具体实施细则和支持政策，全面加强和提升保险业助推脱贫攻坚能力，通过做好大病扶贫、农险扶贫、补位扶贫、产业扶贫等方面的工作，为如期实现脱贫攻坚提供了有力的支持。2014年出台的《关于全面做好扶贫开发金融服务工作的指导意见》，提出要积极发展农村保险市场，构建贫困地区风险保障网络。创新农业保险险种，鼓励保险机构在贫困地区设立基层服务网点，扩宽保险资金运用范围，进一步发挥保险对贫困地区经济结构调整和转型升级的积极作用。2016年出台的《关于金融助推脱贫攻坚的实施意见》，结合精准扶贫、精准脱贫的要求，指出要创新发展精准扶贫保险产品和服务，扩大贫困地区农业保险覆盖范围。要从构建乡、村两级保险服务体系，开展特色农产品价格保险，改进和推广小额贷款保证保险，推进贫困地区人身和财产安全保险业务，提高保险支持脱贫攻坚精准度。同年，保监会、国务院扶贫办联合印发了《关于做好保险业助推脱贫攻坚工作的意见》（保监发〔2016〕44号），提出了到2020年，基本建立与国际脱贫攻坚战相适应的保险服务体制机制，努力实现贫困地区保险服务到村到户到人的工作目标，具体从精准对接农业保险、健康保险、民生保险、产业脱贫保险、教育脱贫保险五方面服务需求进行了安排和部署，为保险系统参与脱贫攻坚提供了政策指导。随后，为了进一步强化贫困地区保险市场体系建设，保监会专门制定了《关于加快贫困地区保险市场体系建设 提升保险业保障服务能力的指导意见》（保监发〔2016〕105号），提出优化保险机构资源配置，提升保险业精准扶贫能力。具体采取优先支持中西部省份设立财产保险公司和人身保险公司、鼓励贫困地区设立农村保险互助社等成本低廉的涉农保险组织等11个措施，推动贫困地区保险市场体系建设和完善。2017年出台的《关于金融支持深度贫困地区脱贫攻坚的意见》，专门强调创新发展保险产品，提高深度贫困地区保险密度和深度。通过发展商业医疗补充保险、疾病保险、扶贫小额保险和农房保险等产品，加大对深度贫困地区建档立卡贫困户投保保费补贴力度等措施，进一步把保险扶贫聚焦到支持深度贫困地区脱贫攻坚重点上来。同年，为进一步推进和深化保险精准扶贫政策提供统计数据依据，保监会制定了《保险扶贫统计制度（试行）》（保监统信〔2017〕274号），对与建档立卡贫困户生产、生活密切相关的农业保险情况进行统计。

（五）财政税收政策与金融扶贫的配合举措

为加大财税对扶贫开发的支持力度，打好精准脱贫攻坚战，中央各部门积极出台相关政策，通过贴息、减税、担保、奖补等激励措施，充分发挥财税政策对金融资源的撬动作用，形成政策合力助推脱贫攻坚目标如期实现。

1. 贴息政策

（1）扶贫小额信贷贴息。2014年12月，为完善扶贫贴息贷款政策和机制，推进扶贫小额信贷工作，国务院扶贫办等五部门联合出台了《关于创新发展扶贫小额信贷的指导意见》，明确提出各地可统筹安排财政扶贫资金，对符合条件的贷款户给予贴息支持，贴息利率不超过贷款基础利率（上一年度贷款基础利率报价平均利率平均值），并向社会公开贴息资金使用情况和贴息资金扶持对象名单。2017年7月，银监会等五部门联合出台《关于促进扶贫小额信贷健康发展的通知》，进一步明确提出扶贫小额信贷政策的要点之一是"财政贴息"。加强对扶贫小额信贷和贴息对象的审查，在县乡村三级公告公示，防止非建档立卡贫困户"搭便车"。

（2）助学贷款贴息。2004年，国家助学贷款政策得到了进一步完善，明确借款学生在校期间的贷款利息全部由财政补贴。2007年，为进一步健全普通高等学校家庭经济困难学生资助政策体系，更好地满足学生国家助学贷款需求，财政部等四部门联合出台了《关于调整完善国家助学贷款相关政策措施的通知》，提出财政部要足额安排并及时拨付国家助学贷款贴息资金，同时进一步细化国家助学贷款资助比例。

（3）创业担保贷款贴息。根据《国务院关于进一步做好新形势下就业创业工作的意见》精神，小额担保贷款政策调整为创业担保贷款政策。2016年7月，人民银行等三部门联合出台《关于实施创业担保贷款支持创业就业工作的通知》，提出贷款对象范围调整扩大为含建档立卡贫困人口在内的9类，财政部门按规定贴息。同年9月，为加强普惠金融发展专项资金管理，提高财政资金使用效益，财政部印发了《普惠金融发展专项资金管理办法》，提出对贫困地区符合条件的个人发放的创业担保贷款，财政部门给予全额贴息。但对展期、逾期的创业担保贷款，财政部门不予贴息。

（4）易地扶贫搬迁贷款贴息。2016年3月，人民银行等七部委联合印发《关于金融助推脱贫攻坚的实施意见》，提出支持国家开发银行、中国农业发展银行通过发行金融债筹措信贷资金，发放低成本、长期的易地扶贫搬迁贷款，中央财政给予90%的贷款贴息。

（5）康复扶贫贷款贴息。2008年，按照国务院确定的关于全面改革扶贫贷款管理体制的总体部署和要求，残联等四部门共同制定印发《关于康复扶贫贷款管理体制改革的通知》（残联发〔2008〕13号），提出对发放到残疾人贫困户的贷款按年利率5%、对残疾人贫困户有带动的项目贷款按年利率3%的标准，财政给予全额贴息。2011年，为贯彻落实《中国农村扶贫开发纲要（2011—2020年）》和《中国残疾人事业"十二五"发展纲要》的要求，残联等四部门又联合印发《关于进一步完善康复扶贫贷款和贴息资金管理有关政策的通知》，提出自2011年开始，中央财政在贴息期内，项目贷款按年利率3%给予贴息调整为按年利率5%给予贴息；到户贷款按年利率5%给予贴息调整为按年利率7%给予贴息。2016年，四部门再次联合下发《关于加强康复扶贫贷款、扶贫小额信贷和财政贴息工作的通知》，提出继续执行康复扶贫贷款财政贴息政策，用于到户贷款的财政贴息资金应占财政贴息资金总量的50%以上。随后，残联等26个部门印发了《贫困残疾人脱贫攻坚行动计划（2016—2020年）》，提出进一步加大对康复扶贫贷款贴息支持力度。

2. 税收优惠政策

（1）农户小额贷款利息收入和保费收入税收优惠。为继续支持农村金融发展，解决贫困地区和贫困农户贷款难问题，2010年，财政部、国家税务总局联合发布《关于农村金融有关税收政策的通知》（财税〔2010〕4号），对金融机构农户小额贷款利息收入和保险公司保费收入的税收优惠政策进行了规定，政策有效期3年，即自2009年1月1日至2013年12月31日。随着政策到期，两部门又联合发布《关于延续并完善支持农村金融发展有关税收政策的通知》（财税〔2014〕102号）及《关于延续支持农村金融发展有关税收政策的通知》（财税〔2017〕44号），将上述优惠政策延续执行三年又三年。优惠政策主要包含以下几方面：一是自2014年1月1日至2016年12月31日，对金融机构农户小额贷款的利息收入，免征营业税。二是自2014年1月1日至2016年12月31日，对金融机构农户小额贷款的利息收入，在计算应纳税所得额时，按90%计入收入总额。三是自2014年1月1日至2016年12月31日，对保险公司为种植业、养殖业提供保险业务取得的保费收入，在计算应纳税所得额时，按90%计入收入总额。四是农村金融机构农户小额贷款利息收入自2017年初至今已缴部分增值税的，可抵减纳税人以后月份应缴纳的增值税或予以退还。

（2）中国扶贫基金会小额信贷试点项目税收优惠。2015年，财政部和国家税务总局印发《关于中国扶贫基金会小额信贷试点项目继续参照执行农村金融有关税收政策的通知》（财税〔2015〕12号），提出中国扶贫基金会下属的小额信贷试点项目参照执行农村金融有关税收优惠政策。

（3）农业信贷担保公司税收优惠。2017年5月，为有效破解农业融资难、融资贵问题，引导推动金融资本投入农业，财政部等三部门联合印发《关于做好全国农业信贷担保工作的通知》（财农〔2017〕40号），提出"符合条件的农业信贷担保公司从农业中小企业信用担保或再担保业务取得的收入，按现行规定享受中小企业信用担保机构免征增值税政策。符合条件的农业信贷担保机构实施所得税税前扣除政策"。

(4) 小微企业融资税收优惠。为进一步加大对小微企业的支持力度，推动缓解融资难、融资贵，财政部和国家税务总局于2017年印发《关于支持小微企业融资有关税收政策的通知》（财税〔2017〕77号），提出"一是自2017年12月1日至2019年12月31日，对金融机构向农户、小型企业、微型企业及个体工商户发放小额贷款取得的利息收入，免征增值税。二是自2018年1月1日至2020年12月31日，对金融机构与小型企业、微型企业签订的借款合同，免征印花税"。

3. 风险补偿与分担政策

（1）扶贫小额信贷方面。2014年，国务院扶贫办等五部门印发《关于创新发展扶贫小额信贷的指导意见》，提出有条件的地方可根据实际情况安排资金，用于补偿扶贫小额信贷发生的坏账损失。支持推广扶贫小额信贷保险，鼓励贷款户积极购买，分散贷款风险。2016年，人民银行等七部委发布《关于金融助推脱贫攻坚的实施意见》，提出建立健全贫困地区融资风险分担和补偿机制，支持有条件的地方设立扶贫贷款风险补偿基金和担保基金，专项用于建档立卡贫困户贷款以及带动贫困人口就业的各类扶贫经济组织贷款风险补偿。2017年，银监会等五部委印发《关于促进扶贫小额信贷健康发展的通知》，提出各地财政和扶贫部门要积极推动建立和完善风险补偿和分担机制。风险补偿金要按规定及时拨付到位，专款专存、专款专用、封闭运行。科学合理确定风险补偿金放大贷款倍数，明确政府与银行业金融机构风险分担比例，不得将风险补偿金混同为担保金使用。

（2）康复扶贫贷款方面。2016年，为进一步加大对农村贫困残疾人金融信贷和财政贴息的扶持，引导金融机构共同做好康复扶贫贷款工作，根据残联等四部委《关于加强康复扶贫贷款、扶贫小额信贷和财政贴息工作的通知》的政策精神，要求地方残联部门推动建立健全康复扶贫贷款风险分担机制，有条件的地方可自筹资金开展建立农村残疾人小额贷款担保基金的试点及为残疾人贷款户购买扶贫小额信贷保险。

4. 奖补政策

2016年，为贯彻落实《推进普惠金融发展规划（2016—2020年）》（国发〔2015〕74号）精神，财政部印发《普惠金融发展专项资金管理办法》，实施多项奖补激励措施，引导金融机构加大对贫困地区的支持力度。一是县域金融机构涉农贷款增量奖励政策。对符合条件的县域金融机构当年涉农贷款平均余额同比增长超过13%的部分，财政部门可按照不超过2%的比例给予奖励。但对年末不良贷款率高于3%且同比上升的县域金融机构，不予奖励。二是农村金融机构定向费用补贴政策。对符合条件的新型农村金融机构，财政部门可按照不超过其当年贷款平均余额的2%给予补贴；对西部基础金融服务薄弱地区的银行业金融机构（网点），财政部门可按照不超过其当年贷款平均余额的2%给予补贴。三是创业担保贷款奖补政策。对创业担保工作成效突出的单位按各地当年新发放创业担保贷款总额的1%进行奖励。

5. 信贷担保政策

2017年，为有效破解农业融资难、融资贵问题，引导推动金融资本投入农业，财政部等三部门联合印发《关于做好全国农业信贷担保工作的通知》，引导贫困地区做好农业信贷担保工作，缓解农业产业扶贫的担保难、增信难问题。一是担保费用补助政策。各省可在省级农担公司按照市场化运营成本费用确定的担保费率基础上，给予符合"双控"标准的政策性业务适当的担保费用补助。原则上对粮食适度规模经营主体的担保费率补助不超过2%，对其他符合条件的主体补助不超过1.5%（符合条件的扶贫项目不超过2%）。二是担保业务奖补政策。各省根据财力情况，可在综合考量省级农担公司政策性担保业务余额、担保资本金放大倍数、单笔担保额度、风险管控等指标的基础上，结合其是否违反相关政策性要求的扣分处罚因素，制定担保业务奖补办法，对满足一定条件的省级农担公司给予一定比例的奖补。

八、我国金融扶贫的货币政策工具与信贷产品创新

金融扶贫最主要的是制度创新和工具创新。党的十八大以来，金融系统在党中央的领导下，根据我国扶贫工作实际需求，进行了大胆的创新，不论是货币政策工具还是信贷产品都进行了前所未有的创新，通过创新解决了农村扶贫金融工具不足的问题以及贫困人口轻资产信用的问题。

（一）我国金融扶贫的货币政策工具创新

货币政策工具是人民银行为达到货币政策目标而采取的手段。其中，结构性货币政策工具通过提高金融机构资金可得性和放贷意愿，引导资金流向经济发展中的重点领域和薄弱环节，从而疏通货币政策传导机制。自脱贫攻坚战打响以来，人民银行综合运用再贷款、再贴现、差别化准备金率等多种货币政策工具，有针对性地增加贫困地区地方法人金融机构资金来源，撬动金融机构扩大扶贫信贷投放，降低贫困地区和贫困群众融资成本，为打赢脱贫攻坚战提供了有力的金融支撑。

1. 扶贫再贷款创新

为全面贯彻落实《中共中央 国务院关于打赢脱贫攻坚战的决定》做出的"设立扶贫再贷款并实行比支农再贷款更优惠的利率，重点支持贫困地区发展特色产业和贫困人口就业创业"部署，人民银行于2016年3月创设扶贫再贷款，专项用于支持贫困地区地方法人金融机构扩大涉农信贷投放。

（1）发放对象。扶贫再贷款的发放对象为832个贫困县和未纳入上述范围的省级扶贫工作重点县行政区域内的农村商业银行、农村合作银行、农村信用社和村镇银行四类地方法人金融机构。

(2) 投向用途。地方法人金融机构借用的扶贫再贷款资金应全部用于扩大贫困地区信贷投放，并结合当地建档立卡的相关情况，优先和主要支持带动贫困户就业发展的企业（含家庭农场、专业大户、农民合作社等经济主体）和建档立卡贫困户，积极推动贫困地区发展特色产业和贫困人口创业就业，促进贫困人口脱贫致富。

(3) 贷款期限。扶贫再贷款期限设置3个月、6个月、1年三个档次，人民银行分支机构根据地方法人金融机构当地的金融助推脱贫攻坚资金需求，合理确定扶贫再贷款发放期限。扶贫再贷款合同期限最长不得超过1年，累计展期次数最多可达4次，实际借用期限最长可达5年。

(4) 贷款利率。人民银行对扶贫再贷款实行比支农再贷款更为优惠的利率，并限定金融机构运用扶贫再贷款资金发放贷款的利率上限。目前，扶贫再贷款利率分别为3个月1.45%、6个月1.65%、1年1.75%，金融机构运用扶贫再贷款资金发放的贷款利率不得超过中国人民银行公布的1年以内（含1年）贷款基准利率。

(5) 规范管理。扶贫再贷款实行"限额管理、精准扶贫、设立台账、成效评估"的管理原则。人民银行加强对运用扶贫再贷款资金发放贷款的台账管理以及对扶贫再贷款资金投向、用途、数量、利率等的监测分析和评估考核，健全扶贫再贷款政策的正向激励机制，以提高扶贫再贷款政策效果。为了进一步完善扶贫再贷款管理运用，2017年上半年，在河南、云南开展优化运用扶贫再贷款发放贷款定价机制试点，支持试点地区地方法人金融机构按照保本微利、商业可持续原则，综合考虑发放贷款的成本和贷款对象的风险状况等因素，合理确定运用扶贫再贷款资金发放的贷款利率，提升贷款利率的科学定价水平。2018年9月，在前期试点的基础上，又将优化运用扶贫再贷款发放贷款定价机制试点范围扩大到12个省份，进一步发挥扶贫再贷款的引导作用。

2. 支农再贷款创新

支农再贷款是人民银行为引导地方法人金融机构扩大涉农信贷投放，降低"三农"融资成本，对其发放的信贷政策支持再贷款。对于不适用扶贫再贷款政策的地区，人民银行通过支农再贷款对接当地金融助推脱贫攻坚资金需求，积极引导上述地区的地方法人金融机构运用支农再贷款资金优先支持当地扶贫部门提供的带动贫困户就业发展的企业和建档立卡贫困户,并在涉农贷款台账中对其单独标识和统计。

(1) 发放对象。支农再贷款的发放对象主要是农村信用社、农村合作银行、农村商业银行和村镇银行四类地方法人金融机构。申请使用支农再贷款须满足符合宏观审慎管理要求,内部管理制度健全,资产质量和经营财务状况良好,本外币涉农贷款比例达标(目前为50%)等条件。

(2) 贷款期限。支农再贷款期限设置3个月、6个月、1年三个档次,人民银行分支机构根据当地的农业生产周期和涉农产业发展情况,合理确定支农再贷款发放期限。单笔支农再贷款展期次数累计不得超过2次,实际借用期限不得超过3年。目前,三个期限档次支农再贷款对应的执行利率分别为2.45%、2.65%和2.75%。

(3) 其他规定。为提升支农再贷款资金使用效率,人民银行规定地方法人金融机构应在借用的支农再贷款资金到账后1个月内,完成涉农贷款发放工作,超过规定时限仍未发放完毕的资金将予以收回,同时规定地方法人金融机构在借用支农再贷款期间,累计发放的涉农贷款金额应不低于借用的支农再贷款金额。

3. 支小再贷款创新

支小再贷款是人民银行贯彻落实国务院部署,于2014年3月设立的专项用于金融机构扩大小微企业信贷投放的货币政策工具,用于引导降低小微企业融资成本,促进实体经济平稳增长。

(1) 发放对象。支小再贷款的发放对象主要是小型城市商业银行、农村商业银行、农村合作银行和村镇银行四类地方法人金融机构。贫困地区的地方法人金融机构可以利用人民银行支小再贷款资金加大对带动贫困户就业发展相关企业的信贷投放力度。

(2) 发放条件。支小再贷款的发放条件为符合宏观审慎管理要求,财务状况健康,且上年末本外币小微企业贷款(含个人经营性贷款)比例达标(目前为不低于30%)。支小再贷款全部采取质押方式发放,质押品主要是高等级债券及合格信贷资产。

(3) 贷款期限。支小再贷款期限设置3个月、6个月、1年三个档次,利率由人民银行根据执行货币政策的需要在贷款基准利率的基础上加点确定。目前三个期限档次支小再贷款对应的利率分别为 2.95%、3.15% 和 3.25%。

4. 再贴现工具创新

再贴现是中央银行对金融机构持有的未到期已贴现商业汇票予以贴现的行为。人民银行通过再贴现工具引导金融机构扩大涉农行业和县域信贷投放。再贴现工具的运用，对金融机构扩大贫困地区企业票据融资提供了资金支持。目前，人民银行办理再贴现的利率为 2.25%，期限最长为 6 个月。业务操作方面，为确保再贴现工具的使用效果，人民银行对农副产品收购、储运、加工、销售环节的票据，农业生产资料生产经营企业签发、收受的票据以及县域金融机构和中小金融机构法人承兑、持有的票据予以优先办理，按季度进行考核；同时规定金融机构办理再贴现的涉农或县域企业票据贴现利率应低于该机构同期同档次贴现加权平均利率，引导降低"三农"领域融资成本。

5. 差别化准备金率创新

为鼓励县域法人金融机构加大县域信贷资金投入，进一步改善农村金融服务，人民银行会同银监会于 2010 年 9 月印发《关于鼓励县域法人金融机构将新增存款一定比例用于当地贷款的考核办法（试行）》（银发〔2010〕262 号），鼓励县域法人金融机构特别是贫困地区县域法人金融机构将新增存款主要用于发放当地贷款。2014 年，为落实好党中央、国务院关于加大"三农"、小微企业等薄弱环节的金融支持力度的部署，人民银行通过定向降准增加金融机构长期流动性，确保相关领域信贷资金保持合理增长水平，更好地激发各类银行业金融机构投放动力，科学运用定向降准政策工具实施差异化引导。中部地区的山西、安徽、江西、河南、湖北和湖南，西部地区的内蒙古、广西、重庆、四川、贵州、云南、陕西、甘肃、青海、宁夏和新疆，东北地区的辽宁、吉林和黑龙江20个省（自治区、直辖市）全部辖区，以及东部地区的国家扶贫工作重点县和省级扶贫工作重点县的县域法人金融机构，可贷资金与当地贷款同时增加且年度新增当地贷款占年度新增可贷资金比例大于 70%（含）的，或可贷资金减少而当地贷款增加，考核为达标县域法人金融机构的，可享受低于同类金融机构正常标准1个百分点的存款准备金率，激励地方法人金融机构加大县域信贷资金投入。2014年6月，为落实2014年5月30日国务院第49次常务会议精神，人民银行印发《关于定向降低部分金融机构存款准备金率的通知》（银发〔2014〕164号），降准机构范围包括国有商业银行、股份制商业银行、中国邮政储蓄银行、城市商业银行、非县域农村商业银行、外资金融机构、财务公司等，对于符合文件规定条件的金融机构自2014年6月16日起降低人民币存款准备金率0.5个百分点。2015年6月，为进一步加大金融支持"三农"和小微企业的力度，增强金融支持大众创业、万众创新能力，人民银行印发《关于定向下调金融机构存款准备金率的通知》（银发〔2015〕198号），自2015年6月28日起对部分金融机构下调人民币存款准备金率。工商银行、农业银行、中国银行、建设银行、交通银行、邮储银行执行18.5%的存款准备金率。其中，在2015年初定向降准考核中符合审慎经营要求且"三农"和小微企业贷款达到一定比例的，可执行比同类机构法定水平低1个百分点的存款准备金率。股份制商业银行、城市商业银行、非县域农村商业银行和外资银行执行16.5%的存款准备金率。其中，在2015年初定向降准考核中符合审慎经营要求且"三农"和小微企业贷款达到一定比例的，可执行比同类机构法定水平低1个百分点的存款准备金率。2017年9月，为支持商业银行发展普惠金融业务，提高金融服务的覆盖率和可得性，为实体经济提供有力支持，人民银行印发《关于对普惠金融实施定向降准的通知》（银发〔2017〕222号），将普惠金融领域贷款范围确定为单户授信小于500万元的小型企业贷款、单户授信小于500万元的微型企业贷款、个体工商户经营性贷款、小微企业主经营性贷款、农户生产经营贷款、创业担保贷款、建档立卡贫困人口消费贷款和助学贷款。金融机构范围包括国有商业银行、中国邮政储蓄银行、股份制商业银行、城市商业银行、非县域农村商业银行和外资银行。对于符合政策规定标准的机构，分别下调人民币存款准备金率0.5个百分点和1.5个百分点。原来对县域农村商业银行、农村合作银行、农村信用社、村镇银行等机构实施的定向降准政策继续有效。普惠金融定向降准政策自2018年正式实施后，近80%的城市商业银行和近90%的非县域农村商业银行达到定向降准要求，释放长期资金约4500亿元，为脱贫攻坚提供了更加有力的资金支持。

6. 抵押补充贷款创新

抵押补充贷款是经国务院批准，为支持国民经济重点领域、薄弱环节和社会事业发展，人民银行以质押方式向金融机构提供的特种贷款。人民银行根据宏观调控和实施货币政策需要，确定发放抵押补充贷款的规模和期限。抵押补充贷款实行"特定用途、专款专用、保本微利、确保安全"的原则。抵押补充贷款的发放对象包括国家开发银行、中国进出口银行和中国农业发展银行，以及经国务院批准的其他金融机构。抵押补充贷款的合同期限为1年，可以展期。人民银行根据宏观调控要求，结合项目进度、贷款投放收回情况、使用时间和效果评估结果等因素确定展期金额和展期次数。抵押补充贷款利率由人民银行根据经济增长、通胀水平和总供求情况等因素综合确定，并适时做出调整。目前的抵押补充贷款利率为3.1%。三家政策性银行根据保本微利的原则，合理确定运用抵押补充贷款资金发放贷款的利率水平。抵押补充贷款资金的用途主要有棚户区改造、保障性安居工程、城市地下综合管廊、重大水利工程以及农村公路建设等。其中，中国农业发展银行抵押补充贷款资金的适用范围涵盖重大水利工程过桥贷款、水利建设贷款、农村公路贷款等内容，可用于支持贫困地区的相关重点项目建设。

2017年2月，为落实中央经济工作会议精神，更好地发挥抵押补充贷款作为货币政策工具稳增长、惠民生，推进供给侧结构性改革的积极作用，人民银行办公厅印发了《关于进一步完善抵押补充贷款管理的通知》（银办发〔2017〕26号），完善抵押补充贷款管理模式。对抵押补充贷款实施规划管理，综合考量国家开发银行、中国农业发展银行、中国进出口银行宏观审慎评估（MPA）考核结果、抵押品质量、对抵押补充贷款资金依赖程度和还款情况等因素，确定三家机构可新增使用抵押补充贷款资金。三家机构要合理把握抵押补充贷款资金需求和使用节奏，运用资产证券化等工具，拓宽多元化融资渠道，逐步减少对抵押补充贷款资金的依赖。放开抵押补充贷款资金用途范围，由三家银行自主决定，但须报人民银行备案。同时规定三家银行有低成本资金支持、直接财政补贴的政策性业务不纳入抵押补充贷款适用范围。

(二) 我国金融扶贫信贷产品创新

信贷产品创新是信贷政策传导的重要环节，是金融机构根据信贷政策导向，针对各领域各行业的需求和特点，从贷款利率、期限、抵押担保、还款方式等方面创新产品，以满足不同领域各类主体多元化的信贷需求。开展金融扶贫信贷产品创新是金融精准扶贫的重要抓手，是解决贫困地区借款人融资难、金融机构贷款难问题的重要举措，通过金融扶贫产品创新，有效提高贫困地区有效金融供给，增强金融扶贫精准度，让贫困地区扶贫主体和贫困群众获得更多、更实惠、更便捷的金融服务和信贷支持。我国贫困地区普遍存在金融产品单一、供给不足，贫困地区借款主体缺少传统的抵押物等情况。为增加贫困地区金融供给，增强贫困地区信贷支持，人民银行等部门相继出台了《关于全面做好扶贫开发金融服务工作的指导意见》《关于金融助推脱贫攻坚的实施意见》《关于金融支持深度贫困地区脱贫攻坚的意见》等文件，提出要推动扶贫小额信用贷款健康发展，管好用好创业担保贷款，扎实开展助学贷款业务，精准对接贫困人口就业就学金融服务需求；大力发展订单、仓单、应收账款质押等产业链、供应链金融，稳妥推进试点地区农村承包土地的经营权、农民住房财产权等农村产权融资业务，加大对贫困地区特色产业的信贷投入。在信贷政策的指导下，各地各金融机构按照精准扶贫精准脱贫基本方略，围绕贫困地区特色产业发展、贫困人口就业就学等重点领域，以贫困地区和贫困群众的金融需求为导向，积极开展金融产品和服务方式创新。以下重点梳理了几个具有普遍性的金融扶贫产品。

1. 扶贫小额信贷创新

扶贫小额信贷是面向建档立卡贫困人口提供的5万元以下、3年期以内，基准利率发放，主要用于支持贫困户发展生产或能有效带动贫困户致富脱贫的特色产业的非消费性信用贷款，贷款由财政给予贴息，县级设立相应的风险补偿金。2014年，为了激发建档立卡贫困户内生动力，实现脱贫致富，推动财政政策与金融政策良性互动，国务院扶贫办、财政部、人民银行等部门联合出台《关于创新发展扶贫小额信贷的指导意见》（国开办发〔2014〕78号），提出完善扶贫贴息贷款政策和机制，为有贷款意愿、就业创业潜质、技能素质和一定还款能力的建档立卡贫困户，提供5万元以下、期限3年以内的信用贷款，重点支持建档立卡贫困户发展扶贫特色优势产业，增加收入。自国开办发〔2014〕78号文印发以来，各地、各部门认真落实，积极探索、稳步推进扶贫小额信贷发放和管理工作，在帮助贫困户发展生产、增收脱贫等方面取得了积极成效。扶贫小额信贷逐渐成为精准扶贫精准脱贫的金融服务品牌。但是，业务推进中也存在资金管理不合理、贷款发放不合规、风险管理不到位等问题。为促进扶贫小额信贷业务健康发展，更好地发挥其在精准扶贫精准脱贫中的作用，银监会等四部门于2017年联合出台《关于促进扶贫小额信贷健康发展的通知》，从规范贷款发放和资金使用、强化风险管理、加强监测考核等方面，对扶贫小额信贷的发展进行了规范和明确。强调扶贫小额信贷要始终精准瞄准建档立卡贫困户，加强对扶贫小额信贷和贴息对象的审查；要明确贷款资金用途，坚持户借、户还；稳妥开展扶贫小额信贷无还本续贷业务，更好地发挥扶贫小额信贷在精准扶贫和精准脱贫中的作用。截至2018年末，全国银行业金融机构发放扶贫小额信贷余额2488.9亿元，支持建档立卡户641.01万户。

2. 国家助学贷款创新

国家助学贷款是金融机构根据国家助学政策向在校贫困学生提供，由财政给予全额贴息的信用贷款，是利用金融手段完善我国普通高校资助政策体系，加大对普通高校贫困家庭资助力度的重要措施。借款学生通过学校向银行申请贷款，用于弥补在校期间各项费用的不足。国家助学贷款自1999年开办以来，业务承办金融机构、支持对象、适用地域范围等不断扩大，贷款期限、贷款额度和还款方式等也不断改进。2002年2月，人民银行、教育部、财政部联合印发《关于切实推进国家助学贷款工作有关问题的通知》（银发〔2002〕38号），明确国家助学贷款申请和使用范围为有经济困难的全日制本专科生（含高职生）、研究生和第二学位学生的学费、住宿费和生活费，全国普通高等院校经济困难学生申请贷款的比例原则上不超过全日制在校学生总数的20%，明确每人每学年最高不超过6000元贷款数额。

2004年，国家助学贷款政策得到了进一步完善，明确借款学生在校期间的贷款利息全部由财政补贴，毕业后全部自付，还贷年限调整为借款学生毕业后视就业情况，在1至2年后开始还贷、6年内还清。2008年，财政部、教育部、银监会印发《关于大力开展生源地信用助学贷款的通知》，在2007年试点生源地助学贷款的基础上，进一步扩大生源地信用助学贷款覆盖范围，明确由国家开发银行为主承办，每人每年贷款额度不超过6000元，贷款期限为按全日制本专科学制加10年确定。至此，我国助学贷款初步形成了以校园地国家助学贷款和生源地信用助学贷款为主的政策框架。随着助学贷款业务的深入开展，具体条款根据实际情况进行不断完善。考虑到部分省份陆续上调本专科学生收费标准，以及全国统一的助学贷款资助比例不能充分体现不同地区家庭困难学生贷款需求差异等因素，2014年，财政部、教育部印发《生源地信用助学贷款风险补偿金管理办法》（财教〔2014〕16号），进一步规范落实生源地信用助学贷款风险补偿机制。同年，财政部、教育部、人民银行、银监会联合出台《关于调整完善国家助学贷款相关政策措施的通知》（财教〔2014〕180号），将国家助学贷款（含校园地国家助学贷款和生源地信用助学贷款）资助标准调整为全日制普通本专科学生每人每年贷款额度不超过8000元，全日制研究生每人每年贷款额度不超过12000元；明确各省份根据家庭经济困难学生分布情况自主确定资助比例，东部地区为13%~17%，中部地区为21%~22%，西部地区为27%~29%；强调一学年内不得重复申请获得校园地国家助学贷款和生源地信用助学贷款。2015年，教育部、财政部、人民银行、银监会等部门联合印发《关于完善国家助学贷款政策的若干意见》，将校园地国家助学贷款期限为学制加6年、最长不超过10年，生源地信用助学贷款期限为学制加10年、最长不超过14年，统一调整为学制加13年、最长不超过20年。2017年，财政部、教育部、人民银行、银监会联合印发《关于进一步落实高等教育学生资助政策的通知》，推动实现高校、科研院所、党校、行政学院、会计学院等培养单位国家助学贷款全覆盖，实现全日制普通本专科生、研究生、预科生全覆盖，并落实民办高校学生与公办高校学生同等享受助学贷款政策。

3. 创业担保贷款创新

创业担保贷款是指以符合条件的创业者个人或小微企业为借款人，由创业担保贷款担保基金提供担保，由经办此项贷款的银行业金融机构发放，财政部门给予贴息，用于支持个人创业或小微企业扩大就业的贷款业务。创业担保贷款的前身为小额担保贷款。自2002年小额担保贷款政策创设实施以来，贷款支持对象范围逐步扩大，政策机制不断完善，在扩大就业、促进创业、改善民生方面发挥了重要作用。随着我国经济发展进入新常态，就业压力逐步加大。为推动大众创业、万众创新，促进创业带动就业倍增效应进一步释放，2015年，国务院印发《关于进一步做好新形势下就业创业工作的意见》（国发〔2015〕23号），其中提出将小额担保贷款调整为创业担保贷款，并对贷款额度、利率等方面进行了明确。为贯彻国发〔2015〕23号文要求，2016年7月，人民银行、财政部、人力资源和社会保障部出台《关于实施创业担保贷款支持创业就业工作的通知》（银发〔2016〕202号），明确将小额担保贷款政策调整为创业担保贷款政策。贷款支持对象扩大为包括建档立卡贫困人口在内的9类人群和符合条件的小微企业。个人创业担保贷款最高额度从5万元至8万元不等统一到10万元；小微企业创业担保贷款额度根据企业实际招用人数确定，最高不超过200万元。贷款期限最高不超过3年，可以展期1次。同年，财政部印发《普惠金融发展专项资金管理办法》（财金〔2016〕85号），明确在贫困地区（含国家扶贫工作重点县、全国14个集中连片特殊困难地区）发放的个人创业担保贷款利率在基础利率的基础上上浮不超过3个百分点，实际贷款利率由经办银行在上限范围内自行确定。对贫困地区符合条件的个人发放的创业担保贷款，财政部门给予全额贴息；对符合条件的小微企业发放的创业担保贷款，财政部门按贷款合同签订日贷款基础利率的50%给予贴息。创业担保贷款政策的调整和实施进一步体现了创业优惠政策对贫困地区群众的差别化支持，强化创业就业助推贫困地区脱贫攻坚的能力。2018年，为了进一步加大创业担保贷款政策支持力度，财政部、人力资源和社会保障部、人民银行联合印发《关于进一步做好创业担保贷款财政贴息工作的通知》（财金〔2018〕22号），在原规定的基础上，将农村自主创业农民纳入支持范围，并降低贷款申请条件，放宽担保和贴息要求，个人和小微企业最多可以申请3次创业担保贷款贴息支持。同时，对个人申请的创业担保贷款，除贫困地区外的其他地区按2年全额贴息执行。

4. 农村"两权"抵押贷款创新

农村"两权"抵押贷款指的是农村承包土地的经营权和农民住房财产权抵押贷款业务。推动开展农村"两权"抵押贷款业务，落实农村"两权"抵押融资功能，是盘活农村存量资产、拓宽农村融资渠道的重要手段，对于增加贫困地区金融产品供给、缓解贫困群众融资困难具有重要意义。2013年7月，国务院办公厅出台《关于金融支持经济结构调整和转型升级的指导意见》（国办发〔2013〕67号），鼓励银行业金融机构扩大林权抵押贷款，探索开展大中型农机具、农村土地承包经营权和宅基地使用权抵押贷款试点。2015年8月，国务院出台《关于开展农村承包土地的经营权和农民住房财产权抵押贷款试点的指导意见》（国发〔2015〕45号），明确由人民银行会同中央农村工作办公室等11个部门组织开展农村"两权"抵押贷款试点。试点涉及突破相关法律条款的，提请全国人大常委会授权在试点地区暂停执行。同年12月，第十二届全国人民代表大会常务委员会第十八次会议决定，授权国务院在北京市大兴区等232个试点县（市、区）、天津市蓟州区（原蓟县）等59个试点县分别暂时调整实施有关法律规定，支持开展农村"两权"抵押贷款试点，赋予农村"两权"抵押融资功能，金融机构结合"两权"的权能属性，在贷款利率、期限、额度、担保、风险控制等方面加大创新支持力度。为落实国发〔2015〕45号文要求，依法稳妥推动农村"两权"抵押贷款试点的开展，2016年3月，人民银行会同相关部门分别印发《农民住房财产权抵押贷款试点暂行办法》（银发〔2016〕78号）和《农村承包土地的经营权抵押贷款试点暂行办法》（银发〔2016〕79号），明确试点县（市、区）符合条件的农户和农业经营主体可将依法取得的承包土地的经营权、农民住房财产权作为抵押物，向银行业金融机构申请贷款。鼓励金融机构在农村承包土地的经营权剩余使用期限内发放中长期贷款，有效增加农业生产的中长期信贷投入。鼓励金融机构因地制宜，针对农户和农业经营主体需求积极创新信贷产品和服务方式，简化贷款手续，加强贷款风险控制，全面提高贷款服务质量和效率。鼓励综合运用财政贴息、货币政策工具、差异化监管等政策引导金融机构积极参与农村"两权"抵押贷款试点。

5. 民贸民品优惠利率贷款创新

民贸民品优惠利率贷款是指由金融机构向符合条件的民族贸易和民族特需商品定点生产企业发放的正常流动资金贷款，由财政部门对利差给予补贴。实施民贸民品优惠利率贷款政策对于支持贫困地区特色民族产业发展，促进特色产业扶贫带动效应发挥有着积极作用。1991 年，人民银行出台《关于民族贸易县贸易贷款实行优惠利率的通知》（银发〔1991〕274号），对国家确定的 421 个民族贸易县贸易贷款在利率上实行优惠政策，对优惠利率与银行利率间的利差按季返还企业。随后，各地各金融机构逐步开始办理民贸民品优惠利率贷款业务，人民银行及相关部门分别于 1997 年、1998 年、2003 年、2009 年和 2011 年出台了相关事宜的通知，对民贸民品优惠利率贷款的利率、承贷机构、贴息政策等内容进行逐步改进和明确。2012 年 12 月，国家民委、财政部、人民银行联合出台《关于确定"十二五"期间全国民族特需商品定点生产企业的通知》（民委发〔2012〕199号）和《民族贸易和民族特需商品生产贷款贴息管理暂行办法》（财金〔2012〕139 号），确定"十二五"期间全国民族特需商品定点生产企业名单，并明确由中央财政对民贸民品贷款按优惠利率政策规定的优惠利差（现行为 2.88%）给予贴息。2018 年，国家民委、财政部、人民银行联合出台《关于确定并报送"十三五"期间全国民族特需商品定点生产企业名单的通知》（民委发〔2018〕49 号）。

6. 康复扶贫贷款创新

康复扶贫贷款是专项用于支持农村残疾人扶贫开发工作的信贷产品。自 1992 年设立以来，康复扶贫贷款规模不断增加，覆盖面不断扩大，在扶持贫困残疾人解决温饱、摆脱贫困、发展生产等方面发挥了积极作用。康复扶贫贷款最初由中国农业银行负责管理，中央和省级财政对优惠利率与基准利率之间的差额进行补贴。2008 年，按照国务院确定的关于全面改革扶贫贷款管理体制的总体部署和要求，残联、国务院扶贫办、财政部、人民银行决定，将扶持农村贫困残疾人的康复扶贫贷款专项管理，与国家扶贫贷款管理体制的改革同步实施。其中，对发放到残疾人贫困户贷款按年利率 5%、对残疾人贫困户有带动的项目贷款按年利率 3% 的标准，财政给予全额贴息。中央不再指定专门金融机构承担康复扶贫贷款任务。鼓励各类银行业金融机构平等地参与康复扶贫贷款工作。改革以后，康复扶贫贷款的管理权责分明，工作程序流畅，金融机构、扶贫部门、财政部门和残联之间建立了相互配合、相互支持的良好工作局面。同时，在康复扶贫贷款的管理中，也出现了一些新情况、新问题。2011年，残联、国务院扶贫办、财政部、人民银行联合印发《关于进一步完善康复扶贫贷款和贴息资金管理有关政策的通知》（残联发〔2011〕6号），提出中央财政在贴息期内，项目贷款按年利率3%给予贴息调整为按年利率5%给予贴息，到户贷款按年利率5%给予贴息调整为按年利率7%给予贴息，并强调发挥康复扶贫贷款的扶贫带动效应。2016年，为进一步加大对农村贫困残疾人金融信贷和财政贴息的扶持，引导金融机构共同做好康复扶贫贷款工作，四部委再次联合下发《关于加强康复扶贫贷款、扶贫小额信贷和财政贴息工作的通知》（残联发〔2016〕37号），提出继续执行康复扶贫贷款财政贴息政策，康复扶贫贷款应优先用于到户贷款，扶持建档立卡残疾人贫困户劳动生产促进脱贫增收，同时，加大扶贫小额信贷对残疾人贫困户的扶持力度。

（三）我国金融扶贫易地搬迁中的金融服务与支持

对于居住在一方水土养不起一方人的地方的贫困人口实施易地扶贫搬迁，是从根本上改善其生产生活条件的重要举措，是打赢脱贫攻坚战、提升特困地区民生福祉的关键环节。2001年开始，国家发展改革委安排专项资金，在全国范围内陆续组织开展了易地扶贫搬迁工程。"十二五"期末，已安排易地扶贫搬迁中央补助投资363亿元，搬迁贫困人口680余万人。一些地方根据辖区内实际，统筹中央财政专项扶贫资金和扶贫移民、生态移民、避灾搬迁等资金实施了搬迁工程。在中央和地方的共同努力下，全国已累计搬迁1200余万人。按照党中央、国务院决策部署，"十三五"时期，我国加快实施易地扶贫搬迁工程，通过"挪穷窝""换穷业""拔穷根"，从根本上解决1000余万建档立卡贫困人口的稳定脱贫问题。人民银行积极落实党中央、国务院统一部署，全力做好易地扶贫搬迁金融服务，为易地扶贫搬迁提供强有力的金融支撑。

1. 易地扶贫搬迁金融支持政策

2015年，按照党中央、国务院决策部署，围绕通过易地扶贫搬迁脱贫一批的目标，国家发展改革委、财政部、人民银行、国务院扶贫办、国土资源部联合制定《"十三五"时期易地扶贫搬迁工作方案》（发改地区〔2015〕2769号，以下简称《方案》），提出用5年时间对"一方水土养不起一方人"[①] 地方建档立卡贫困人口实施易地扶贫搬迁，"十三五"期间完成1000万人搬迁任务。《方案》对搬迁对象与安置方式、建设内容与补助标准、资金筹措渠道、信贷资金运作、政策保障、责任分工、监督考核等内容进行了明确。在资金筹措渠道方面，初步匡算出"十三五"时期易地扶贫搬迁总投资约6000亿元，拟通过以下方式筹措：增加中央预算内投资规模和鼓励农户自筹部分建房资金，力争达到1000亿元；通过省政府向有关市场化运用的省级投融资主体注入1000亿元项目资本金；通过国家开发银行和中国农业发展银行发行专项建设债券设立专项建设基金，为省级投融资主体注入500亿元项目资本金；其余3500亿元缺口，由国家开发银行和中国农业发展银行提供易地扶贫搬迁长期贷款，这部分信贷资金明确由国家开发银行和中国农业发展银行通过发行政策性金融债筹集，中央财政对贷款给予90%的贴息。

为确保易地扶贫搬迁信贷资金的有效筹措，保证扶贫专项金融债顺利发行，加强对发债募集资金与搬迁需求精准对接的管理，人民银行制定了《易地扶贫搬迁信贷资金筹措方案》（银发〔2016〕90号），对国家开发银行、中国农业发展银行通过在银行间市场发行专项金融债，筹措易地扶贫搬迁信贷资金的相关内容，如发行额度、发行方式、发行期限、贷款利率、支持措施进行了安排。此后，人民银行又陆续印发了《关于做好2016年易地扶贫搬迁信贷资金筹措及信贷管理服务工作的通知》（银发〔2016〕115号）、《关于加快2016年易地扶贫搬迁信贷资金衔接投放有关事宜的通知》（银发〔2016〕258号），对易地扶贫搬迁贷款申报审批、贷款利率和期限、贷款管理和贷款资金的拨付等内容进行了规定，其中，明确易地扶贫搬迁

[①] "一方水土养不起一方人"地方建档立卡贫困人口主要包括居住在深山、石山、高寒、荒漠化、地方病多发等生存环境差、不具备基本发展条件，以及生态环境脆弱、限制或禁止开发地区的农村建档立卡贫困人口。

贷款利率在易地扶贫搬迁专项金融债券发行成本的基础上可加点幅度为1.3个百分点，期限一般不超过20年，省级人民政府可通过政府购买市场服务方式对省级投融资主体还贷予以支持。近期，为杜绝借扶贫名义违规举债，财政部牵头联合国家发展改革委、人民银行等部门研究制定了《关于调整规范易地扶贫搬迁融资方式的通知》《关于进一步做好调整规范易地扶贫搬迁融资方式有关工作的通知》，对易地扶贫搬迁融资方式进行了调整，将贷款融资等渠道统一规范为发行地方政府债券融资。即对于2017年7月14日前，各省已承贷、承接的银行贷款、专项建设基金，按照"省负总责"的要求和《方案》等政策规定执行，严格落实省级投融资主体的偿还责任。对于2017年7月15日至2018年6月20日期间，各省已承贷、承接并拨付至市县的资金，要尽快制订偿还计划并有序偿还。对于截至2018年6月20日仍然停留在省级投融资主体账户上未使用的资金及产生的贷款利息，要在2018年底前归还原债权机构。2018年6月20日后不得再承贷、承接和拨付新的易地扶贫搬迁贷款和专项建设基金。对此，人民银行积极指导国家开发银行和中国农业发展银行做好新旧政策的衔接工作，确保易地扶贫搬迁工程进度不受资金影响。

2. 易地扶贫搬迁专项金融债

创新推出易地扶贫搬迁专项金融债，明确由国家开发银行、中国农业发展银行在国家政策确定限额内，在银行间市场发行专项金融债券，筹集易地扶贫搬迁信贷资金。其中，发行额度根据国家发展改革委、国务院扶贫办等有关部门核定的建档立卡贫困人口易地扶贫搬迁规模、易地扶贫搬迁项目进展及信贷资金实际需求合理确定。发行方式可选择公开发行、专场发行和定向发行三种。同时，为了保证易地扶贫搬迁专项金融债的规范顺利发行，人民银行专门核定易地扶贫搬迁年度发债额度，保障发债资金需求；及时批复国家开发银行、中国农业发展银行每期发债申请，积极引导机构投资者以市场化方式投资购买；明确易地扶贫搬迁专项金融债可按有关规定纳入人民银行货币政策操作的抵（质）押品范围，定向发行的易地扶贫搬迁专项金融债可在定向协议认购人间流转及参与质押式回购，支持易地扶贫搬迁专项金融债券的顺利发行。

3. 易地扶贫搬迁贷款

国家开发银行、中国农业发展银行通过发行专项金融债筹集资金，并按照保本或微利的原则发放低成本、长期的易地扶贫搬迁贷款。易地扶贫搬迁贷款利率为在易地扶贫搬迁专项金融债发行成本的基础上加点幅度为1.3个百分点，最高不超过同期限贷款基准利率。同时，国家开发银行、中国农业发展银行制定信贷资金使用具体管理办法，并结合各地搬迁项目进展和信贷资金实际需求，与相关省（自治区、直辖市）加强项目衔接，确保资金需求及时足额到位。在提高贷款发放效率方面，通过建立项目审批绿色通道，加快完善审批手续，促进信贷资金及时申请和发放。

4. 安置区生产就业配套金融服务

为保证贫困户搬出后"稳得住""能致富"，各地金融机构针对贫困地区实际情况和建档立卡贫困户易地扶贫搬迁后多元化融资实际需求特点，因地制宜积极创新金融产品和服务方式。加大创业担保贷款、扶贫贴息贷款、扶贫小额信贷和联保贷款等政策措施实施力度，支持易地扶贫搬迁贫困人口就近就地生产生活和就业创业。目前，各地对易地扶贫搬迁金融服务开展了有益探索，例如，贵州省各级金融机构共设立540余个易地扶贫搬迁安置点金融服务站，创新"迁户贷""迁企贷""宜居贷""安居贷"等易地扶贫搬迁金融产品49个；陕西省安康市对吸纳贫困劳动力就业的"新社区工厂"优先发放创业担保贷款，实现移民搬迁群众楼上居住、楼下就业，实现就业增收致富。

5. 易地扶贫搬迁贷款值得关注的几个方面

随着易地扶贫搬迁工程的深入推进，帮助贫困群众搬迁脱贫、解决区域性整体贫困取得了积极成效。但是在实践中，存在易地扶贫搬迁信贷资金沉淀和还款来源具有不确定性等问题，值得关注。一是部分地区存在易地扶贫搬迁信贷资金沉淀现象。按照相关要求，国家开发银行和中国农业发展银行在信贷规模、贷款审批、贷款发放和支付等方面开辟绿色通道，保证了易地扶贫搬迁工程建设资金需求。但由于部分省份搬迁对象需要重新核实、部分项目建设进度偏慢、部分工程建设项目手续不齐全等原因，导致资金拨付进度偏慢，存在资金沉淀的现象。二是易地扶贫搬迁贷款还款具有潜在的不确定性。《方案》明确规定，贷款增减挂钩节余指标，土地出让收益用于偿还易地扶贫搬迁贷款，但该项收益在财政部门为收支两条线管理，土地交易收益变现与易地扶贫搬迁贷款还款期限存在错配，偿债风险存在后移倾向。

九、金融支持精准扶贫多元化融资渠道与贫困地区金融生态环境建设

由于我国的金融机构基本上都是商业性质的,金融融资的资金一定要通过借新还旧来实现,这就需要在金融扶贫中注意资金使用的风险问题。另外,农村金融扶贫资金用量非常大,通常不是一家金融机构单独可以解决的,需要通过多渠道进行筹集。我国金融机构和金融系统在扶贫资金筹集方面做了许多工作。此外,金融运行需要一个良好的经济、法律环境,也就是农村金融生态建设要健康,贫困地区应该创造良好的金融生态环境,让金融机构进得来,而且留得下。

(一)金融支持精准扶贫多元化融资渠道的拓展

多元化融资有利于拓宽产业扶贫主体融资渠道、降低融资成本,为脱贫攻坚提供更广阔、更丰富的资金来源,助推金融支持精准扶贫由"输血"向"造血"转变。当前,我国金融扶贫除信贷融资外,初步形成了包括债券市场融资,主板、创业板市场融资,新三板挂牌、股权交易市场、投资基金融资等在内的多渠道融资体系。

1. 债券市场融资

为创新贫困地区金融供给方式,满足贫困地区基础设施建设和发展扶贫产业等方面的长期、大额、低成本金融资金需求,人民银行、证监会、国家发展改革委积极出台政策,支持贫困地区及其企业利用债券市场融资,助推脱贫攻坚。2016年3月,人民银行等七部委印发《关于金融助推脱贫攻坚的实施意见》,提出鼓励和支持贫困地区符合条件的企业发行企业债券、公司债券、短期融资券、中期票据、项目收益票据、区域集优债券等债务融资工具。(1)创新扶贫专项债券。在人民银行的推动下,2016年12

月，全国首单扶贫社会信用债券成功发行，募集5亿元资金专项用于沂南县扶贫特色产业项目、扶贫就业点、扶贫光伏电站、扶贫公共服务和基础设施配套等"六个一"扶贫工程，当地125个贫困村2.2万人直接受益。2017年3月，全国首批扶贫票据在银行间债券市场成功发行。其中，贵州高速公路投资有限公司发行2017年度第一期扶贫中期票据，注册金额10亿元，首期发行金额5亿元，募集资金用于全国集中连片特殊困难县威宁县和长顺县扶贫重点项目建设；重庆鸿业实业有限公司2017年度第一期扶贫超短期融资券2亿元，募集资金用于国家级贫困县重庆黔江区基础设施和易地扶贫搬迁项目建设。扶贫社会信用债券和扶贫票据的发行，开辟了以市场化方式引导社会资本投向贫困地区和扶贫项目的新模式，增加了贫困地区金融供给总量。截至2018年9月末，全国累计发行扶贫票据22期239亿元，涉及11个省份16家企业，推动了扶贫项目和产业发展协调联动，提高了金融精准扶贫效率。支持企业发行公司债券。（2）证监会积极支持贫困地区企业发行公司债券，拓宽融资渠道。2016年9月出台的《关于发挥资本市场作用服务国家脱贫攻坚战略的意见》（证监会公告〔2016〕19号），明确对注册地在贫困地区的企业发行公司债、资产支持证券的，实行"专人对接、专项审核"，适用"即报即审"政策。指导证券交易所开通面向贫困地区企业发行公司债券和资产支持证券的绿色通道，2015年至2017年9月，上海证券交易所已累计支持注册地在贫困地区的企业发行72亿元公司债券和资产支持证券。2017年以来，专项用于扶贫的社会责任债券——宜昌长乐"2017年社会责任公司债券"（第一期）发行3亿元，通过发展产业基地、工业园区和乡村旅游等模式帮助贫困户实现脱贫，直接惠及湖北五峰土家族自治县4125户12132位建档立卡贫困居民。全国国家级贫困县精准扶贫资产证券化项目——"国金—阆中天然气资产支持证券"成功发行5.25亿元，募投项目将从完善城乡供气网络、提高用气安全和改善出行条件三个方面服务当地居民，推动四川省阆中市早日脱贫摘帽。（3）推动企业发行企业债券。国家发展改革委积极借助企业债券，为脱贫攻坚提供融资支持。2016年4月，批复2只易地扶贫搬迁项目收益债券，在全国企业债发行债券类型中属全国首创，也是企业债与精准扶贫相结合，在保证偿债的基础上，让企业通过市场化方式盈利的首次创新。一只是泸州市农村开发投资建设有限公司，获批非公开发行20亿元10年期债券，用于古蔺、叙永两县的易地扶贫搬迁；另一只是广元苍溪县兴苍建设有限公司，获批非公开发行10亿元10年期债券，用于该县的易地扶贫搬迁。易地扶贫搬迁项目收益债以直接融资的方式筹集大额、长期的资金，除解决农民的易地扶贫搬迁外，还用于扶持后期产业发展和转型升级，支持了"输血式"扶贫向"造血式"扶贫的转变。

2. 主板、创业板市场融资

《国务院关于印发"十三五"脱贫攻坚规划的通知》（国发〔2016〕64号）中，提出支持贫困地区符合条件的企业通过主板、创业板等进行股本融资。为此，人民银行、证监会、中国期货业协会等部门先后出台了《关于金融助推脱贫攻坚的实施意见》《关于发挥资本市场作用服务国家脱贫攻坚战略的意见》《关于期货行业履行脱贫攻坚社会责任的意见》《关于金融支持深度贫困地区脱贫攻坚的意见》等政策文件，强化证券市场对脱贫攻坚的支持力度，解决了贫困地区普遍存在的"资本下不来、留不住、不活跃"等问题，引导富裕地区的资金、人才、技术流向贫困地区，提升贫困地区"造血能力"。

（1）支持贫困地区企业上市融资。证监会指导证券公司加大对贫困地区企业的上市辅导培育和孵化力度，根据地方资源优势和产业特色，完善上市企业后备库，帮助更多企业通过主板、创业板等进行融资。对贫困地区符合条件的企业申请首次公开发行股票并上市的，实行即报即审、审过即发。2016年，证券公司帮助贫困地区融资828.92亿元。其中，在贫困地区承销保荐IPO项目4个，融资16.45亿元；帮助贫困地区上市公司非公开发行股票融资项目5个，融资37.19亿元。

（2）上市公司通过兼并重组帮助贫困地区企业融资。证监会鼓励上市公司支持贫困地区的产业发展，支持上市公司对贫困地区的企业开展并购重组。对涉及贫困地区的上市公司并购重组项目，优先安排加快审核；对符合条件的农业产业化龙头企业的并购重组项目，重点支持加快审核。2016年，上市公司在贫困地区完成并购重组项目6个，融资174.87亿元。

（3）证券基金经营机构直接对接帮扶贫困地区。鼓励证券公司开展专业帮扶，通过组建金融扶贫工作站等方式结对帮扶贫困县，与当地政府建立长效帮扶机制，帮助县域内企业规范公司治理，提高贫困地区利用资本市场促进经济发展的能力。截至2018年9月末,有98家证券公司结对帮扶256个国家级贫困县,证券公司在贫困地区开展资本市场教育培训活动近300场,5万余人次接受教育培训,派驻挂职干部59人,设立金融扶贫工作站53个。

3. 新三板挂牌、股权交易市场及投资基金融资

全国中小企业股份转让系统(新三板)是我国多层次资本市场体系的重要组成部分,2013年底扩大试点以来为中小微企业融资提供了有效渠道。为充分发挥新三板对贫困地区中小微企业融资的积极作用,助推提升贫困地区中小微企业脱贫带动能力,《国务院关于印发"十三五"脱贫攻坚规划的通知》中,提出了支持贫困地区符合条件的企业通过全国中小企业股份转让系统、区域股权交易市场等进行股本融资的措施。2016年3月,人民银行等七部委印发《关于金融助推脱贫攻坚的实施意见》,要求帮助更多企业通过全国中小企业股份转让系统、区域股权交易市场等进行融资,引入创业投资基金、私募股权投资基金,引导社会资本支持精准扶贫。2016年9月,证监会发布《关于发挥资本市场作用服务国家脱贫攻坚战略的意见》,对注册地在贫困地区的企业申请在全国中小企业股份转让系统挂牌的,实行"专人对接、专项审核",适用"即报即审、审过即挂"政策,减免挂牌初费。同时,该意见明确对投资基金、私募基金等助推脱贫攻坚的优惠和支持措施,即鼓励上市公司、证券公司等市场主体设立或参与市场化运作的贫困地区产业投资基金和扶贫公益基金;对积极参与扶贫的私募基金管理机构,将其相关产品备案纳入登记备案绿色通道;在贫困地区组织行业培训、开展业务交流,便利私募投资基金向贫困地区投资。

(二)贫困地区金融生态环境建设

贫困地区金融生态环境的持续改善,是检验金融精准扶贫成效的重要参照之一,也是促进贫困地区脱贫可持续和民生改善的重要途径。脱贫攻坚战全面打响以来,人民银行等金融管理部门通过制定出台考核激励政策、开展工作创新试点等方式,组织各类金融机构着力加强县乡以下金融基础设施建设,改善农村支付环境、便捷金融服务,加快社会信用体系建设,

推动改善贫困地区金融生态环境。

1. 金融生态环境建设的内涵

金融生态是指金融运行的外部环境,是金融运行的基础条件。从广义上讲,金融生态环境是指宏观层面的金融环境,即与金融业生存、发展密切相关的社会、自然因素的总和,包括政治、经济、法律、文化、地理、人口等一切与金融业相互影响、相互作用的方面。从狭义上讲,金融生态环境是指微观层面的金融环境,包括法律制度、行政管理体制、社会诚信状况、会计与审计准则、中介服务体系、企业的发展状况及银企关系等方面的内容。金融生态环境是依照仿生学原理来发展建立金融体系的良性运作发展模式。

2. 金融生态环境建设的现实意义

精准扶贫离不开金融的支持,而金融精准扶贫的有效开展则需要良好的金融生态环境作为支撑,同时为不断改善金融生态环境提供新动力。构建良好的金融生态环境,对贫困地区经济的持续健康发展,并取得脱贫攻坚战的最后胜利,具有重要的促进作用。

一是金融生态环境建设能提高贫困地区金融服务水平。切实增加贫困地区金融服务供给,提高贫困地区金融服务水平的有效方式是加强贫困地区的软硬件建设和扩大覆盖面。硬件的关键在于金融网点的增加和合理布局,软件的关键在于支付条件的改善和便利程度的提高。金融网点是提供金融服务和产品的重要载体之一,更是金融机构向贫困地区增加金融资源供给的主要渠道,对金融精准扶贫工作具有重要意义。改善贫困地区支付服务环境,畅通贫困地区支付结算渠道,加速资金周转,对于推动贫困地区金融服务创新、促进城乡金融资源均等化、扩大贫困地区消费、提高贫困人口生活水平具有非常积极的作用,是金融精准扶贫的有效途径。

二是金融生态环境建设能促进贫困地区信用体系发展。信用是市场经济的通行证。加强贫困地区信用体系建设,增强贫困地区各类经济主体的信用意识,建立信用档案,增强守信规范,惩戒失信行为,对贫困地区市场经济健康发展意义重大,对贫困地区扩大信用贷款规模有较好的推动作用,能有效解决贫困地区抵押担保品种少、资质差的问题,在金融精准扶贫工作中具有重要地位。

三是金融生态环境建设能维护贫困地区金融公平正义。我国经济金融发展的不平衡，特别是贫困地区金融发展的滞后，已经严重损害了贫困地区金融的公平正义，成为实现精准扶贫、全面脱贫的障碍。加大贫困地区金融知识的宣传力度，加强金融消费者权益保护工作，对提升贫困地区金融消费者信心、维护金融安全与稳定、促进社会公平正义和社会和谐具有积极意义。

3. 金融生态环境建设相关政策

自扶贫开发工作进入"啃硬骨头、攻坚拔寨"的冲刺期以来，中共中央、国务院及各部委陆续出台了金融扶贫开发工作的相关政策文件，提出了金融生态环境建设的相关措施。

2014年出台的《关于全面做好扶贫开发金融服务工作的指导意见》，明确提出要优化金融生态环境；其中总体目标第四条提出金融服务水平明显提升，到2020年，具备商业可持续发展条件的贫困地区基本实现金融机构乡镇全覆盖和金融服务行政村全覆盖，建成多层次、可持续的农村支付服务体系和完善的农村信用体系，贫困地区金融生态环境得到进一步优化；在重点工作中具体提出了优化金融机构网点布局，提高金融服务覆盖面、继续改善农村支付环境，提升金融服务便利度、加快推进农村信用体系建设，推广农村小额贷款、加大贫困地区金融知识宣传培训力度和加强贫困地区金融消费权益保护工作等措施。2015年出台的《中共中央 国务院关于打赢脱贫攻坚战的决定》第十九条指出，加大金融扶贫力度，要加强贫困地区金融服务基础设施建设，优化金融生态环境。2016年出台的《关于金融助推脱贫攻坚的实施意见》第三项提出，大力推进贫困地区普惠金融发展。从以下三个方面优化金融生态环境：深化农村支付服务环境建设，推动支付服务进村入户；加强农村信用体系建设，促进信用与信贷联动；重视金融知识普及，强化贫困地区金融消费者权益保护。2017年出台的《关于金融支持深度贫困地区脱贫攻坚指导意见》第七条指出，要优先下沉深度贫困地区金融网点，更加贴近贫困农户需求；第八条指出要推进深度贫困地区信用体系建设，加大信用贷款投放力度；第十条指出要加强深度贫困地区金融生态环境建设，有效防范金融风险。

4. 金融生态环境建设的主要内容

金融生态环境建设是一项长期的、复杂的系统工程，涉及金融运行的方方面面。鉴于金融精准扶贫工作的艰巨性和重要性，以及贫困地区原有金融生态环境的薄弱性等因素，金融精准扶贫过程中金融生态环境的构建与优化显得特别重要。近年来，金融生态环境建设政策主要从以下四个方面提出。

一是支付体系建设。支付是金融服务的重要内容，是金融服务的基础之一。金融生态环境建设离不开现代化支付服务体系的有力支撑。因此，要深化支付服务环境建设，提升支付服务水平。加快推进贫困地区支付服务基础设施建设，逐步扩展和延伸支付清算网络的辐射范围，支持贫困地区符合条件的农村信用社、村镇银行等银行业金融机构以经济、便捷的方式接入人民银行跨行支付系统，扩充农信银支付系统用户范围，构建城乡一体的支付结算网络。大力推广非现金支付工具，优化银行卡受理环境，提高使用率，稳妥推进网上支付、移动支付、二维码支付等新型电子支付方式。进一步深化银行卡助农取款和农民工银行卡特色服务，切实满足贫困地区农民各项支农补贴发放、小额取现、转账、余额查询、代理缴费等基本服务需求。支持贫困地区助农取款服务点与农村电商服务点相互依托建设，促进服务点资源高效利用。鼓励金融机构柜面业务合作，促进资源共享，加速城乡资金融通。积极引导金融机构和支付机构参与农村支付服务环境建设，扩大支付服务主体，提升服务水平，推动贫困地区农村支付服务环境改善工作向纵深推进。

二是信用体系建设。信用体系是一种社会机制，是为社会交往提供的一种确定结构。它借助各种与信用相关的社会力量，共同促进信用的完善和发展，制约和惩罚失信行为，防止混乱和任意行为的发生，从而保障社会秩序和市场经济正常地运行和发展。因此，完善的社会信用体系，可以为金融生态环境的健康、平衡发展提供保障。加强贫困地区信用体系建设，促进信用与信贷联动，是解决贫困地区信贷困境、推动贫困地区信贷发展的有效手段，是金融精准扶贫的重要方面。深入开展"信用户""信用村""信用乡（镇）"以及"农村青年信用示范户"创建活动，不断提高贫困地区各类经济主体的信用意识，营造良好的农村信用环境。稳步推进农户、家庭农场、农民合作社、农村企业等经济主体电子信用档案建设，多渠道整合社会信用信息，完善信用评价与共享机制。探索农户基础信用信息与建档立卡贫困户信息的共享和对接，完善金融信用信息基础数据库。促进信用体系建设与农户小额信贷有效结合，鼓励金融机构创新农户小额信用贷款运作模式，提高贫困地区低收入农户的申贷获得率，切实发挥农村信用体系在提升贫困地区农户信用等级、降低金融机构支农成本和风险、增强农村经济活力等方面的重要作用。积极探索多元化贷款担保方式和专属信贷产品，大力推进农村青年创业小额贷款和妇女小额担保贷款工作。

三是金融消费者权益保护。金融消费者是金融市场的重要参与者，也是金融生态环境的重要组成部分。金融精准扶贫的关键在人，主要是金融消费者。而贫困地区的金融消费者知识欠缺，合法权益保护困难，因此，应加强贫困地区的金融消费者权益保护工作。第一，加大贫困地区金融知识宣传培训力度。加强对贫困地区县以下农村信用社、邮储银行、新型农村金融机构及小额信贷组织的信贷业务骨干进行小额信贷业务和技术培训，提升金融服务水平。对贫困地区基层干部进行农村金融改革、小额信贷、农业保险、资本市场及合作经济等方面的宣传培训，提高运用金融杠杆发展贫困地区经济的意识和能力。根据贫困地区金融消费者需求特点，有针对性地设计开展金融消费者教育活动，在贫困地区深入实施农村金融教育"金惠工程"，提高金融消费者的金融知识素养和风险责任意识。第二，加强贫困地区金融消费权益保护工作。严厉打击金融欺诈、非法集资、制售使用假币等非法金融活动，保障贫困地区金融消费者合法权益。加强对金融产品和服务的信息披露和风险提示，依法合规向贫困地区金融消费者提供服务。公平对待贫困地区金融消费者，严格执行国家关于金融服务收费的各项规定，切实提供人性化、便利化的金融服务。畅通消费者投诉的处理渠道，完善多元化纠纷调解机制，优化贫困地区金融消费者公平、公开共享现代金融服务的环境。

四是金融网点建设。金融业属于服务业，特别是在贫困地区和金融精准扶贫工作中，金融机构网点是第一服务窗口。然而，贫困地区金融网点偏少、金融基础设施薄弱、金融服务严重缺位的问题依然突出，在一定程度上制约了金融精准扶贫工作的开展。因此，要加强贫困地区金融网点建设，提高金融服务覆盖面。积极支持和鼓励银行、证券、保险机构在贫困地区设立分支机构,进一步向社区、乡镇延伸服务网点。优先办理金融机构在贫困地区开设分支机构网点的申请。严格控制现有贫困地区网点撤并,推动金融机构网点服务升级。加大贫困地区新型农村金融机构组建工作力度,鼓励服务网络的延伸。

十、关于我国金融精准扶贫制度安排的建议

金融扶贫是我国扶贫开发战略的重要组成部分。2011年,《中国农村扶贫开发纲要(2011—2020年)》明确把金融服务上升到政策保障的高度。2014年,中共中央、国务院印发了《关于创新机制扎实推进农村扶贫开发工作的意见》,这是继《中国农村扶贫开发纲要(2011—2020年)》颁布实施以后又一个指导全国扶贫开发工作的纲领性文件。该意见明确提出"完善金融服务机制"的目标部署,强调金融扶贫的顶层设计和制度供给,并将任务分解到中国人民银行、财政部等十余个单位和部门。应该说,全面深化金融扶贫改革已经进入国家的政策视野,并进入攻坚阶段,迫切需要对金融扶贫开发事业进行产品和服务创新,进一步改进和优化金融扶贫的体制机制,构建一套有效的、可持续的金融扶贫制度安排。

(一)金融扶贫的特点与难点

现阶段我国贫困地区主要包括680个集中连片特困地区县和592个国家扶贫工作重点县,剔除掉二者重复的440个县,共832个贫困县。按照精准扶贫识别工作要求,全国共识别贫困村12.8万个,贫困户2932万户,贫困人口8862万人。2015年11月召开的中央扶贫开发工作会议提出,到2020年要确保我国现行标准下农村贫困人口实现脱贫。要实现这个脱贫目标,脱贫攻坚任务相当艰巨:一是扶贫开发越往后越是"硬骨头",现在的8000多万贫困人口,是经过历年扶贫开发仍未解决的人口,贫困程度更深,脱贫难度更大。二是贫困地区大多分布在中西部地区,多为生态环境恶劣、自然资源匮乏、地理位置偏远的地方,基础设施薄弱,配套服务不足。三是稳定脱贫要求更高。贫困户收入不稳定,一旦遇到自然灾害、重大疾病等,很容易返贫。四是需要大量资金投入。在新识别出的贫困户中,有贷款需求的将近1500万户,约占建档立卡贫困户总数的一半,如果按照平均

每户3万元的信贷需求计算,需求总额约为4500亿元。作为扶贫投入的重要来源,金融扶贫资金近年来不断增长,2014年仅扶贫小额信贷一项就投放近1000亿元,比上年增长了一倍多。但这距离精准扶贫要求尚有一定差距,除资金投入外,还需要在产品、服务、机制等多个方面进行完善。面临复杂的贫困形势与艰巨的扶贫任务,以及金融资金的逐利避险天性,金融精准扶贫确实存在一些特点与难点。

1. 精准扶贫困难户资金需求额度普遍较小

按精准扶贫规定标准识别列入精准扶贫对象的困难户家庭,经营能力普遍较弱,多数没有从事过较大规模的经营实践,更多只是从事适应自己家庭经济实力的种植业、养殖业以及小买卖等,即使在地方政府的统一规划下推行产业扶贫,这些贫困户对融资的需求会有所增加,但仍维持在小额度范围内。因此,小额信贷是适应当前精准扶贫困难户的主要资金需求,一方面小额信贷适应这些贫困户的家庭经营实力,另一方面也适应他们的经营能力。

2. 精准扶贫困难户普遍融资担保难

精准扶贫困难户家庭人均纯收入低,经济实力弱,在融资需求上普遍存在担保难问题。一方面,精准扶贫困难户属社会弱势群体,社会关系较为简单,由于经济实力等各种社会因素,在融资上很难通过寻求他人的联保或保证获得银行信贷支持;另一方面,这些贫困户多数在贫困地区,普遍缺乏有价值的土地、宅基地、农房等财产用于融资抵押或反担保,且由于交易机制建设滞后等原因,多数农村地区通过林权等农村权属类质押获得信贷支持尚存在难度。

3. 精准扶贫困难户收入来源少还贷能力低

贫困农户大部分收入来源于种植业、养殖业、临时劳务收入,或者在不离开土地的前提下从事一些农产品流通等,但由于农业固有的生产特性,生产周期长、易受自然灾害影响、产品价格受市场影响波动大等,导致贫困农户收入低、来源少、不稳定,抵御信贷风险的能力差。而这些贫困农户向银行提出信贷需求时,银行自身也面临着逆向选择和道德风险、机构操作风险、流动性风险,这些风险与农业生产的自然风险叠加,如果缺乏有效的财政政策的支持和激励,银行对贫困户的扶持积极性将大打折扣。

4. 精准扶贫困难户融资需求呈现多元化

随着扶贫开发工作的深入及农村总体经济发展水平的提高,贫困农户的判定标准也相应提高。同时,贫困农民的生产条件和生活水平也日益得到改善,其融资需求用途呈现出多元化,既有用于发展生产的融资需求,也有用于农村建房、购房改善居住条件的消费融资需求,还有用于子女就学、婚丧嫁娶、看病医疗等其他需求。因此,在实施精准扶贫的背景下,不仅要使信贷扶贫资金精准到贫困户,而且要使扶贫资金用途精准应用在扶贫产业或项目上,确保扶贫资金发挥出"造血功能"。

5. 精准扶贫困难户对融资发展生产尚存在认识偏差

由于贫困家庭普遍存在收入来源少、经济实力弱、受教育程度不高等特点,部分贫困户对通过融资负债发展生产存在心理上的认识偏差。一方面,偏远落后地区仍存在部分贫困农户缺乏对金融业务和金融知识的必要了解,长期形成的贷款门槛高、手续烦琐等畏难印象易使他们放弃向银行提出借款需求;另一方面,多数贫困农户淳朴善良,生怕家庭欠债,对负债发展生产还存在观念上的认识问题。为破解融资问题,多年来屏南县积极探索扶贫开发融资模式,较好地解决了贫困农户贷款难问题,为深入推进新时期精准扶贫开发奠定了扎实基础,其取得的重要经验就是构建扶贫融资平台、坚持小额信贷。

6. 扶贫信贷风险大

建档立卡贫困户多以传统农业为主,生产经营受不可控的天气变化影响较大,干旱、洪涝等灾害破坏性强,自然风险大;传统农产品需求弹性小,盈利水平较低;市场销售空间有限,易受市场价格波动影响,抵御市场风险能力不足。此外,贫困地区配套设施建设落后,贫困农户教育文化水平普遍不高,创收渠道有限,上述因素导致贫困农户收入单一且微薄,缺乏稳定还款来源。

7. 扶贫金融成本高

首先是运营成本高，贫困地区地广人稀，贷款对象分散，信息不对称问题更为严重，管理难度大；贷款笔数多，单笔额度小，导致贷款平均成本高。其次是资金成本未享受到与贷款用途相适应的优惠政策，从资金来源的角度讲，央行已实施过差别存款准备金和支农再贷款、再贴现等减轻金融支农机构成本压力的政策，而扶贫比支农难度更大、更需政策倾斜，理应享受特惠政策。

此外，贷款利率浮动空间有限，扶贫金融资金一般实行基准利率，或者上浮幅度较小，以免过度增加贫困户的利息负担，在高资金成本与低贷款利率的双重压力下，金融扶贫往往是微利甚至亏本经营。

8. 有效金融服务供给不足

近年来，为扶贫安排的信贷计划和规模虽多，但在对接贫困户实际需求上仍需准确"着力"。一是准入门槛较高，以公路建设为例，一些银行明确要求公路建设要达到一定等级，而贫困地区亟须建设的村级公路很难满足这些准入条件。二是流程环节复杂。审批链条长，申报材料多，相当一部分贫困户教育文化程度低，难以理解掌握复杂的申贷要求。三是金融产品设计不合理，例如目前贫困户生产经营发放较多的是1年期流动资金贷款，与一些农作物的成长、收获周期不匹配，一些贫困户为了接续贷款，甚至要求助于民间高利贷。

9. 精准工作机制有待健全

一是扶贫衔接不力。各行业管理部门相对独立地开展工作，缺乏沟通交流，易形成重复或者留有空白，金融扶贫效果打了折扣。二是信用环境不佳。贫困户是多年扶贫开发中未脱贫的困中之困，习惯于享受财政救济式补贴，存在一定"等、靠、要"依赖思想，甚至将贷款发放等同于财政投入，认为贷款无须归还，信用意识十分淡薄。三是市场机制不成熟。以土地流转为例，随着国家推进农村土地承包经营权抵押流转交易，困扰金融扶贫多年的担保难题有望解决，但限于贫困地区土地流转、交易市场建设尚未培育发展，导致政策虽好，但难以使贫困户真正受益。

（二）目前金融精准扶贫的政策举措

针对金融精准扶贫面临的现实难点，多部门从多个角度出台了金融精准扶贫的政策措施。

1. 做好金融扶贫的精准定位

习近平总书记在河北阜平考察扶贫开发时曾强调，"全面建成小康社会，最艰巨最繁重的任务在农村，特别是在贫困地区。没有农村的小康，特别是没有贫困地区的小康，就没有全面建成小康社会"，金融机构应切实提高对扶贫工作的思想认识，扛起政治使命，履行社会责任，为脱贫攻坚做出应有的贡献。同时还要辩证地看待金融扶贫与商业运作的关系，扶贫既是使命责任，又蕴含发展机遇，脱贫攻坚形势下，大量资源将向贫困地区集聚，为金融机构密切银政关系、打造服务品牌、扩大社会影响等创造了条件。此外，要注意防范业务风险，坚守住业务可持续的底线。

2. 明确金融扶贫的精准目标

精准脱贫是金融扶贫的最终目标，是检验金融扶贫的标尺，要以带动多少建档立卡贫困户稳定脱贫作为金融扶贫的精准目标。一是做好直接金融扶持，金融机构要及时获取建档立卡贫困户的基本资料，为建档立卡户中有劳动能力、有借贷意愿发展生产经营、有一定预期收入作为还款来源的贫困户积极提供信贷。二是做好间接金融扶持，以建档立卡贫困户受益为目的，鼓励农业产业化龙头企业、农业专业合作社、专业大户等规模经营主体间接带动贫困户脱贫，并设计好利益联结机制，确保贫困户真受益、多收益。

3. 制定金融扶贫的精准方式

要结合致贫原因，制定金融扶贫的具体支持方式。有的贫困户缺少生产技术，有的苦于没有担保资产，有的发愁农产品销路，有的更需务工就业等，要对症下药、分门别类制订方案。金融机构要以信贷投放、利率优惠为引导，推动其贷款客户在组织培训、传播技术、提供担保、发展订单、促进就业等方面真正帮扶困户。要积极培育农村新型经营主体,通过承包土地经营权入股等方式,让贫困户享受更多增值收益和发展红利。

4. 选好提高成效的精准领域

无论是西方经济理论中的要素禀赋学说,还是习近平总书记在阜平调研时提出的因地制宜、因势利导的扶贫思路,都要求扶贫开发发挥比较优势,金融扶贫应在提高成效的领域加大信贷投放。一是发展特色产业,因地制宜发展贫困地区特色、优势产业。二是在基础设施薄弱的地方,加大对交通、水利、电力、信息等公共服务"短板"的支持,为增强贫困人口自我发展能力做实保障。三是扶贫先扶智,大力支持教育事业,为兴办学校、改善办学条件提供信贷支持。四是在劳动力资源密集的贫困地区,大力支持吸纳就业能力强的小微企业,通过促进就业带动增收脱贫。

5. 构建金融服务的精准机制

精准扶贫要求精准机制提供保障,金融机构要建立与精准扶贫相适应的工作机制。一是金融机构要与贫困地区政府、扶贫以及其他相关职能部门密切对接,做到规划、方案相衔接,整合扶贫资源,形成扶贫合力。二是完善服务机制。下沉经营重心,完善基础金融服务,加快金融产品创新,探索有效服务模式,切实增加适合贫困地区、贫困人口需求特点的服务供给。三是激发精准扶贫工作积极性。推进精准统计工作,强化绩效考核,对贫困地区业务给予费用、人员安排倾斜;对于非主观原因和道德风险形成的不良贷款,在尽职的前提下,对相关人员予以适当免责。

6. 增强金融扶贫的精准配合

精准扶贫是一项综合性系统工程,需要财政政策、货币政策等与金融扶贫做好精准配合。一是要丰富财政资金扶贫形式,除了传统的扶贫贷款贴息外,积极探索以风险补偿金、产业发展基金等参与精准扶贫的多种形式。二是研究探索针对贫困地区的定向调控货币政策,实施差异化存款准备金率,借鉴支农再贷款的模式研究探索扶贫再贷款,并实行比支农再贷款利率更优、期限更长的特惠政策。三是发挥好政府在增信、改善金融生态方面的管理优势,在构建贫困地区信用体系、清收不良贷款等方面加强协作配合，共同推动金融精准扶贫工作提高实效。

（三）制度建设是金融扶贫的重要保障

20世纪80年代中期以来，我国开始有针对性地实施金融扶贫政策，经过近40年的发展，取得了一系列标志性的成就，金融扶贫、减贫的经济和社会效果日益显著。但受扶贫开发事业的特殊属性以及外部环境不生态等因素的影响，金融扶贫作用和功能的发挥还处于低水平、重复性阶段，存在很大的改进和提升空间。其中，最为重要的一点是制度短板影响了金融扶贫的效果。一方面，相关配套制度安排的缺失或缺位使得金融扶贫失去了基础性保障。解决扶贫开发问题，需要必要的资本要素参与，这是国际社会的基本共识和经验。但是，路径正确并不意味着问题的解决，真正推进金融扶贫政策的实施，需要相关的配套制度进行约束和保障，而现实中往往忽略了后续的配套制度建设。另一方面，既有的制度安排错位或不作为，动摇了金融扶贫的有效性和合理性。在市场经济条件下，资本的逐利本性使得金融资本不会自动瞄准和流向贫困地区，并形成天然的"自阻力"，同时，金融资本的稀缺性使得金融扶贫政策被捆绑，从而变相成为经济条件较好地区获得信贷支持的合理依据。无论是理论上，还是实证研究上，都必须承认这样一条规律，即金融扶贫效果是金融扶贫配套制度的函数，在其他因素不变的条件下，金融扶贫制度建设的优劣，直接影响了金融扶贫效果的高低。因此，金融扶贫政策的顺利实施，需要相关的配套制度做保障。而制度的出现，是为了降低人们在实现既定目标进程中的不确定性，同时又为实现社会目标提供了一个激励机制。就金融扶贫政策提出的本身价值而言，加快相关配套制度建设，根本上为了保障政策按照既定的轨道发展，减少政策实施过程中的不确定性和偶然因素，从而达到预期的政策目标。当然，金融扶贫政策的有效贯彻和实施，离不开相关金融机构的支持和努力。换言之，国家相关的引导和扶持政策是否灵验，关键还要看配套的制度安排能否形成激励兼容机制。如果这一机制顺利通过，那么就能够为贫困地区提供优质的金融服务，盘活贫困地区资源存量，从而发挥要素禀赋协同配置功能。如果没有形成这样的机制，说明相关的制度安排是失效的，自然政策也是失灵的。当然，原因是多元的，其中，最为关键的一条是没有理顺贫困地区微观与宏观两个金融市场的关系，忽略了信贷对象的特征和信贷市场的层次性，从而造成金融扶贫缺乏目的性和有效性。因此，完善贫困地区金融服务机制，就是要构建一套体现金融扶贫作用机理、符合贫困地区金融市场规律的制度安排体系。

（四）构建面向农户的金融扶贫制度体系

第一，建立和完善贫困人口信用体系，激活和释放熟人社会的信用资源。对于贫困人口来说，最大的金融资源禀赋是根植于乡土社会网络里的信用要素。然而，与信用相配套的识别、管理体系等软件建设落后制约了信用的实践功效，并使得信用资源长期游离在金融服务范围外。当前，解决贫困人口的信贷可得性问题，最根本的是开发和应用信用资源，而不是从金融机构的视角进行房屋、土地等抵押担保制度设计。实证研究表明，有良好信用记录的农户与没有这种信用记录的农户相比，得到信用社贷款的概率要高53.74%。而且在其他情况等同的前提下，信誉效应似乎要比财富效应显著一些。因此，只有当信用数据累积达到一定规模时，贫困人口的信贷抑制才会渐进消解。这就需要激活和培育贫困人口的信用禀赋，优化信用生存和发展的环境。具体来说，以贫困分布的集中性和分散性为标准，本着先集中、后分散、由易到难、逐层扩散的原则，以国家确定的832个片区县和重点县为基本建设单元，建立和完善贫困人口的三个梯队的信用体系建设，形成县（市）、镇（乡）、村、户四级信用网络格局。首先，组织贫困县地区金融机构建立贫困人口电子信用档案，并把信用信息采集纳入业绩考核范围内，让信贷记录与贫困人口的信用动态关联；其次，建立和健全一套符合贫困人口特点的、弹性的信用评价体系，在发生不可抗力条件下，实行信用谅解机制，通过储蓄替代、累积性信用平抑等办法清除不良信用；最后，建立贫困人口信用信息共享机制，确保信用数据公开化、透明化，让信用信息跨时期、跨部门、跨机构传递。

第二，建立金融扶贫精准机制。金融精准扶贫在于建立农户导向的金融制度安排，应主要解决两个难题，一是如何有效发掘和利用熟人社会的信用资源，增加金融供给主体多元化，破除农村金融发展结构藩篱，提高扶贫开发的金融化水平，建立现代普惠制金融体系；二是如何克服金融资源配置失真问题,进而建立精准扶贫机制来瞄准最贫困人群。通过政策引导金融"瞄准"最贫困人群,做到金融服务下沉。排除贫困人口的信贷请求是金融资本逐利本性的必然选择,金融机构出于信贷成本和信贷收益的考量,天然的信贷偏好、首选信贷目标都不会是贫困人口。因此,信贷对象上移、信贷需求抑制等市场失灵行为属于合理现象。据估算,以收入标准衡量,中国在贫困村的选择方面存在48%的错误率。在市场经济条件下,让金融瞄准贫困人口,必须依靠而且只能依靠政府的干预和引导。目前,相关的信贷优惠政策不胜枚举但乏善可陈,主要是因为既有的政策安排指向的是贫困区域,而非贫困群体。在促进金融支持扶贫开发的过程中,缺少的不是金融政策,而是政策指向对象的明确性。而解决这一难题,根本上是建立金融与贫困人口的对接机制。一方面,建立贫困人口识别机制,以国际通用的恩格尔收入法为标准,采用自下而上与自上而下双向联结的识别办法,找出"谁是贫困人口"并建档立卡;另一方面,提高金融支持贫困人口信贷的政策激励增量。国家政策调整的背后是市场经济规律,引导金融机构自动瞄准贫困人口,基本的前提是确保政策补贴的额度要大于市场收益,这就要求废除金融扶贫的同质化政策,建立差异化的奖励政策,增加贫困人口信贷的财政贴息资金比重,让市场引导金融流向贫困人口。

第三,创新小额信贷制度,构建多元化的、包容性的微型金融服务体系。理想中的小额信贷凭借门槛低、贷款数额小、风险水平低等制度安排优势,成为惠及贫困群体金融服务的特殊金融模式,一定程度上抑制了贫困人口的信贷约束。需要对小额信贷制度进行创新,本着既要引进来又要可持续发展的原则,加快小额信贷的制度改进和产品设计。首先,加大小额信贷市场培育力度,通过降低市场准入门槛、定向费用补贴、税收优惠、弹性监管等政策,引导小额信贷机构向贫困地区有序进入和发展。同时,引导合作性银行、政策性银行、商业性银行等正规金融机构的业务范围向贫困地区延伸,开展包括营利性和公益性在内的小额信贷以及信息跨期传递的关系信贷业务。其次,放开金融市场利率,建立面向农户的信贷利率补贴机制。金融市场波动会降低贫困的发生率和返贫率,而保障小额信贷的可持续性,必须让市场在金融资源配置中发挥决定性作用,由此产生的利率成本由政府买单。实践已经证明,面向金融机构的补贴型低利率政策是失败的,这就需要转换利率补贴对象,建立农户与利率补贴机制。具体流程是，获得小额贷款的农户按照贫困农户5%的补贴标准，向政府提出利率补贴申请，政府根据金融机构提供的信息进行审核并发放补贴利率。最后，提高微型金融服务水平。在开展小额贷款业务的同时，大力发展储蓄、保险、汇兑等多样化的金融产品，最大限度满足穷人的信贷需求。

第四，鼓励和引导内生性金融发展，建立贫困村互助资金试点与资金互助合作社的合作对接机制。与小额信贷等外生性金融相比，内生性金融比较符合贫困人口的面向特征和信贷逻辑，是一种比较理想的金融制度安排。目前，贫困地区内生性金融主要由贫困村互助资金试点和资金互助合作社两部分构成。其中贫困村互助资金是由中央财政、地方财政和农户三方注资形成，坚持"不吸储、不分红"的原则，实行"民有、民用、民管、民受益、周转使用、滚动发展"的管理模式。但也应看到，贫困村互助资金试点的信贷规模偏小，基层政府干预性强，农民的参与行为相对被动，缺乏有效的组织载体，必须在适当的时机进行转制，让其逐渐脱离行政的干预并成为真正的民用、民管、民受益的组织。这些特征和要求与2014年中央一号文件提出的"坚持社员制、封闭性原则，不对外吸储放贷、不支付固定回报"的社区性农村资金互助社具有本质上的一致性。从发展的视角看，互助资金试点是一个临时性的过渡性质的制度安排，必须考虑其出路问题。实践证明，农村信用社的历史教训是惨重的，绝不能采取这一模式或与其类似的官办性质模式，而资金互助合作社无疑是个理想的选择。对于运转困难或不正常的互助资金试点，可以考虑其直接转制为社区性农村资金互助社；对于完成脱贫使命、符合退出标准的互助资金试点，可以考虑采取合作的方式，分阶段、分步骤、渐进地过渡成为社区性农村资金互助社。虽然内生性金融从培育、发展到壮大是一个缓慢的过程，但它的存续对于农民来说具有重大的现实意义，因此必须预防发展过程中的组织载体陷阱。

（五）完善以项目为导向的金融扶贫制度

1. 项目脱贫是开发式扶贫的有效方式。在项目开发和产业发展过程中，都不可避免地借助于金融资本工具。尽管国家通过扶贫贴息贷款政策，平均每年引导大约500亿元的贷款用到扶贫开发的项目上，但对于中国整体扶贫开发事业而言，无异于杯水车薪，依然存在巨大的资金缺口，很多地方的很多扶贫项目和产业规划都因金融短缺而处于搁置和推迟状态。实事求是地说，以项目（产业）为导向的金融扶贫制度安排做得很不理想，严重滞后于国家开发式扶贫的发展步伐，需要重新梳理和设计相关的金融服务制度安排。首先，用开发性金融的理念和方法指导金融扶贫开发，引导商业性金融机构有序流向贫困地区，从而解决贫困地区金融运行中的"虹吸"现象。商业性金融机构排斥贫困地区的项目和产业融资，根本上是由于项目（产业）的面向短板问题没有得到根本性的解决，导致以项目（产业）为导向的金融扶贫制度安排在实际运行中捉襟见肘、举步维艰。而开发性金融通过完整的设计和制度安排，克服了贫困地区项目（产业）融资的内生性弊端，帮助商业性金融机构解决了信贷服务的后顾之忧，从而实现了金融与项目（产业）的有效对接。开发性金融不是政策性、商业性的机构属性问题，而是一种金融方法。它以国家信用为基础，以科学论证的项目为主导，以产业为依托，以中长期投融资为目标，在项目和金融机构之间搭建平台，通过市场化的方法，共建信用共同体，把财政性资金转化为信贷资金，间接引导商业性金融机构投资于贫困地区的项目建设，从而平抑了由于市场失灵带来的金融缺口问题，起到了优化金融生态的功能和作用。开发性金融是一种金融方法，那么就具备进一步复制和推广的条件，这就要求在进行金融扶贫开发制度设计和安排时转换思路，着力探索和培育开发性金融实现的载体，创新开发性金融扶贫的有效融资模式、合作机制、信用结构以及金融协同扶贫方式等。同时，以集中连片特困地区、国家级贫困县为扶贫开发重点，通过专项调研、论证等项目立项和评估的手段和方法，科学制定和布局区域扶贫主导产业发展规划，有序推进项目（产业）的市场化融资渠道和体系建设。其次，建立政策性金融瞄准民生项目扶贫机制，着力扭转贫困地区公共品供给短缺态势。虽然开发性金融能够有效解决贫困地区经济发展所需要的金融资本，但在体现公共品性质的民生项目上，高成本、大投入、低报酬等特点使其显得力不从心。这就需要发挥政策性金融的作用，信贷资金财政化，通过政策导向来弥补贫困地区民生项目资金不足。加大贫困地区的民生建设，最为关键的是增加政策性金融的支持力度，建立政策性金融自动瞄准民生项目的扶贫开发机制。这既需要国家在金融扶贫政策上进一步的明确和强化，通过分解任务指标、完善奖惩机制等相关制度安排,将民生信贷业务纳入信贷政策评估和考评体系,引导政策性金融向民生项目倾斜,强化重大民生工程信贷支持的优先序列;同时,也需要地方政府的主动推动和积极配合。切实改进贫困县考核机制,由主要考核地区生产总值向主要考核扶贫开发工作成效转变,把提高贫困人口生活水平和减少贫困人口数量作为主要指标。进而形成政策性银行与地方政府上下双向互动扶贫,协同推进金融支持贫困地区民生项目建设。

2. 利用市场化经济手段推进扶贫。财政扶贫方式具有政策性、直接性等特点,同时也属于一次性的、无偿的扶贫方式。行业和社会扶贫方式则更多依靠对各行业和机关单位的道德层面约束来开展,一般难以获得可持续性。连片特困地区金融扶贫应采取有偿的资金投入方式,通过市场化的手段使金融机构在提高贫困户生活水平的同时也追求利润。充分发挥金融扶贫中各经济主体的主观能动性。着重提高被扶贫对象的主观能动性,需要构建完善的金融扶贫体系,发挥大型商业性金融、微型金融、合作性金融和政策性金融各自的比较优势,进行有效协调开展扶贫工作。政府在连片特困地区扶贫中应该重点加强政策完善,发挥引导和激励作用。贫困户要培养信用意识,转变金融观念。避免贫困户以往存在的"等、靠、要"心理,充分发挥被扶贫对象的主观能动性,转变贫困户过去传统的被施舍的角色。贫困户应该是金融机构的客户,通过不断提高自我发展能力实现脱贫致富。

3. 改变"漫灌式"扶贫,提高扶贫精准性。过去"漫灌式"扶贫在主体选择以及扶贫效果上均不佳,未来金融扶贫要提高扶贫的有效性与精准性。金融机构通过有效的客户定位筛选出帮扶对象,而后按需给予相应的金融服务。通过"到人到户"的方式,避免了人力、物力的浪费,有效达到"扶真贫、真扶贫"的目的。随着我国经济社会的发展,扶贫不再是解决温饱问题,而是要提高贫困人口的生产生活能力,进一步增加收入。而增加收入就意味着要扩大再生产,需要扩大经营规模,需要技术创新,更需要金融的支持。

4. 完善金融扶贫政策,构建有效的引导和激励机制。我国连片特困地区的金融扶贫离不开政府的作用,政府需要完善各项政策,引导和激励各项扶贫工作的发展。对于在扶贫工作中有较大贡献并且利润微薄的公益小额贷款机构,给予免除所得税的激励政策;规定连片特困地区农业银行等大型金融机构的贷款必须按照一定比例投向该地区，对于超过该比例的贷款给予相应的奖励等来激励大型商业性金融机构贷款；制定一套科学合理的合作性金融组织绩效考核指标体系，对于在绩效考核中扶贫效果好、资金回收率高的合作性金融组织给予财政资金的倾斜，从而形成激励作用。鼓励和引导返乡农民工创业，享受创业培训、税费减免、小额担保贷款及贷款贴息以及用地、用电、用水等优惠政策。政府应该为金融扶贫工作的顺利开展提供坚强的保障。完善连片特困地区农村社会的保障体系，建立系统化的农业保险体系，设立专门针对连片特困地区贷款难问题的担保机构；政府要积极引导金融机构增强社会责任，通过宣传、法律等手段来规范以及提高金融机构的社会责任意识；政府要在大型商业性金融机构与微型金融机构合作中起中介作用，为微型金融机构从大型商业性金融机构融资牵线搭桥。鼓励金融机构创新，并且提高贫困户自主劳动的积极性。

5. 不断创新金融服务和产品。金融机构要注重金融业务、金融产品以及金融工作人员选择上的创新，只有不断创新才能满足贫困人口日益增长的多样化金融需求。对于贫困农户，一般是不能提供正规金融机构要求的担保抵押品的。因此，要扩大担保抵押品的范围，如宅基地、土地承包权、林权等都可以作为贫困户贷款的抵押品，要结合农村生态资源丰富的特点，创新绿色信贷产品。针对贫困地区的经济发展，以及贫困人民金融服务的需求，金融机构在提供简单的存款、汇兑、贷款等基础的金融服务外，还要加快服务方式的创新，并且大力提倡通过现代化科技来降低扶贫业务的成本。

6. 完善风险管理制度。金融机构要根据现代金融风险的多样性以及复杂性，着眼于系统风险与非系统风险的统筹管理，积极推进风险管理制度建设。利用现代化技术，如建立客户金融信息管理系统、规范信息处理以及发布制度来缓解信息不对称问题；建立评价考核机制，在金融机构正常运行或者不正常运行中，都要对于机构的每一环节进行严格把关以及评价总结；在实践中探索多样化形式的风险补偿方式，建立"奖补资金"模式推进扶贫资金到户，它在扶贫中的作用相当于担保基金，但是"奖补资金"的损失补偿比例与贷款回收率挂钩。并且要定期或不定期地加强机构之间的相互联系，扬长补短，及时进行信息的反馈，分享最优风险控制方法。不断加大金融人才培养力度，要建立适应经济战略发展、年龄合理、层次清晰、有专业素养的农村金融人才队伍。

7. 实现金融机构财务绩效与社会绩效协调发展。金融扶贫应该体现以金融机构为主、政府为辅的扶贫模式。在这种模式下,金融机构应同时注重财务绩效以及社会绩效。对于任何一个企业,利润最大化是企业所追求的,但是一味地追求利润最大化而不顾及社会绩效、将会对企业与社会造成不利影响。而扶贫工作本身就是一项注重社会绩效,强调公平发展的工作,因此在这项工作中金融机构应摆正位置,坚持成本控制,加强技术创新,坚持商业运营原则,坚持风险控制原则,尽最大的努力来推动金融扶贫工作的健康持续科学发展。身处贫困地区的金融机构要不断提高自身责任意识,把支持扶贫攻坚作为义不容辞的社会责任。同时,从长远来看,通过金融扶贫扩大服务范围,建立新的客户群,也是金融机构实现可持续发展的有效途径。

8. 提高贫困户的金融意识。贫困户要立足实际,积极改变"金融不具有普惠性、天生爱富弃贫"的传统金融观念,并且彻底地了解到金融是可以为自己与家人服务的;贫困户的信用建设对于金融扶贫工作的持续发展有着决定性作用。首先,在确定借款时,贫困户要对于自己的情况如实汇报,要在了解自身需求以及还款能力的层面上来确定借款数目;同时,金融扶贫不再是一种赠予,金融扶贫暂时给予的启动资金是必须按时归还的;贫困户要积极发展自身的创造性,将资金与主体能动性有效结合,利用有限的资金积极培养并且拓展特色产业,通过扩大再生产来提高生产规模以及生产水平。

(六) 加大金融扶贫制度创新和管理创新

1. 金融扶贫制度创新和管理创新

贫困地区要以精准扶贫、精准脱贫为核心,围绕扶贫现状,加大金融扶贫制度创新和管理创新,提高资金使用效率,扩大金融实际供给,满足贫困地区精准扶贫金融需求。

(1) 创新金融扶贫主体制度

建立以政策性金融机构为主、农村信用合作机构为辅,其他银行、证券和保险机构积极参与的广义政策性金融扶贫体。首先要加快政策性金融机构改革,剥离其商业性贷款业务,通过立法明确金融扶贫主要业务由政策性金融机构承担。根据需要增设新的政策性银行及其下级分支机构,以适应政策性金融扶贫实际需要。发挥政策性金融在金融扶贫中的引领和骨干作用,建成以政策性银行为主导的多层次、可持续的金融扶贫信贷投放服务体系和信用体系。通过信息共享、网点和系统互通、银团贷款、委托贷款、相互授信等方式,建立政策性银行与商业银行、农村合作银行、农村信用社以及保险、证券、基金等机构金融扶贫合作机制,形成"政策性银行+商业银行+保险公司+证券公司+基金"的金融扶贫新模式。通过政策性金融的杠杆作用,引导各类金融资本、社会资本加大对脱贫攻坚工程的投入,形成金融扶贫合力,解决贫困地区融资难、融资贵问题。进一步发挥农村信用合作机构农村网点优势,使其成为贫困农村地区金融扶贫的中坚力量,积极开展小额农业贷款和金融扶贫产品创新等金融业务。放宽贫困地区金融机构的准入门槛,鼓励金融机构和民间资本设立村镇银行、资金互助社等新型农村金融机构和组织,实现农村金融机构多样化发展。鼓励建立农业产业投资基金、农业私募股权投资基金和农业创业投资基金,组建服务"三农"的金融租赁公司。激励和引导商业性金融机构深化信贷创新,加大扶贫力度,积极履行社会责任,通过与新型农村金融机构合作,建立资金对接机制,采取发放委托贷款、批发贷款等方式,开展面向贫困地区的金融服务。

(2) 创新金融扶贫融资制度

鉴于金融扶贫资金投资周期长、经济收益低、经营风险高的特点,应努力创新长期、低成本资金筹措路径,解决金融扶贫资金不足问题。针对易地扶贫项目发行专项金融债,支持效益好、规模大的龙头企业直接发行企业债券和短期融资券,引导中小企业通过贴息、增信等手段发行集合债券,引导民间资本进入贫困地区的农村金融领域,积极发展民间金融组织。通过多种方式不断扩宽金融扶贫融资渠道。要根据金融扶贫工作进展情况,发行专项扶贫金融债券,按照保本微利原则专项用于支持易地扶贫搬迁贷款等项目投放。在兼顾特惠支持和保本经营的原则下,创新再贷款、再贴现等其他金融扶贫融资渠道,筹措更多低成本资金,加大对易地扶贫搬迁以及其他脱贫攻坚领域的信贷支持力度。要鼓励符合条件的企业发行企业债券和短期债券等多种债务融资工具,扩大直接融资的规模和比重。要选择特色产业中的龙头企业开展私募债试点工作,将扶贫与金融市场结合,引入股权交易中心,充分运用金融杠杆,引导社会资金参与扶贫。要发展多层次资本市场,支持符合条件的有产业特色、有发展潜力的龙头企业,开展上市培育、初审工作,培育一批企业进入新三板或创业板。

(3)创新金融扶贫资金管理、使用、分配与评估机制

金融扶贫资金与财政扶贫资金是两种不同性质的资金,受行业壁垒和条块分割因素制约,财政扶贫资金与金融扶贫资金尚未形成协作效应,财政扶贫资金重点解决市场无法解决的问题,比如农村医疗、教育等社会事业、农村生态环境保护、水土保持等基础设施建设。金融扶贫资金应主要投向有收益的项目,为贫困地区农业经济发展、特色产业发展、农民增收提供充裕的资金支持。金融扶贫资金作为有偿使用的扶贫资金,有区别于财政扶贫资金的特征,其相应的管理制度应有自身特色。对金融扶贫资金应该建立统一的管理框架,确定新的金融扶贫资金管理办法,建立新的金融扶贫资金管理制度。一是对金融扶贫资金引入竞争机制。打破由农业银行独家负责扶贫贴息贷款发放的体制,鼓励有条件、有兴趣的其他金融机构参与到扶贫工作中来,引入竞争机制,提高服务水平。二是规范金融扶贫资金的统一管理。将金融扶贫资金项目的规划和选择统一到扶贫项目库中来,提高信贷扶贫项目的瞄准精度和缓解贫困贡献度。三是明确金融扶贫资金的管理主体和责任主体。由当地扶贫工作领导小组对金融扶贫项目进行规划和立项,参与扶贫的金融机构自主选择、独立审批、自主放贷。由农民专业合作社、村集体经济组织、家庭农场等组织化的贫困户团体获得金融扶贫资金支持的,集中授信、使用、共享信贷资金。以企业为平台、项目为载体、股权为纽带,通过集体经营性收入产生效益,获得分红收益的方式加快贫困户整体脱贫。在不改变用途的前提下,扶贫信贷资金和财政专项资金、其他涉农资金、专项建设基金等扶贫资金投入扶贫项目形成的资产,具备条件的可折股量化给贫困村、贫困户,资产可由村集体、合作社或其他经营主体统一经营和使用。以扶贫资金的配置效率为重点,创新金融扶贫资金在不同类型、不同项目、不同扶贫方式之间的分配方式。为协调经济增长与贫困缓解之间的关系,将更多扶贫资金投向对贫困缓解有显著作用的项目,同时重视经济增长模式的考量,优先发展公共基础设

施建设、劳动密集型产业和公共服务等，尽量使贫困人口都参与到经济建设中来，分享经济建设的成果。探索建立独立的扶贫效果评估系统，包括扶贫开发效果评估指标体系和分析评价系统。通过贫困监测体系采集扶贫效果评估所需要的信息，应用科学方法进行分类和整理，通过分析评价系统，对扶贫工作的经济效益、社会效益和生态效益做出综合评价。在客观准确评估扶贫效果的基础上，实行将扶贫效果与地方政府政绩、扶贫资金分配、主要责任人职务晋升等挂钩的责任制度，提高地方政府领导、相关政府部门和工作人员扶贫开发工作的积极性。

（4）创新金融扶贫风险管理与差异化监管机制

在微观和宏观两个层面上创新精准扶贫风险管理。在微观层面，通过金融工程信息系统建立企业和个人信用数据库和风险评估体系，对重点扶贫项目和扶贫工程进行风险把控。在宏观层面，建立公共部门、金融部门及企业部门资产负债表，对各部门的期限错配、货币错配、资本结构以及清偿能力等进行计量，对不同部门间资产、负债、权益之间的关系进行分析，在计量和分析的基础上，结合金融风险对各资产负债表的影响程度，建立反映贫困地区经济金融运行的考核指标，实现宏观金融风险控制。金融监管相关部门对扶贫信贷资金实行差异化监管政策，对存款准备金实行动态化差别管理，适当放宽贫困地区现行存贷比监管标准，对于扶贫信贷资金可以不纳入存贷比考核，对不良贷款率实行差异化管理与考核，提高容忍度，激励金融机构加大对贫困地区的信贷投放。设立金融扶贫专门监督机构，负责制订金融扶贫监督计划、监控扶贫资金流向、考评扶贫资金使用情况、评估扶贫开发项目和运营企业绩效，落实相关奖惩措施，确保扶贫资金规范使用，扶贫工作稳步推进。

2. 金融产品与服务方式创新

（1）创新金融扶贫信贷产品和金融机构授信方式

第一，创新金融扶贫信贷产品。首先，创新易地扶贫搬迁贷款品种。以易地扶贫搬迁规划为依据，实施特惠易地搬迁信贷政策，创新包括贫困地区水利、电力、道路、网络、人居环境改造、新型城镇化等在内的易地扶贫搬迁贷款品种。贷款期限根据借款人综合偿债能力、工程建设进度等合理确定，一般不超过20年，最长不超过30年，贷款宽限期原则上不超过项目建设期，视借款人和项目实际情况适当延长，延长期不超过1年，贷款可根据项目具体情况采取信用、质押和抵押担保等组合担保方式。易地搬迁贷款要遵循"政府主导、精准扶贫、专款专用、条件特惠、保本经营"的原则，明确优先放贷、优惠利率、延长期限等信贷政策，充分体现对贫困地区和贫困人口的政策倾斜，有效降低贫困地区融资成本，缓解借款人偿债压力，满足易地扶贫搬迁项目的信贷资金需求。其次，创新特色产业链贷款方式，支持特色扶贫产业发展。整合贫困地区农业资源和金融资源，重点在贫困地区主导产业和特色养殖业、特色种植业、特色旅游业等区域特色产业上推行产业链贷款模式，对产业链上最有核心竞争力的企业首先发放贷款，允许其作为担保方，对产业链上下游企业进行担保，形成利益共同体，从而打破严格授信条件，满足产业链上不同企业的融资需求，形成"点对线"产业链金融支持模式。再次，创新小额信贷扶贫方式，解决农村小额信贷供给与广大普通农户金融需求不匹配的矛盾，发挥小额信贷在金融扶贫中的巨大作用，实现农村普惠金融体系建设。贫困地区应建立一家主责银行，统筹推动辖内银行业机构协同做好扶贫小额信贷发放工作；由主责银行对资产少、还款来源相对不足的贫困户建档立卡，实行名单制管理；对小额信贷客户逐户走访，进行信用评定；建立专门的授信审批标准，在授信额度内由贫困户自主周转使用信贷资金；采取差异化的信贷管理方式，提升效率，管控风险，合理确定扶贫小额信贷的不良贷款容忍度；对履职尽责的分支机构和信贷人员做出尽职免责安排，扫除基层机构和信贷员"惜贷""不敢贷"等心理障碍；银行基层网点建立扶贫小额信贷绿色通道，努力实现对授信贫困户柜面直接放贷；地方政府对扶贫小额信贷予以贴息，贴息水平应能完全覆盖一年期贷款基准利率，切实体现惠农、扶农金融扶贫的宗旨；地方政府出资建立坏账损失风险金，引导推广扶贫小额信贷保险或产业项目农业保险，由担保机构为扶贫小额信贷提供担保。最后，创新新型经营主体贷款品种。积极对接新型经营主体信贷需求，开发农民专业合作社贷款、家庭农场贷款、专业大户贷款等一系列新型贷款产品，按照"严守风险底线，鼓励产品创新"的原则，在授信额度、缓释措施、用信方法等方面进行创新，满足新型经营主体在生产、销售、流通各环节的资金需求，全力扶持贫困户及带动贫困户的各类新型经营主体发展。

第二，创新金融机构授信方式。金融机构对建档立卡贫困户评级授信，建立以信用度、发展能力为主的评级授信指标体系，按照综合分值进行分级，各级对应相应的贷款额度，对等级较高的贫困对象开辟绿色通道，优先进入贷款审查流程。金融机构下放贷款业务审批权限，合理增加基层授权授信，压缩管理层级，将低于一定额度的贷款（如农户贷款）审批权交由县级支行或以下机构网点审批，简化贷款审批环节和流程，提高审批效率。金融机构对连片特困地区、革命老区、民族地区，探索试点扶贫开发贷款整区域综合授信，在信贷资源配置、金融产品和服务方式创新、信贷管理权限设置等方面予以倾斜，发挥金融机构在解决贫困地区区域性整体贫困中的骨干作用。

（2）创新金融扶贫保险种类

贫困地区保险主要以农业保险为主。农业保险普遍赔付率高、回报率低，保险公司基于风险收益考虑，不愿提供农业保险服务，致使农业保险发展滞后，保险规模无法满足保险需求，无法为农业生产提供强有力的保障。应加大政策性保险向贫困地区农业生产的倾斜力度，扩大农业保险覆盖面，加大农业基础保障和种养殖风险分散转移、降低农民系统性风险。鼓励保险公司在贫困村开展农业保险业务，开发符合当地特色的保险产品，拓宽农业保险保单质押范围，从原有农作物、畜产品、森林保险推广到农业用房、生产机具和农业设施等。鼓励各地区因地制宜开展特色优势农产品保险试点，创新开展天气保险、蔬菜价格指数保险、农村小额贷款保证保险等新型险种。建立农业保险再保险机制，设立巨灾风险基金与巨灾风险融资机制，在更大空间范围内分散风险、分摊损失。

（3）创新金融担保方式，设立产业担保基金

第一，创新生产要素担保方式。农业生产领域缺乏有效抵押物是贫困地区融资难、经济发展缓慢的重要原因。应创新"动产+不动产"的生产要素担保方式，充分激活农村沉睡资产。将法律法规不禁止、产权归属清晰的农村资产都纳入担保品范围，扩大担保抵（质）押品范围。将以农机具、粮食、订单为代表的动产抵押品与以宅基地使用权、土地承包经营权为代表的不动产抵押品相结合，拓宽抵（质）押品范围，解决长期困扰贫困农户的贷款难问题。各金融机构要加大对农村产权抵（质）押贷款支持力度，制定切实可行措施支持贫困户、家庭农（林）场、龙头企业以新型

抵押物融通资金。

第二，设立产业发展基金和产业担保基金。将贫困地区涉农财政资金、社会资金、金融资金、民营资本进行充分整合，针对特色产业设立产业发展基金，通过政策性引导和商业化运营，支持贫困地区特色产业发展。改变扶贫贷款和小额信贷财政贴息方式，用财政扶贫贴息作为资本金，吸引企业和社会资本入股，组建扶贫产业担保基金，按担保总额放大倍数，调动金融资本，实现扶贫资金滚动发展，发挥扶贫资金自我造血功能，从根本上解决贫困企业与农户贷款中的担保难问题。

第三，创新担保平台与其他金融机构合作方式。缺乏有效信用担保是制约金融扶贫的重要瓶颈，而专业性担保平台可以有效解决融资担保难题。贫困地区政府应利用财政扶贫资金建立开发性扶贫融资担保平台，作为银政合作的桥梁、项目融资的重要手段以及扶贫资金和信贷资金有机结合的重要方式，解决产业化扶贫项目信用能力弱的瓶颈问题。担保平台公司可与银行类金融机构合作开发创新型金融产品，由平台公司进行风险兜底，以创新型金融产品形式向贫困区域的中小企业、贫困农户发放贷款，以贴息资源进行贴息。担保平台公司可与风险投资金融、信托投资基金等金融机构合作，吸引社会资金投资与贫困区域有前途的产业，实现跨空间的价值交换。担保平台公司与互联网金融平台合作，通过发行互联网理财产品、票据理财、定期理财等固定收益产品，进一步扩大对贫困地区企业的融资渠道。

3. 金融扶贫模式创新

（1）创新基础设施融资模式

贫困地区政府财力有限，公路交通、水利、能源等基础设施建设薄弱，成为制约地方经济发展的瓶颈。为推动现代农业发展、改善贫困地区农民生产生活条件，需要持续不断地加大对农业的投入，改善农业生产基础设施条件，提升农业装备水平，提升农业综合生产能力，提高农业经济效益。针对贫困地区农业基础设施建设的诸多弊端，要打破现行经营机制，引入现代竞争机制，创新农村基础设施建设投融资模式，加大基础设施建设投入力度。

（2）地方农业投融资平台融资模式

由各级地方政府发起设立地方农业投融资平台，并吸收包括农业龙头企业在内的各类民营企业参股，负责区域内农业基础设施的建设。地方农业投融资平台采用股份公司的形式，在政府资产注入的基础上，吸收上级农业投融资平台公司、具有一定经济实力的国有企业、农业产业化龙头企业等其他经济主体，参股地方农业投融资平台。平台设立后，采用金融机构贷款、证券融资等方式进行融资，用于地方基础设施建设。

（3）基于政府、企业、农户合作的PPP项目融资模式

PPP项目融资模式是指政府为进行农业基础设施建设，以特许经营权协议明确双方的权利和义务，与企业建立一种长期合作关系，以确保项目顺利完成。政府在严格控制规划的前提下，鼓励与吸纳社会各类资金参与，可用于急需建设而政府又无力投资建设的农业基础设施项目。首先，政府通过项目立项，通过招标选择合适的民营企业作为合作方，进行特许经营权谈判，组建项目公司负责项目的建设和营运。PPP项目融资通常以项目公司为主体进行融资，利用多种方式进行融资，主要资金来源包括项目发起人提供的股本、金融机构提供的贷款、发行公司债券等方式募集的资金等，可拓宽农业发展资金来源。由专业公司负责项目的运营，保证基础设施有效运转。

4. 创新特色产业融资模式

（1）基于农业龙头企业订单的融资模式

订单融资模式是银行以订单农户（或农业龙头企业、农民专业合作社）与农产品购买者签订的订单为质押条件，在履行相关手续后对订单生产所需资金进行信贷支持。在订单融资模式下，农户组成合作社，形成农业产业化龙头企业的生产基地。农业龙头企业与农户签订订单，建立长期合作机制。围绕农副产品的生产、初加工、深加工、销售等各个环节，金融机构向农业产业化龙头企业提供扩大生产的固定资产资金、用于深加工的科技资金、多样化的流动资金，还有便利的结算和中间业务。

（2）以担保公司为核心的融资模式

由地方政府牵头，联合农业龙头企业、农业专业合作组织等入股，组建政策性担保公司。政策性担保公司的服务对象限于入股担保公司的农业龙头企业及其带动的农户。担保公司将担保金存入协作银行，协作银行在

明确担保放大倍数后,确定总体授信额度,并由担保公司承担逾期贷款偿还责任。担保公司与协作银行建立信息共享机制,做好对贷款企业贷后资金运用的实时监控。通过建立"银行+担保公司+龙头企业+农户"四位一体的融资模式,实现多方联动,最大限度地扩大财政资金的杠杆效应,有效解决农业产业发展过程中的资金需求。

(3) 以合作社为核心的融资模式

在产业合作的基础上,在合作社内部成立资金互助部,通过吸收社员资金,在合作社社员内部进行资金调剂,以满足农业生产过程中的资金需求。为了扩大产业化过程中的融资规模,由合作社出面统一在金融机构融资,以合作社的资产作为抵押,或将互助资金存入金融机构作为担保,金融机构以更大的倍数为农户提供融资。

5. 创新互联网金融扶贫模式

与传统物理网点相比,互联网金融在解决信息不对称、降低交易成本和交易风险等方面,具有非常明显的优势,应积极探索基于贫困地区特点的互联网金融开发,为贫困地区提供现代化金融服务。首先,互联网金融可以根据农村实际需求设计出针对贫困地区特色产业的贷款周期灵活的金融产品,满足农村金融"短、频、急"的周期性特点。其次,互联网可以通过融通社会力量,让城市富余资金回流农村反哺贫困地区,促进贫困地区经济社会持续健康发展。最后,互联网大数据技术在确定扶贫对象、制订扶贫方案等方面可以发挥很好的作用,提高相关部门的工作效率,真正达到"精准扶贫"的目的。

金融精准扶贫是我国农村扶贫开发战略体系的重要组成部分,只有积极推动贫困地区制度与管理创新、金融产品与服务方式创新、金融扶贫模式创新,扩大贫困地区的金融供给能力,满足扶贫对象发展生产的资金需要,才能鼓励和帮助有劳动能力的人通过自身努力摆脱贫穷,提高贫困低收入群体的自我发展能力,从而最终实现精准扶贫的目标。

（七）实行差异化金融扶贫政策，促进脱贫攻坚任务完成

1. 进一步明确相关脱贫政策

按照《中共中央 国务院关于打赢脱贫攻坚战的决定》第十九条提出的"运用适当的政策安排，动用财政贴息资金及部分金融机构的富余资金，对接政策性、开发性金融机构的资金需求，拓宽扶贫资金来源渠道"的要求，为更好地支持脱贫攻坚，提出以下建议：一是扩大国开发展基金的服务范围，在现在国开发展基金支持的种类和行业的基础上，将脱贫开发纳入服务范围。有效利用国开发展基金优惠的投贷工具解决脱贫开发平台及产业投资平台的资本金问题，引导社会资金和其他金融机构资金更多地投入到脱贫开发工作中来。二是进一步明确贫困地区发展特色产业和贫困人口就业创业的范围，国家确定的连片特困地区、国家级贫困县、建档立卡贫困村，以及易地扶贫搬迁、整村推进地区的基础设施建设、产业开发都应纳入这一范围，享受国家优惠利率贷款支持。

2. 实行金融扶贫差异化监管政策

根据国家对开发性金融机构的定位及其承担的社会责任，对其监管应有别于商业银行，贯彻国家战略要求和政策导向，促进开发性金融职能的有效行使。在脱贫攻坚业务中，金融监管既要守住风险底线，又要有利于打赢脱贫攻坚战，提出以下建议：一是减小扶贫贷款风险权重，在计算资本充足率时，可参照《巴塞尔协议》和银行监管的总体规则，根据扶贫贷款的政策属性和国家明确给予的政策支持，采用零风险权重系数或尽可能小的风险权重系数。二是提高扶贫贷款风险容忍度，脱贫攻坚贷款是在落后地区，针对落后产能，覆盖全部无技能贫困人员的信贷支持，并且在短期内业务量将有大幅增加，需要在对不良贷款率的监管上提高容忍度，实施差异化监管。

3. 实行金融扶贫资本金特殊补充政策

在国家开发银行支持棚改、扶贫以及开办专项建设基金业务的过程中，

资本金是一个比较突出的问题，一定程度上限制了国家开发银行支持脱贫攻坚的力度。建议在政府直接注资的基础上，采用差异化的利润分配与税收减免等方式解决国家开发银行资本金问题。对开发性金融机构和政策性银行的利润进行差异化的分配和税收减免是各国政府的普遍选择，通过降低分红比例或免除分红，以及分红转增资本等方式增加内生资本。税收减免的实质相当于政府注资，并且可以克服政府注资程序复杂、时效性不强的弱点，有利于开发性金融机构和政策性银行及时应对市场变化和处置风险。

4. 实行金融扶贫差异化股东考核政策

国家开发银行在保本微利的原则下服务国家战略，目前正在全力支持的棚改贷款、专项基金、扶贫贷款等，都具有体量大、风险高、收益低或无收益的特点。然而目前的考核指标以效益为第一考虑，没有考虑开发性金融机构贯彻国家战略导向的意图，考核方式严重打击了国家开发银行的积极性，不利于可持续发展；并且考核结果限制了人员引进，形成了只增加业务不增加人员的局面，不利于更好地服务国家战略。建议股东层面应考虑开发性金融机构定位的特殊性，完善相关监管考核体系，体现客观公正性。

（八）大力发展直接融资模式

目前的金融扶贫总体上围绕拓展和夯实贫困地区基础金融服务推进。以信贷扶贫作为主要渠道，各类金融机构在探索创新与当地实际产业特点相结合的扶贫模式方面成果显著。从政策性银行来看，国家开发银行增加建档立卡贫困户信贷投入，促进特色优势产业发展；中国农业发展银行通过加强扶贫类贷款的审批与发放管理，保障易地扶贫搬迁工程保质完成。从商业银行来看，扶贫相关贷款产品种类与发放规模均大幅增加，如农业银行的"精准扶贫贷""金穗脱贫贷"，建设银行的新农村贷款、城镇化贷款等。从地方性法人类金融机构来看，特色产业配合信贷支持的模式能有效促进贫困群众增收致富。从保险业来看，小额贷款保证保险、借款人意外伤害保险与保单质押等产品能为贫困借款户提供多种增信手段，推进农村金融保险服务覆盖范围扩大,促进信贷资源向贫困地区集中。此外,农村承包土地经营权与农民住房财产权抵押贷款改革、相互保险与相互担保等新型合作金融改革深入开展,为提升涉农贷款质量提供更坚实的基础。根据人民银行的统计数据,2017年末农村贷款余额为25.1万亿元,同比增长9.3%;农户贷款余额为8.1万亿元,同比增长14.4%。

1. 直接融资扶贫的理论基础

从2015年全国扶贫开发工作会议开始,脱贫攻坚的配套政策指导全面铺开。2016年3月,中国人民银行会同国家发展改革委、财政部等六部委提出《关于金融助推脱贫攻坚的实施意见》,随后关于银行业金融机构、资本市场与保险行业对接扶贫工作的具体指引分别下发。2017年7月,全国金融工作会议重申推进金融精准扶贫、加强"三农"和偏远地区金融服务的总体部署。2017年10月,十九大报告继续坚定了"坚决打赢脱贫攻坚战"的战略目标。2017年末的中央经济工作会议针对下一阶段的精准扶贫进行深入阐述,要求向深度贫困地区聚焦发力,激发贫困人口内生动力,加强考核监督。可见,金融扶贫的政策指引体系与顶层设计机制已趋完善,要求与目标非常明确,在此框架下各市场主体的实践与创新效果将是未来政策研究的重要方向。

第一,相比间接融资,直接融资有利于分散和控制金融风险,提高资源的配置效率与项目的经济效益。从融资方式的具体特点来看,直接融资项目透明度较高,从发行、交易到资金的实际运用都在市场上公开,从而便利了投资人、中介机构以及全社会对资金的使用情况进行强有力的监督。扶贫项目往往具有经营风险大、投后(贷后)管理难等特点,采用直接融资模式有助于综合利用市场、法制与社会共同监督的力量控制金融风险,强化对扶贫资金使用的外部约束。

第二,直接融资模式对经济政策调整的弹性更强,可促使资源向高质量的企业与项目流动。由于采用完全市场化的风险定价机制以及更灵活的交易架构设计,直接融资渠道根据政策变化而调整客户结构的效率更高。相比信贷投放的规模效应,直接融资途径在结构调整方面具有优势。可见,通过直接融资贯彻金融扶贫的项目导向要求,可以激发参与主体的积极性,促使市场化配置的资源有效对接贫困地区的企业与项目。

第三，直接融资渠道对扶贫产业的门槛更低，有助于支持贫困地区企业降低融资成本。从目前的扶贫产业与民生项目来看，多以长期、微利、风险较高为特征，以抵押资产规模与质量为关键衡量因素的间接融资体系并不能很好地支持扶贫融资。成本与门槛更低的直接融资模式更适合为扶贫类项目提供兼具差异化与稳定性的资金来源，同时提升金融机构扶贫的财务可持续性。

第四，采用直接融资模式可通过多层次的资本市场工具提升扶贫的精准度与经济效益。扶贫专项债券等资本市场工具作为规范化与透明化的融资方式，具有筹集资金规模大、发行利率低等特点，可充分对接大中型扶贫开发项目的融资需求。短期融资券、中期票据、资产支持票据等通过直接融资贯彻金融扶贫的项目导向要求，可以激发参与主体的积极性，促使市场化配置的资源有效对接贫困地区的企业与项目。金融市场多样化的债务融资工具能满足不同对象、不同期限的扶贫开发项目融资需求，进一步提升金融扶贫的精准度。可见，利用资本市场扶贫有利于在贫困地区发挥市场作用，促进资本形成，提高资本配置效率，激发企业的内生动力。

2. 对直接融资扶贫模式进行调整和改进

在完善优惠政策框架的基础上，可以从创新业务模式入手激发投融资双方市场主体的参与积极性，推动利用扶贫专项债券、资产证券化与股票等资本市场工具降低扶贫融资的资金成本，优化扶贫产业的融资结构，通过强化市场化的监督约束机制实现金融风险的有效控制与扶贫资金的精确投放。

第一，可以考虑鼓励金融机构创新适合扶贫项目的交易架构与产品，在维护投资人财务可持续性的基础上尽可能地完善扶贫功能。实施精准扶贫要兼顾经济效益与扶贫功能，这对金融机构提出了更高的要求。这就需要在项目收益来源确认、担保增信措施等微观契约设计方面持续积累经验。

第二，可以鼓励证券公司深入贫困地区辅导企业与地方政府利用自身资源与直接融资工具实现经济效益和扶贫效益的共同增长。贫困地区往往与资本市场联系紧密度不高，由于技术与人才的限制，对新兴金融服务的敏感度较低。因此需要由证券公司为贫困地区提供具体的指导，根据其产业特色与需求给出有针对性的服务措施与建议。

第三,可以与银行信贷、农产品期货与保险相结合,为贫困地区产业提供涵盖产业链融资、风险管理、咨询等全方位的综合化金融服务。应结合不同经济发展阶段地区的具体需求,开发适合规模化农业经营的覆盖全产业链的服务产品;推进农业保险的产品创新,实现保障对象从自然风险向市场价格风险转变,深化保险与期货结合新模式的风险管理功能。

3. 直接融资对接农村精准扶贫的实践创新

第一,在债券市场方面,扶贫专项债券是融资创新的主要模式。由于债券发行利率对市场变化与预期反应灵敏,省去了融资中间环节,债券融资成为企业低成本融资的主要形式。自金融扶贫的政策指引发布以来,债券融资作为直接融资的主要扶贫模式迅速广泛应用。应结合不同经济发展阶段地区的具体需求,开发适合规樟化农业经营的覆盖全产业链的服务产品;推进农业保险的产品创新,实现保障对象从自然风险向市场价格风险转变,深化保险与期货结合新模式的风险管理功能。从工具种类来看,专项债券成为扶贫融资创新的主要方式。2018年,包括扶贫中票和短融、扶贫企业债以及扶贫公司债在内的多种扶贫专项债券均成功发行。从扶贫债发行的具体要求看,扶贫项目的标准则参照中国人民银行精准扶贫贷款要求,如能够服务到建档立卡贫困人口的基础设施建设、易地扶贫搬迁改造或产业扶贫项目。基础设施建设类扶贫项目包括农村生态改善、道路交通、水利水电等,要求基础设施服务区域的贫困人口数占项目服务区域总人口数的比例不低于10%;产业扶贫项目应对贫困人口具有扶贫带动作用,包括吸纳就业或签订帮扶协议等,具体帮扶贫困人口数应符合人民银行精准扶贫要求。在发行过程中,发行人需在发行文件中对募集资金用途符合精准扶贫要求的相关依据、预期的扶贫效果、扶贫计划、中央及地方政策支持情况、扶贫项目的投资收益模式等进行披露。从所投项目的扶贫模式来看,主要包括让渡产业项目收益、支持易地扶贫搬迁、创造贫困人口就业以及改善贫困地区公共服务和基础设施等。其中,以项目收益补贴贫困人口,让产业扶贫方式给予所服务区域最直接的经济支持。从借款本息的偿还方式来看,一是对于易地扶贫搬迁项目,通常采用建设用地指标置换补偿的方式获得收益支付债务本息,或者采用政府将原有土地集中整理后上市出让的方式获得收益。例如,在泸州市扶贫债项目中,贫困户搬迁后获

十、关于我国金融精准扶贫制度安排的建议

得新的房屋产权,因集中居住而腾出部分城乡建设用地指标,这些指标与发达区县进行建设用地指标增减挂钩交易,贫困县复垦部分建设用地,而发达区县获得急需的建设用地指标,支付给贫困县相应费用作为项目收益。二是对于基础设施建设类扶贫项目,一般采用政府购买公共服务的方式获得收益支付债务本息。例如,在宜昌长乐投资集团的易地扶贫搬迁项目中,政府购买配套建设的基础设施和服务是还款来源。三是对于产业扶贫项目,采用产业项目经营收益作为还款来源,如晋能集团的光伏扶贫项目和西南能矿集团的工业园项目。虽然扶贫专项债为金融扶贫提供了更精准和高效的途径,但从投资人的角度,应关注项目落实过程中的风险。如利用发行债券融资为前期投放的贷款偿还本金利息,需关注基础信贷资产的质量与借款人的经营情况。

第二,在资产证券化方面,利用资产支持证券整合贫困地区旅游与农业等特色资源。不依赖于抵押品的资产证券化模式有利于盘活存量资产,以项目未来收益或者企业应收账款等现金流为基础扩宽融资渠道。从具体的功能来看,其一,采用资产证券化模式融资可充分利用项目收益实现与融资主体的风险隔离;其二,可通过资产证券化模式构建扶贫贷款的二级流通市场,提升金融扶贫资源的利用效率。近年来资产证券化应用规模不断扩大,2017年我国资产支持证券的发行规模达到1.26亿元,同比增长76.38%。从具体的应用案例来看,2016年涉农资产支持证券共发行2只,融资共7亿元。2016年7月,深圳证券交易所首单贫困地区资产证券化产品挂牌交易,项目名称为"云南文产巴格拉宗入园凭证资产支持专项计划"。该项目以香格里拉县巴格拉宗景区入园凭证为未来收益来源,所募集的资金用于景区的升级改造与日常维护,可提升国家级贫困县旅游产业的服务质量。2017年9月,上海证券交易所首单精准扶贫资产证券化项目挂牌交易,项目名称为"国金—阆中天然气资产支持专项计划"。项目总规模为5.25亿元,其中优先级规模为5亿元。项目的基础资产为四川阆中天然气总公司的天然气收费收益权,所融资金投向国家级贫困区县四川阆中的相关天然气管线升级建设工程。2017年12月,我国首单信托助农资产支持证券获批发行,项目名称为"天风证券—云信农分期一号资产支持专项计划"。项目规模为1.51亿元,以"农分期"产品的信托收益权为基础资产,而"农分期"是农机分期消费与其他农业生产相关贷款的服务提供商。

第三，在股票市场方面，IPO扶贫绿色通道有利于吸引优质企业支持贫困地区发展。2016年10月，西藏易明西雅和高争民爆量价股份有限公司上市申请顺利过会，开启了IPO扶贫绿色通道的先例。这两家企业从申报到上市发行分别用时9.8个月和11.2个月，远远低于拟上市企业的平均排队时长。可见，扶贫绿色通道显著提升了重点扶持企业的上市速度。根据证监会的统计数据，自2016年9月IPO扶贫政策发布至2017年9月，共有13家来自贫困地区的企业上会审核。根据人民银行《中国农村金融服务报告（2016）》的统计数据，截至2016年底，5个民族自治区已有282家公司成功在全国中小企业股份转让系统挂牌。扶贫IPO绿色通道优惠政策不仅有利于支持贫困地区自有企业上市融资、利用资本市场的优质资源实现产业优化升级，还有利于吸引外部企业到贫困地区投资，带动本地税收增长。基于大幅缩短排队时间的有利因素，拟上市公司可选择将公司转移到贫困地区以尽快实现上市。这种潜在途径可节省拟上市公司收购壳资源的巨额费用。因此，IPO扶贫通道对于计划节省时间与财务成本的拟上市企业，以及拟获得优质企业投资的贫困地区来说，是实现双赢的政策利好。

（九）尽快设立国家专项扶贫开发银行专项履行金融扶贫职能

1. 设立国家扶贫开发银行以信贷方式扶贫的优势

精准扶贫不仅仅是向贫困人群发放贷款，核心是通过信贷提高贫困人群的自力更生发展生产的能力，与财政扶贫相比，通过设立国家专项扶贫开发银行可以变"输血机制"为"造血机制"。设立国家专项扶贫金融机构是确保扶贫战略实现的基本条件。与其他扶贫机构和手段相比，设立国家专项扶贫开发银行的优势在于以下几个方面：

（1）节约扶贫资金和提高扶贫开发资金的使用效率。将无偿使用的扶贫资金变为有偿使用，将一次性使用的财政性扶贫资金投入变为可再生的多次使用的资金，将不可持续的扶贫资金投入变为可持续性的扶贫资金投入。通过金融手段对贫困户和连片特困地区进行有偿的资金投入不但能保证扶贫的精准性，还可以帮助贫困户寻找脱贫的生产门路和扩大再生产，具有防止脱贫后又返贫的可持续性。

（2）改变政府扶贫工作"一头热"的现状，提高被扶贫对象的主观能动性。与财政扶贫相比，金融扶贫是最好的扶贫，可以培养贫困人口信用意识，改变贫困户以往存在的"等、靠、要"观念，充分发挥被扶贫对象的主观能动性，改变贫困户传统的被施舍角色。通过设立国家专项扶贫开发银行将贫困户发展成为金融机构的客户，以金融信贷手段推动贫困户提升自我发展能力，实现彻底脱贫。

（3）可以将财政资金"漫灌式"扶贫转为信贷"滴灌式"精准扶贫。设立国家专项扶贫开发银行，进行有效的客户定位筛选出帮扶对象，通过合理的信贷机制设计，对贫困户进行精准识别"滴灌式"扶贫，解决如何精准的问题，达到"扶真贫、真扶贫"的精准扶贫目的。

（4）可以解决目前扶贫工作中突出的扶贫资金流失问题。首先，解决长期以来财政扶贫资金被一些地方政府通过项目重复申报、项目虚假申报等手段冒领挪用的问题。其次，解决扶贫资金的投资计划与实际工程建设相脱节，造成扶贫资金浪费的问题。再次，解决财政扶贫资金与给扶贫对象分配普遍偏离的问题。最后，解决扶贫资金数量有限、实际投入增长缓慢及可持续性较差问题。

2. 关于成立国家专项扶贫开发银行的构想

（1）设立的国家专项扶贫开发银行的性质和职能。其性质是政策性扶贫和商业银行扶贫相结合，并以政策性扶贫为主的银行业金融机构。核心职能是将过去无偿使用的一次性的财政扶贫资金变为有偿的信贷形式的可持续使用的金融扶贫资金，以满足我国贫困人口的扶贫资金需求，以及成片贫困区域生态环境改造和开发的需要。

（2）设立国家专项扶贫开发银行的资金来源与补充。一是资金由国家财政拨款，地方财政补充；二是将过去分散在各个部门的扶贫资金集中统一到国家专项扶贫开发银行；三是国家专项扶贫开发银行的盈利资金；四是国家专项扶贫开发银行做到保本微利，收支基本平衡，财政给予充足的补偿拨备。

（3）设立国家专项扶贫开发银行的原则。一是国家专项扶贫开发银行以扶贫为目的，追求扶贫的社会效益；二是国家专项扶贫开发银行不做纯商业性贷款；三是国家专项扶贫开发银行直接面向贫困人口和地区服务，原则上不委托别的部门和商业性金融机构；四是国家财政为国家专项扶贫开发银行提供所需资金以及补偿资金，国家专项扶贫开发银行负责资金的安全使用和收回；五是扶贫资金的使用应做到保本微利，使扶贫资金可持续性使用。

（4）国家专项扶贫开发银行的设立框架。一是国家专项扶贫开发银行的架构实行总分行制。有利于将扶贫资金一步到位和为扶贫以及贫困地区连片开发服务，有利于将统一扶贫政策和因地制宜相结合。二是在总行下原则上在具有扶贫任务的省份设置省分行。保证扶贫政策有效实施，保证扶贫资金不流出扶贫体系外。三是在贫困市县设立分支行实施扶贫任务，保证因地制宜扶贫任务的落实和完成。

（5）国家专项扶贫开发银行的金融服务职能。一是贯彻中央金融扶贫政策，构建有效的引导和激励机制。制定科学合理的金融扶贫绩效考核指标体系，进行精准扶贫。二是创新金融扶贫和开发服务与产品。扩大担保抵押品的范围，不断降低扶贫信贷成本。三是完善扶贫风险管理制度，确保扶贫资金安全。四是采用多样化的风险补偿方式，确保扶贫资金的可补偿性。五是通过金融扶贫加快中国城镇化建设和新农村建设。

（十）创新"三位一体"的扶贫新机制

着力构建政府、市场、社会协同推进的"三位一体"扶贫格局，充分发挥市场在资源配置中的决定性作用，更好地发挥政府的主导作用。一是充分发挥差别化存款准备金率政策的正向激励作用，增加贫困地区金融机构的资金来源。改进和完善支农、支小再贷款管理方式，发挥再贷款杠杆作用，调动贫困地区农村信用社、邮储银行等农村金融机构信贷投入的积极性。加大贫困地区信贷投入，优先保证贫困地区信贷需求，鼓励和支持贫困地区县支行新增可贷资金主要留在当地使用，并对信贷规模予以重点倾斜。建立"政银企"合作平台，与贫困地区当地政府签署扶贫开发合作协议，结合当地产业基础及未来经济发展导向，重点加大对当地龙头企业的信贷支持力度，提供专业、系统和全面的金融服务。二是把深入实施新型农业经营主体主办行制度作为开发式扶贫的重要抓手，加强监测督导，促进贫困地区现代农业加快发展。推动扶贫小额信贷业务增量扩面，着力提升扶贫小额信贷的精准性和有效性。继续引导金融机构灵活创新信贷管理机制，拓展抵（质）押范围，大力推进符合贫困地区多样化发展需要的金融产品和服务方式创新。三是调动多方资本与银行信贷资金协同扶贫。调动社会各方资本力量，有效拓宽贫困地区扶贫开发资金渠道。发挥好财政资金的杠杆作用，重点是整合各类扶贫资金，创新投入方式，发挥财政资金在信用增进、风险分散、降低成本等方面的作用。健全政府资金引导、社会资本参与、市场化运作的小微企业和涉农主体担保体系。探索建立扶贫开发专项基金。基金来源可以参照农田水利建设资金计提办法，按照当年实际土地出让收益的一定比例计提。同时，可以通过扶贫机构发行金融扶贫彩票等方式进行筹资，积极开辟新的扶贫开发资金渠道，多渠道增加扶贫开发资金。

（十一）建立农村扶贫金融组织体系

一是建立分层次、广覆盖、高效率的农村金融组织体系，加强贫困地区服务渠道和能力建设，适量增加贫困地区营业网点，发挥"物理网点+电子银行+代理渠道"优势，进一步延伸服务网络，扩大金融服务覆盖面，让贫困地区农户实现"足不出村"的基础金融服务。二是运用"金融+"思维，将金融机构自身优势与扶贫政策相结合，探索创新扶贫贷模式，推动信贷资金流向当地产业、农户发展最需要的地方。在积极配合政府推进相应扶贫政策的同时，利用基层党组织与基层信贷机构合作平台，掌握当地最为精准的信贷需求等信息，实行"扶贫类"贷款整镇推进、整村推进制，真正做到精准扶贫。三是构建"人在网中走，档在格中建，格格有服务"的金融服务新格局。积极发挥网络优势，借助政府网格化信息平台，搭建基层金融服务"最后一公里"的桥梁。结合"扶贫贷"推进金融服务网格化，提升扶贫功效，填补服务空白，开办"扶贫贷"。

（十二）高标准选定金融支持项目

金融精准扶贫应从贫困地区农村需求入手，顺应贫困地区农业农村经济的特点，探索符合农业产业化、规模化经营需求特点的金融产品，积极做好贫困地区新型农业经营主体的经营服务。考虑到大部分贫困地区生态脆弱的实际，高标准选择支持项目，支持贫困地区走出一条既增强经济实力又保护好环境的绿色扶贫之路。一是大力支持农业农村基础设施建设，改善贫困地区农业农村生活条件。农村地区尤其是贫困地区政府财力有限，公路交通、水利、能源等基础设施建设欠账较多，成为制约地方经济发展的瓶颈。应积极支持特困地区符合国家政策导向、党政关切、有利于推进城乡统筹发展、具有显著支农效果的水利、公路、棚户区改造和整体城镇化建设，着力改善贫困地区农民生产生活条件。二是大力支持农业产业化经营，培育贫困地区特色优势产业。积极支持贫困地区发展林业、茶叶、中药材、蔬菜、水果等规模大、辐射带动力强、品牌响的特色产业，着力推进优势农产品向优势产业集中，生产加工向龙头企业集中，走"公司+基地+农户"的产业化经营之路，带动贫困地区农民增收致富。三是积极支持贫困地区农产品物流体系建设，搞活农产品流通。

（十三）创新农村金融产品和服务方式

一是创新农村生产要素担保方式。农村"五权二指标"即农村土地承包经营权、林权、水域滩涂养殖权、集体建设用地使用权、房屋民有权，城乡建设用地增减挂钩指标和耕地占补平衡指标。抓住深化农村改革契机，积极稳妥开展农村"三权"抵押试点，协助贫困地区地方政府开展确权、登记、颁证工作，创新"三权"抵（质）押金融产品。鼓励将法律法规不禁止、产权归属清晰的农村集体房屋、土地等不动产，机器设备、产成品等农村资产都纳入担保品范围，充分激活农村沉睡资产，扩大农业企业抵（质）押品范围。二是创新易地扶贫搬迁模式。结合扶贫搬迁项目"公益性、基础性、战略性"的特点，按照"政府主体、实体承贷、独立审贷、择优选贷"的模式，确保易地搬迁移民搬得出、稳得住、能发展、可致富。易地扶贫搬迁要坚持因地制宜、实事求是原则，采取在城郊或城乡接合部建立集中安置点，在贫困村镇就近建立集中安置点，在贫困乡镇中心村或中心集镇（移民建镇）建立集中安置点等模式，以土地为抓手，通过土地增减挂钩政策解决金融扶贫贷款的还款资金来源，将拆旧区具备复垦条件的集镇、村庄、农村居民点和零星分散的宅基地纳入拆旧区规划，与区位条件好、发展较快的城镇建新区组成挂钩周转项目区，并允许土地培养挂钩指标在省内实现价值互换、有序流转。着力解决易地搬迁地区农民的出行、饮水、上学、就医、就业、安居问题。三是加强银行、保险、融资担保机构的业务合作，形成三者之间的协同效应，充分发挥政府、市场、中介组织的作用，探索助农贷、助保贷、助贫贷等信贷产品，分散和缓释"三农"信贷风险，有效支持农村实体经济的发展。加强银行、保险、融资担保机构的业务合作，形成三者之间的协同效应，充分发挥政府、市场、中介组织的作用，探索助农贷、助保贷、助贫贷等信贷产品，分散和缓释"三农"信贷风险，有效支持农村实体经济的发展。

（十四）大力推进贫困地区金融生态环境建设

一是加快贫困地区农村信用体系建设。完善农村信用环境评估体系建设，完善农户信用信息征集与评价，加快建立贫困地区市场经营主体电子信用档案，健全针对市场经营主体的信用评价体系。二是深入开展"信用户""信用村""信用乡（镇）"以及"贫困地区示范户""农村青年信用示范户"等创建活动，严厉打击各种逃废债行为，提高贫困地区各类经济主体的信用意识，营造良好的农村信用环境。三是培育贫困户珍惜个人信用的意识。通过警示教育，提醒贫困户树立"珍惜信用"的意识，增强个人信用保护意识，当好诚信客户。

十一、改进我国金融扶贫融资模式

由于贫困地区和贫困人口对融资的需求有一些特殊的要求，这些地区和贫困个人都具有一般客户不具备的特点。如果套用传统的信贷模式和融资模式，就很难满足我国经济扶贫和贫困人口脱贫的需要。而且，贫困人口和地区是动态变化的，我们认为并不是2020年脱贫后就可以万事大吉了，必须考虑新时期进一步扶贫工作的特点以及贫困人口和地区动态变化的特点，不断改进我国金融支持精准扶贫的融资模式。

（一）加大开发性金融发展力度

随着脱贫工作的不断深入，传统的"灌水式""输血式"金融扶贫模式已不再符合实际需要。金融精准扶贫既是金融扶贫同时又是精准扶贫，是我国扶贫工作进入新阶段的新举措，而开发性金融在支持脱贫攻坚方面尤其具有独特优势，可更具针对性地帮助贫困对象解决贷款难度大、融资成本高等问题，使扶贫工作更有实效，实现脱贫更顺利。

1. 开发性金融在精准扶贫中的重要作用

目前，我国金融精准扶贫虽然取得了一定成效，但也还面临很多问题，难以充分满足精准扶贫的需求。贫困地区需要能适应相对落后的经济发展条件、打破市场失灵、改善贫困群体现状、助力当地经济发展的金融形式，而开发性金融正是能协调政策与市场间关系的有效扶贫手段。具体而言，开发性金融是政府建立的具备国家信用、能体现政府意志的金融机构，以中长期投融资为手段，依托国家信用，通过市场化运作，推动制度建设和市场建设，从而实现政府特定发展目标的资金融通方式。开发性金融具有政策性和引导性特征。一方面，开发性金融机构可凭借国家信用发行金融债券等进行资金筹措，对满足国家战略要求的项目提供融资融智支持，以长期、大额的融资弥补市场失灵，支持政府实现其重大经济目标；另一方面，开发性金融机构进入某领域时，会对该领域的市场及制度进行完善，从而降低准入门槛，最终吸引商业性金融机构的跟进和模仿，充分激发市场活力。与商业银行相比，开发性金融在支持脱贫攻坚方面具有独特优势。

（1）有助于建立更加长效可持续、丰富多元的扶贫融资机制。开发性金融机构是连接政府部门与市场的纽带，既能深入理解政府意图，又能把握市场运行规律，可有效发挥在政府协调与市场配置两方面的作用。开发性金融的介入具备一定的政府背书意义和导向价值，其依托国家信用，为金融机构和贫困地区搭建平台、共建信用共同体，在优化贫困区金融生态方面起着重要作用。同时，其信用化和商业化的双重属性能吸引社会资本参与，两种资金的共同作用能推动当地资本市场、信用体系等的共同建设和改良，进而促进贫困地区多元可持续融资机制的形成，通过治本完成扶贫目标。

（2）为金融扶贫提供期限更长、额度更大的低成本融资支持。开发性金融机构凭借国家信用，可有效发挥中长期金融服务的作用和优势，通过中长期债券的发行，将期限较短、集中度不高的居民存款和社会资本转变为期限更长、更为集中的信贷资金，遵循保本微利原则将资金投向明确的重点领域，有效解决贫困群体融资难和融资贵问题。近年来，中国人民银行对开发性金融在扶贫中发挥的作用提供了较大支持，2014年开始中国人民银行一直借助抵押补充贷款工具（PSL）为开发性金融促进棚户区改造提供期限更长、成本更合理的资金额度，使开发性金融具备更大额度、更低成本的针对贫困户及企业的信贷空间，使贫困群体获得更多扶贫资金。

（3）通过提供融智服务促进贫困地区发展。除提供配套的信贷资金外，开发性金融还能充分发挥专业人才及行业等多方面优势，通过网站、微信、移动客户端等新媒体以及现场培训等方式推进融智服务的开展，进而促进贫困地区科教事业的发展。例如，作为开发性金融机构的国家开发银行，按照相关部门要求编制与贫困地区相符的政策规划，而且因人、因地、因原因、因类型施策，理顺贫困地区扶贫机制，进而实现精准扶贫。同时，开发性金融机构能派驻专门的金融专业人员入驻贫困区，一方面了解扶贫地区的疑难杂症，配合银行专门开展扶贫工作；另一方面能向广大贫困群体宣传开发性金融扶贫的方式、作用和意义，从而增强双方的默契，避免认识上的偏误。此外，通过加大教育扶贫力度，有利于从深层次提升贫困户的文化素养和个人技能，真正通过提升贫困户自身能力助力其实现脱贫。

（4）在金融精准扶贫工作的具体领域发挥重要作用。在易地扶贫搬迁领域，开发性金融机构在向贫困地区提供中央贴息贷款等资金支持的同时，还可理顺易地扶贫搬迁资金运作机制，优化审批流程，提高资金使用效率；协助进行相关制度建设、市场建设和信用建设，改善贫困地区金融生态环境，防范信贷风险。开发性金融可针对贫困地区财力进行专题研究，创新支持农村基础设施建设的融资模式，并根据业务进展情况，不断完善相关制度。而较为完善的制度设计既能使开发性金融弥补贫困地区项目融资的天生不足，也能为不愿意在贫困地区开展信贷工作的商业银行解除后顾之忧，从而达成资金与项目的匹配对接，实现金融的精准扶贫。在产业扶贫领域，开发性金融机构可充分发挥政策性引导作用，借助产业支持政策，通过不断推广融资平台、管理平台、担保平台、公示平台和信用协会的融资模式，协调社会各类资源形成合力，促进贫困地区形成更加健康有效可持续的产业体系，以维护当地市场秩序的稳定并带动区域发展。发展产业是实现脱贫的根本之策，开发性金融能在产业扶贫领域把握地方实际，因地制宜地帮助贫困地区扶持培育相关产业；综合运用市场和政府两种手段，既能掌握好银政合作的基础，发挥政治属性克服扶贫难题，又能发挥资源配置作用，给予扶贫产业支持、激发龙头企业活力、带动产业扶贫多方主体的积极性。

2. 开发性金融在精准扶贫中面临的挑战

（1）在部分领域，与其他金融机构的行为边界模糊。在各地精准扶贫实践中，我国开发性金融机构探索形成了特有的"银政合作→规划先行→产品创新→模式设计→项目试点→组织推动→项目推广"七步走的路径。但在某些环节的具体实践中，开发性金融机构和其他金融机构工作存在重叠，开发性金融机构的特殊作用没有得到充分发挥。比如，易地搬迁扶贫，除了是开发性金融机构的工作重点，也是政策性金融机构的工作重点。再比如，对于"特色小镇+扶贫"项目，2016年住房城乡建设部和中国农业发展银行印发了《关于推进政策性金融支持小城镇建设的通知》，2017年国家发展改革委和国家开发银行印发了《关于开发性金融支持特色小（城）

镇建设促进脱贫攻坚的意见》，两份文件的主要工作中都包含基础设施和公共服务设施建设、特色产业配套设施建设、联合其他金融机构拓宽当地小城镇融资渠道等内容。此外，开发性金融机构在产业扶贫等领域与其他商业银行的扶贫产品和模式方面，也存在不同程度的重叠现象。

（2）对部分扶贫资金和项目监管不足。开发性金融机构作为政府与市场间的媒介，很多扶贫项目都需要地方政府的协作和落实，但其中存在对部分扶贫资金和项目监管不足的问题。2017年，审计署对21个省312个国家级贫困县2016年的扶贫政策落实和资金管理情况进行重点审计，发现一些地方存在扶贫工作不够扎实、有的地方扶贫政策落实不够精准、部分地区涉农资金统筹整合试点推进不畅等问题。2017年审计结果表明，易地搬迁扶贫一直是我国开发性金融机构重点开展的扶贫工作之一，但当年有4个县擅自提高易地扶贫搬迁范围、建设标准等指标水平，形成资金缺口2.97亿元；此外，还有23个地区易地扶贫搬迁规划不合理、配套不齐全，影响了2万多贫困户（人）的安置。除易地搬迁扶贫，产业扶贫也是开发性金融精准扶贫的重点工作之一，但当年有13个县将3.21亿元产业扶贫等"造血"资金直接发放给贫困户。包括易地搬迁扶贫、产业扶贫资金和项目在内，2017年全国共有28.11亿元扶贫资金被骗取套用或挪用，举借的11.75亿元闲置，还有261个项目（投资2.88亿元）长期闲置或未达目标。

3. 推动开发性金融机构支持精准扶贫的政策建议

（1）加大与其他相关部门的协调合作，充分发挥开发性金融的融智优势。一要加强开发性金融机构与中农办、国家发展改革委、财政部、国务院扶贫办等相关部门的沟通协调，鼓励国家开发银行等机构积极参与脱贫攻坚政策研究和方案设计工作，不断推出更有针对性的金融精准扶贫政策。二要深化开发性金融机构与各级地方政府的合作，大力推动省市县三级扶贫开发金融合作办公室建设，形成在贫困地区开展金融扶贫工作的平台和抓手，探索能直面扶贫问题的更具操作性的措施。三要充分发挥开发性金融机构在产业发展领域的智力优势和资源优势，协助贫困地区政府开展产业脱贫规划编制工作，积极引导不同行业的龙头企业参与产业扶贫，整合资源，凝聚合力，共同提升贫困地区可持续发展能力。

（2）发挥开发性金融融资优势，推动贫困地区信用体系建设。在市场和信用建设不足的情况下，金融扶贫工作的开展将受到较大限制，因此有效开展金融精准扶贫的一个核心便是建立完善的金融系统和有效的信用机制。开发性金融的关键在于自发主动地去引导市场建设，而不能静待整个市场机制自身提升或其他参与主体对市场的优化。开发性金融机构应积极推动市场的信用建设，为其他金融机构创造良好投放预期，吸引信贷资金流向贫困地区，使扶贫资金能在规范的市场、良好的信用、完善的规则下精准投放，形成健全的市场化信贷体系，打破贫困地区贫困户及困难企业的融资瓶颈，解决其由于市场不完善所面临的资金短缺问题。

（3）结合开发性金融特点，进行扶贫产品创新。应充分发挥开发性金融的服务优势，对精准扶贫融资模式和金融产品进行创新。支持有条件的贫困地区发展创投基金、并购基金，引导社会资金进入脱贫攻坚的重点领域。同时，鼓励相关部门与开发性金融机构及传统商业银行加强合作，建立精准扶贫的长效合作机制。开发性金融机构应结合自身的特殊性，根据各贫困地区不同的融资需求，不断进行产品创新，提供因地制宜的金融服务。一方面，可尝试通过各类平台建设，使以中长期、大额集中融资为特点的开发性金融机构也可以为农业小企业、分散农户提供小额信用贷款等金融服务，促进企业发展和农民增收。另一方面，应运用多种信贷手段及扶贫专项基金、扶贫专项债券等开发性金融工具，针对贫困地区产业扶贫特色和项目融资需求，从扶贫模式及信贷产品的金额、利率、期限、流程、担保品等方面进行创新，推动不同模式、不同扶贫信贷产品和服务的发展，以适应贫困地区的贫困群众和困难企业的实际贷款需求，拓宽扶持对象的融资渠道。

（4）强化监督审查，加强风险防控管理。由于开发性金融项目具有金额大、周期长的特征，因此在项目评估、项目运行及项目核算等各环节需要加强核查，确保扶贫资金专款专用、专账核算、专项管理，避免出现挪用资金、虚假使用等违法违纪问题。审计部门应保证严格审计和独立核准，明确扶贫资金的投向与使用情况，以保证资金使用与项目预算一致。

（二）精准扶贫实行差别化贷款模式

根据中共中央、国务院《关于打赢脱贫攻坚战的决定》及《关于金融助推脱贫攻坚的实施意见》，结合机构及业务特点，开发性金融机构应选择重点支持易地扶贫搬迁、整村推进基础设施建设、特色产业扶贫、生态保护脱贫等领域，并将这些领域与新型城镇化、农业现代化、棚户区改造和新农村建设相结合，统筹支持安置房及配套基础设施、公共服务、产业开发等项目建设，确保搬迁群众搬得出、稳得住、能发展、可致富。由于各类项目的实施主体、还款来源等存在差异，应建立相应的差别化贷款模式。

1. 易地搬迁、基础设施、公共服务类贷款采用政府购买服务或 PPP 模式

此类项目是脱贫攻坚的重点领域，关系脱贫攻坚的成败，也是国家开发银行的传统优势领域，主要是为了改善贫困户或贫困村生产生活条件、推进美丽宜居乡村建设而实施的扶贫项目，包括统一部署的易地搬迁项目、整村推进基础设施建设项目、生态保护脱贫项目，其突出特点是自身经济效益不足或具有纯公益性，主要以政府财政支出作为还款来源。

此类项目贷款原则上由省级扶贫融资主体采取政府购买服务或 PPP 模式等方式（目前主要为政府购买服务方式）。此类项目由政府统一组织、统一实施、统一融资，采取"省级统贷、整体承诺、分县核准、分笔签约"的模式。对于无法实现省级统贷的地区，也可由所在市（县）政府成立或改造的扶贫开发投融主体具体承借，由其与市、县政府或其指定部门签署政府购买服务协议，用于基础设施项目建设。信用结构可采取政府购买服务协议（或 PPP 相关协议）项下的应收账款质押担保，市县融资主体直接承借的贷款应考虑增加其他有效担保方式，如省级扶贫担保公司再担保或联合担保。贷款期限视项目具体情况而定，一般不超过 30 年。

2. 产业扶贫采用平台贷款模式

产业扶贫是中央确定的"五个一批"重点内容之一，支持产业扶贫应坚持"因地制宜、分类指导、扶贫到户、分户施策"，强化突出地方特色、选准产业项目、延伸产业链条，最终形成产业优势。产业扶贫主要包括小微企业贷款、农户贷款、龙头企业产业链贷款、转贷款等。

（1）此类贷款原则上都要建立平台，采用"四台一会"模式。通过组织平台、统贷平台、担保平台、社会公示平台和信用协会建设，依托当地

特色、优势产业，形成"政府主导、机制建设、统一借款、社会共建、农户受益"的批发式扶贫融资模式，通过建立风险补偿金、担保平台和个人信用平台来防范信贷风险。对于有龙头企业的地区，采用"龙头企业＋农户"的贷款模式。政府负责组织、协调，产业化龙头企业提供市场，将一定范围内的农户集中组织起来进入产业链，依托龙头企业和农户的上下游信用关系，向农户批量提供小额贷款。该模式需要取得地方政府、地方产业化龙头企业的共同支持，重点是需要建立现金流控制机制，可推动农户与龙头企业签订合作协议，从源头上控制和掌握还款现金流。对于建立统贷平台困难的地区，或当地中小金融机构相对成熟的地区，可考虑开展扶贫转贷款。利用中小金融机构的网点和地缘优势，按国家开发银行设定的条件选择客户，自主决策，自主发放和管理贷款，并全额承担国家开发银行转贷款风险。地方政府给予贴息和风险补偿等支持。具体按照国家开发银行扶贫转贷款指导意见执行。

（2）实际操作上应重点关注以下几点。一是平台贷款是一种模式，但不是固化、一成不变的，可以根据扶贫地区所处的地域、产业分布、金融生态、政府态度的不同而有所调整，提高模式的适用性。二是要充分重视和利用政府的组织优势，推动当地扶贫办、产业主管部门等责任共担，负责牵头与国家开发银行对接，组织、协调政府各部门及基层组织，推动落实机制建设等相关工作。三是要依托政府构建统贷平台或选择合适的转贷金融机构，加强统一管理。四是社会增信与政府增信相结合，推动担保公司建立担保平台，利用担保公司推荐项目并协助评审，提供担保。推动政府设立风险补偿金机制，由财政出资或企业、农户共同出资。五是重视村组的作用，将贫困申贷农户纳入信贷村组的组织管理体系，村民选信贷组长，成立联保小组，以农户联保信用为基础，可以在甄别客户方面发挥较大作用，有效降低成本和风险，并增强小额信贷的凝聚力。六是贷款要结合精准扶贫，贷款对象充分考虑建档立卡贫困户，或对建档立卡贫困户脱贫有带动作用的农户、个体工商户、农民专业合作社、家庭农场、种养大户等。

3. 易地引进产业贷款采用"贷款＋投资"的模式

易地引进产业是指通过"对内开放"的形式，将东部发达地区升级换代产业或适合扶贫地区特色的产业,通过共建、新建的形式引入扶贫地区,促进贫困地区的经济发展,快速提高就业比例,增加贫困人员的收入,达到扶贫开发模式由"输血"到"造血"转变的目的,增强脱贫攻坚的成效和可持续性。由于产业升级的现实需要,扶贫地区承接相关产业享受国家脱贫攻坚政策红利和扶贫地区的劳动力成本具有比较优势,产业转移具备可行性。

(1)易地引进产业主要包括两种形式。一是政府易地共建工业园区。按照扶贫攻坚"坚持党的领导、坚持政府主导、强化政府责任、鼓励先富帮后富"的原则,东部发达地区政府应当承担起"对内开放"的责任,按照本地区产业布局和产业转移的要求,与扶贫地区对接,共建产业园区,实施有序的产业转移。二是龙头企业和企业配套产业引进。引进龙头企业,特别是国有企业,可以快速形成聚集优势,起到促进可持续发展的作用。

(2)针对易地引进产业,可以采用"投资+优惠贷款"的模式。通过投贷结合支持产业转移项目建设,充分发挥国开发展基金股权投资的作用,直接对项目公司投资或向大股东贷款解决项目资本金问题,降低资金成本,配套中长期贷款。对于产业园区项目,依托政府信用,采用政府购买服务模式。对于企业产业转移项目,采用政府、银行、企业共担风险的机制,政府利用自有资金或扶贫资金建立担保平台对贷款进行担保;企业提供部分抵押品进行保证;银行发放部分信用贷款承担部分风险。

(3)实际操作上应重点关注以下两点。一是项目储备。需要建立两个产业池,一个是扶贫地区特色产业池,要求扶贫地区在规划时就要关注、统计、上报特色产业,动态管理;另一个是转移产业池,由各分行根据当地规划、产业发展情况,统计、上报可转移产业,动态管理。二是项目开发。紧密依靠政府,充分发挥桥梁作用,分析、论证可行的转移产业,通过与政府沟通,发挥政府间协商的优势,促进转入地、转出地政府共建产业园区。通过制订利益共享方案,发挥转入地分行的作用,促进国家开发银行产业项目向扶贫地转移。

（三）进一步完善政府性融资担保体系

1. 建设政府性融资担保体系的意义

2017年8月21日国务院常务会议通过并颁布《融资担保公司监督管理条例》（以下简称《条例》），提出国家推动建立政府性融资担保体系，发展政府支持的融资担保公司，建立政府、银行业金融机构、融资担保公司的多方合作机制。《条例》的颁布对于引导融资担保行业发展，促进资金融通，规范融资担保公司行为，特别是解决小微企业和"三农"融资难融资贵的问题具有重要作用，对我国普惠金融发展具有重要意义，为进一步促进构建"银政担"合作机制明确了制度依据，也将成为国家开发银行发展民生业务和产业扶贫的重要抓手。《条例》一是明确了财政投入。各级人民政府可通过资本投入、建立风险分担机制等方式，对主要为小微企业和"三农"服务的融资担保公司提供财政支持。二是设定了主要目标。扩大为小微企业和"三农"提供融资担保业务的规模并保持较低的费率水平。三是加强了监管要求。国务院建立融资性担保业务监管部际联席会议，并由国务院银行业监督管理机构牵头，负责拟定监督管理制度，督促地方人民政府对融资担保公司进行监督管理和风险处置。

随着我国经济进入新常态，在严控地方政府债务的宏观背景下，在这个时点提出加强政府性融资担保体系建设具有重要意义。

一是有利于不发达地区的信用体系建设。从国家开发银行一年多产业扶贫的实践情况看，产业扶贫任务艰巨，加强政府性融资担保体系建设十分必要。一方面，贫困地区产业底子薄，产业发展自身又具有脆弱性、波动性，市场风险大；另一方面，在缺乏抵（质）押物的条件下，项目往往缺乏有效的信用支持。为此，开展产业扶贫首先要克服信用不足的约束，借助第三方机构尤其是政府性担保机构来构建合理合规的信用结构。二是政府可以既实现引导支持又规避直接债务。随着财政部87号、23号文的出台，各地严格收紧地方债务，原有的政府购买服务等模式难以为继，很多项目的信用结构无法构建。政府性融资担保体系的建设属于政府财政间接介入的一种方式，可以解决一部分项目推进的难题，在不增加政府负债的情况下，引导信贷资金进入政府支持的领域、行业等。三是充分发挥财政资金的杠杆效应，集中力量办大事。各地尤其是贫困地区的财政收入有限，利用宝贵的财政资金支持地方发展，必须用在"刀刃上"。将财政资金作为资本金注入地方政策性担保公司，可以壮大担保公司的实力，支持的单个项目金额和担保总额均相应提高。需要特别指出的是，担保是具有杠杆放大效应的金融业务，按照《条例》的规定，政府性融资担保公司的最大担保额度可放大15倍。因此，加强对政府性融资担保体系的建设，可以起到"四两拨千斤"的作用，充分发挥财政资金的杠杆效应和政府的引导作用。四是建设政府性融资担保体系有利于提供公平的发展环境。目前我国经济发展平稳，银行信贷市场处于发展的正常阶段，不需要采取政府强干预手段。例如，最近国家发展和改革委员会将采取措施，确保所有企业享有公平的竞争环境，"将不再允许地方政府对企业采取有倾向性的政策"。近期，五部委也将联合发布指导意见，限制地方政府采取有利于部分行业或企业的垄断性政策及其他市场干预措施。因此，建设政府性融资担保体系是新时期财政支持经济发展的重要方式，是一种间接、缓和、预防性的财政介入手段，对于提高信贷市场的完善性、体现政府财政资金的引导性，具有重要意义。同时，这也是一种经过市场化运作后，被优化的、及时的、公平的行政干预方式。在市场上行阶段，具有发展的前瞻性，可帮助发展政府性融资担保体系，各家企业通过公开的市场化运作实现融资发展；在市场下行阶段，具有风险防控的预设性，对于出现风险的企业也不需要等到风险发生时再申请有关财政资金，可迅速、便捷、有效地处置相关风险。

2. 需要进一步采取的措施

（1）加快推动在各地构建新一轮"国家开发银行—政府—融资担保公司"的顶层合作机制。在财政部87号文规范地方政府举债的政策环境下，政府财政资金可注入融资性担保公司，为地方政府发挥财政杠杆作用（政策性融资担保公司最高可放大注册资本15倍）、发展区域经济提供了有力的抓手。国家开发银行要发挥开发性金融的融智优势，加强政策解读，提升地方政府的认识，尤其是加强贫困地区组合运用财政资金与金融资金的能力，构建政府—银行—融资担保公司的合作机制，提升合作主动性，扩大产业扶贫融资空间。这与国家开发银行长期坚持的银政合作的要义相符，与国家开发银行在县域创造性地开展的机制建设的原理一致。

（2）构建省—市—县三级政府性融资担保体系。从历年合作经验来看，单个政策性担保公司的运转机制与普通商业性担保公司基本一致，都仅仅停留在为企业提供第三方担保以赚取保费维持运营的层面，很难发挥其政策性作用。《条例》的出台，为各级财政注资构建省—市—县三级政府性融资担保体系提供了制度依据。通过顶层设计，引导财政资金注入，加强管理、合规监控等，将省—市—县三级政府性融资担保公司联结在一起，形成全省范围内的政府性融资担保体系：一是以各省的产业规划、区域规划为统筹；二是以财政层层出资的资本为纽带；三是以县—市—省的项目申报、筛选、合作、风险分担的业务为条线，充分发挥开发性金融资金、技术优势，开展多层次的合作。

（3）充分利用各类财政资金克服贫困地区信用不足的难题。要将银行信贷资金引至贫困地区发展实体经济，最大的难题是构建合理合规的信用结构。构建地方三级政府性融资担保体系可为产业发展开渠拓源，提供有效的信用支持，弥补抵（质）押物缺失等信用不足问题。通过注资各级政策性担保公司，壮大资本金，可增强其担保能力、抗风险能力、运营管理能力等。同时，推动成立反担保物监管中心，通过建立反担保物监督管理制度等，加强管理、规范做法。

（4）积极与有关部门沟通，争取政策。积极与中国人民银行、银保监会等部门沟通，争取国家开发银行能够获得PSL等低成本资金用于注资政府性融资担保体系。同时积极与现有归口管理部门，如金融办、工信厅等交流，掌握最新政策动向和行业动态，保障地方产业扶贫业务开展。

（5）建设新时期"四台一会"，积极发展普惠金融。在按省成体系地建立省市县三级联动（以资本为纽带）政府性融资担保体系的基础上，国家开发银行应创新发展以政府性融资担保主体为核心的市场化运作机制，建设新时期"四台一会"，作为开发性金融在县域基层延伸的核心关键。通过银政合作、机制建设、政策性担保，利用批发性的业务和产品解决千家万户的共性问题，发展普惠金融。

(四) 进一步提高金融扶贫的增信机制

优化新型农业经营主体融资增信机制、提升金融扶贫效果，是实现我国精准扶贫目标的重要基础。特别是我国精准扶贫的下一步重点在深度贫困地区，这些地区大多数属于少数民族地区，贫困人口的脱贫意愿和能力相对较低，更加需要发挥新型农业经营主体在贫困人口脱贫过程中的"带头效应"，构建和完善新型农业经营主体的融资增信机制更加重要，同时也关系到我国现代农业的长远发展。

1. 金融扶贫中新型农业经营主体融资增信的主要模式

近年来，我国越来越重视农村金融"需求层面"的改革，通过农户的信用信息建设，构建良好的农村信用体系。党的十八大以后，经济发展步入新常态，新型城镇化的推进和现代农业的发展使我国农村金融改革面临的外部环境发生了变化，土地金融创新成为十分重要的改革内容。随着精准扶贫战略的提出和落实，政府介入农村金融需求层面的改革力度也不断加大。这些改革创新客观上缓解了新型农业经营主体与金融机构之间的信息不对称，对新型农业经营主体融资起到了增信作用。

(1) "构建农村社会信用体系"的整体增信模式

受历史、自然等多方面原因的影响，很长时期内我国农村信用信息建设滞后，主要由各家农村金融机构去完成信用信息征集，征信过程耗时长、成本高，直接影响到金融机构的贷款效率和积极性。这种"各自为战"模式存在信息重复采集，采集方法和评价指标也不一样，不利于信用信息共享。随着我国现代农业和规模经营发展，新型农业经营主体信息采集与评价问题迫切需要解决，越来越多的地方政府开始重视构建区域农村信用体系，积极整合农村信用信息资源，搭建信用信息平台，创建信用户、信用村，培育良好的农村金融生态环境，增强了新型农业经营主体的信用和风险保障能力。综合我国目前各地农村社会信用体系建设情况，可以发现基本上是"政府主导、人行推动、多方参与"的建设模式。以实施金融扶贫为切入点，以信用村建设为基础，组建农村征信平台，实现多部门信息共享，破解信息孤岛及信息屏障难题。通过形成良好的信用环境，为新型农业经营主体融资增信。

（2）"创新抵押担保"的融资增信模式

近年来，我国开展了农村土地、林地产权抵押贷款试点等抵押担保方式创新，同时还在全国范围内推进建设以省级农业信贷担保机构为主体的政策性农业信贷担保体系，对提升新型农业经营主体的主体性信用、增强信贷获得能力发挥了重要作用。

第一，农村土地、林地、宅基地抵押增信。新型农业经营主体与传统农户一样面临着抵押不足的情况，规模化、集约化经营是新型农业经营主体的基本特征，新型农业经营主体手中的土地承包经营权成为融资增信的重要渠道，特别是随着我国农村土地确权登记颁证的稳步推进，农村土地承包经营权抵押贷款有利于发挥农村土地的财产权功能。另外，农村林地产权和宅基地抵押贷款也在稳步推进，涌现出了湖南"两权"抵押贷款试点、宁波"两权一房"抵押贷款试点、重庆"三权"抵押贷款试点、大庆"五户联保+土地承包经营权抵押"等模式，较好地缓解了农户的信贷约束。从各地的做法来看，农地产权抵押实际上大多采取的是联合防范信贷风险的措施，包括"信用+抵押""保证+抵押""反担保+抵押""信托+抵押""土地证券化+抵押"等多种方式。金融机构与当地政府在风险控制上也创新了一系列配套措施，包括抵押率控制、风险补偿、农业保险等机制。

第二，政策性农业信贷担保增信。目前全国约有8000家商业性融资担保公司，但只有极少数涉足农业信贷担保业务，迫切需要建立政策支持下的农业信贷担保体系。因此，2015年我国启动全国农业信贷担保体系建设工作，2016年成立全国农业信贷担保工作指导委员会。目前，全国层面的国家农业信贷担保联盟已经成立，截至2019年1月，全国已成立了33个省级农业信贷担保公司，并向市县延伸业务分支机构。一个从中央到省级再到市县的较完整的全国政策性农业担保、再担保组织机构体系初步形成。在经营运作上，各地政策性农业信贷担保机构通过完善资金投入、管理、风险补偿、再担保等机制，创新担保产品和反担保措施，有助于解决新型农业经营主体的融资担保问题。

（3）"政府+保险"的融资增信模式

发挥保险与信贷合力，可有效降低金融机构信贷风险，是信贷风险防控的重要手段，可以为新型农业经营主体融资提供风险缓释，促进信贷资源向贫困地区投放。

第一，"财银保""政银保"增信。我国一些地方探索以保单为融资增信的金融扶贫新模式，如湖南"财银保"，广东、浙江、河北、内蒙古等地的"政银保"。"财银保"和"政银保"增信模式，是通过财政资金设立贷款保证专项风险保险补偿金，引导保险机构与银行机构的合作，通过市场化运作提供保险、发放贷款，帮助新型农业经营主体投资扶贫产业带动贫困户，缓解融资困境。新型农业经营主体在申请用于扶贫产业项目的贷款时，先向保险公司投保，银行以保单作为担保发放贷款，当借款人不能按合同约定进行还贷时，由保险公司承担贷款损失赔偿责任。这一模式通过创新政策支持方式，有效整合各方力量，实现对新型农业经营主体的融资增信。

第二，"政融保"模式：保险支农+融资增信。2015年底保监会同意中国人保集团开展"保险+融资"试点，开创"政府支持+融资支农+保险保障"的"政融保"金融扶贫新模式，保险机构在提供农业保险产品的同时叠加提供融资业务，满足农业经营主体对融资和化解风险两方面的需求。2016年6月，"政融保"模式在河北阜平首次推出，政府提供产业规划和贴息、贴保等政策，中国人保财险提供农业保险保障，募集资金为新型农业经营主体提供融资支持，融资用途涉及农作物种植、畜禽养殖、农产品加工、储存、运输、销售等领域，重点支持带动脱贫的新型农业经营主体。采取"干部推荐+融资支农+保险保障"的运行模式，需要获得融资支持的帮扶对象须经驻村第一书记或机关帮扶干部推荐，并向中国人保财险购买农业保险、信用保证保险等相关产品，化解农业生产经营中存在的风险。"政融保"既为新型农业经营主体提供农业保险，又直接提供融资支持，是保险支农与融资增信的结合。

2. 提升金融扶贫中新型农业经营主体融资增信的对策

从理论上说，"融资增信"是指当融资主体面临着抵押担保不足以致"信用级别"不高，金融机构"心存疑虑"而不敢放贷时，借助外部的力量来提高融资主体"信用级别"的安排。政府是融资主体很重要的增信依靠，但同样应该注重发挥融资主体的作用。因此，有效处理政府与市场的关系是提升金融扶贫中新型农业经营主体融资增信效果的重要途径。一方面，需要加大政策和制度创新力度，在一些法律问题上需要有大的"突破"，在一些问题的具体实施上要解放思想；另一方面，也要增强融资增信服务对象的自我信用意识和能力。

（1）新型农业经营主体要努力提高自我增信意识和能力。在整个融资增信过程中，新型农业经营主体的自我信用意识是基础。新型农业经营主体作为农村的"精英"，不仅在组织形式上要体现出不同于传统农户的"新意"，更要在思想意识上体现出高层次的素养和能力。一是要树立金融意识，特别是在当前精准扶贫的大背景下，金融扶贫具有浓厚的政府色彩，要对金融扶贫有正确的认识，不能把金融扶贫贷款等同于政府救济，要珍惜行业的社会声誉。二是要强化信用观念和信用意识，树立"诚信为本"的道德理念和信用意识。要加强自我学习，努力提升自我增信意识和能力。三是要努力提升自身的金融能力，做到能够有效管理资金，合理评估自己的还款能力，制定合理的财务规划并做出正确的融资决策。要改变对融资增信的错误认识，政府融资增信不等于政府包揽一切风险。

（2）加大新型农业经营主体融资增信的相关政策和制度创新。新型农业经营主体融资增信还需要进一步加大政策创新力度。一是在农地抵押贷款方面，要继续加大我国土地制度改革，解决农村产权制度改革深层次制度问题，尽快改变农地抵押贷款实施中存在的法律冲突问题。加快我国土地确权进展，充分激活农村土地的财产属性和金融属性。建立统一的城乡土地交易市场，通过农村土地在交易市场上的托管、挂牌、转让、抵押、咨询等服务，形成农村土地经营权的信息流、资金流和市场价格，建立有效的流动机制。加大对农村金融产品和服务创新的支持，鼓励以土地收益权为基础资产开发相关金融产品。二是在农业信贷担保体系构建方面，要建立农业担保资金投入和风险补偿的长效机制，通过采取设立担保基金、风险补偿基金、建立健全再担保体系等有效措施，提高农业信贷担保机构的担保能力和防范风险能力，撬动金融和社会资本投向农业信贷担保领域。三是在"政银保""财银保"方面，要建立健全融资增信管理制度和办法，规范融资增信业务，制定和完善融资增信共保基金章程、合作协议等管理办法，使融资增信能够实现规范化、制度化运作。要通过政府存款、税收优惠等激励政策进一步扩大融资增信的合作银行范围，让更多的金融机构参与融资增信，进一步拓宽新型农业经营主体取得贷款的渠道。四是要加强现代农村金融信用环境建设，建立科学的农业经营主体信用评估手段和方法，建立健全农业经营主体信用信息数据库，完善信用管理的法律制度。

（3）加强政府、金融机构与社会各界的有效沟通合作。新型农业经营主体融资增信涉及政府、银行、保险公司和新型农业经营主体自身等不同机构，因此，需要建立融资增信工作的有效沟通机制。一是要加强政府、担保机构和银行三方的平等对话，改变担保机构承担全额风险的弱势地位，要根据工作进展情况，定期或不定期召开工作座谈会，对工作进展情况和存在的问题进行通报、分析和探讨。赋予银行等金融机构更大的自主权，增强贷款利率的灵活性，允许银行根据实际情况自行确定利率浮动幅度。政府要加强担保机构培训平台和人才队伍建设，提高担保机构的业务水平。二是要引导保险公司、银行等金融机构积极开展"财银保"业务，出台差异化的涉农贷款保证保险支持政策，针对保险公司总公司或省公司、商业银行总行或省分行制定具有针对性和差异性的"财银保"业务细则，对主体范围、额度、准入条件等产品要素进行调整，并优化审批流程。三是要加强各社会职能部门的数据共享和联动，加强信用方面的立法和执行力度，在信贷风险处理体系建设上，建立和完善风险预警和处理机制，对信贷风险实行真实有效的动态监测和管理。

（五）进一步做好金融支持易地扶贫搬迁

1. 易地扶贫搬迁融资的意义

从宏观来看，易地扶贫搬迁工程已经成为我国国民经济持续发展的重要保障，有着可以推动经济社会良性发展的关键功能。近年来国内易地扶贫搬迁工程在促进科技进步、扩大出口和增加就业等方面所发挥的不可替代的作用有目共睹，并且已经成为社会主义市场经济的重要组成部分。党和政府也高度重视易地扶贫搬迁工程的发展，对于如何加大对易地扶贫搬迁工程的扶持帮助，与易地扶贫搬迁工程同舟共济共同迈出发展困境，已变成了社会不同领域均广泛重视的问题。所以，怎样有效化解我国易地扶贫搬迁工程严峻的融资风险便具有了十分重要的现实意义。从微观来看，对于易地扶贫搬迁工程来说，融资状况的优劣在某种意义上直接影响到易地扶贫搬迁工程的运作和发展，如何能够解决易地扶贫搬迁投融资，通过什么渠道可以筹集到足够的资金用于易地扶贫搬迁工程的运营和扩张，并且还可以尽可能地减少这些筹资活动所形成的成本和风险，这些都是易地扶贫搬迁工程必须面对和亟待解决的经营战略问题。所以要想实现企业经营目标，获得最大的经济利益，易地扶贫搬迁工程必须提高融资能力，拓宽融资渠道，有效获得资金并合理使用资金，这样才能使企业的财富不断增加。

2. 解决易地扶贫搬迁金融融资及化解风险

（1）拓宽易地扶贫搬迁工程的融资渠道

第一，利用组织构建股份合作制易地扶贫搬迁工程的方式，提升易地扶贫搬迁工程的内部融资水平。第二，指引工程积极入驻债券市场开展直接融资。第三，由政府组织领导，促进易地扶贫搬迁工程和不同金融组织之间的合作，同时结合真实状况，提供符合自己发展实情的集合债务融资服务计划。并且，为了推动易地扶贫搬迁工程总体实现迅速发展，政府应当努力构建与完善市场风险的管理制度，从制度层面为易地扶贫搬迁工程的负债融资提供可靠的保障。

（2）强化易地扶贫搬迁工程管理财务的能力

第一，易地扶贫搬迁工程应当牢牢把握和构建一个完善的易地扶贫搬迁工程内部考评机制与互相制衡机制。第二，应当健全易地扶贫搬迁工程有关资金管理方面的规制，特别是针对投资活动等牵涉大额现金支出的项目，必须做好管理与控制工作，真正预防因为投资不成功而引发的风险。第三，易地扶贫搬迁工程应当健全关于成本支出的监督管理机制，设立有关成本费用方面的科目，对账目记录体系加以规范化，不准许存在人为虚假增加成本支出或者挪用易地扶贫搬迁工程运营资本等不法活动。

（3）提升易地扶贫搬迁工程本身实力，增强融资效率

如果要高效化解易地扶贫搬迁工程的筹资难题，还应当从提升易地扶贫搬迁工程本身的运营能力，强化易地扶贫搬迁工程在错综复杂的市场局势中的总体竞争优势出发。第一，应当真正强化工程管理层的综合素养，管理层要时刻关注并不断更新与完善运营管理理论，强化风险防控方面的

认知与风险产生时的管理能力。第二，易地扶贫搬迁工程可安排员工参与内部培训，应当构建起一批专业功底扎实、技术过硬的队伍。第三，应当努力提高生产能力，实施技术与产品方面的革新，强化易地扶贫搬迁工程的自主创新力。

（六）大力推广"互联网+"金融扶贫模式

我国"互联网+"技术的不断发展为建立农村扶贫新模式的创新提供了便利条件和良好契机。新模式的创建能够使农村扶贫更加精准和高效，为打赢农村扶贫攻坚战提供了有力的保障。

1. "互联网+金融"，共同解决扶贫资金问题。在"互联网+"的背景下，传统的金融行业逐渐向互联网金融转型，这一新兴行业的发展可以多途径地拓宽农村扶贫资金的来源渠道。以往的金融扶贫主要依靠银行实行的放贷扶持，而"互联网+金融"新模式的产生将会改变这一传统的扶贫方法，能够通过线上以及线下的同时发展来实施高效扶贫。有关政府通过社会服务类项目的引导和贴息支持以及政府与社会资本合作模式的建立，能够吸引更多的社会资金融入到"互联网+"精准扶贫工程的建设中，以此使精准扶贫资金的来源渠道得到有效拓宽，进而使扶贫资金短缺以及资金形式单一等问题得到有效解决。互联网与金融机构的融合能够增加扶贫的精准度，互联网平台的构建不但能够筹集扶贫资金，还能吸引投资者进行投资，从而带动当地经济发展，增加就业机会，并且能发展贫困地区的特色民俗以及文化等，从而吸引更多的市场投资者进入农村进行投资，从根本上解决资金短缺的问题，同时也使精准扶贫的落实得到保障。

2. "互联网+"扶贫对象的精准识别与分类。扶贫对象的精准识别是有效开展扶贫工作的基础。然而，我国以前扶贫工作中贫困人口的识别单纯依据"农民收入"单一指标的识别方法，不能综合反映农村家庭的贫困状况及贫困特征，导致扶贫工作中出现了"该扶没有扶""不该扶的扶了"等问题。为了提高贫困人口识别的精准性，要充分运用互联网等现代信息技术建立健全包含受教育程度、健康情况、人口年龄结构等人力资源类指标和家庭人均收入、房屋数、农地面积等物质资源类指标的多指标、多维度贫困识别方法，实现对扶贫对象的精准识别。要准确分析贫困户建档立卡相关数据，计算出综合贫困指数，找准贫困户致贫原因，并借助互联网优势，搭建精准扶贫网络信息平台，对贫困户多维综合贫困指数和致贫原因进行长期追踪和记录，分析其变化趋势，做到贫困户的精准识别和动态管理，提升政府治理能力现代化水平。

3. 鼓励"互联网+"多方共同参与的扶贫格局。扶贫工作是一项长期而艰巨的任务。随着扶贫工作的层层深入，传统的政府主导的、自上而下的扶贫方式已经不再适用，需要尽快借助于现代信息技术构建政府、市场、社会及贫困群体共同参与的扶贫治理格局。首先，转变由政府全面主导的扶贫方式，积极推进村企合作，释放社会参与的活力，充分发挥社会帮扶的作用。其次，鼓励贫困人口通过土地所有权转让等方式参与扶贫开发项目。最后，充分借助互联网技术，不断完善精准扶贫网络信息平台，实现信息的快捷传递，让农户能够及时地掌握扶贫信息、致富信息、惠农政策及优势项目。

4. 完善"互联网+"精准扶贫动态管理机制。在多年的扶贫工作中，我国扶贫对象管理机制大都采用传统的、静态的管理机制，这种贫困对象管理机制一般过于强调前期贫困户的识别，对后期贫困对象的退出关注不够，以致贫困户管理动态更新不及时，造成了"只进不出""数字减贫""被脱贫""被扶贫"等问题的出现，降低了扶贫的精准性，导致扶贫资源配置效率低下。为此，需要充分利用互联网信息技术，建立健全贫困对象数据库和退出机制，将符合贫困标准的非贫困对象及时纳入贫困对象数据库，对于符合脱贫标准的贫困对象及时调出，实现进入和退出的动态扶贫管理。

5. "互联网+"产业扶贫机制和扶贫对象自我发展。充分利用互联网技术，分析贫困地区的资源优势，因地制宜开发特色产业，是增强贫困地区"造血能力"，实现贫困地区经济发展的重要途径。应针对不同地区情况，确立适合贫困地区的主导产业，并对这些产业给予财政、税金、土地、信贷等方面的政策支持。此外，贫困对象的自我发展才是彻底脱贫的根本途径，因此，对贫困对象的扶贫要坚持"扶贫"与"扶志"相结合，改变"人穷志短"的局面。基于此，一方面，要完善贫困地区的教育设施，提高师资力量，并通过"云教育"等方式使贫困地区共享到优质教育资源，从而不断提高贫困对象自身的发展能力；另一方面，要将不同渠道的职业技能培训项目整合归类，根据贫困对象的意愿和当前的市场规律，对贫困对象开展有针对性的培训工作技能，并借此途径，宣传扶贫政策，传授致富本领，增强贫困对象脱贫的内生动力。

6. 推广"互联网+"扶贫保险产品。为了防止已脱贫的人口由于疾病、自然灾害等原因返贫，应及时运用互联网信息技术建立健全贫困风险防范体系，结合贫困对象的多元化需求，分类开发、因地制宜、量身定做相应的扶贫产品，完善社会保障制度，以提高贫困对象脱贫的稳定性。首先，针对贫困对象易发多发的重大疾病，通过开发相应的医疗健康保险，解决贫困对象因病致贫问题。其次，通过对贫困地区的深入调查，针对贫困地区龙头企业、支柱产业企业开发个性化的农业保险，同时为了减少自然灾害对贫困对象的冲击，应开发土地承包经营权抵押贷款保证保险。最后，针对因残致贫、低保、五保贫困户以及贫困搬迁群体等特殊群体，量身定做相应的扶贫保险产品，开发集意外伤害、重大疾病、教育等多险种于一体的保险产品，最大限度地降低保费，努力争取政府全额补贴参保。

参考文献

[1] 汪三贵,郭子豪. 论中国的精准扶贫 [J]. 贵州社会科学,2015 (5):147-148.

[2] 中共中央宣传部. 习近平总书记系列重要讲话读本 [M]. 北京:学习出版社,2016:286-288.

[3] 习近平向改革开放与中国扶贫国际论坛致贺信 [EB/OL]. (2018-11-02) [2018-12-02]. 中国共产党新闻网.

[4] 云付平.《共产党宣言》与共产党人的历史使命 [EB/OL]. (2017-01-09) [2018-12-03]. 中国共产党新闻网.

[5] 李林宝. 人民日报思想纵横:坚定全面小康的目标自信 [EB/OL]. (2016-08-08) [2018-12-03]. 人民网.

[6] 黄承伟. 中国扶贫道路开发与研究:述评与展望 [J]. 中国农业大学学报,2016 (10):5-6.

[7] 习近平. 习近平在纪念全民族抗战爆发七十七周年仪式上的讲话 [N]. 人民日报,2014-07-07 (2).

[8] 左雪松,夏道玉. 论习近平科学扶贫思想的思维向度 [J]. 中共云南省委党校学报,2017 (3):70-73.

[9] 习近平. 决胜全面建成小康社会夺取新时代中国特色社会主义伟大胜利——在中国共产党第十九次全国代表大会上的报告 [N]. 人民日报,2017-10-28 (1).

[10] 易棉阳. 论习近平精准扶贫战略思想 [J]. 贵州社会科学,2016 (5):140-142.

[11] 习近平. 携手消除贫困促进共同发展——在2015减贫与发展高层论坛的主旨演讲 [N]. 人民日报,2015-10-17 (2).

[12] 赖风,朱炳元. 习近平精准扶贫思想的哲学底蕴 [J]. 阅江学刊,2017 (2):90-91.

[13] 中共中央文献研究室. 十八大以来重要文献选编（下）[M]. 北京：中央文献出版社, 2018：49 - 50.

[14] 中共中央宣传部. 习近平新时代中国特色社会主义思想三十讲[M]. 北京：学习出版社, 2018：229 - 230.

[15] 习近平. 万众一心夺取脱贫攻坚战全面胜利[EB/OL]. 中国青年网. http：//news. youth. cn/jsxw/201806/t20180614_11644072. htm.

[16] 习近平. 决胜全面建成小康社会夺取新时代中国特色社会主义伟大胜利——在中国共产党第十九次全国代表大会上的报告[M]. 北京：人民出版社, 2017.

[17] 习近平谈治国理政（第二卷）[M]. 北京：外文出版社, 2017.

[18] 习近平. 摆脱贫困[M]. 福州：福建人民出版社, 2014.

[19] 高选民, 刘永福, 时玉宝, 苏国霞, 黄承伟. 新发展理念案例选 脱贫攻坚[M]. 北京：党建读物出版社, 2017.

[20] 习近平. 脱贫攻坚全过程都要精准[EB/OL]. 新华社. http：//www. gdfp. gov. cn/fpyw/jdxw/201703/t20170309_826047. htm.

[21] 习近平赴湘西调研扶贫攻坚[EB/OL]. [2013 - 11 - 03]. http：//news. xinhuanet. com/politics/2013 - 11/03/c 117984236. htm.

[22] 习近平在云南考察：坚决打好扶贫开发攻坚战[EB/OL]. [2015 - 01 - 22]. http//gx. people. com. cn/n/2015/0122/c229247 - 23643021 - 2. html.

[23] 葛志军, 邢成举. 精准扶贫：内涵、实现困境及其原因阐释[J]. 贵州社会科学, 2015（5）：158 - 160.

[24] 庄天慧, 杨帆, 曾维忠. 精准扶贫内涵及其与精准脱贫的辩证关系探析[J]. 内蒙古社会科学（汉文版）, 2016（3）：6 - 12.

[25] 胡建国. 全面建成小康社会背景下精准扶贫实践的难点与对策——基于安徽省安庆市精准扶贫的调查[J]. 重庆广播电视大学学报, 2015（4）：4 - 19.

[26] 廖彩荣, 陈美球. 乡村振兴战略的理论逻辑、科学内涵与实现路径[J]. 农林经济管理学报, 2017, 16（6）：795 - 802.

[27] 马尚云. 精准扶贫的困难及对策[J]. 学习月刊, 2014（19）：25 - 26.

[28] 汪三贵, 刘未. 以精准扶贫实现精准脱贫：中国农村反贫困的新

思路[J]. 华南师范大学学报（社会科学版），2016（5）：110-115.

[29] 邱均平，赵月华，赵蓉英. 国外图书情报领域可视化研究之分析[J]. 情报理论与实践，2013（1）：124-128.

[30] 陈悦，陈超美，刘则渊，等. CiteSpace知识图谱的方法论功能[J]. 科学学研究，2015（2）：242-253.

[31] 高飞，向德平. 社会治理视角下精准扶贫的政策启示[J]. 南京农业大学学报（社会科学版），2017（7）：21-27.

[32] 陈仕吉，史丽文，李冬梅，等. 论文被引频次标准化方法述评[J]. 现代图书情报技术，2012（4）：54-60.

[33] 胡鞍钢，胡琳琳，常志霄. 中国经济增长与减少贫困（1978—2004）[J]. 清华大学学报（哲学社会科学版），2006（5）：105-115.

[34] 张勤，马费成. 国外知识管理研究范式：以共词分析为方法[J]. 管理科学学报，2007（6）：65-75.

[35] 李棉管. 技术难题、政治过程与文化结果："瞄准偏差"的三种研究视角及其对中国"精准扶贫"的启示[J]. 社会学研究，2017，32（1）：217-241.

[36] 仇叶. 从配额走向认证：农村贫困人口瞄准偏差及其制度矫正[J]. 公共管理学报，2018，15（1）：122-134.

[37] 王雨磊. 精准扶贫何以"瞄不准"？：扶贫政策落地的三重对焦[J]. 国家行政学院学报，2017（1）：88-93.

[38] 王雨磊. 技术何以失准？——国家精准扶贫与基层施政伦理[J]. 政治学研究，2017（5）：104-114.

[39] 李小云，唐丽霞，许汉泽. 论我国的扶贫治理：基于扶贫资源瞄准和传递的分析[J]. 吉林大学社会科学学报，2015，55（4）：90-98.

[40] 唐丽霞，罗江月，李小云. 精准扶贫机制实施的政策和实践困境[J]. 贵州社会科学，2015（5）：151-156.

[41] 王晓毅. 精准扶贫与驻村帮扶[J]. 国家行政学院学报，2016（3）：56-62.

[42] 左停，杨雨鑫，钟玲. 精准扶贫：技术靶向、理论解析和现实挑战[J]. 贵州社会科学，2015（8）：156-162.

[43] 吴晓燕. 精细化治理：从扶贫破局到治理模式的创新[J]. 华中

师范大学学报（人文社会科学版），2016（6）：8-15.

[44] 李延. 精准扶贫绩效考核机制的现实难点与应对 [J]. 青海社会科学，2016（3）：132-137.

[45] 张喜杰，董阳. 国家治理能力视域中贫困县退出机制研究 [J]. 经济问题，2016（6）：64-72.

[46] 杨敏，郑杭生. 西方社会福利制度的演变与启示 [J]. 华中师范大学学报（人文社会科学版），2013（6）：25-35.

[47] 张琦，史志乐. 我国农村贫困退出机制研究 [J]. 中国科学院院刊，2016（3）：296-301.

[48] 吕方，梅琳. "复杂政策"与国家治理：基于国家连片开发扶贫项目的讨论 [J]. 社会学研究，2017，32（3）：144-168.

[49] 王雨磊. 数字下乡：农村精准扶贫中的技术治理 [J]. 社会学研究，2016，31（6）：119-142.

[50] 邢成举. 压力型体制下的"扶贫军令状"与贫困治理中的政府失灵 [J]. 南京农业大学学报（社会科学版），2016，16（5）：65-73.

[51] 殷浩栋，汪三贵，郭子豪. 精准扶贫与基层治理理性：对于A省D县扶贫项目库建设的解构 [J]. 社会学研究，2017，32（6）：70-93.

[52] 谢小芹. "接点治理"：贫困研究中的一个新视野：基于广西圆村"第一书记"扶贫制度的基层实践 [J]. 公共管理学报，2016，13（3）：12-22.

[53] 王刚，白浩然. 脱贫锦标赛：地方贫困治理的一个分析框架 [J]. 公共管理学报，2018，15（1）：108-121.

[54] 汪三贵. 在发展中战胜贫困：对中国30年大规模减贫经验的总结与评价 [J]. 管理世界，2008（11）：78-88.

[55] 张伟宾，汪三贵. 扶贫政策、收入分配与中国农村减贫 [J]. 农业经济问题，2013，34（2）：66-75.

[56] 罗楚亮. 经济增长、收入差距与农村贫困 [J]. 经济研究，2012，47（2）：15-27.

[57] 邓坤. 金融扶贫惠农效率评估：以秦巴山区巴中市为例 [J]. 农村经济，2015（5）：86-91.

[58] 高远东，温涛，王小华. 中国财政金融支农政策减贫效应的空间

计量研究 [J]. 经济科学, 2013 (1): 36-46.

[59] 李如友, 郭鲁芳. 旅游减贫效应之辩: 一个文献综述 [J]. 旅游学刊, 2017, 32 (6): 28-37.

[60] 袁利平, 万江文. 我国教育扶贫研究热点的主题构成与前沿趋势 [J]. 国家教育行政学院学报, 2017 (5): 58-65.

[61] 代蕊华, 于璇. 教育精准扶贫: 困境与治理路径 [J]. 教育发展研究, 2017, 37 (7): 9-15.

[62] 孟照海. 教育扶贫政策的理论依据及实现条件: 国际经验与本土思考 [J]. 教育研究, 2016, 37 (11): 47-53.

[63] 吴霓, 王学男. 党的十八大以来教育扶贫政策的发展特征 [J]. 教育研究, 2017, 38 (9): 4-11.

[64] 段小虎, 张梅. "十三五" 时期我国文化扶贫研究趋势与重点分析 [J]. 图书馆论坛, 2017, 37 (5): 55-63.

[65] 边晓红, 段小虎, 王军, 等. "文化扶贫" 与农村居民文化 "自组织" 能力建设 [J]. 图书馆论坛, 2016, 36 (2): 1-6.

[66] 曲蕴, 马春. 文化精准扶贫的理论内涵及其实现路径 [J]. 图书馆杂志, 2016, 35 (9): 4-8.

[67] 陈建. 文化精准扶贫视阈下的政府公共文化服务堕距问题 [J]. 图书馆论坛, 2017, 37 (7): 74-80.

[68] OSCAR L. The Culture of Poverty [J]. Scientific American, 1966 (4).

[69] 周怡. 贫困研究: 结构解释与文化解释的对垒 [J]. 社会学研究, 2002 (3): 49-63.

[70] 方清云. 贫困文化理论对文化扶贫的启示及对策建议 [J]. 广西民族研究, 2012 (4): 158-162.

[71] 陈心颖. 脱贫动力培育与扶志、扶智的协同 [J]. 改革, 2017 (12): 38-41.

[72] 孙久文, 唐泽地. 中国产业扶贫模式演变及其对 "一带一路" 国家的借鉴意义 [J]. 西北师大学报 (社会科学版), 2017, 54 (6): 5-10.

[73] 许汉泽, 李小云. 精准扶贫背景下农村产业扶贫的实践困境: 对华北李村产业扶贫项目的考察 [J]. 西北农林科技大学学报 (社会科学

版), 2017 (1): 9-16.

[74] 李博, 左停. 精准扶贫视角下农村产业化扶贫政策执行逻辑的探讨: 以 Y 村大棚蔬菜产业扶贫为例 [J]. 西南大学学报 (社会科学版), 2016, 42 (4): 66-73.

[75] 陈峰. 竞争情报扶贫问题的思考 [J]. 情报杂志, 2015, 34 (4): 32-36.

[76] 邓小海, 曾亮, 罗明义. 精准扶贫背景下旅游扶贫精准识别研究 [J]. 生态经济, 2015, 31 (4): 94-98.

[77] 陈秋华, 纪金雄. 乡村旅游精准扶贫实现路径研究 [J]. 福建论坛 (人文社会科学版), 2016 (5): 196-200.

[78] 李小云, 唐丽霞, 张雪梅. 我国财政扶贫资金投入机制分析 [J]. 农业经济问题, 2007 (10): 77-82.

[79] 龚晓宽, 王永成. 财政扶贫资金漏出的治理策略研究 [J]. 经济理论与经济管理, 2006 (6): 43-47.

[80] 邢成举, 李小云. 精英俘获与财政扶贫项目目标偏离的研究 [J]. 中国行政管理, 2013 (9): 109-113.

[81] 高波, 王善平. 财政扶贫资金综合绩效评价体系研究 [J]. 云南社会科学, 2014 (5): 86-89.

[82] 王鸾凤, 朱小梅, 吴秋实. 农村金融扶贫的困境与对策: 以湖北省为例 [J]. 国家行政学院学报, 2012 (6): 99-103.

[83] 谢玉梅, 徐玮, 程恩江, 等. 基于精准扶贫视角的小额信贷创新模式比较研究 [J]. 中国农业大学学报 (社会科学版), 2016, 33 (5): 54-63.

[84] 李杰, 陈超美. Citespace: 科技文本挖掘和可视化 [M]. 北京: 首都经济贸易大学出版社, 2016.

[85] 申秋. 中国农村扶贫政策的历史演变和扶贫实践研究反思 [J]. 江西财经大学学报, 2017 (1): 91-100.

[86] 许文文. 整体性扶贫: 中国农村开发扶贫运行机制研究 [J]. 农业经济问题, 2017 (5): 65-71.

[87] 贺东航, 孔繁斌. 公共政策执行的中国经验 [J]. 中国社会科学, 2011 (5): 61-79.

[88] 李程骅. "精准扶贫": 决胜全面小康社会的重要法宝 [J]. 南京社会科学, 2017 (9): 1-6.

[89] 葛志军, 邢成举. 精准扶贫: 内涵、实践困境及其原因阐释——基于宁夏银川两个村庄的调查 [J]. 贵州社会科学, 2015 (5): 157-163.

[90] 吴雄周, 丁建军. 精准扶贫: 单维瞄准向多维瞄准的嬗变——兼析湘西州十八洞村扶贫调查 [J]. 湖南社会科学, 2015 (6): 162-166.

[91] 汪三贵, 郭子豪. 论中国的精准扶贫 [J]. 党政视野, 2016 (7): 44.

[92] 黄金梓. 精准生态扶贫刍论 [J]. 湖南农业科学, 2016 (4): 103-107+111.

[93] 左停. 精准扶贫战略的多层面解读 [J]. 国家治理, 2015 (36): 16-21.

[94] 支俊立, 姚宇驰, 曹晶. 精准扶贫背景下中国农村多维贫困分析 [J]. 现代财经 (天津财经大学学报), 2017, 37 (1): 14-26.

[95] 梁土坤. 新常态下的精准扶贫: 内涵阐释、现实困境及实现路径 [J]. 长白学刊, 2016 (5): 127-132.

[96] 贺东航, 牛宗岭. 精准扶贫成效的区域比较研究 [J]. 中共福建省委党校学报, 2015 (11): 58-65.

[97] 肖正中, 陈熹, 杨秀春, 谭建. 精准扶贫工作机制探讨——基于施秉县新光村扶贫实践 [J]. 湖南农业科学, 2017 (6): 98-101+106.

[98] 王姣玥, 王林雪. 我国精准扶贫风险识别与模式选择机制研究 [J]. 农村经济, 2017 (8): 40-44.

[99] 郑瑞强, 王英. 精准扶贫政策初探 [J]. 财政研究, 2016 (2): 17-24.

[100] 韩庆龄. 精准扶贫实践的关联性冲突及其治理 [J]. 华南农业大学学报 (社会科学版), 2018, 17 (3): 1-9.

[101] 杨秀丽. 精准扶贫的困境及法制化研究 [J]. 学习与探索, 2016 (1): 108-110.

[102] 吕方, 梅琳. "精准扶贫" 不是什么?——农村转型视阈下的中国农村贫困治理 [J]. 新视野, 2017 (2): 35-40.

[103] 代正光. 国内外扶贫研究现状及其对精准扶贫的启示 [J]. 甘

肃理论学刊, 2016 (4): 143 - 147.

[104] 李全利. 扶贫治理的"四大陷阱"及现代化转向 [J]. 甘肃社会科学, 2018 (2): 230 - 236.

[105] 康儿丽, 任彬彬, 颜克高. 理念、机制与路径: 社会治理格局下精准扶贫治理体系的构建 [J]. 理论导刊, 2019 (1): 54 - 60.

[106] 吴华, 韩海军. 精准扶贫是减贫治理方式的深刻变革 [J]. 国家行政学院学报, 2018 (5): 143 - 149 + 192.

[107] 安增军, 高绮雪. 论习近平反贫困思想及其战略意义 [J]. 河南工业大学学报 (社会科学版), 2016, 12 (3): 50 - 55.

[108] 黄承伟, 覃志敏. 我国农村贫困治理体系演进与精准扶贫 [J]. 开发研究, 2015 (2): 56 - 59.

[109] 张伟. 马克思主义反贫困理论中国化的新贡献 [N]. 光明日报, 2017 - 06 - 07 (11).

[110] 赵纪河. 习近平扶贫观的马克思主义哲学阐释 [J]. 长春工程学院学报 (社会科学版), 2016, 17 (1): 1 - 4.

[111] 邓义昌. 习近平精准扶贫思想的哲学意蕴 [J]. 桂海论丛, 2017, 33 (2): 14 - 17.

[112] 郑正真. 论精准扶贫思想的"人民性"[J]. 宁夏大学学报 (人文社会科学版), 2016, 38 (4): 55 - 59.

[113] 莫光辉. 精准扶贫: 中国扶贫开发模式的内生变革与治理突破 [J]. 中国特色社会主义研究, 2016 (2): 73 - 77 + 94.

[114] 宋超. 精准扶贫: 治理现代化视野下的新型贫困村治理模式 [J]. 湖南省社会主义学院学报, 2016, 17 (3): 61 - 64.

[115] 范和生, 唐惠敏. 农村贫困治理与精准扶贫的政策改进 [J]. 中国特色社会主义研究, 2017 (1): 45 - 52 + 75.

[116] 中共中央 国务院关于打赢脱贫攻坚战的决定 [N]. 人民日报, 2015 - 12 - 08 (1).

[117] 雷明. 论习近平扶贫攻坚战略思想 [J]. 南京农业大学学报 (社会科学版), 2018, 18 (1): 1 - 11 + 160.

[118] 李楠, 陈晨. 以共享发展理念引领农村贫困人口实现脱贫 [J]. 思想理论教育导刊, 2016 (3): 65 - 68.

[119] 王姗姗, 马凤强. 习近平扶贫思想研究 [J]. 南方论刊, 2016 (8): 56-58.

[120] 许尔君, 袁凤香. 中国梦视域下的"精准扶贫" [J]. 邓小平研究, 2016 (5): 66-84.

[121] 陈祥健, 王云生. 精准扶贫: 新时期扶贫开发工作的根本指针 [N]. 福建日报, 2015-04-20 (11).

[122] 张琦. 精准扶贫助推我国贫困地区 2020 年如期脱贫 [J]. 经济研究参考, 2015 (64): 16-20.

[123] 洪名勇, 洪霓. 论习近平的精准扶贫思想 [J]. 河北经贸大学学报, 2016, 37 (6): 1-5.

[124] 林俐. 供给侧结构性改革背景下精准扶贫机制创新研究 [J]. 经济体制改革, 2016 (5): 190-194.

[125] 刘铮, 浦仕勋. 精准扶贫思想的科学内涵及难点突破 [J]. 经济纵横, 2018 (2): 72-77.

[126] 李小云, 马洁文, 唐丽霞, 徐秀丽. 关于中国减贫经验国际化的讨论 [J]. 中国农业大学学报 (社会科学版), 2016, 33 (5): 18-29.

[127] 韦定广. 创造与贡献: 世界体系视域中的"中国道路" [J]. 社会科学, 2010 (6): 12-19.

[128] 阮瑶, 张瑞敏. 马克思反贫困理论的经济伦理特质及其在当代中国的价值实现 [J]. 北京师范大学学报 (社会科学版), 2016 (1): 145-151.

[129] 马克思, 恩格斯. 马克思恩格斯全集 (第 47 卷) [M]. 中共中央马克思恩格斯列宁斯大林著作编译局, 编译. 北京: 人民出版社, 2016.

[130] 毛泽东. 毛泽东选集 (第 1 卷) [M]. 北京: 人民出版社, 1991.

[131] 马克思, 恩格斯. 马克思恩格斯全集 (第 1 卷) [M]. 中共中央马克思恩格斯列宁斯大林著作编译局, 编译. 北京: 人民出版社, 2016.

[132] 陆汉文. 我国扶贫形势的结构性变化与治理体系创新 [J]. 中共党史研究, 2015 (12): 12-15.

[133] 孙立平. 中国社会结构的变迁及其分析模式的转换 [J]. 南京社会科学, 2009 (5): 93-97.

[134] 姚云云，班保申．新常态下我国农村人文贫困识别——"包容性发展"价值理念的解释 [J]．西南交通大学学报（社会科学版），2016，17（3）：36-43．

[135] 孟庆涛．中国特色扶贫开发道路促进人权事业发展 [N]．人民日报，2016-10-18（16）．

[136] 韩俊．中国特色扶贫开发理论的解释模式 [J]．中国扶贫，2016（22）：8-11．

[137] 江泽民．江泽民论有中国特色社会主义 [M]．北京：中央文献出版社，2002．

[138] 习近平．习近平出席中央扶贫开发工作会议并作重要讲话 [N]．人民日报，2015-11-30（1）．

[139] 张莹，杨丽娜．习近平春节前夕赴江西看望慰问广大干部群众 [N]．人民日报，2016-02-04（1）．

[140] 梁发奎．论"列宁主义"从苏俄到在中国的出场 [J]．马克思主义研究，2014（10）：44-50．

[141] 让老百姓过上好日子是我们一切工作的出发点和落脚点 [N]．法制日报，2013-09-02（1）．

[142] 习近平．习近平关于扶贫开发论述摘编 [EB/OL]．(2015-12-24) [2018-12-12]．http://www.jingzhunfupin.com/yaowen/2015/1224/8522.html．

[143] 梁伟平．树立为人民服务的核心价值追求 [N]．人民日报，2014-10-28（7）．

[144] 许源源，邹丽．非政府组织农村扶贫：制度优势与运行逻辑 [J]．经济与管理研究，2009（1）：125-128．

[145] 杨小柳．参与式扶贫的中国实践和学术反思——基于西南少数民族贫困地区的调查 [J]．思想战线，2010，36（3）：103-107．

[146] 中共中央办公厅，国务院办公厅．省级党委和政府扶贫开发工作成效考核办法 [N]．光明日报，2016-02-17（1）．

[147] 张磊．中国扶贫开发政策演变（1949—2005年）[M]．北京：中国财政经济出版社，2007．

[148] 习近平．问题是时代的声音人心是最大的政治 [N]．中国青年

报，2015-01-01（2）．

［149］邓小平．邓小平文选（第 3 卷）［M］．北京：人民出版社，1993．

［150］黄发红，李晓宏，杨俊，等．"中国减贫经验为发展中国家提供有益借鉴"——国际人士积极评价中国脱贫攻坚和持续改善民生［N］．人民日报，2019-03-10（3）．

［151］习近平．摆脱贫困［M］．福州：福建人民出版社，2014．

［152］江泽民．在中央扶贫开发工作会议上的讲话［N］．人民日报，2001-09-18（1）．

［153］汪洋．坚持精准扶贫基本方略坚决完成脱贫攻坚任务［N］．人民日报，2015-07-26（2）．

［154］徐文林，罗红梅．增强精准扶贫实效性［N］．西藏日报，2015-12-23（2）．

［155］顾仲阳．习近平出席 2015 减贫与发展高层论坛并发表主旨演讲［N］．人民日报，2015-10-17（1）．

［156］孙超．"支持中国南南合作，借鉴中国经验"——访联合国开发计划署驻华代表处国别主任文霭洁［J］．中国发展观察，2017（Z2）：54-58．

［157］金埔．中国减贫成就举世瞩目［EB/OL］．（2017-10-13）［2018-12-12］．http：//www.chinanews.com/gn/2017/10-13/8351581.shtml．

［158］李富根，焦梦．国际专家眼中的中国扶贫［EB/OL］．（2017-06-26）［2018-12-12］．http：//www.sohu.com/a/150144018_162758．

［159］侯雪静．坚决打赢反对贫困斗争的伟大决战——专访国务院扶贫办主任刘永富［EB/OL］．http：//politics.people.com.cn/n1/2017/0817/c1001-29478092.html．

［160］汪三贵，刘未．"六个精准"是精准扶贫的本质要求——习近平精准扶贫系列论述探析［J］．毛泽东邓小平理论研究，2016（1）．

［161］Park Albert & Sangui Wang. China's poverty statistics［J］. China Economic Review, 2001（4）.

［162］Coady David. Targeting of Transfers in Developing Countries：Review of Lessons and Experience [M]. World Bank Publications: Annotated edition, 2004.

[163] Ravallion M. & Jallan J. China's Lagging Poor Areas, American Economic Review [J], 1999 (2).

[164] Baker, Judy L. & Margaret Grosh. Measuring the effects of geographic targeting on poverty reduction [M]. World Bank Publications, 1994.

[165] Bigman David & Hippolyte Fofack. Geographical targeting forpoverty alleviation: An introduction to the special issue [J]. The World Bank Economic Review, 2000 (1).

[166] Gallup J. & L. J. Sachs. Geography and Economic Growth [R]. Conference Paper of Annual World Bank Conference on Development Economics. World Bank, Washington D. C, 1999.

[167] Jalan Jyotsna & Martin Ravallion. Geographic poverty traps? A micro model of consumption growth in rural China [J]. Journal of applied econometrics, 2002 (4).

[168] Besley T. & R. Kanbur. The Principles of Targeting, Including the Poor [J]. Proceedings of A Symposium Organized by the World Bank and the International Food Policy Research Institute. World Bank, Washington D. C. , 1993.

[169] 徐月宾, 刘凤芹, 张秀兰. 中国农村反贫困政策的反思——从社会救助向社会保护转变 [J]. 中国社会科学, 2007 (3).

[170] 章元, 许庆, 邬璟璟. 一个农业人口大国的工业化之路: 中国降低农村贫困的经验 [J]. 经济研究, 2013 (11).

[171] 蔡昉. 中国经济面临的转折及其对发展和改革的挑战 [J]. 中国社会科学, 2007 (3).

[172] 蔡昉. 中国劳动力市场发育与就业变化 [J]. 经济研究, 2007 (7).

[173] 刘守英, 章元. "刘易斯转折点" 的区域测度与战略选择: 国家统计局7万户抽样农户证据 [J]. 改革, 2014 (5).

[174] 国家统计局. 2016年农民工监测调查报告 [EB/OL]. http://www.stats.gov.cn/tjsj/zxfb/201704/t20170428_1489334.html.

[175] 王春超, 叶琴. 中国农民工多维贫困的演进——基于收入与教育维度的考察 [J]. 经济研究, 2014 (12).

[176] 郭熙保, 周强. 长期多维贫困、不平等与致贫因素 [J]. 经济研究, 2016 (6).

[177] 方鸣, 应瑞瑶. 中国农村居民代际收入流动性研究 [J]. 南京农业大学学报 (社会科学版), 2010 (2).

[178] 林闽钢, 张瑞利. 农村贫困家庭代际传递研究——基于 CHNS 数据的分析 [J]. 农业技术经济, 2012 (1).

[179] 张立冬. 中国农村贫困代际传递实证研究 [J]. 中国人口·资源与环境, 2013 (6).

[180] 邹薇, 郑浩. 贫困家庭的孩子为什么不读书: 风险、人力资本代际传递和贫困陷阱 [J]. 经济学动态, 2014 (6).

[181] 杨娟, 何婷婷. 教育的代际流动性 [J]. 世界经济文汇, 2015 (3).

[182] 马克思恩格斯全集 (第一卷) [M]. 北京: 人民出版社, 1995: 459.

[183] 马克思恩格斯文集 (第一卷) [M]. 北京: 人民出版社, 2009: 94.

[184] 马克思. 资本论 (第 1 卷) [M]. 北京: 人民出版社, 1975: 89.

[185] 马克思恩格斯全集 (第 25 卷) [M]. 北京: 人民出版社, 1975: 118.

[186] 张磊. 关于当前我国贫困与反贫困几个基本问题的新认识——马克思主义经济学关于贫困问题的理论及其时代含义 [J]. 理论前沿, 2007 (18): 14 – 16.

[187] 侯惠勤. 论"共同富裕" [J]. 思想理论教育导刊, 2012 (1): 51 – 54.

[188] 张景书. 马克思主义贫困理论研究 [J]. 商洛学院学报, 2008 (4): 1 – 6.

[189] 邓小平文选 (第三卷) [M]. 北京: 人民出版社, 1993: 225.

[190] 华正学. 胡锦涛同志对马克思主义反贫困理论中国化的新贡献

[J]．毛泽东思想研究，2012（3）：76－79．

[191] 刘永富．打赢全面建成小康社会的扶贫攻坚战［N］．人民日报，2014－04－09（007）．

[192] 王先俊，李春华．马克思主义中国化研究中的几个问题［J］．学术界，2017（5）：176－187，32．

[193] 张远新，张正光．马克思主义中国化逻辑起点新探［J］．马克思主义研究，2008（6）：100－105．

[194] 刘义圣，许彩玲．习近平反贫困思想及对发展中国家的理论借鉴［J］．东南学术，2016（2）：1－9．

[195] 武红利．刘强东委员：发挥电商富农作用打造扶贫"新通路"［N］．北京日报，2018－03－05（006）．

[196] 施维．"村主任"刘强东的扶贫实验田［N］．农民日报，2018－03－16（004）．

[197] 王国勇，邢溦．我国精准扶贫工作机制问题探析［J］．农村经济，2015（9）：46－50．

[198] 中国共产党第十九次全国代表大会在京开幕［N］．人民日报，2017－10－19（001）．

[199] 傅佩荣．哲学与人生［M］．北京：东方出版社，2012：38．

[200] 贾立政．新时代中国特色社会主义的认识论——十九大报告对马克思主义认识论的重大发展［J］．人民论坛，2017（s2）：12－13．

[201] 马克思，恩格斯．马克思恩格斯选集（第1卷）［M］．北京：人民出版社，1995：288．

[202] ［美］西奥多·舒尔茨．人力资本投资［M］．吴珠华，译．北京：商务印书馆，1990：98．

[203] ［印］阿玛蒂亚·森．以自由看待发展［M］．任赜，于真，译．北京：中国人民大学出版社，2002：87．

[204] 陆汉文，黄承伟．中国精准扶贫发展报告（2017）［M］．北京：社会科学文献出版社，2017（1）：15．

[205] 习近平．习近平谈治国理政（第2卷）［M］．北京：外文出版社，2017：91．

[206] 李培林，魏后凯，吴国宝．扶贫蓝皮书：中国扶贫开发报告

(2017) [M]. 北京：社会科学文献出版社, 2017: 106.

[207] 虞崇胜, 余扬. "扶"与"脱"的分野：从精准扶贫到精准脱贫的战略转换 [J]. 中共福建省委党校学报, 2017 (1): 41-48.

[208] 中共中央文献研究室. 十八大以来重要文献选编（上）[M]. 北京：中央文献出版社, 2014: 658.

[209] 杨伯峻. 孟子译注 [M]. 北京：中华书局, 2008: 24.

[210] 何毅亭. 以习近平同志为核心的党中央治国理政新理念新思想新战略 [M]. 北京：人民出版社, 2017: 63.

[211] 尚雪英. 精准扶贫的精神实质：以人民为中心 [J]. 兰州学刊, 2018 (4): 202-208.

[212] William Glewwe Paul. Review of World Development Report 2000/2001: "Attacking Poverty" [J]. Agricultural Economics, 2002, 27 (1): 85-87.

[213] 中共中央文献研究室. 十八大以来重要文献选编（中）[M]. 北京：中央文献出版社, 2016: 723.

[214] 王春华, 王日旭. 农村扶贫资金目标瞄准存在的问题及建议 [J]. 农村经济, 2006 (3): 60-62.

[215] 袁玥. 我国政府金融扶贫模式创新研究 [D]. 长春：东北师范大学, 2012.

[216] GILBERT N. Targeting social benefits: international perspectives and trends [M]. New Brunswick, NJ: Transaction Publishers, 2001: 100-150.

[217] TOWNSEND P, GORDON D. World poverty: new policies to defeat an old enemy [J]. Studies in Poverty Inequality & Social Exclusion, 2002.

[218] 刘营军. 中国农业政策性金融之需求和市场化改革路径研究 [D]. 南京：南京农业大学, 2011.

[219] 崔艳娟. 我国金融发展对贫困减缓的影响：理论与实证 [D]. 大连：东北财经大学, 2012.

[220] 钟昌彪. 金融产业扶贫模式及问题分析——以武陵山片区石门县为例 [J]. 金融经济：理论版, 2016 (4): 173-174.

[221] 文良旭. 构建县域金融支持精准扶贫工作长效机制研究——以

甘肃省合水县为例 [J]．西部金融，2016（8）：58 – 62．

[222] 黎立义，蒋业宏，石磊．浅谈"精准扶贫"现状、问题与对策——以农业发展银行广西区分行为视角 [J]．区域金融研究，2016（8）：56 – 59．

[223] 谢学芹．精准扶贫支持模式与实现路径 [J]．农业发展与金融，2016（9）：21 – 23．

[224] 孔磊．中国政策性农业保险巨灾风险分散模式的构建 [D]．上海：华东师范大学，2015．

[225] 马小勇．中国农户的风险规避行为分析——以陕西为例 [J]．中国软科学，2006（2）：22 – 30．

[226] 徐月宾，刘凤芹，张秀兰．中国农村反贫困政策的反思——从社会救助向社会保护转变 [J]．中国社会科学，2007（3）．

[227] 汪三贵．以精准扶贫实现精准脱贫 [J]．中国国情国力，2016（4）．

[228] 朱玲．中国政府反贫困计划的宏观经济限制 [J]．管理世界，1994（3）．

[229] 国风．中国农村消除贫困问题分析 [J]．管理世界，1996（5）．

[230] 魏众，古斯．中国转型时期的贫困变动分析 [J]．经济研究，1998（11）．

[231] 林伯强．中国的经济增长，贫困减少与政策选择 [J]．经济研究，2003（12）．

[232] 叶普万．中国扶贫战略的偏差及其修正 [J]．兰州大学学报（社会科学版），2004（5）．

[233] 都阳，蔡昉．中国农村贫困性质的变化与扶贫战略调整 [J]．中国农村观察，2006（5）．

[234] 姜锡明，王海芳．农村反贫困战略中的社会保障制度安排 [J]．农村经济，2007（6）．

[235] 韩建民，赵永平．中国经济增长中的农村贫困问题探讨 [J]．农业现代化研究，2007（2）．

[236] 罗楚亮．农村贫困的动态变化 [J]．经济研究，2010（5）．

[237] 赵曦，刘慧玲．农村反贫困战略的目标及思路考察 [J]．改革，

2007（12）.

［238］帅传敏等．中国农村扶贫项目管理效率的定量分析［J］．中国农村经济，2008（3）.

［239］洪名勇．我国贫困地区的开发扶贫机制探讨——基于贵州省的分析［J］．农业现代化研究，2009（3）.

［240］李小云，张雪梅，唐丽霞．当前中国农村的贫困问题［J］．中国农业大学学报，2005（4）.

［241］宋林飞．西方社会学理论［M］．南京：南京大学出版社，1997.

［242］L. A. 科塞．社会冲突的功能［M］．北京：华夏出版社，1989.

［243］王晓毅．易地搬迁与精准扶贫：宁夏生态移民再考察［J］．新视野，2017.

［244］李祖佩．"新代理人"：项目进村中的村治主体研究［J］．社会，2016.

［245］赵秀玲．"微自治"中国基层民主治理［J］．政治学研究，2014.

［246］王俊秀．居民需求满足与社会预期［J］．江苏社会科学，2017.

［247］贺雪峰．中国农村反贫困问题研究：类型、误区及对策［J］．社会科学，2017.

［248］陈友华，佴莉．社区共同体困境与社区精神重塑［J］．吉林大学社会科学学报，2016.

［249］王雨磊．数字下乡：农村精准扶贫的治理技术［J］．社会学研究，2016.

［250］黄毅，文军．如何理解"社会"：一种观念史的多维解析［J］．天津社会科学，2016.

［251］赵孟营．社会治理现代化：从政治叙事转向生活实践［J］．西北师大学报（社会科学版），2016.

［252］刘晋祎．共享发展理念下"人的新农村"建设的治理路径探究：基于四省三十个自然村的实证研究［J］．四川行政学院学报，2017.

［253］姚力．新中国成立初期的劳模表彰及其社会效应［J］．党的文献，2013.

[254] 渠敬东，周飞舟，应星．从总体支配到技术治理：基于中国 30 年改革经验的社会学分析 [J]．中国社会科学，2009．

[255] 毛泽东选集（第 3 卷）[M]．北京：人民出版社，1991．

[256] 王俊秀．中国社会心态研究报告 2016 [M]．北京：社会科学文献出版社，2016．

[257] 杨晔，徐研．土地经营规模与农村家庭教育投资行为：基于全国 31 个省 887 个行政村的实地调查 [J]．社会学研究，2016．

[258] 沈涛，朱勇生，吴建国，等．基于包容性绿色发展视域的云南边疆民族地区旅游扶贫路径转向研究 [J]．云南民族大学学报（哲学社会科学版），2016．

[259] 习近平关于扶贫开发论述摘编 [J]．中国扶贫，2015（24）．

[260] 黄承伟：打赢脱贫攻坚战的行动指南 [J]．红旗文稿，2017（16）．

[261] 国务院．国务院关于印发"十三五"脱贫攻坚规划的通知 [EB/OL]．http：//www.gov.cn/zhengce/content/2016 – 12/02/content_5142197.htm．

[262] 中共十九大开幕，习近平代表十八届中央委员会作报告 [EB/N]．中国网．http：//www.china.com.cn/cppcc/2017 – 10/18/content_41752399.htm．

[263] 习近平．确保农村贫困人口到 2020 年如期脱贫 [EB/N]．新华网．http：//news.xinhuanet.com/politics/2015 – 06/19/c_1115674737.htm．

[264] 中共中央　国务院关于打赢脱贫攻坚战的决定 [EB/OL]．新华社．http：//news.xinhuanet.com/politics/2015 – 12/07/c_1117383987.htm．

[265] 刘义圣，许彩玲．习近平反贫困思想及对发展中国家的理论借鉴 [J]．东南学术，2016（2）．

[266] 张占斌．习近平同志扶贫开发思想探析 [J]．国家治理，2015（36）．

[267] 黎沙．我国精准扶贫的实践困境及对策研究 [D]．南京：南京大学，2016．

[268] 唐任伍．习近平精准扶贫思想阐释 [J]．人民论坛，2015（30）．

[269] 刘永富. 以精准发力提高脱贫攻坚成效 [N]. 人民日报, 2016-01-11.

[270] 张瑞敏. 习近平精准扶贫思想探析 [J]. 中南民族大学学报（人文社会科学版）, 2017 (4).

[271] 杨伟智. "用绣花的功夫实施精准扶贫"——学习习近平关于精准扶贫精准脱贫的重要论述 [J]. 党的文献, 2017 (6).

[272] 钟关华. 习近平精准扶贫思想的浙江实践——以武义下山脱贫为例 [J]. 观察与思考, 2016 (5).

[273] 檀学文, 李静. 习近平精准扶贫思想的实践深化研究 [J]. 中国农村经济, 2017 (9).

[274] 张赛群. 习近平精准扶贫思想探析 [J]. 马克思主义研究, 2017 (8).

[275] 王安忠. 习近平扶贫思想探析 [J]. 学习论坛, 2017 (12).

[276] 洪名勇, 洪霓. 论习近平的精准扶贫思想 [J]. 河北经贸大学学报, 2016 (6).

[277] 汪三贵. 习近平精准扶贫思想的关键内涵 [J]. 人民论坛, 2017 (30).

[278] 杨璐. 易地扶贫中少数民族移民的文化融合——以镇沅县复兴村苦聪移民为例 [J]. 思茅师范高等专科学校学报, 2012 (1)：51-54.

[279] 李培林, 王晓毅. 移民、扶贫与生态文明建设——宁夏生态移民调研报告 [J]. 宁夏社会科学, 2013 (3)：52-60.

[280] 朱建定, 杨学英. 易地搬迁过程中存在问题及其解决对策 [J]. 西南林学院学报, 2004, 24 (S)：116-119.

[281] 梁福庆. 中国生态移民研究 [J]. 三峡大学学报：人文社会科学版, 2011, 33 (4)：11-15, 97.

[282] 王永平, 袁家榆, 曾凡勤, 等. 贵州易地扶贫搬迁安置模式的探索与实践 [J]. 生态经济：学术版, 2008 (1)：400-402, 422.

[283] 税伟, 徐国伟, 兰肖雄, 等. 生态移民国外研究进展 [J]. 世界地理研究, 2012 (1)：150-157.

[284] 温丽. 基于国际视角的生态移民研究 [J]. 世界农业, 2012 (12)：46-49.

[285] 田秀娟，赵阳. 泰国的山区扶贫与山民改造 [J]. 世界农业，1996 (9)：9-11.

[286] 段立生. 泰国山民经济发展计划的实施及评估 [C] //东南亚民族关系学术研讨会论文汇编，2003.

[287] 钟利，苏帆. 泰国的皇家项目与泰北的山区开发 [J]. 世界农业，1995 (10)：51-52.

[288] 黄特军. 扶贫自愿性移民搬迁的模式研究与效果评价——以广西为例 [D]. 南宁：广西大学，2002.

[289] 范芝芬. 流动中国：迁移、国家和家庭 [M]. 邱幼云，等，译. 北京：社会科学文献出版社，2013：67.

[290] 李强，唐壮. 城市农民工与城市中的非正规就业 [J]. 社会学研究，2002 (6)：13-25.

[291] 耿淡如. 英国圈地运动 [J]. 历史教学，1956 (12)：38-42，6.

[292] 国家人口计生委课题组. 英国人口管理实践及对我国启示 [N]. 学习时报，2012-01-09 (004).

[293] 倪赤丹，苏敏. 英国社区发展经验及对当代中国的借鉴 [J]. 理论界，2013 (1)：53-56.

[294] 檀慧玲，张国强. 英国工人讲习所对我国农民工职业技术教育的启示 [J]. 世界教育信息，2005 (9)：37-39.

[295] 蒋丹. 英国基础教育财政投入政策折射出的教育公平理念及启示 [J]. 教育与经济，2009 (2)：58-63.

[296] 王兆宇. 英国住房保障政策的历史、体系与借鉴 [J]. 城市发展研究，2012 (12)：134-139.

[297] [印] 阿马蒂亚·森. 贫困与饥荒 [M]. 王宇，译. 北京：商务印书馆，1999.

[298] [印] 阿马蒂亚·森. 伦理学与经济学 [M]. 王宇，译. 北京：商务印书馆，1998.

[299] 威廉·戈兹曼，哥特·罗文霍斯特. 价值起源 [M]. 王宇，译. 沈阳：万卷出版公司，2010.

[300] 维托·坦茨. 政府与市场变革中的政府职能 [M]. 王宇，译.

北京：商务印书馆，2014.

［301］拉巴赫·阿尔扎基，凯瑟琳·帕蒂罗，马克·昆汀.大宗商品价格波动与低收入国家的包容性增长［M］.王译，译.北京：商务印书馆，2016.

［302］陈杰.我国农村扶贫资金效率的理论与实证研究［D］.长沙：中南大学，2007：110.

［303］张铭洪，施宇，李星.公共财政扶贫支出绩效评价研究——基于国家扶贫重点县数据［J］.华东经济管理，2014（9）：39－42.

［304］中国的减贫行动与人权进步（白皮书）［EB/OL］.人民网，http：//politics.people.com.cn/n1/2016/1017/c1001－28784713.html.

［305］汪三贵.中国特色反贫困之路与政策取向［J］.毛泽东邓小平理论研究，2010（4）：17－21.

［306］武国友."八七扶贫攻坚计划"的制定、实施及其成效［J］.北京党史，2011（5）：7－10.

［307］王大超.转型期中国呈现反贫困问题研究［M］.北京：人民出版社，2004：19－21，170－178.

［308］李小云.如何将政府资源变成扶贫资源——专访中国农业大学人文与发展学院原院长李小云教授［J］.西部大开发，2016（1）：102－105.

［309］童宁.农村扶贫资源传递过程研究［M］.北京：人民出版社，2009：144－148.

［310］许正中.财政扶贫绩效与脱贫致富战略［M］.北京：中国财政经济出版社，2014：204－226.

［311］审计署：去年1.51亿元扶贫资金被虚报冒领或违规使用［EB/OL］.［2016－06－29］.http：//finance.china.com.cn/news/20160629/3789927.shtml.

［312］吴国起.财政专项扶贫资金绩效管理改革研究［D］.北京：中国财政科学研究所，2011：77.

［313］张磊.中国扶贫开发政策演变［M］.北京：中国财政经济出版社，2007：111－122.

［314］王琰.中央财政专项扶贫资金绩效评价研究［D］.北京：中国

财政科学研究院，2016：60-63.

[315] 马海涛，王晨. 基于供给侧的精准扶贫财政政策研究 [J]. 当代农村财政，2016 (6)：10-16.

[316] 胡鞍钢. 中国国家治理现代化的特征与方向 [J]. 国家行政学院学报，2014 (3)：4-10.

[317] 杨丹. 创新财政扶贫资金整合模式，打造精准扶贫投入新格局 [J]. 经济研究参考，2017 (5)：39-41.

[318] 黄承伟. 中国扶贫开发道路研究：评述与展望 [J]. 中国农业大学学报（社会科学版），2016 (5)：5-17.

[319] 陈晓红，陈杰. 我国农村扶贫资金运行中的科层损耗机制研究 [J]. 当代财经，2007 (6)：31-35.

[320] 刘晓霞，周凯. 反贫困立法：定位与进路 [J]. 西部法学评论，2013 (3)：32-38.

[321] 赵曦. 中国西部农村反贫战略研究 [M]. 北京：人民出版社，2000.

[322] [印] 阿马蒂亚·森. 贫困与饥荒 [M]. 北京：商务印书馆，2001.

[323] [美] 马丁·瑞沃林. 贫困的比较 [M]. 北京：北京大学出版社，2005.

[324] 余闻. 减贫步伐为何越来越缓 [N]. 学习时报，2006-03-10.

[325] 曾康霖. 再论扶贫性金融 [J]. 金融研究，2007 (3).

[326] 贺雪峰. 中国农村反贫困战略中的扶贫政策与社会保障政策 [J]. 武汉大学学报（哲学社会科学版），2018，71 (3)：147-153.

[327] 周飞舟. 从汲取型政权到"悬浮型"政权——税费改革对国家与农民关系之影响 [J]. 社会学研究，2006 (312)：1-38，243.

[328] AHLERS A L, SCHUBERT G. Effective policy implementation in China's local state [J]. Modern China，2015，41 (4)：372-405.

[329] 胡联，汪三贵. 我国建档立卡面临精英俘获的挑战吗？[J]. 管理世界，2017 (1)：89-98.

[330] 吕方，程枫，梅琳. 县域贫困治理的"精准度"困境及其反思 [J]. 河海大学学报（哲学社会科学版），2017，19 (2)：47-52，91.

[331] 李小云. 我国农村扶贫战略实施的治理问题 [J]. 贵州社会科学, 2013 (7): 101-106.

[332] 严国方, 肖唐镖. 运动式的乡村建设: 理解与反思——以"部门包村"工作为案例 [J]. 中国农村观察, 2004 (5): 69-78, 80.

[333] 刘伟, 边东东. 产业扶贫政策的实践逻辑——对 B 县四个驻村工作队的比较分析 [J]. 江苏社会科学, 2019 (2): 143-154, 259.

[334] 汪三贵, 曾小溪. 从区域扶贫开发到精准扶贫——改革开放 40 年中国扶贫政策的演进及脱贫攻坚的难点和对策 [J]. 农业经济问题, 2018 (8): 40-50.

[335] 高帅, 毕洁颖. 农村人口动态多维贫困: 状态持续与转变 [J]. 中国人口·资源与环境, 2016, 26 (2): 76-83.

[336] 王国勇, 邢溦. 我国精准扶贫工作机制问题探析 [J]. 农村经济, 2015 (9): 46-50.

[337] 刘明国. 习近平扶贫重要论述的深刻内涵与重大贡献 [N]. 学习时报, 2019-04-24 (001).

[338] 葛志军, 邢成举. 精准扶贫: 内涵、实践困境及其原因阐释——基于宁夏银川两个村庄的调查 [J]. 贵州社会科学, 2015 (5): 157-163.

[339] 魏毅. 脱贫攻坚重点难点: 破解路径与策略——基于江西的实践分析 [J]. 农林经济管理学报, 2018, 17 (5): 587-594.

[340] 庄天慧, 孙锦杨, 杨浩. 精准脱贫与乡村振兴的内在逻辑及有机衔接路径研究 [J]. 西南民族大学学报 (人文社科版), 2018, 39 (12): 113-117.

[341] 许源源, 彭馨瑶. 基于系统思维的精准脱贫实施机制: 一个分析框架 [J]. 行政论坛, 2016, 23 (3): 14-18.

[342] 朱丽君. 多维贫困与精准脱贫——以中部地区少数民族自治县 Y 县为例 [J]. 社会保障研究, 2019 (1): 75-85.

[343] 杨秀丽. 精准扶贫的困境及法制化研究 [J]. 学习与探索, 2016 (1): 108-110.

[344] 郑瑞强, 王英. 精准扶贫政策初探 [J]. 财政研究, 2016 (2): 17-24.

［345］ MENG Lingsheng. Evaluating China's poverty alleviation program： A regression discontinuity approach ［J］. Journal of Public Economics, 2013 (101)：1－11.

［346］ PARK A，WANG S. Community－based development and poverty alleviation：An evaluation of China's poor village investment program ［J］. Journal of Public Economics, 2010, 94 (9/10)：790－799.

［347］ 金江峰. 倒逼与反倒逼：精准扶贫中的国家与社会关系 ［J］. 西北农林科技大学学报（社会科学版），2019，19（1）：7－14.

［348］ 贾俊雪，秦聪，刘勇政. "自上而下"与"自下而上"融合的政策设计——基于农村发展扶贫项目的经验分析 ［J］. 中国社会科学，2017（9）：68－89，206－207.

［349］ 郑瑞强，赖运生，胡迎燕. 深度贫困地区乡村振兴与精准扶贫协同推进策略优化研究 ［J］. 农林经济管理学报，2018，17（6）：762－772.

［350］ 陈美球，胡春晓. 协同推进脱贫攻坚与乡村振兴的实践与启示：基于江西三地的调研 ［J］. 农林经济管理学报，2019，18（2）：266－272.

［351］ 陈标平，胡传明. 建国60年中国农村反贫困模式演进与基本经验 ［J］. 求实，2009（7）：82－86，688－726；

［352］ 曾康霖. 推进农村金融改革中值得思考的几个问题 ［J］. 财经科学，2006（12）.

［353］ R. Rosenberg. Does Microcredit Really Help Poor People? ［J］. Focus Note, 2010 (59)：1－8.

［354］ 谢平，邹传伟，刘海二. 互联网金融的基础理论 ［J］. 金融研究，2015（8）.

附件一　中国银行业协会内蒙古察右后旗定点扶贫调研报告

一、习近平总书记理论论述

习近平总书记关于扶贫工作的重要论述，是习近平新时代中国特色社会主义思想的重要内容，开创了马克思主义反贫困理论中国化新境界，为丰富和发展新时代中国特色扶贫开发理论做出了新贡献，为全球减贫事业贡献了中国方案和中国智慧，是我们打赢打好脱贫攻坚战的根本遵循和行动指南。

习近平总书记围绕为什么要脱贫、如何脱贫、如何保证脱贫效果等重大理论和实践问题，提出了"两个确保"的目标（到2020年，确保现行标准下农村贫困人口全部脱贫，确保贫困县全部摘帽）、"两不愁三保障"的标准（"两不愁"即不愁吃、不愁穿，"三保障"即义务教育、基本医疗、住房安全有保障）、"六个精准"的扶贫方略（扶贫对象精准、措施到户精准、项目安排精准、资金使用精准、因村派人精准、脱贫成效精准）、"五个一批"的实践路径（发展生产脱贫一批、易地搬迁脱贫一批、生态补偿脱贫一批、发展教育脱贫一批、社会保障兜底一批）等一系列新思想、新观点、新论断，总结了"六个坚持"的基本经验（坚持党的领导、强化组织保证，坚持精准方略、提高脱贫实效，坚持加大投入、强化资金支持，坚持社会动员、凝聚各方力量，坚持从严要求、促进真抓实干，坚持群众主体、激发内生动力），提出了脱贫要从方法路径上重点解决"扶持谁""谁来扶""怎么扶""如何退"等重要问题。这些重要论述，涵盖脱贫攻坚的奋斗目标、战略任务、工作格局、政治保障、科学方法等方面，既是认识论又是方法论，是习近平新时代中国特色社会主义思想的重要内容。习近平总书记关于扶贫工作的重要论述将治国理政思想贯彻到扶贫开发领域，并把解决贫困问题摆在治国理政的突出位置，贯穿习近平新时代中国特色社会主义思想的科学体系，融入新时代中国特色社会主义的历史使命、战略目标、战略步骤等方方面面，构成其重要组成部分。

习近平总书记关于扶贫工作的重要论述为新时代打赢脱贫攻坚战提供了行动指南。习近平总书记关于扶贫工作的重要论述，既是理论之基又管实践之用，为做好扶贫工作提供了科学指引。从2012年末到2018年末，全国农村贫困人口累计减少8239万人；贫困发生率从2012年的10.2%下降至1.7%，贫困地区面貌改善显著，谱写了人类反贫困历史新篇章。这充分体现了以习近平同志为核心的党中央坚持发展依靠人民、一切为了人民的根本信念，体现了中国共产党的根本立场，体现了我们党全心全意为人民服务的根本宗旨和为人民谋幸福、为民族谋复兴的初心和使命。

新时代推进脱贫攻坚工作，必须深学笃用习近平总书记关于扶贫工作的重要论述，在脱贫攻坚的冲刺阶段，毫不动摇地坚持党对脱贫攻坚的领导，实施精准扶贫、精准脱贫的基本方略，贯彻落实全面从严治党要求，牢固树立"让老百姓过上好日子是我们一切工作的出发点和落脚点"的价值追求，确保如期打赢脱贫攻坚这场硬仗。

二、定点扶贫调研背景

在以习近平同志为核心的党中央坚强领导下，银保监会系统认真贯彻落实党中央、国务院关于脱贫攻坚的战略部署，齐心协力，扎实苦干，定点扶贫工作取得了积极进展。在4个定点扶贫县（旗）中，内蒙古自治区察右后旗已经通过第三方验收，成功"脱贫摘帽"，其余3个县预计2019年也将摘帽。

2019年4月，银保监会定点扶贫工作领导小组会议指出，要进一步聚焦工作重点，建立健全稳定脱贫的长效机制。紧紧围绕"两不愁三保障"的脱贫标准，充分发挥银保监会系统帮扶特色，注重培育发展当地特色产业和优势产业，深入开展产业扶贫、就业扶贫和消费扶贫，加强"造血功能"，支持地方经济持续健康发展，努力巩固脱贫攻坚成果。同时强调，银保监会党委要进一步加强对定点扶贫工作的领导，领导小组各成员单位要各司其职，通力配合，进一步加大帮扶力度，挂职扶贫干部要深入一线，扑下身子，抓好各项帮扶举措的落地落实。各部门、各单位要以2019年银保监会定点扶贫工作要点和目标任务分解方案为统领，认真落实帮扶方案，确保足额完成帮扶计划。

2019年5月，中共中央政治局召开会议，决定从2019年6月开始，在全党自上而下分两批开展"不忘初心、牢记使命"主题教育。习近平总书记在"不忘初心、牢记使命"主题教育工作会议上强调，为中国人民谋幸福，为中华民族谋复兴，是中国共产党人的初心和使命，是激励一代代中国共产党人前赴后继、英勇奋斗的根本动力。他指出，各地区各部门各单位要结合实际，创造性开展工作，把学习教育、调查研究、检视问题、整改落实贯穿主题教育全过程，努力取得最好成效。要教育引导广大党员干部了解民情、掌握实情，搞清楚问题是什么、症结在哪里，拿出破解难题的实招、硬招。

在此背景下，作为银保监会定点扶贫工作领导小组成员单位，为总结内蒙古自治区察右后旗"脱贫摘帽"成功经验，进一步做好定点扶贫工作，同时巩固察右后旗脱贫攻坚成果，中国银行业协会结合"不忘初心、牢记使命"主题教育活动要求，开展了扶贫攻坚专题调研。

三、开展调研的方式

在扶贫攻坚专题调研中，注重创新方式方法，通过书面调研与实地调研相结合、帮扶机构调研与帮扶对象调研相结合、专题座谈与系统培训相结合等多种形式，充实调研内容，提升调研实效，真正发现问题、提出措施、求得实效。

（一）书面调研梳理了解情况

根据银保监会定点扶贫工作领导小组会议精神和协会党委扶贫专题扩大会议精神，协会扶贫攻坚工作办公室与4个定点扶贫县（旗）积极对接，通过书面调研形式，收集整理各地的脱贫攻坚基本情况、典型材料、工作经验、成功案例和帮扶需求，进一步掌握了定点扶贫县（旗）脱贫攻坚的相关情况，为开展实地调研和精准帮扶打好基础。

（二）及时召开机构帮扶座谈会

2019年4月11日上午，中国银行业协会组织召开外资、台资银行公益慈善工作座谈会，东亚银行、汇丰银行、渣打银行、三菱日联银行、恒生银行、三井住友银行、富邦华一银行、澳大利亚和新西兰银行、南洋商业银行共9家外资、台资银行行级领导及相关事务的负责人参加了此次会议。会上各外资、台资银行参会代表均表示，各行在境内进行慈善和公益性事业历史较长且从未间断，意愿和力度都在逐年增加。此次为贯彻落实银保监会定点扶贫工作领导小组会议精神，愿意在中国银行业协会的统一组织下，对银保监会4个定点扶贫县（旗）开展多种形式的帮扶工作。

（三）深入实地调研精准对接

6月3日至5日，中国银行业协会由白瑞明副秘书长、郭三野副秘书长带队，东亚银行、汇丰银行、富邦华一银行、南洋商业银行4家外资、台资银行的社会责任和公益慈善工作相关事务负责人组成调研组，赴内蒙古察右后旗开展了为期三天的扶贫调研工作。经过深入调研和讨论，调研组与察右后旗旗政府达成共识：一是由旗政府将目前需要帮扶的项目情况进行汇总整理并报送协会；二是外资、台资银行尽快完成相关帮扶项目的行内审核工作，根据项目情况和其所在行的实际情况，拟定帮扶措施后报送协会；三是协会即刻组织购买帮扶农副产品，并号召外资、台资银行委员会成员单位参与；四是协会拟将2019年6～10月部分开展的会议和培训转移至察右后旗召开，作为对当地产业和消费的扶贫帮扶；五是对察右后旗旗政府目前特别急需解决的问题，各方将积极推动，采取各种措施尽早解决。

（四）推进调研结果落实

中国银行业协会根据前期书面调研、机构座谈和对察右后旗的实地调研情况，将察右后旗在医疗、教育、卫生等领域亟须帮扶的项目资料整理汇编后，发给相关会员单位，倡议有能力的会员单位采取捐赠、项目引进等多种形式对察右后旗进行扶贫帮扶，并倡议相关会员单位的工会统一采购或动员全体员工集体购买定点扶贫地区帮扶农副产品。

（五）全国银行业协会共同参与

2019年7月28日至31日，中国银行业协会在察右后旗举办"全国银行业协会（公会）业务交流暨定点扶贫培训"，中国银行业协会、亚洲金融合作协会、37家省、自治区、直辖市、计划单列市银行业协会（公会）、东方银行业高级管理人员研修院、《中国银行业》杂志社的相关负责人等共计150余人参加了本次培训，来自全国各地协会负责人对察右后旗相关扶贫产业进行了实地调研和经验交流。

四、定点扶贫调研成果

（一）调研发现的问题

察右后旗位于乌兰察布市北部，地处阴山北麓风蚀沙化贫困带。全旗区域面积为3910平方公里，辖8个苏木乡镇、87个嘎查村、667个自然村，总人口23万人，其中农村牧区人口17.39万人，有蒙、汉、回、满等9个民族。年均降水量320毫米左右，人均水资源335立方米。贫困人口多、贫困程度深，生产生活条件差，土地贫瘠、十年九旱、广种薄收，是典型的老少边穷地区。

通过对察右后旗开展多种形式的调研活动，我们发现的问题如下：

1. 根据全旗贫困人口健康体检数据，各类慢性病、大病、重病患者已经占到全体贫困人口的44.4%，因病致贫、因病返贫俨然成为脱贫攻坚面临的重大问题之一。2017年旗政府建立建档立卡贫困人口大病慢病扶贫爱心基金（以下简称基金），通过整合扶贫资金、干部捐资、社会捐赠等形式筹资500万元，专门用于解决贫困人口因大病住院治疗和慢病门诊治疗医疗费用经政策报销后剩余部分的兜底救助。2019年，是察右后旗实现"脱贫摘帽"目标的防止返贫关键之年，脱贫攻坚任务十分艰巨，健康扶贫形势依然严峻，"基金"前期筹资来源主要是爱心企业和全旗职工捐助，急需更多社会力量注入。

2. 察右后旗地区目前的扶贫工作重点在于义务教育和学龄前教育，目前察右后旗地区的各级学校教育基础设施硬件缺失和落后，亟须更换，基础工程改造尚有资金缺口,特别是土牧尔台镇幼儿园。该园属于乡村公立幼儿园,为鼓励乡村留守儿童全部入园接受教育,管理方式为免费入园,资金来源主要依托政府投入,可是旗政府连续投入多年目前连基本满足幼儿园的日常运行都已困难,幼儿园完全没有更多的经费改善办园条件。有的学校仅能满足基本的教育教学,缺乏多媒体教学设施以及学生拓展课外知识的图书馆等场所。

3. 随着国家和银保监会各级机构对察右后旗地区不断加大帮扶力度,该地区目前义务教育学校的硬件设施基本完善,但是,师资、教育理念等"软件"与城市仍存在明显差距,是当前教育扶贫工作亟待突破的难点。该地区小学师资力量普遍不足,缺乏培训和学习,业务水平长期得不到提高,教育理念相对落后,教育方法相对单一,特别是学龄前的幼师,目前已有学校出现断档,由旗政府调动公立学校教师对其补充,造成了公立学校教师更紧缺,幼儿园教师教学不对口,职业生涯和个人教学水平难以提高的问题。

4. 察右后旗地区农牧业生产平稳,道路等交通设施完善,坚持质量兴农、绿色兴农、品牌强农发展理念,大力推动农牧业现代化进程,种养产业均取得良好成绩,但目前农牧产品较为单一,缺少知名度和推广,市场认可度不强,社会对察右后旗熟知程度不高,影响了当地农产品的销量和销路,有着农产品送得出去,但找不到市场的困难。

(二)解决方案及取得的成效

1. 针对察右后旗"基金"缺口较大难以持续的问题,且面临国家扶贫督导组进驻检查的关键时刻,中国银行业协会除积极动员会员单位发动捐赠外(目前富邦华一银行已计划捐赠50万元,预计9月到账),于2019年7月28日至31日在察右后旗举办"全国银行业协会(公会)业务交流暨定点扶贫培训",动员全国银行业协会积极参与,并在会上发布《关于向察右后旗开展爱心捐赠的倡议》,倡议全国银行业协会向"基金"进行爱心捐赠,捐赠参考标准为10万元,上不封顶。预计2019年9月可募集400余万元,完全填补"基金"缺口,符合国家扶贫检查标准。

2. 面对察右后旗部分学校基础设施落后和无力改善的问题,以及无力长期维系的问题,我们根据各学校的实际情况,通过前期对外资银行在国内开展的公益慈善项目的统计整理，为当地学校积极联络外资银行进行帮扶。

（1）中国银行业协会于 2019 年 6 月 3 日至 5 日组织相关外资银行对察右后旗土牧尔台镇幼儿园（以下简称幼儿园）进行了实地调研，了解到幼儿园暖气设备为 2003 年安置，因设备陈旧老化，现已无法使用，当地气温在 9 月后将进入冬季，最冷气温低于零下 30 度，孩子们在秋天面临关园失学困境。学校急需在 2019 年 7 月的暑假进行供暖设施重置安装，改建费用为 100 万元，并且幼儿园一直未收取费用，靠当地政府的财政支持运营，每年均有资金缺口，此运营方式难以持续，一旦幼儿园关闭，土牧尔台镇留守儿童的学前教育将成为一片空白。

了解到问题的急迫性和重要性，经与相关外资银行协商沟通，南洋商业银行与富邦华一银行同意向幼儿园分别捐赠 50 万元，帮助其改造暖气设备和相关基础设施，预计于 2019 年 9 月初完工，并以联合冠名帮扶的形式，与幼儿园签订长期帮扶协议，今后每年根据幼儿园资金缺口，对幼儿园开展帮扶捐赠。

（2）察右后旗白音察干第二小学是一所完全小学，创建于 1971 年，学校占地面积为 17160 平方米，建筑面积为 8100 平方米，现有在校学生 1404 名，在校教职工 137 名。了解到白音察干第二小学目前尚无多媒体教学设施和场所，学校 1000 多名师生开展教学还完全停留在书本阶段。面对这一情况，我们积极沟通东亚银行为白音察干第二小学开展"萤火虫乐园"项目，为其修建一所多媒体教学使用的教室（包含电脑、投影仪、书库等），并捐赠"萤火虫包裹"500 个（包含文具、字典、书包等），计划于 2019 年 9 月完成，预计投入资金约 30 万元。

（3）贲红学校附属幼儿园是一所完全寄宿制学校并设附属幼儿园。现有教职工 25 名，在校小学生 45 名，在园幼儿 36 名，其中大多数是贫困家庭子女，还有一部分是单亲和留守儿童。因学校离工业园区较近，加上农民返乡以及学校管理和办学条件日益改善等原因，近年来学校学生人数有逐年增加的趋势。办学条件相对其他学校比较落后，现有校舍属于平房，冬季保温差，幼儿园活动场所、器材与住宿条件不达标，急需改造。为解决实际问题，中国银行业协会联系玉山、彰化、华侨永亨三家银行对其进行帮扶，三家银行将联合对其帮助改造学校外墙的保暖等基础设施，将其中一间教室改造成为一所小图书馆，并捐赠适合学生阅读的相关书籍，补充学生课外知识获取途径。该项目改造预计于2019年9月完工，投入资金20余万元。

3. "治贫先治愚，扶贫必扶智。让贫困地区的孩子们接受良好教育，是扶贫开发的重要任务，也是阻断贫困代际传递的重要途径。"为了帮助察右后旗地区小学及幼儿园师生开阔眼界，增加学习交流的机会，我们联络相关外资银行为当地师生开展相关培训。富邦华一银行拟为土牧尔台镇乡村幼儿园不同年级的小朋友提供适合其年龄阶段的音乐器材，并配套提供教师培训；东亚银行拟为"萤火虫乐园"项目所在学校的教师和校长定期组织培训，以进一步提升学校的教学水准；汇丰银行拟资助察右后旗的农村教师参加汇丰青葵花农村教师培训，旨在提升该地区整体教学水平，此外，还将通过汇丰农村青少年财商教育及生活技能项目，为察后右旗的小学生提供免费的财商及生活技能培训，并培训当地老师，开设相关课程。以上培训计划拟于2019年9月开始实行，预计投入资金50余万元。

4. 考虑到察右后旗农产品质量较好，不逊色于市场同款知名产品，且价格更加实惠，中国银行业协会发动协会、研修院、杂志社全体干部职工购买帮扶农产品，累计近十万元，并对全体外资银行发布帮助采购农产品倡议，鼓励外资银行职工和工会购买，富邦华一银行为响应倡议还动员台商购买，并帮其宣传，截至2019年8月，外资及台资银行已购买和帮助销售农产品40余万元；2019年7月28日至31日在察右后旗举办"全国银行业协会（公会）业务交流暨定点扶贫培训"期间，中国银行业协会与当地旗政府沟通，在培训场所举办了帮扶农产品展销会，方便全国各地的银行业协会参训代表直接了解察右后旗农产品质量和情况，帮助宣传和倡议其辖区内的会员单位采购。

五、相关建议

（1）建议继续加大和放宽对扶贫地区和参与扶贫单位的政策引导和任务指标要求。

（2）建议国家在制定支持扶贫政策时，能够将社会组织会议多、培训多的特点考虑进去，将在当地召开的会议、培训等消费列入消费扶贫指标考核内。

（3）建议推广扶贫新思路，在变"输血式"扶贫为"造血式"扶贫的基础上，积极引导相关扶贫单位对定点扶贫地区加大宣传力度，增加扶贫地区知名度，激发当地经济新活力。

附件二　中国银行业协会 2019 年第二季度定点扶贫工作总结

银保监会定点扶贫工作领导小组办公室：

为切实履行帮扶责任，认真贯彻落实银保监会定点扶贫工作领导小组会议精神，按照《关于进一步明确银保监会 2019 年定点扶贫工作有关事项的函》要求，现将中国银行业协会 2019 年第二季度定点扶贫工作总结报告如下：

一、高度重视，设立专门机构

中国银行业协会于 2019 年 4 月 1 日下午召开党委扩大会议，研究设立了"扶贫攻坚领导小组"和"扶贫攻坚工作办公室"等专门工作机构，党委书记、专职副会长潘光伟任组长，其他党委委员任副组长，其他领导班子成员为小组成员，副秘书长郭三野统筹领导扶贫攻坚工作办公室。

二、迅速动员，发挥行业组织作用

2019 年 4 月 11 日上午，中国银行业协会组织召开外资、台资银行公益慈善工作座谈会，东亚银行、汇丰银行、渣打银行、三菱日联银行、恒生银行、三井住友银行、富邦华一银行、澳大利亚和新西兰银行、南洋商业银行共 9 家外资、台资银行行级领导及相关事务的负责人参加了此次会议。会上各外资、台资银行参会代表均表示，各行在境内进行慈善和公益性事业历史较长且从未间断，意愿和力度都在逐年增加。此次为贯彻落实银保监会定点扶贫工作领导小组会议精神，愿意在中国银行业协会的统一组织下，对银保监会 4 个定点扶贫县（旗）开展多种形式的帮扶工作。

三、制订方案，做好扶贫部署

根据外资、台资银行公益慈善工作座谈会的精神以及相关外资、台资银行意愿，中国银行业协会结合自身实际，制定了《中国银行业协会扶贫攻坚工作实施方案》和计划分工。明确了任务目标、责任分工和完成时限，提出了具体工作要求，建立了扶贫工作推进机制。

四、落实行动，开展扶贫调研

2019年6月3日至5日，中国银行业协会由白瑞明副秘书长、郭三野副秘书长带队，东亚银行、汇丰银行、富邦华一银行、南洋商业银行4家外资、台资银行的社会责任和公益慈善工作相关事务负责人组成调研组，赴内蒙古察右后旗开展了为期三天的扶贫调研工作。

经过深入调研和讨论，调研组与察右后旗达成共识：一是由旗政府将目前需要帮扶的项目情况进行汇总整理并报送协会；二是外资、台资银行尽快完成相关帮扶项目的行内审核工作，根据项目情况和其所在行的实际情况，拟定帮扶措施后报送协会；三是协会即刻组织购买帮扶农副产品，并号召外资、台资银行委员会成员单位参与；四是协会拟将2019年6~10月部分开展的会议和培训转移至察右后旗召开，作为对当地产业和消费的扶贫帮扶；五是对察右后旗旗政府目前特别急需解决的问题，各方将积极推动，采取各种措施尽早解决。

五、发布倡议，动员会员单位

2019年6月10日，中国银行业协会根据对察右后旗的扶贫调研结果，将察右后旗目前在医疗、教育、卫生等领域亟须帮扶的项目资料整理汇编后，发给相关会员单位，倡议有能力的会员单位采取捐赠、项目引进等多种形式对察右后旗进行扶贫帮扶，并倡议相关会员单位的工会统一采购或动员全体员工集体购买定点扶贫地区帮扶农副产品。

六、聚焦力量，努力落实任务

中国银行业协会目前已分别向和政县和临洮县直接投入帮扶资金25万元，总计50万元；累计采购贫困地区农产品9.75万元。合作金库商业银行股份有限公司苏州分行帮助采购贫困地区农产品2244元。下一季度，中国银行业协会将根据银保监会的要求在苏州干部学院组织开展扶贫专题培训班，预计投入20万元，同时，将积极沟通协调相关已同意对定点扶贫地区展开帮扶的会员单位，尽快推进落实帮扶资金到位和帮扶项目落地，预计可引进帮扶资金300万元，帮助销售农产品150万元。

中国银行业协会将根据扶贫工作开展情况，动态调整工作措施和计划安排，努力完成扶贫目标任务。

特此报告。

附表

定点扶贫工作开展情况表

成员单位名称	中国银行业协会			
帮扶旗县名称	察右中旗	察右后旗	和政县	临洮县
直接投入帮扶资金（万元）			25	25
引进帮扶资金（万元）		600		
培训基层干部（人）				
培训技术人员（人）				
购买贫困地区农产品（万元）		15		
帮助销售贫困地区农产品（万元）		35		
其他				

附件三　中国银行业协会 2019 年第三季度定点扶贫工作情况

银保监会定点扶贫工作领导小组办公室：

为切实履行帮扶责任，认真贯彻落实银保监会定点扶贫工作领导小组会议精神，按照《关于进一步明确银保监会 2019 年定点扶贫工作有关事项的函》要求，中国银行业协会在上半年的工作基础上，按照全年扶贫工作计划安排，在协会领导的高度重视和相关会员单位的积极努力下，第三季度已完成全年大部分扶贫任务目标，现将中国银行业协会 2019 年第三季度定点扶贫工作情况报告如下：

一、高度重视定点扶贫工作，大力推进项目落地，资金到位

中国银行业协会党委高度重视定点扶贫工作，组织了由潘光伟专职副会长带队，白瑞明、郭三野副秘书长参加的内蒙古察右后旗扶贫调研活动，外资银行会员单位汇丰银行、富邦华一银行、东亚银行、南洋商业银行积极响应参加，并针对察右后旗的实际情况，结合其自身公益开展实际，主动作为。

一是富邦华一银行通过上海富邦华一公益基金会在台商群体中发动爱心募捐等活动，筹集社会爱心人士善款近 33 万元，上海富邦华一公益基金会也出资约 17 万元，共计捐助 50 万元用于察右后旗土牧尔台幼儿园的供暖设备改善，另捐赠 5 万元修建了富邦华一爱心阅览室。此外，上海富邦华一公益基金会还捐助察后右旗爱心基金 33 万元，用于大病、慢病救助项目。以上项目共计 88 万元，捐助款项全部到位，捐助工程全部完工。

二是汇丰银行先后两次前往察右后旗考察，计划会同中国扶贫基金会，在内蒙古察哈尔右翼后旗共同开发"能人兴乡"职业技能发展计划，预计整个项目为期一年，捐赠金额为 138 万元，款项将于 2019 年 10 月到位。

三是东亚银行向乌兰察布市察右后旗白音察干第二小学和临洮县康家集乡康家集小学分别捐赠"萤火虫乐园" 1 所（包含电脑、投影仪、书库

等）和"萤火虫包裹"925个（包含文具、字典等的书包），累计捐赠价值人民币49万元。以上项目已全部完工。

四是南洋商业银行作为响应中国银行业协会号召并反馈帮扶方案最早的会员单位，为察右后旗土牧尔台幼儿园投入50万元用于改造学校供暖设备和维修教学设施。以上项目已完工。

五是玉山银行出资10万元，彰银商业银行出资4.78万元，共同资助贲红学校附属幼儿园校舍外墙保温维护项目。华侨永亨银行为贲红学校附属幼儿园捐赠3.4万元打造了一间"小小图书室"，并为该地区的小学生们制作线上培训课件等。以上项目已全部完工。

六是东亚银行（中国）、恒生银行、星展银行（中国）、汇丰银行（中国）、澳大利亚和新西兰银行（中国）、三菱日联银行等相关外资、台资银行积极响应中国银行业协会发出的帮助采购扶贫地区帮扶农副产品倡议，广泛动员其在国内分行和工会统一采购，帮助销售农产品共计43.62万元。

二、举办"全国银行业协会（公会）业务交流暨定点扶贫培训"，共同担当扶贫攻坚重任

2019年7月28日至31日，由中国银行业协会主办，内蒙古银行业协会协办的"全国银行业协会（公会）业务交流暨定点扶贫培训"在内蒙古察右后旗成功举办。37家省、自治区、直辖市、计划单列市银行业协会（公会）、东方银行业高级管理人员研修院、《中国银行业》杂志社的相关负责人等共计150余人参加了本次培训。

培训期间，中国银行业协会联系当地旗政府，在培训地点举办了帮扶农产品展销会，倡议各参训代表积极采购，奉献爱心，整个培训期间帮助销售农产品4万余元。尝试发挥社会组织会议多、培训多的特点，以培训和会议产业带动察右后旗地区第三产业的发展，帮助当地提升知名度，拓宽帮扶农产品销路，举办"全国银行业协会（公会）业务交流暨定点扶贫培训"在当地花费20余万元，不少参训代表表示今后在条件合适的情况下，愿意在当地开展培训和会议。

培训结束后，根据培训期间对察右后旗开展的扶贫调研，潘光伟专职副会长了解到察右后旗地区目前的扶贫工作重点难点在于基本医疗，对此，察右后旗对建档立卡的贫困人口建立了大病慢病扶贫爱心基金，目前这个项目尚有不小的缺口，且国务院扶贫办2019年将会对这些指标进行考核，扶贫任务十分艰巨。对此，潘光伟专职副会长倡议各地方银行业协会（公会）提高站位，服务大局，向银保监会定点扶贫地区之一察右后旗的"大病慢病扶贫爱心基金"项目进行爱心捐赠。截至2019年10月初，察右后旗扶贫开发办公室已收到41家地方银行业协会捐赠资金400万元，甘肃银行业协会向甘肃省和政县捐赠10万元，总计410万元。

三、贯彻落实银保监会定点扶贫工作领导小组上半年工作座谈会精神，积极开展相关培训工作

一是与苏州干部学院于2019年7月29日至8月3日在苏州共同举办了"中国银保监会定点扶贫旗县干部培训班"，来自甘肃省临洮县、甘肃省和政县、内蒙古察右后旗、江西省瑞金市、江西省定南县共50名学员参加培训并获得培训证书。

二是东亚银行在上海举办"萤火虫计划——乡村校长培训班"，培训历时两周，培训了4位来自察右后旗和临洮2所"萤火虫乐园"学校的乡村校长/副校长，共计花费5万元。同时组织了12位员工志愿者来到察右后旗白音察干第二小学，为学校贡献了39课时的支教课程，共计花费8万元。

三是汇丰银行在甘肃省和政县、临洮县，内蒙古察哈尔右翼后旗、察哈尔右翼中旗四个旗县中开展"青葵花导师"农村教师培训项目，已于2019年8月开始了今年下半年的线上课程教师招募，线上培训的课程包括学科教学、班级管理、性教育、职业启蒙教育，计划增加财商教育，目前已报名老师152名，计划投入59万元。

四、举办外资银行"公益行"，多方面宣传扶贫公益成果

2019年9月17日至18日期间，中国银行业协会在内蒙古察右后旗举办外资银行"公益行"活动，共有20家外资银行会员单位参加，此次活动一是为外资银行搭建了履行社会责任、致力公益事业和展现大爱的平台，将国家精准扶贫工作与外资银行公益慈善活动对接起来，响应国家精准扶贫号召，深入当地了解扶贫政策，对接项目需求，号召更多的外资银行参与其中，充分展示外资银行持续投身公益事业、彰显社会责任担当的良好社会形象。二是为了验收和调研相关外资银行会员单位在察右后旗捐赠和帮扶的公益项目，继续深入考察当地的扶贫项目以及其他各类投资项目。三是通过主流媒体，多方面宣传此次外资银行在察右后旗的扶贫公益成果，产生良好的示范效应，为社会贡献正能量。

附件三 中国银行业协会2019年第三季度定点扶贫工作情况

经过认真组织,积极行动,中国银行业协会2019年扶贫目标任务基本达成,在2019年最后一季度,中国银行业协会将各项未完成项目落实到位,圆满完成扶贫目标任务。

特此报告。

附表

定点扶贫工作开展情况表

成员单位名称	中国银行业协会			
帮扶旗县名称	察右中旗	察右后旗	和政县	临洮县
直接投入帮扶资金(万元)			25	25
引进帮扶资金(万元)		615.18	10	
培训基层干部(人)		12	15	11
培训技术人员(人)		2		2
购买贫困地区农产品(万元)		13.74		
帮助销售贫困地区农产品(万元)		43.62		
其他				

后 记

2019年初，党中央和国务院将扶贫工作定为2019年的三大中心任务之一。由于党中央、国务院要求到2020年末全国所有贫困地区必须完成脱贫任务，所以我国扶贫攻坚进入最后冲刺阶段。根据国务院扶贫办提供的数据，截至2019年6月末，全国仍有8000多万人口尚未脱贫，还有一部分贫困县仍未摘掉贫困县帽子，部分连片贫困地区还有待于集中开发。离最终完成目标任务的时间越来越近，金融机构参与扶贫攻坚任务也变得越来越重。另外，扶贫工作是一个长期和动态的任务，金融机构不但要参与到以2020年为目标的扶贫，更要考虑到这项工作的动态性和持久性。

在此背景下，中国银行业协会确定了"关于进一步加大金融支持精准扶贫力度的研究"课题，希望通过本课题研究，进一步促进我国金融系统精准扶贫工作的开展，提高金融扶贫的精准度和可持续性，完成习近平总书记代表党中央提出的消除绝对贫困这一中华民族历史上从未完成过的历史任务。

本课题根据历史资料并结合各金融机构的扶贫经验和做法，对我国近年来各金融机构参与精准扶贫的做法和经验进行了总结，对监管机构支持精准扶贫的政策进行了梳理。本课题既是对目前我国金融机构参与金融支持精准扶贫战略任务的一个总结，也为下一步的工作开展提供了路径和方法，特别是对决策层提出了政策建议。

本课题最终形成的研究成果为《金融支持精准扶贫研究》。本书分为十一章。第一章主要研究习近平总书记精准扶贫战略思想的理论基础和深邃的思想内涵以及重要的作用和意义;第二章主要研究我国扶贫工作的发展历史和做法,特别是对扶贫工作的现状和存在的主要问题进行深入研究;第三章主要研究我国扶贫资金的来源、构成和管理方式;第四章主要研究我国财政扶贫资金如何管理以及使用的渠道;第五章主要研究国际扶贫经验对我国的启示及借鉴,重点介绍了发达国家扶贫的主要金融做法;第六章主要研究我国金融扶贫的理论基础、主要做法和制约因素;第七章主要研究我国金融扶贫的政策体系和组织体系;第八章主要研究我国金融扶贫的货币政策工具和信贷产品创新;第九章主要研究金融支持精准扶贫多元化融资渠道和贫困地区金融生态环境建设;第十章重点研究关于我国金融精准扶贫制度安排的建议;第十一章主要研究如何进一步改进我国金融扶贫融资模式。

本课题从立项到完成历经一年时间。本课题能够成书出版,是中国银行业协会、北京语言大学经济研究院和商学院以及中国金融出版社共同努力的结果。本课题由中国银行业协会专职副会长潘光伟和副秘书长周更强确定研究方向和设立研究课题,由北京语言大学商学院张爱玲副教授主持,共同完成。在此期间,相关金融机构给予了大力支持。课题组的主要执笔人有:张红地、张熠婧、李健、张嵩、王芳、王远卓、刘钊。

中国金融出版社刘钊同志对本课题完稿和出书给予了极大帮助。在此,对所有参与本课题研究和提供资料的领导、金融机构和个人表示衷心的感谢。

课题组
2019 年 10 月 25 日